企业重组案例丛书

Cases of Companies Reorganization in China

中国企业重组案例

第8辑 2009专辑

丁友刚 ◎ 主编

东北财经大学出版社
Dongbei University of Finance & Economics Press
大连

图书在版编目（CIP）数据

中国企业重组案例．第8辑（2009专辑）/ 丁友刚主编．—大连：东北财经大学出版社，2011.5
（企业重组案例丛书）
ISBN 978-7-5654-0336-1

Ⅰ．中…　Ⅱ．丁…　Ⅲ．企业合并-案例-中国　Ⅳ．F279.23

中国版本图书馆CIP数据核字（2011）第047683号

东北财经大学出版社出版
（大连市黑石礁尖山街217号　邮政编码　116025）
教学支持：（0411）84710309
营 销 部：（0411）84710711
总 编 室：（0411）84710523
网　　址：http：//www.dufep.cn
读者信箱：dufep@dufe.edu.cn
大连北方博信印刷包装有限公司印刷　东北财经大学出版社发行

幅面尺寸：170mm×240mm　字数：358千字　印张：17 1/2　插页：1
2011年5月第1版　2011年5月第1次印刷

责任编辑：李智慧　周　慧　责任校对：宁娟群
封面设计：冀贵收　版式设计：钟福建

ISBN 978-7-5654-0336-1
定价：36.00元

前言

摆在大家面前的这套“企业重组案例丛书”是我多年来在教学过程中积累起来的。最初的目的是想通过让同学们自己编写和讲解这些案例，学会搜集资料、整理资料、讲解案例以及点评别人的案例。随着几年教学经验的积累，案例越来越多，于是我萌发将其汇编成辑，以便与国内同仁们交流、分享的想法。这个想法得到了东北财经大学出版社的支持——东北财经大学出版社多年来致力于中国财经学术和教育类图书的出版工作，并且不遗余力。截至目前，在东北财经大学出版社的大力支持下，我们已经出版了七辑。这本书是第八辑，主要记录2009年我国资本市场上发生的一些典型的企业重组事件。

中国经济目前仍然处于高速发展的阶段，企业重组事件异常活跃，几乎每一天都有企业重组的事件在上演。这当中有着丰富的学习和研究素材。我们在教学过程中，通常都是选择一些比较有典型意义的重组案例，让同学们去搜集资料，并根据统一设计的写作框架去整理资料。然后，每位同学将自己所作的案例在课堂上报告，接受其他同学的点评和提问。课后，我带着同学逐一修改他们写作的案例。这样，可以让同学们在资料搜集能力、专业写作能力、综合分析能力、报告和评论能力等多个方面都得到一定的锻炼。同时，也让同学们了解到各个行业的发展状况、企业的发展状况、重组的过程与动机、重组的财务结果、股票市场对企业重组的反应以及重组定价、重组融资、重组支付、并购会计等财务学和会计学的知识和协同效应、纵向整合、规模经济、战略考虑等经济学和管理学方面的知识。多年来，教学效果反应良好。

改革开放以来，特别是近20年以来，中国企业发展波澜壮阔。我们有幸在学习和欣赏这道美丽风景的同时，采撷到了其中的几朵浪花。希望通过我们的工作，能对中国企业发展过程中的精彩片段作一些点滴记录。因为这套丛书来自于教学过程，所以更希望这套丛书能够为从事企业并购重组课程教学和学习的师生们提供一份可资参考、交流和讨论的资料。

这些案例主要出自学生之手，书中引用诸多他人的宝贵资料，同学们已经尽可能注明了文献出处，但仍恐有疏漏之处，敬请谅解！

参与这套丛书编集整理工作的还有贾晶晶、刘颖、甘慧希、李姗、彭景滔、张姗、易君乐、梁少彬、王永超等同学，在此一并感谢！

丁友刚

2011 年 1 月

案例 1

长江电力 1 073.15 亿元收购三峡总公司发电资产

2009 年 8 月 15 日，中国长江电力股份有限公司（以下简称“长江电力”）与中国长江三峡工程开发总公司（以下简称“三峡总公司”）签署最终收购协议。根据该协议，长江电力向其控股股东三峡总公司以承接债务、定向增发、现金支付的方式，支付对价约 1 073.15 亿元收购其拥有的三峡工程主体发电资产、相关生产设施及辅助生产专业化公司股权。2009 年 9 月 28 日，上述交易完成资产交割。此次收购完成后，长江电力将拥有三峡总公司的全部已投产的发电资产，一跃成为全球最大的水电上市公司。此次重组也是截至当时为止，我国资本市场上规模最大的一起资产重组案。

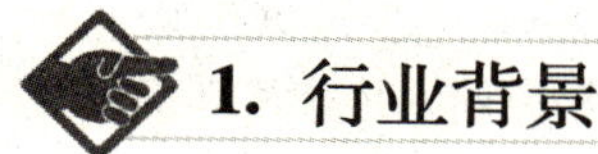

1. 行业背景

1.1 用电情况

随着我国经济的快速发展，电力消费市场将不断增长。自 2000 年以来，我国的电力消费增长率始终大于 GDP 增长率，电力消费弹性系数始终大于 1.0。2007 年，我国 GDP 增长 11.4%，而且继续保持着快速增长的势头，如图 1—1 所示。

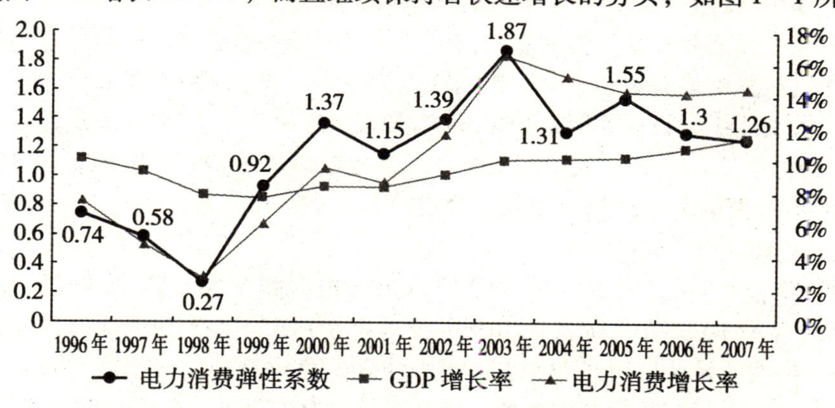

图 1—1　1996—2007 年经济发展与电力消费市场分析

资料来源　中国长江电力股份有限公司 2007 年年度报告

2007 年，我国用电总量达到 32 458 亿千瓦时，同比增长 14.42%，增幅比 2006 年上升 0.26%。其中，第一产业用电量为 860 亿千瓦时，同比增长 5.19%；

第二产业用电量为24 847 亿千瓦时，同比增长15.66%（轻工业用电量为4 502 亿千瓦时，同比增长9.81%，而重工业用电量持续快速增长，用电结构重型化趋势继续加强，其用电量为20 064 亿千瓦时，同比增长17.34%，增幅比2006 年上升1.72%）；第三产业用电量为3 167 亿千瓦时，同比增长12.08%；城乡居民生活用电量为3 584 亿千瓦时，同比增长10.55%。2007 年电力消费总体呈现“先扬后抑、逐步回落”的趋势。2007 年5 月全国电力消费达到两年来最高增速，进入6 月份以后，国家加大宏观调控力度，作用逐步显现出来，其用电消费开始小幅稳步回落。

1.2 发电情况

在用电量迅速增长的同时，我国电厂也在不断提高发电量。2007 年，全国发电量达到32 559 亿千瓦时，同比增长14.44%。其中，水电发电量为4 867 亿千瓦时，约占全部发电量的14.95%，同比增长17.61%；火电发电量为26 980 亿千瓦时，约占全部发电量的82.86%，同比增长13.82%；核电发电量为626 亿千瓦时，约占全部发电量的1.92%，同比增长14.05%。分地区来看，发电量同比增长高于20%的省份有广西、内蒙古、福建、云南、重庆、湖南。然而有不少地区的增速有所回落，之前装机容量快速增长的如江苏、浙江等省份装机增速也明显回落，装机容量同比增长高于20%的省份减少为内蒙古、安徽、广西和云南四个，电力区域发展和消费更加协调。而在长江附近的华南、华东、华中地区，随着三峡工程发电机组的陆续投入使用，华东、华中地区电力供需总体趋于平衡，但华南部分地区仍存在季节性和时段性供电紧张情况。2007 年，华东电网发电量为7 637 亿千瓦时，同比增长14.48%；华中电网发电量为6 320 亿千瓦时，同比增长15.99%；南方电网发电量5 530 亿千瓦时，同比增长15.21%。

虽然发电量逐年提高，但随着大批电源项目的相继建成投产，全国电力供需总体基本平衡，发电设备利用小时不升反降。2007 年，全国6 000 千瓦及以上电厂累计平均设备利用小时数为5 011 小时，同比降低187 小时。其中，水电设备平均利用小时数为3 532 小时，同比增加139 小时；火电设备平均利用小时数为5 316 小时，同比降低296 小时；核电设备平均利用小时数为7 737 小时，同比降低69 小时。

截至2007 年年底，全国220 千伏及以上输电线路回路长度达32.71 万公里，同比增长14.20%；220 千伏及以上变电设备容量达114 445 万千伏安，同比增长18.71%，电网建设速度明显加快。而电力建设规模也维持在历史高位水平，多项电力工程在2007 年相继投产。此外，还有大量电力工程也正在按计划进行。

1.3 水电行业状况

根据全国水力资源复查，我国水力资源理论蕴藏量为6.89 亿千瓦，年发电量为60 400 亿千瓦时，技术可开发装机容量为4.93 亿千瓦，技术可开发年发电量为

22 600 亿千瓦时，经济可开发装机容量为 3.95 亿千瓦，经济可开发年发电量为 17 400亿千瓦时，全国水力资源总量，包括理论蕴藏量、技术可开发量、经济可开发量，均居世界首位。如果以装机容量计算，截至 2007 年年底，我国水电装机容量约为 1.45 亿千瓦，还有 2/3 的水电资源尚未开发，水电行业发展空间巨大，有利于持续稳定发展。

水电是世界第一大清洁能源，提供了全世界 1/5 的电力，全球有 55 个国家的 50% 以上的电力由水电提供。在中国，水能资源是仅次于煤炭的第二大常规能源，同时，水能资源可循环利用，水电运行成本较低（见表 1—1），水电开发一般具有防洪、发电、航运等综合效益。在水电开发技术方面，我国大型水电机组的设计制造能力、水电站控制自动化水平、大坝建设等重大技术取得重要突破，已达到世界先进水平，水电在我国有较大的提升空间。为了实现社会经济的可持续发展，我国已确定了“加快体制改革，重点加强电网建设，优化火电结构，积极发展水电，适当发展核电”的电力建设方针。

表 1—1 **2007 年发电企业成本水平统计**

	火电				水电
	华能国际	大唐发电	国电电力	华电国际	长江电力
发电量（亿千瓦时）	1 737	1 183	658	703	440
单位生产成本（元/度）	0.235	0.195	0.156	0.228	0.060
单位发电成本（元/度）	0.256	0.226	0.224	0.265	0.087

资料来源 尹利霞：《长江电力发展战略研究》，载《科技创新导报》，2010（4）

“十一五”以来，我国加速推进节能减排和发展可再生能源的工作。2007 年，国务院制定了一系列节能减排政策，通过《可再生能源中长期发展规划》和《电网企业全额收购可再生能源电量监管办法》，加速发展水电、风电、生物质能和太阳能，提高可再生能源比重，促进节能减排和能源结构调整，并要求电网企业必须接纳并全额收购可再生能源电量，从而扶持可再生能源企业的发展。2007 年，我国共关停小火电机组 553 台，总装机容量 1 438 万千瓦，超额 43% 完成全年关停任务。

截至 2007 年年底，全国发电装机容量达到 71 329 万千瓦，同比增长 14.36%。其中，水电达到 14 526 万千瓦，约占总容量的 20.36%，同比增长 11.49%；火电达到 55 442 万千瓦，约占总容量的 77.73%，同比增长 14.59%（见表 1—2）。

表 1—2 **2006—2007 年全国发电装机容量** 单位：万千瓦

	2006 年	2007 年	2007 年占总容量比（%）
发电装机容量	62 134	71 256	100
水电	12 857	14 526	20.39
火电	48 405	55 442	77.81
核电	685	885	1.24
风电	187	403	0.57

资料来源 2006—2007 年全国电力工业统计快报

火电 2007 年的增速比 2006 年降低约 9%，增速开始明显放缓，这使火电装机过快增长、火电比重持续上升的趋势逐步改善，电源结构优化将逐步显现。我国 2001—2007 年水电、火电装机容量增速对比如图 1—2 所示。

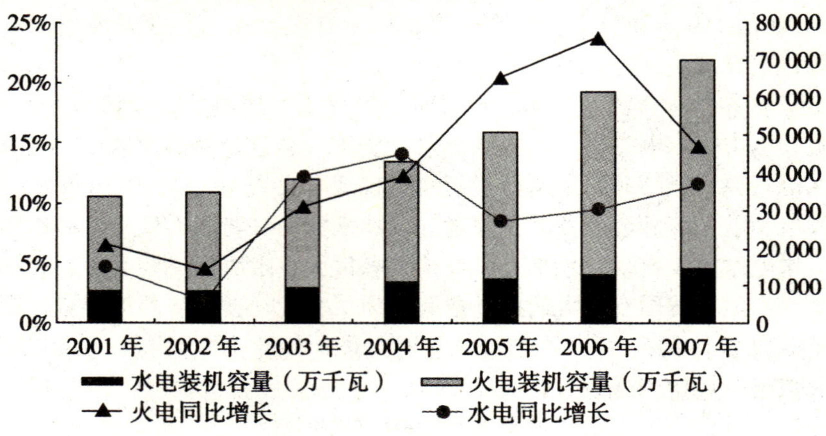

图 1—2　我国 2001—2007 年水电、火电装机容量增长对比

资料来源　中国长江电力股份有限公司 2007 年年度报告

根据《可再生能源中长期发展规划》，到 2010 年，全国水电装机容量将达到 1.9 亿千瓦，其中大中型水电装机容量达到 1.4 亿千瓦，小水电装机容量达到5 000 万千瓦；到 2020 年，全国水电装机容量将达到 3 亿千瓦，其中大中型水电装机容量达到 2.25 亿千瓦，小水电装机容量达到 7 000 万千瓦。可以说，水电行业前景一片光明。

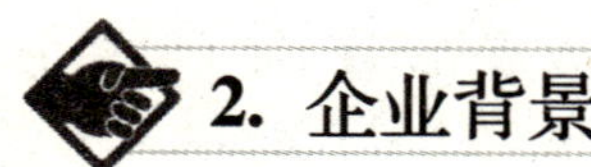

2. 企业背景

2.1　三峡总公司

1992 年 4 月 3 日，全国人大通过关于兴建三峡工程的决议。自此，中国历史上最大的水利工程由论证进入了具体实施阶段。

三峡工程，是中国长江中上游段建设的大型水利工程项目，是综合治理和开发长江的关键性工程，具有防洪、发电、航运、旅游等最大的综合效益。为了开发长江，兴建三峡工程，国务院成立了三峡工程建设委员会，先后由李鹏总理、朱镕基总理任主任。同时，经国务院批准，中国长江三峡工程开发总公司于 1993 年 9 月 27 日在湖北省宜昌市正式成立，其注册资本金为 39.36 亿元。三峡总公司是国务院直属，实行计划单列、独立核算、自主经营、自负盈亏，具有法人资格的特大型国有企业。三峡总公司的战略定位是以大型水电开发与运营为主的清洁能源集团，主营业务是水电工程建设与管理、电力生产、相关专业技术服务，同时，始终坚持“企业不办社会”的原则，将管理职能与服务职能分离，推行服务工作社会化、市场化。

三峡总公司作为三峡工程的项目法人，全面负责工程建设的组织实施和所需资金的筹集、使用、偿还以及工程建成后的经营管理，并开展水电科学研究、技术咨询及其他经营活动。1996年6月1日，葛洲坝水力发电厂划归三峡总公司，成为三峡总公司的重要组成部分。

三峡工程于1994年12月正式开工建设，1997年11月实现大江截流；2003年，三峡工程实现了水库初期蓄水、双线五级船闸通航和首批机组投产发电三大目标；2008年10月，三峡左、右岸电站1#至26#共26台单机容量70万千瓦的发电机组全部投产发电。

2008年9月，国家发展和改革委员会同意三峡总公司建设三峡地下电站和电源电站，三峡地下电站设计安装6台70万千瓦的发电机组，预计于2011年首批机组投产发电，2012年全部建成。此外，国家还授权三峡总公司滚动开发长江上游干支流水力资源，组织建设金沙江下游梯级电站建设项目，这包括溪洛渡、向家坝、乌东德、白鹤滩四座巨型电站，整个项目资产规模相当于两个三峡工程，差不多是4 000亿元。按照规划，四座梯级水电站分两期开发，一期工程溪洛渡和向家坝水电站已经开工建设。溪洛渡水电站于2007年11月实际截流，计划2013年首批机组发电，2015年完工；向家坝水电站于2008年年底截流，计划2012年第一批机组发电，2013年完工。整个金沙江下游梯级电站建设项目完全建成之后，总装机容量约为3 850万千瓦，年发电量约为1 843亿千瓦时。

截至2007年年底，三峡总公司总资产约为1 949.9亿元，共有13个全资和控股子公司，其中：

（1）中国长江电力股份有限公司为集团控股的上市公司，是集团电力生产管理主体，拥有葛洲坝电站及三峡工程已投产的8台发电机组；

（2）长江三峡实业有限公司（以下简称“实业公司”），长期承担三峡工程、葛洲坝水电站的生产物业管理，三峡总公司持股比例为100%；

（3）长江三峡设备物资有限公司（以下简称“设备公司”），为水电工程建设和电力生产提供设备管理服务，三峡总公司持股比例为100%；

（4）长江三峡水电工程有限公司（以下简称“水电公司”）主要从事大型水电工程的施工供电、供水、通信运行管理，三峡总公司持股比例为100%；

（5）三峡国际招标有限责任公司（以下简称“招标公司”）主要从事国际、国内招标代理与合同执行业务，并为水电工程建设和电力生产提供各专业领域的招标工作，三峡总公司持股比例为95%；

（6）三峡高科信息技术有限责任公司（以下简称“三峡高科公司”）主要从事提供大型工程项目管理信息系统和电力行业应用系统的全面解决方案，三峡总公司持股比例为90%；

（7）长江三峡技术经济发展有限公司（简称“三峡发展公司”），以水利、水电工程监理业务为主，同时承担国际、国内工程技术咨询与服务、项目管理及工程总承包等业务，三峡总公司持股比例为100%；

（8）长江新能源开发有限公司主要从事东部沿海风电开发；

（9）三峡财务有限责任公司是专门服务于集团公司及其成员单位的非银行金融机构；

（10）长江三峡投资发展有限责任公司主要从事投资管理；

（11）长江三峡旅游发展有限责任公司主要从事旅游开发和酒店管理；

（12）宜昌三峡工程多能公司主要从事资产处置业务；

（13）长江三峡能达电气有限责任公司主要从事电力系统自动化及工业自动化控制设备的研究开发、设计制造与应用服务。

2.2 长江电力

中国长江电力股份有限公司成立于2002年11月4日，是由三峡总公司作为主发起人，以葛洲坝水力发电厂所有发电资产，以及与发电业务密切相关的辅助性生产设施等资产作为出资，联合华能国际电力股份有限公司、中国核工业集团公司、中国石油天然气集团公司、中国葛洲坝水利水电工程集团有限公司和长江水利委员会长江勘测规划设计研究院五家发起人共同发起设立，主要从事电力生产、经营和投资业务，售电区域主要集中在华南、华东、华中地区。

2003年11月18日，长江电力于上海证券交易所挂牌上市。上市后，长江电力运用多种融资工具募集资金，逐步收购三峡工程陆续投产的发电机组和其他发电资产，发展成为三峡总公司控股的电力生产经营主体：

2003年8月，长江电力以186.99亿元收购三峡工程首批投产的2#、3#、5#、6#四台发电机组，收购完成后总装机容量达551.5万千瓦。

2005年3月，长江电力以98.37亿元收购三峡工程1#、4#两台发电机组，总装机容量达691.5万千瓦。

2007年5月，长江电力以104.42亿元收购三峡工程7#、8#两台发电机组，总装机容量达837.7万千瓦。

长江电力各年度装机容量和发电量如图1—3、图1—4所示。

截至2008年3月31日，长江电力是我国最大的水电上市公司，总资产约为611亿元，总股本约为94.12亿元，其中三峡总公司持股占62.07%，为控股第一大股东，如图1—5所示。长江电力全资拥有葛洲坝电站及三峡工程已投产的1#至8#八台发电机组，这部分机组的装机容量为837.7万千瓦。长江电力还持有广州发展实业控股集团股份有限公司11.189%的股份、上海电力股份有限公司8.77%的股份、湖北能源集团股份有限公司41.69%的股份，这部分的权益装机容量为294.3万千瓦（含在建）。长江电力总权益装机容量1 132万千瓦。同时，长江电力受三峡总公司的委托，统一管理三峡工程已建成投产的其他发电机组。

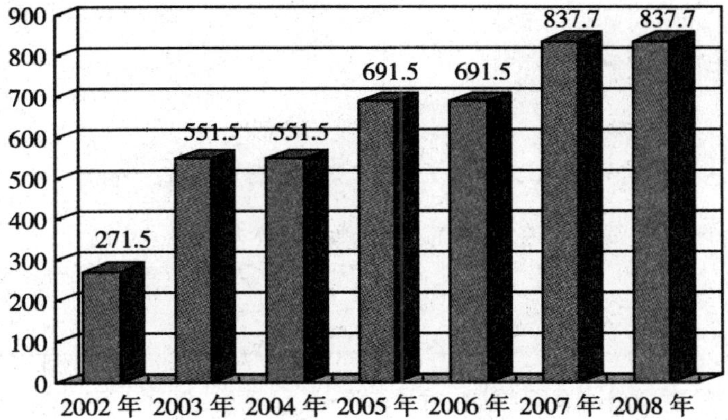

图 1—3　长江电力各年装机容量（单位：万千瓦）

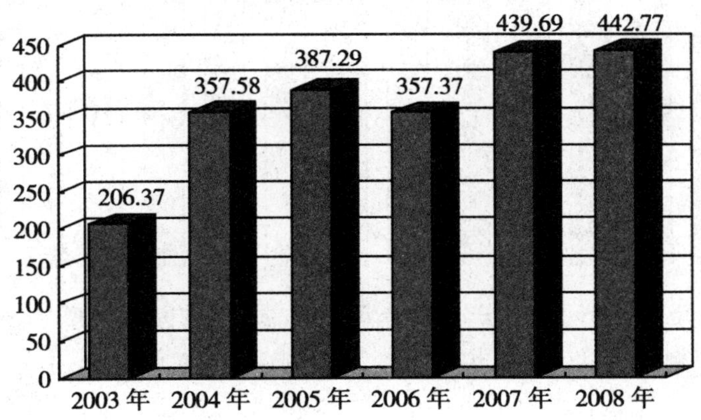

图 1—4　长江电力各年发电量（单位：亿千瓦时）

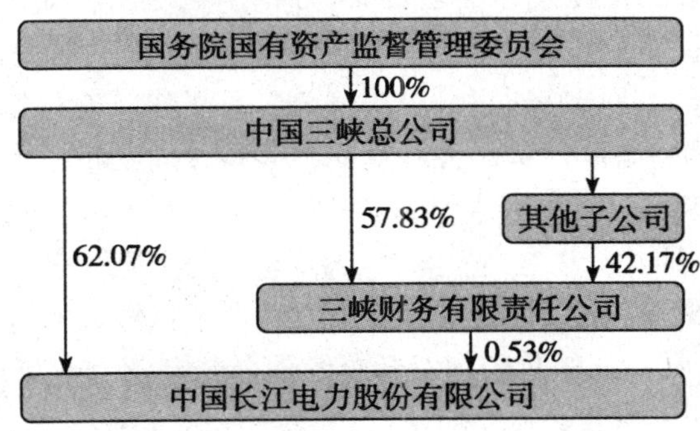

图 1—5　长江电力与控股股东及实际控制人之间的产权控制关系图

资料来源　中国长江电力股份有限公司 2007 年年度报告

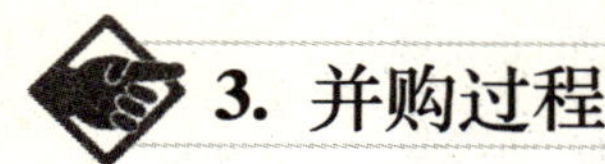

3. 并购过程

3.1 三峡总公司和长江电力在收购前的资产结构图

三峡总公司和长江电力在收购前的资产结构图如图 1—6 所示。

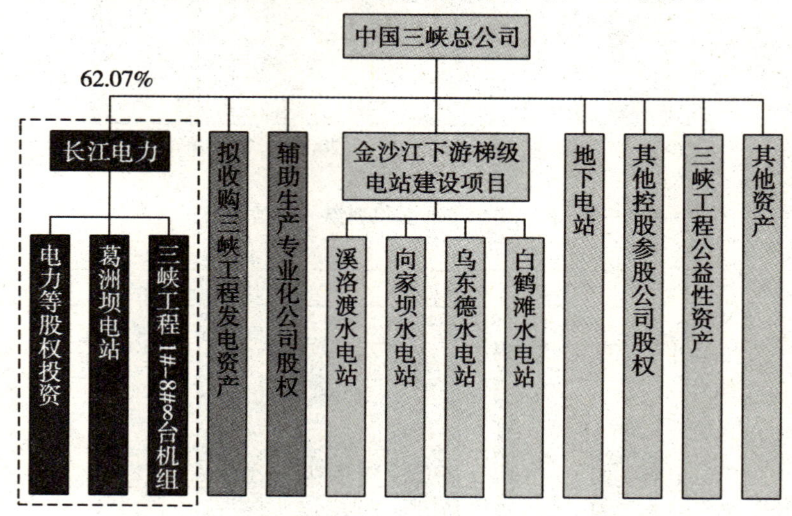

图 1—6 三峡总公司和长江电力在收购前的资产结构图

资料来源 中国长江电力股份有限公司重大资产购买暨关联交易报告书

3.2 收购过程

2008 年 5 月 8 日，长江电力突然颁布停牌公告，公告称，公司正在筹划重大资产重组，并承诺在 5 个工作日（含停牌当日）内就有关重大事项与相关部门咨询论证，如有关初步论证未获通过，公司将公告并复牌。若有关重大事项经初步论证为可行，公司股票将继续停牌。停牌期间，公司每周发布一次进展情况公告。当时的停牌价为 14.65 元/股。

2008 年 5 月 14 日，长江电力发布公告，称其控股股东三峡总公司拟将主营业务整体上市，公司股票将继续停牌。长江电力开展了其漫长的跨年度停牌之旅。

2009 年 5 月 12 日，三峡总公司召开总经理办公会议，审议通过三峡总公司主营业务整体上市的相关事宜。

2009 年 5 月 15 日，长江电力与三峡总公司签署了《中国长江三峡工程开发总公司与中国长江电力股份有限公司之重大资产重组交易协议》。同日，召开董事会审议通过了本次重大资产重组的相关事项。

2009 年 5 月 16 日，长江电力公告关于本次重大资产重组的《董事会决议》和《中国长江电力股份有限公司重大资产重组预案》。根据资产重组预案，长江电力拟向三峡总公司收购其拥有的三峡工程左岸电站、右岸电站 9#至 26#共 18 台单机容量为 70 万千瓦、合计装机容量为 1 260 万千瓦的发电机组及对应的大坝、发电厂房、共享发电设施（含装机容量为 2×5 万千瓦的电源电站）等主体发电资产，与发电业务直接相关的生产性设施（包括坝区通讯调度大楼、西坝办公大楼及三峡坝区供水、供电、仓储和水文站等生产配套设施），以及 6 家辅助生产专业化公司的股权（实业公司 100%、设备公司 100%、水电公司 100%、三峡发展公司 100%、招标公司 95%、三峡高科公司 90%）。目标资产以 2008 年 9 月 30 日为评估基准日，以成本法评估的初步评估值约为1 075亿元。

收购采取组合方式支付对价：以承接债务的方式支付对价约 500 亿元，以每股 12.89 元向三峡总公司定向增发 15.52 亿股支付对价约合 200 亿元，以现金支付对价约 375 亿元，合计约1 075亿元。

2009 年 5 月 18 日，长江电力复牌，当日收盘时报 14.94 元/股，涨 4.11%，换手率为 10.83%，全天成交额为 79.47 亿元，占沪市成交量的 6.65%，成交量创长江电力上市以来之最。

2009 年 8 月 7 日，国务院国有资产监督管理委员会（以下简称"国务院国资委"）出具《关于中国长江三峡工程开发总公司主营业务整体上市资产评估项目予以核准的批复》（国资产权［2009］660 号），核准长江电力本次重大资产重组的资产评估报告，根据经国务院国资委核准的资产评估报告，截至评估基准日，目标资产的评估值进一步确定为 1 073.15 亿元。

2009 年 8 月 14 日，长江电力召开董事会，审议通过了《关于重大资产重组暨关联交易的议案》等六项议案。

2009 年 8 月 15 日，长江电力发布了关于本次重大资产重组的《中国长江电力股份有限公司重大资产购买暨关联交易报告书（草案）》。与此前预案相比，重组方案发生微调：由于三峡发展公司部分土地相关处置手续尚未办理完毕，三峡总公司持有的三峡发展公司 100% 股权不作为本次交易目标资产转让给长江电力，所以拟购资产中减少了 1 家辅助生产专业化公司的股权，三峡总公司和长江电力双方约定待相关交易条件具备时再出售三峡发展公司的股权给长江电力。目标资产的评估值为 1 073.15 亿元。

而在支付方式中，由于 2009 年 8 月 7 日公司实施了 2008 年度分红，因此本次定向增发价格在扣除分红除息影响后，相应调整为每股 12.68 元。支付组合结构变成：以承接债务的方式支付对价约 500 亿元，以每股 12.68 元向三峡总公司定向增发 15.88 亿股（支付对价约合 201 亿元），以现金支付对价约 372 亿元。

2009 年 8 月 19 日，长江电力晚间发布公告，公告称其控股股东三峡总公司在二级市场上增持了公司 1 006.99 万股股份，占公司总股份的 0.107%，本次增持后，三峡总公司所占的公司总股本将由 62.07% 提升到 62.17%。而当日长江电力股价一度跌破 12.68 元/股的定向增发价格，最低探至 12.67 元/股，正是三峡总公司当日增持公司股份，才力保公司股价最终报收于增发价格之上。

公告还表示，三峡总公司拟在未来12个月内视市场行情继续通过二级市场增持公司股份，增持比例不超过公司总股本的2%。假如超过了2%，三峡总公司将按照《上市公司收购管理办法》的相关规定，以要约收购方式或向中国证券监督管理委员会（以下简称“中国证监会”）申请豁免其要约收购义务后增持公司股份。同时，三峡总公司承诺，在增持计划实施期间及法定期限内不减持其所持有的公司股份。显然，三峡总公司要力挺12.68元/股的增发价格。

2009年8月31日，长江电力召开临时股东大会，占公司股份总数79.13%的3 256名股东及股东授权委托代表，毫无悬念的审议通过了《关于重大资产重组暨关联交易的议案》等六项议案，在审议相关议案时，关联股东已回避表决。

2009年9月1日，长江电力收到其控股股东三峡总公司通知，已收到国务院国资委《关于中国长江三峡工程开发总公司协议转让相关发电资产、国有股权和认购上市公司定向增发股份有关问题的批复》（国资产权［2009］815号），同意三峡总公司将三峡电站9#至26#共18台发电机组资产以及所持有的长江三峡实业开发有限公司等5家公司的国有股权协议转让给长江电力，并同意三峡总公司以12.68元/股的价格认购长江电力定向增发的15.88亿股股票。

2009年9月4日，长江电力召开董事会，审议通过了《关于修改公司重大资产重组方案中非公开发行股份之滚存利润安排的议案》。根据议案，董事会同意将公司重大资产重组方案中非公开发行股份之“滚存利润安排”调整为：“长江电力本次非公开发行前的滚存未分配利润，由本次非公开发行后的全体股东共享。三峡总公司因本次重大资产重组新增的股份，不享有上市公司自评估基准日至资产交割日期间实现的可供股东分配的利润。”

2009年9月8日，中国证监会上市公司并购重组审核委员会（以下简称“并购重组委”）对长江电力重大资产重组相关事宜进行审核，公司于当日起再次停牌。

2009年9月11日，长江电力重大资产重组通过了并购重组委的审核，公司股票将于2009年9月14日复牌。

2009年9月27日，长江电力收到中国证监会《关于核准中国长江电力股份有限公司重大资产重组及向中国长江三峡工程开发总公司发行股份购买资产的批复》（证监许可［2009］1002号），核准长江电力重大资产重组及向控股股东中国长江三峡工程开发总公司发行15.88亿股股份购买相关资产。该批复自证监会核准之日起12个月内有效。

同时，长江电力收到三峡总公司的通知，中国证监会于同日核发了《关于核准豁免中国长江三峡工程开发总公司要约收购中国长江电力股份有限公司股份义务的批复》（证监许可［2009］1003号），核准豁免三峡总公司因以资产认购长江电力本次发行股份而增持的约15.88亿股股份，导致合计持有长江电力约74.4亿股股份，约占长江电力总股本67.63%而应履行的要约收购义务。

2009年9月28日，长江电力和三峡总公司签署《中国长江三峡工程开发总公司与中国长江电力股份有限公司之重大资产重组交割确认书》，对长江电力重大资产重组的交割事宜进行确认。

同日，三峡总公司和长江电力按照双方签署的协议完成了资产交割。三峡总公司对长江电力的控股也由收购前的62.07%上升到收购后的67.63%。至此，历时一年多的长江电力重大资产重组的主要工作基本完成。

从收购过程可以看出：

（1）此次交易为重大资产重组。长江电力拟收购目标资产的资产总额为自身资产总额的143.71%，超过50%，根据《重组办法》相关规定，购买、出售的资产总额占上市公司最近一个会计年度经审计的合并财务会计报告期末资产总额的比例达到50%以上，即构成重大资产重组。

（2）此次交易为关联方交易。所谓关联方，是指母公司对其可以行使重大影响或控制的企业。由于三峡总公司直接持有长江电力62.07%的股权，为长江电力的控股股东，根据《重组办法》和《上市规则》，本次交易构成关联方交易。

3.3 三峡总公司和长江电力在收购后的资产结构图

三峡总公司和长江电力在收购后的资产结构图如图1—7所示。

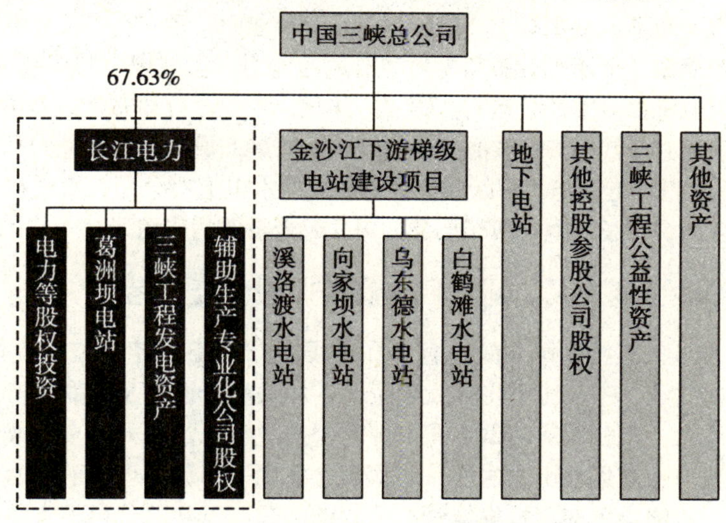

图1—7 三峡总公司和长江电力在收购后的资产结构图

资料来源 中国长江电力股份有限公司重大资产购买暨关联交易报告书

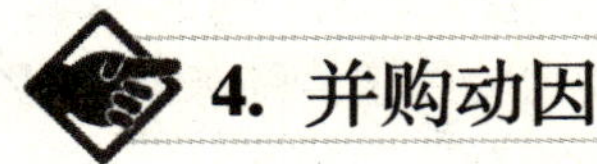

4. 并购动因

4.1 优质资产整体上市

长江电力收购母公司发电资产的行动实际上早已开始。早在2003年，长江电力就以186.99亿元收购三峡工程首批投产的2#、3#、5#、6#四台发电机组；其后，在2005年和2007年又分别以98.37亿元、104.42亿元完成了对三峡工程1#、4#、7#、8#四台发电机组的收购。其动因有两点：第一，2003年长江电力上市时曾向市场承诺将会逐步收购三峡工程投产的发电机组，直到2015年将完成全部收购；第二，国务院明确指出要加快推进国有大型企业股份制改革，鼓励和支持资产或主营业务资产优良的企业实现整体上市，鼓励已经上市的国有控股公司通过增资扩股、收购资产等方式，把主营业务资产全部注入上市公司。长江电力这次重组，一方面响应了国家的号召，另一方面结合了三峡总公司与长江电力双方的发展需要，三峡总公司以长江电力为平台，将三峡工程发电资产整体注入，支持长江电力做大做强，可以说是提前实现了当初上市时对市场的承诺。

4.2 提高企业核心竞争力

三峡工程发电资产整体注入以后，长江电力总装机容量将达2 107.7万千瓦，约为收购前的2.52倍。届时，长江电力装机容量约占我国水电装机容量的17%，在华南、华东、华中等地区电力市场的占有率将显著提高，市场竞争优势更加明显。此外，拥有三峡工程全部已投产的发电资产，将有利于长江电力形成梯级水利枢纽统一联合调度能力，增强大型水电生产运营和市场营销能力，还有利于长江电力迅速扩大水电主营业务规模，全面提升盈利能力和抗风险能力，实现规模与业绩的同步增长。同时长江电力也将水电生产、运营、销售一体化，产业链更加完整，公司治理更加规范，必将显著提升长江电力的核心竞争力。此次收购完成后，长江电力总资产规模将达1 652亿元，增长近两倍，一跃成为全球最大的水电上市公司，水电行业的龙头优势地位更加巩固，对长江电力市场形象的树立起着重要的作用。

4.3 减少关联交易，避免同业竞争，规范公司运作

长江电力与三峡总公司之间一直存在着委托与被委托管理三峡发电资产的关系，通过这次收购，三峡工程主体发电资产、相关生产设施及辅助生产专业化公司股权将全部注入上市公司。辅助生产专业化公司成为长江电力的全资或控股子公司后，将减少电力生产运营中发生的关联交易，实现一体化管理；而收购三峡工程全部发电机组，将解决目前三峡发电资产分置的问题，三峡总公司不直接持有已投产的水力发电资产，有效地规避与三峡总公司在水电生产领域的同业竞争，消除分次注入而产生的持续关联交易；有利于公司完善法人治理结构，在资产、业务、人员、财务、机构等方面保持独立，直接面向市场独立经营、规范运作。与此同时，长江电力与三峡总公司就地下电站项目也作出了注入上市公司的约定，待首批机组投产发电前完成注入，这一约定将更加有效地避免潜在的同业竞争。

4.4 实现协同效应

三峡工程发电资产全部注入长江电力后，长江电力和三峡总公司将各司其职，

实现协同效应。三峡总公司主要负责对三峡工程公益性资产的运行、管理及维护，统筹协调其防洪、发电、航运和供水等功能的发挥；以国有大股东身份，对长江电力及其他全资、控股公司行使国有股权管理职责；继续负责三峡工程未完工程的建设、管理和加快金沙江下游梯级电站建设项目的开发；作为国家授权投资机构，积极参与国有资本调整和国有企业重组，通过战略投资和产业控股方式，发展风电等新能源业务。长江电力作为三峡总公司“电力生产经营主体，资本运营载体”，将切实履行三峡工程经营性职能，以市场化机制搞好电力生产经营。随着三峡工程发电资产的整体注入，将使得三峡总公司和长江电力两者的战略定位与职责边界更加清晰，有利于三峡工程综合效益的充分发挥与国有资产的保值增值，为双方全面、协调、可持续发展奠定更加坚实的制度基础。

4.5 为控股股东在建项目筹集资金

三峡工程 26 台发电机组全部投产后，三峡总公司的开发建设重心已转向金沙江下游和地下电站。与三峡工程相比，金沙江下游梯级建设项目所需的资金更加庞大，特别是溪洛渡、向家坝等 4 座巨型电站预计约 4 000 亿元的建设资金需要由三峡总公司自行筹集，这就要求三峡总公司构建面向市场的投融资体制解决资金缺口。长江电力作为三峡总公司资本运营载体，承担着将大型工程建设与资本市场对接的桥梁作用。长江电力自上市以来就通过收购 8 台三峡工程发电机组以及分红等方式，为三峡总公司建设三峡工程提供了 400 多亿元资金。这次长江电力的大规模收购，再次为三峡总公司提供了约 372 亿元资金，承接了约 500 亿元的债务，替三峡总公司每年减轻了约 30 亿元的财务费用，解决了金沙江下游梯级建设项目巨额前期开发资金的需求。

5. 结果评价

5.1 短期业绩分析

长江电力损益情况表见表 1—3。

表 1—3 **长江电力损益情况表** 金额单位：元

	2010 年 1 月—3 月	2009 年	2008 年
营业收入	2 904 508 223.76	11 015 033 923.14	8 807 092 497.47
主营营业收入	—	10 832 904 356.01	8 563 123 367.70
减：营业成本	1 799 225 225.91	4 615 913 961.88	3 411 160 683.31
主营营业成本	—	4 472 275 228.21	3 143 903 283.24
营业税金及附加	44 285 362.12	194 962 678.73	140 590 936.86
销售费用	2 029 853.88	7 598 509.38	1 435 538.30
管理费用	75 791 635.53	423 907 497.92	315 638 633.41
财务费用	1 141 138 037.06	1 851 571 423.25	901 765 868.32

续表

	2010年1月—3月	2009年	2008年
资产减值损失	811.9	2 209 835.49	814 271.46
加：公允价值变动收益	−159 458.11	−19 541.89	
投资收益	33 132 566.86	1 109 740 543.05	439 191 751.10
营业利润	−124 989 593.89	5 028 591 017.65	4 474 878 316.91
加：营业外收入	272 947 463.24	976 876 784.40	725 548 882.38
减：营业外支出	409 960.00	7 641 127.76	15 437 344.29
利润总额	147 547 909.35	5 997 826 674.29	5 184 989 855.00
减：所得税费用	28 389 737.83	1 378 814 270.16	1 254 616 636.39
净利润	119 158 171.52	4 619 012 404.13	3 930 373 218.61
归属于母公司所有者的净利润	119 228 634.37	4 617 254 933.62	3 930 373 218.61
股本	11 000 000 000.00	11 000 000 000.00	9 412 085 457.00
基本每股收益（元/股）	0.01	0.47	0.42
稀释每股收益（元/股）	0.01	0.47	0.42
每股净资产（元）	3.42	5.62	3.99
毛利率	38.05%	58.09%	61.27%

资料来源 根据中国长江电力股份有限公司2008年年度报告、2009年年度报告、2010年第一季度报告

注：公司2009年年报及2010年第一季度季报中利润表与财务报表附注数据不符。

截至2009年年底，长江电力总资产达到1 618.61亿元，与收购前（2009-06-30）的606.91亿元相比，增加了166.70%，但总负债也由220.17亿元提高到999.92亿元，资产负债率上升到61.78%，适度发挥了财务杠杆的作用，有利于长江电力的长期可持续发展；从表1—3看到，截至2009年年底，主营业务收入108.33亿元，同比增长了18.68%，基本每股收益0.4692元/股，同比增长了10.82%，都稍低于盈利预测，归属于上市公司股东的净利润46.17亿元，同比增长了15.35%，在《重大资产重组报告》中，长江电力预计2009年实现母公司所有者的净利润63亿元。造成实际数比预期低的主要原因是2009年第四季度来水偏枯31.28%，导致三峡葛洲坝梯级实际电量比预测低47.94亿千瓦时。其中，非经常性损益对归属于上市公司股东的净利润影响为-6.23亿元，折合每股损失0.057元。

2010年第一季度业绩不理想，归属于上市公司股东的净利润仅为1.19亿元，同比下降85.76%，基本每股收益为0.0108元。

长江电力称，业绩变动的主要原因是：第一，投资收益同比减少6.02亿元；第二，第一季度是长江枯水期，而第一季度发电量一般仅占全年发电量的14%左右，但公司重大资产重组后，资产、负债规模大幅度增加，导致折旧、财务费用增加较多，导致净利润下降。虽然2010年第一季度长江来水较上年偏枯15%，但仍接近多年平均水平，对全年生产经营目标影响不大。

光大证券认为：一季度业绩较差并不能推测全年业绩不好，2010年是长江电

力整体上市的第一年，我们对公司的业绩依然抱有信心。2009 年 9 月 28 日，长江电力完成重大资产重组资产交割，三峡电站提前实现整体上市的目标，自此进入相对稳定的时期，在不考虑处置金融资产收益的前提下，光大证券预计长江电力 2010—2012 年的每股收益分别为 0.68 元/股、0.70 元/股和 0.74 元/股. 长江电力估值较为安全，维持“增持”评级。

英策咨询利用财务模型对长江电力 2010 年全年业绩进行了预测，预计其 2010 年营业收入为 216 亿元，同比增长 96%；净利润为 73.18 亿元，同比增长 58%。按长江电力总发行股数 110 亿股计算，预计其 2010 年每股收益为 0.66 元/股（2009 年每股收益为 0.47 元/股）。参考 2009 年 5 月 27 日市盈率为 29.71 倍的估值比率，英策咨询认为长江电力 2010 年内合理市场价值约为 19.61 元/股。

5.2 短期股价分析

5.2.1 从 2009 年 5 月 18 日复牌当天来看

上证综合指数 2008 年 5 月 7 日至 2009 年 5 月 15 日走势图如图 1—8 所示。

在长江电力停牌期间，上证指数受国际金融风暴影响大幅波动，长江电力复牌前的上证综合指数为 2 645.26 点，与停牌前的 3 579.15 点相比，下跌幅度达 26.09%，市场普遍预期长江电力复牌后会立即补跌，更有人预测复牌当天长江电力将跌 36%。长江电力 2009 年 5 月 18 日复牌当天走势图如图 1—9 所示。

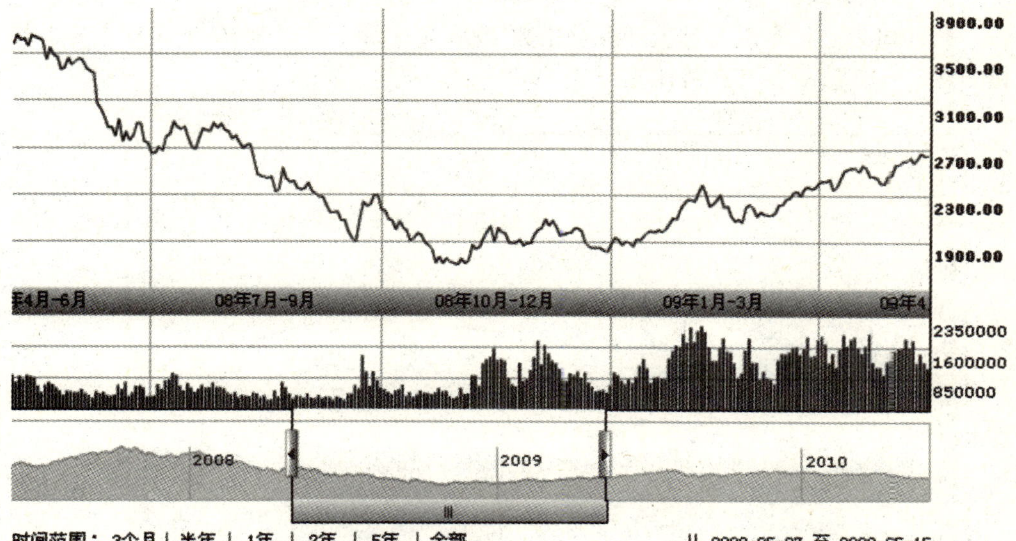

图 1—8　上证综合指数 2008 年 5 月 7 日至 2009 年 5 月 15 日走势图

资料来源　百度和讯全财经网

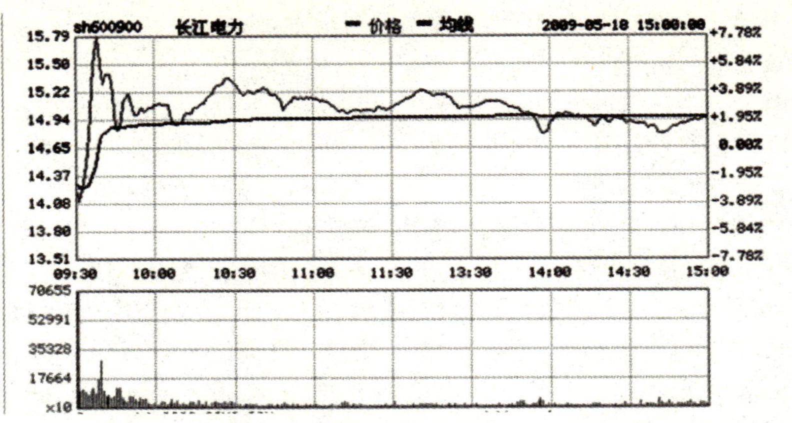

图1—9 长江电力2009年5月18日复牌当天走势图

资料来源 新浪财经

如图1—9所示，长江电力复牌当日，开盘时低开14.30元/股，但随后受巨额市场资金的追捧，一度至涨停的位置，最终收盘时报14.94元/股，涨4.11%，换手率10.83%，全天成交79.47亿元，占沪市成交量的6.65%，成交量创长江电力上市以来之最。

长江电力复牌当日的走势表明，这一规模超过千亿的重大资产重组方案被市场认可，机构普遍看好水电行业的投资价值和长江电力的未来发展，多家券商均发出研究报告给出“推荐”和“增持”的评级。市场普遍认为，通过重组，长江电力的资产规模、盈利能力将大幅增长，长期投资价值更加明显，在水电行业的龙头优势地位更加巩固。

5.2.2 从2008年4月1日至2010年6月4日整体来看

长江电力、桂东电力、上证综合指数2008年4月1日至2010年6月4日走势图如图1—10所示及其走势比较（表1—4）。

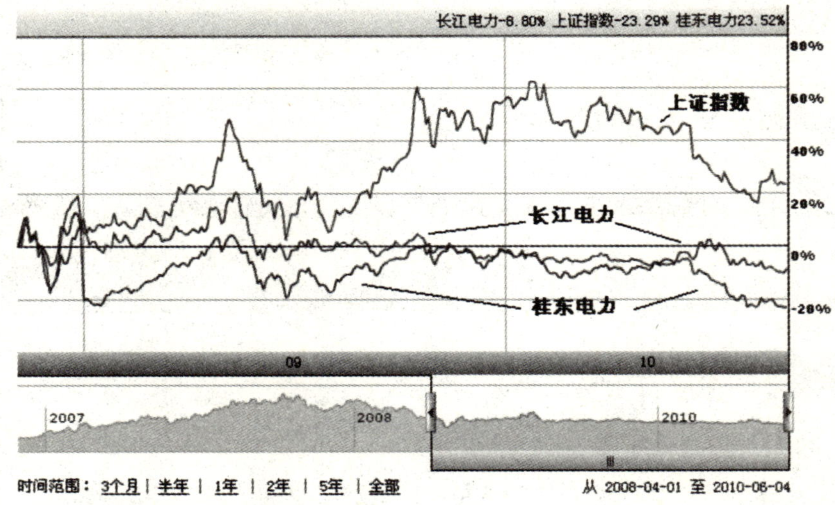

图1—10 长江电力、桂东电力、上证综合指数2008年4月1日至2010年6月4日走势图

资料来源 新浪财经

表 1—4　长江电力、桂东电力、上证指数走势比较

	2008 年 4 月 1 日收盘价（元）	2010 年 6 月 4 日收盘价（元）	涨跌幅
长江电力	13.51	12.32	−8.81%
桂东电力	16.75	20.69	+23.52%
	2008 年 4 月 1 日收盘指数（点）	2010 年 6 月 4 日收盘指数（点）	涨跌幅
上证综合指数	3 329.16	2 553.59	−23.30%

资料来源　百度和讯全财经网

从表 1—4 中可以看出，长江电力虽然跑赢大市，但股价表现仍然比同样是经营水电行业的桂东电力差，具体原因可能是因为第一季度乃是长江枯水期，长江电力在重大资产重组后，资产、负债规模大幅度增加，导致折旧、财务费用也大量增加，从而导致净利润同比大幅度下降。长江电力 2010 年第一季度的业绩比预期表现差，对股价的表现造成一定影响。

5.3　长期战略——整体上市和收购母公司资产战略

随着这次收购的完成，长江电力总共拥有葛洲坝水力发电厂和三峡工程全部已投产的发电资产，使得长江电力实现了主营业务资产整体上市，总发电装机容量达到 2 107.7 万千瓦，预计年发电量将超过 1 000 亿千瓦时，成为全球最大的水电上市公司，在中国水电行业的龙头地位更加巩固。

长江电力自上市以来并没有自建发电机组，均是通过向母公司收购发电资产实现扩张的。作为三峡总公司的电力生产经营主体、资本运营载体，长江电力依托其雄厚的实力和项目资源，在持续收购发电资产方面具有明显优势，三峡总公司负责水电开发建设，长江电力负责运营管理，各司其职，充分发挥协同效应；长江电力在进行水电经营的同时，努力提高电厂管理技术水平，严格控制生产运营成本；按照现代企业要求，建立健全法人治理结构，强化成本管理，提高效率，降低成本；利用股权投资等手段，积极参与流域水资源开发经营，不断培育和增强管理大型水电工程能力、大型水电工程融资和资本运作能力、大型水电生产运营和市场营销能力、梯级水利枢纽调度能力等方面的核心竞争力，保持水电企业龙头地位并不断做强做大。

6. 问题探讨

6.1　目标资产和交易方式的选择问题

在收购前，三峡总公司拥有的发电资产除了已投产的三峡工程发电资产外，还有在建的三峡地下电站和金沙江下游梯级电站建设项目。负责重组推进工作的改制

办公室的一位长江电力高管称："2008 年 5 月我们开始重组的时候，曾经比较研究过 4 种资产组合、8 种对价支付共 8 套方案，然后用了两三个月的时间才确定了初步方案：将三峡工程发电资产（包括地下电站）及金沙江下游梯级电站建设项目等资产注入长江电力，从而实现三峡总公司整体上市的目标，而交易方式主要以定向增发为主，以承接债务为辅，再辅以少量现金。"

然而，计划永远都赶不上变化，同期上证综合指数从长江电力停牌时的 3 579.15点跌至最低的 1 664.93 点，出现了接近 2 000 点的深幅调整，长江电力停牌时的价格变成了相对高位。这时，长江电力认为设计方案有必要随资本市场的变化而进行调整，他们派人广泛听取基金公司的意见，结果，反馈最多的一条信息是，希望把没有收益的资产先不要注入。最后，长江电力决定对当期不能产生盈利的资产暂不纳入这次交易范围，因为这块资产要是放进去，会明显摊薄每股收益，投资者是不会喜欢的，这将会对长江电力的股价造成很大影响。调整方案后的目标资产为：三峡工程发电资产和 6 家辅助生产专业化公司的股权。6 家辅助生产专业化公司分别为实业公司、设备公司、水电公司、三峡发展公司、招标公司、三峡高科公司，它们主要从事与水电相关的业务，为水电工程建设和电力生产提供设备管理、招标、供水、通信、运行、维护、管理等专业化服务，但三峡发展公司后来由于部分土地相关处置手续尚未办理完成，三峡总公司和长江电力双方约定待相关交易条件具备时再将三峡发展公司的股权出售给长江电力。最终的目标资产评估值约为 1 073.15 亿元。尚未完工的三峡地下电站，预计 2011 年首批机组投产发电，三峡总公司同意在地下电站首批机组投产发电前，将地下电站出售给长江电力，长江电力也承诺购买；而金沙江下游梯级电站建设项目，也暂不纳入此次交易资产范围，其未来交易时间亦未有安排。

除了对目标资产有所调整以外，长江电力还对交易方式的结构进行调整：主要以承接债务为主，以现金支付为辅，再辅以定向增发。定向增发是指在上市公司收购、合并及资产重组中，上市公司以新发行的一定数量的股票作为对价，取得特定资产的行为。定向增发具有低成本和节省时间的优势，而且无需还本。本来长江电力是打算以定向增发为主要交易方式的，但后来由于资本市场的大幅波动，如果继续采取大量定向增发或者全部采用定向增发的方式来支付对价，同样会较大地摊薄长江电力的每股收益，将会对长江电力的股价造成很大影响；承接债务具体包括承接债券、外汇借款和人民币借款，债务融资具有利息，可以节税，有明确的偿还期，可转嫁通货膨胀的损失和不会分散公司控制权等优点，这些优点可以很好地弥补定向增发的不足，具有一定的可操作性。但如果完全以债务融资或者承担债务来支付对价，又会导致长江电力资产负债率过高，这不利于上市公司的持续发展。所以，长江电力对不同金融工具组合反复测算论证，在综合考虑每股收益、净资产收益率、资产负债结构等因素的基础上提出"多债少股"的组合方式来支付对价：以承接债务的方式支付对价约 500 亿元、以每股 12.68 元向三峡总公司定向增发 15.88 亿股（支付对价约 201 亿元）、以现金支付对价约 372 亿元。关于支付现金约 372 亿元的具体方案，双方约定自交割日起三个工作日内，长江电力向三峡总公司支付首期现金对价 200 亿元，这 200 亿元，长江电力拟通过向三峡总公司委托贷款的方式解决，而剩余部分则作为长江电力对三峡总公司的负债，在一年内支付并支付相应利息。承接债务则包括 160 亿元的债券、42.15 亿元的外汇借款和 289 亿元的人民币借款。调整后的方案最大地权衡了各方的利益：定向增发后的总股本只增加了 16.87%，最大地避免了对长江电力业绩的摊薄，保护了投资者利益；承接债务和现金支付后负债大约增加 872 亿元，资产负债率由大约 36% 提高到大约 62%，优化了资本结构，适度发挥了财务杠杆的作用，有利于长江电力的长期可持续发展。

6.2 收购完成后的偿债能力问题

本次交易后，长江电力预计固定资产、总资产将分别达到 1 466.19 亿元和 1 634.74亿元，分别较重组前提高 262.43% 和 184.71%；非流动负债、总负债分别为 811.25 亿元和 1 067.59 亿元，分别较重组前提高599.18% 和 429.23%；资产负债率从重组前的 34.94% 上升到重组后的 64.32%。长江电力有息负债总额增加至约 1 000 亿元，根据天健光华会计师事务所预测，长江电力 2010 年度财务费用约为 45.77 亿元。

长江电力突然增加了这么多负债，资产负债率提高将近一倍，每年的财务费用更高达 45 亿元，导致有人担心，说："长江电力负担得起吗?"，毕竟长江电力 2008 年的净利润也才 40 亿元而已。但事实上，与行业可比公司相比，长江电力交易后资产负债率仍低于行业平均水平，处于合理范围内，具体如表 1—5 所示。

表 1—5　　水电行业资产负债率

证券代码	证券简称	资产负债率
600236. SH	桂冠电力	67. 66%
002039. SZ	黔源电力	89. 10%
600310. SH	桂东电力	64. 14%
600131. SH	岷江水电	69. 15%
600644. SH	乐山电力	59. 83%
600116. SH	三峡水利	67. 22%
600995. SH	文山电力	45. 91%
600795. SH	国电电力	71. 65%
600011. SH	华能国际	74. 74%
600027. SH	华电国际	81. 73%
601991. SH	大唐发电	80. 58%
600886. SH	国投电力	67. 01%
可比公司平均值		69. 89%
可比公司中值		68. 41%

资料来源　中国长江电力股份有限公司重大资产购买暨关联交易报告书

除了资产负债率合理以外，收购了三峡工程 18 台发电机组后，长江电力的盈利能力也将大大提高，预计年发电量超过 1 000 亿千瓦时，约为 2008 年的 2.3 倍；2010 年度营业收入预计达到 215 亿元，而本次收购的 18 台发电机组占了其中的 110 亿元。所以说，这次收购不但不会降低长江电力业绩，反而会大大提高其收入规模和盈利水平。

除此以外，长江电力的信用评级为 AAA 级，融资渠道畅通，盈利能力较强，经营现金流充沛，偿债能力强，有足够的能力和渠道偿还债务和支付剩余现金对价。长江电力可通过下列渠道获得资金：

（1）按长江电力 2010 年经审核的盈利预测中净利润加折旧计算，长江电力 2010 年将拥有约 130 亿元自有现金流，2010 年后，在长江电力正常经营的情况下，自有现金流可以稳步增长；

（2）长江电力信用状况优良，各大银行给予长江电力的总体授信额度超过 900 亿元；

（3）长江电力已建立良好的资本市场品牌，将积极研究采取创新融资方式优化债务结构，降低负债费用；

（4）控股股东三峡总公司将继续支持上市公司发展，本次交易对价支付中对长江电力的委托贷款可以展期。

综上所述，本次收购完成后长江电力的偿债能力依然稳健，并没有任何问题。

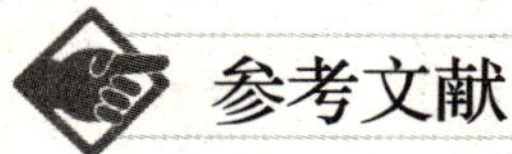

参考文献

1. 罗淑贞、熊剑：《财务学原理》，北京，经济科学出版社，2007。

2. 长江电力：《中国长江电力股份有限公司重大资产购买暨关联交易报告书》，长江电力公司网站，http://www.cypc.com.cn/filelib/UF0909280748_2.pdf，2009-09-28。

3. 长江电力：《中国长江电力股份有限公司 2003 年年度报告》，长江电力公司网站，http://www.cypc.com.cn/filelib/UF0610111402_2.pdf，2004-03-27。

4. 长江电力：《中国长江电力股份有限公司 2007 年年度报告》，长江电力公司网站，http://www.cypc.com.cn/filelib/UF0804301730_1.pdf，2008-04-26。

5. 长江电力：《中国长江电力股份有限公司 2008 年年度报告》，长江电力公司网站，http://www.cypc.com.cn/filelib/UF0904300821_1.pdf，2009-04-30。

6. 长江电力：《中国长江电力股份有限公司 2009 年年度报告》，长江电力公司网站，http://www.cypc.com.cn/filelib/UF1004301343_1.pdf，2010-04-30。

7. 长江电力：《中国长江电力股份有限公司 2009 年半年度报告》，长江电力公司网站，http://www.cypc.com.cn/filelib/UF0908311351_1.pdf，2009-08-31。

8. 长江电力：《中国长江电力股份有限公司 2010 年第一季度报告》，长江电力公司网站,http://www.cypc.com.cn/filelib/UF1004301344_1.pdf,2010-04-30。

9. 尹利霞:《长江电力发展战略研究》,载《科技创新导报》,2010(4)。

10. 中国电力企业联合会统计信息部:《2006 年全国电力工业统计快报》,中国电力企业联合会,http://www.cec.org.cn/news/showc.asp? id = 92985,2007-01-12。

11. 中国电力企业联合会统计信息部:《2007 年全国电力工业统计快报》,163 博客,http://xcyszx.blog.163.com/blog/static/31613920083182l223137/,2008-01-11。

12. 中国证券报:《长江电力李永安:千亿资产注入打造全球最大水电上市公司》,中证网,http://www.cs.com.cn/jrbznew/images/2009-05/18/12425730314937581250732399987.pdf,2009-05-18。

13. 三峡总公司:《三峡总公司简介》,三峡总公司网站,http://finance.sina.com.cn/stock/companyresearch/20041223/20011246946.shtml,2004-12-23。

14. 佚名:《三峡水电站》,百度百科,http://baike.baidu.com/view/52889.htm?fr=ala0_1_1。

15. 蒋德嵩:《长江电力"航母"下水》,新浪网新闻,http://finance.sina.com.cn/roll/20031231/1204585489.shtml,2003-12-31。

16. 彭宗卫:《长江电力重大资产重组基本完成》,载《中国三峡工程报》,http://news.sina.com.cn/c/2009-09-29/093316377876s.shtml,2009-09-29。

17. 唐福勇:《长江电力是牛头还是蛇尾?》,载《中国经济时报》,http://stock.jrj.com.cn/2009/05/2001145043403.shtml,2009-05-20。

18. 马岚:《长江电力上演"蛇吞象"复牌首日创出 79 亿元巨量》,载《京华时报》,http://news.xinhuanet.com/fortune/2009-05/19/content_11397999.htm,2009-05-19。

19. 严睿、梁海松:《李永安:长江电力整合千亿资产》,载《英才》,2009(10)。

20. 崔健:《长江电力(600900)打造水力发电龙头》,载《证券导刊》,79 页,2009(27)。

21. 潘杭钧:《长江电力重组预案解读:莫道方案出炉晚陈年佳酿更醇香》,人民网,http://finance.ifeng.com/roll/20090518/674382.shtml,2009-05-18。

22. 中国三峡总公司改制办:《整体上市:后三峡时代三峡总公司的战略选择》,新浪网新闻中心,http://news.sina.com.cn/c/2009-08-31/111316214452s.shtml,2009-08-31。

23. 光大证券股份有限公司:《长江电力:整体上市完成　进入业绩稳定期》,大赢家网站,http://www.788111.com/f10v2/NewsContent.aspx? class = 0&id = 20100504586472,2010-04-30。

24. 邢佰英:《三峡总公司副总经理:资产负债率将逐步降低》,载《中国证券报》,http://www. p5w. net/stock/news/gsxw/200905/t2350441. htm,2009-05-18。

25. 英策咨询:《2010 年净利或增 58%　长江电力年内合理价值 20 元》,凤凰网财经，http://finance. ifeng. com/stock/kdg/20100528/2247741. shtml,2010-05-28。

案例参编:李莨玮

案例 2

华电国际收购山西煤矿

2009年7月6日，华电国际电力股份有限公司（以下简称“华电国际”，H股编号：1071，A股编号：600027）公告通过旗下全资子公司山西茂华能源投资有限公司（以下简称“山西茂华”），以3.97亿元收购朔州市万通源能源投资集团有限公司（以下简称“万通集团”）旗下的山西朔州万通源二铺煤业有限公司（以下简称“万通煤业”）70%的股权，并以3.62亿元收购朔州市东易大酒店有限公司（以下简称“东易大酒店”）旗下的山西东易忠厚煤业有限公司（以下简称“忠厚煤业”）70%的股权。在煤电一体化的结构调整政策主导下，以及在华电国际的战略转型模式下，此次收购预期有助于保证华电国际所属电厂的稳定煤源。同时对于公司延伸上下游产业链，开发新能源，寻求新利润增长点也具有积极的意义。

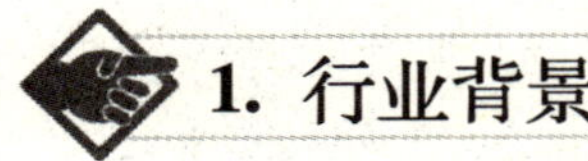

1. 行业背景

1.1 电力消费情况

根据国家能源局数据显示，2008年，我国全社会用电达到34 268亿千瓦时，相比2007年增长了5.23%，一级产业耗电量是879亿千瓦时，增长1.85%；二级产业耗电量是25 863亿千瓦时，增长3.83%；三级产业耗电量是3 498亿千瓦时，增长9.67%；城乡居民生活用电达到4 035亿千瓦时，增长11.83%。

2008年，受国际金融海啸的冲击，全球经济都出现衰退的现象。国家为了实现“保八”的经济目标而投放4万亿元的投资，尽管实现了“保八”的目标，但二级产业中的房地产、冶炼、化工等行业的开工率急剧下降，使得二级产业的用电量大减，耗电量增长放缓。

2009年上半年，由于行业结构的调整，结构优化以后行业对用电量的需求减少；同时，企业为响应国家“十一五”节能减排所带来的效应，对余热、余能进行回收利用，导致社会用电量与经济增长出现背离现象，社会用电总量下降了2.24%。第一产业仅增长3.81%；第二产业降低5.73%；第三产业增长9.42%；城乡居民生活用电增长9.87%。图2—1是全社会2008—2009年用电量与GDP累计速度对比图，表2—1是2008—2009年各产业用电情况表。

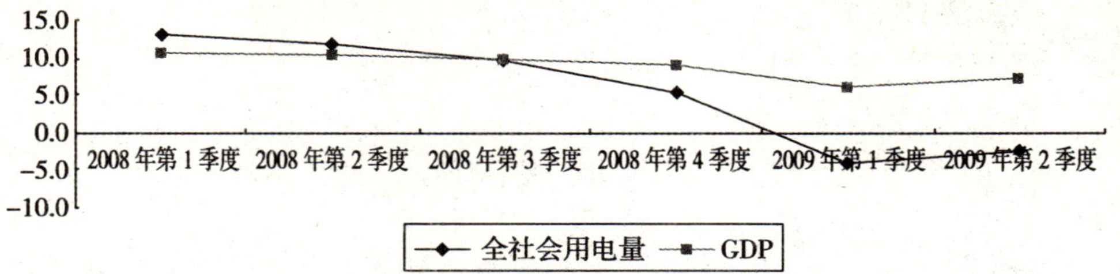

图 2—1　全社会用电量与 GDP 累计速度对比图（2008—2009）

资料来源　中国信息主管网

表 2—1　　**2008—2009 年各产业用电情况表**　　单位：亿千瓦时

2008 年	用电量	同比 2007 年	2009 年上半年	用电量	同比 2008 年
一级产业	879	1.85%	一级产业	N/A	5.05%
二级产业	25 863	3.83%	二级产业	N/A	-4.26%
三级产业	3 498	9.67%	三级产业	N/A	10.37%
城乡用电	4 035	11.83%	城乡用电	N/A	9.87%
总用电量	34 268	5.23%	总用电量	N/A	10.99%

1.2　电力供给情况

据中国电力企业联合会的统计资料，2008 年全国发电量达 34 334 亿千瓦时，但增速却从 2007 年的 14.4% 大幅降至 5.2%，创下 10 年最低水平。主要原因为 2008 年下半年受国际金融危机加深等因素的影响，全国经济增长势头放缓，电力消费需求明显减弱，发电设备利用小时数大幅回落。

2008 年火电发电量为 27 793 亿千瓦时，约占全部发电量的 80.95%。由于装机容量增速超过发电量增速，利用小时数减少 6.7% 至 4 677 小时，火电厂减少 8% 至 4 911 小时。

2009 年上半年，受国际金融危机的持续影响，用电需求减少，全国电力供需呈现供大于求的态势。加之关停小火电及电力行业结构向非火电调整优化的因素，全国电力供给在需求下降的形势下相应减少。2009 年上半年全国发电量为 16 442 亿千瓦时，同比下降 1.7%，去年同期为增长 12.9%，见表 2—2。

表 2—2　　**2008—2009 年发电情况表**　　单位：亿千瓦时

2008 年	发电量	同比 2007 年	2009 年上半年	发电量	同比 2008 年
火力	26 980	2.2%	火力	N/A	N/A
水力	N/A	19.2%	水力	N/A	N/A
风力	N/A	127%	风力	N/A	N/A
核能	626	8.8%	核能	N/A	N/A
总发电量	34 334	5.2%	总发电量	16 442	-1.7%

1.3 火电行业经营情况

2008 年 1—11 月，火力发电主营业务成本为 7 766 亿元，与同期相比上升 29.1%（同期火力发电量仅增长 4.7%），其中煤炭费用占主业成本 70% 以上，主要原因是煤炭价格大幅上涨；利息支出为 544 亿元，与同期相比上升 41.7%。因此，整体发电行业利润为-392 亿元，同比减盈增亏 996 亿元。

2008 年中期火电行业资产负债率达到 68%，至年底火力发电行业资产总计 20 234亿元，负债总计 15 056 亿元，资产负债率为 74.4%。2008 年火电行业盈利能力急降，且资产负债率不断提高。尽管 2008—2009 年电力企业的管理费用得到了较好的控制，而财务费用却迅速增长，电力企业财务费用占期间费用的比率达到 65.6%，火电企业占比更是高达 67.6%。

2009 年的前 5 个月，随着煤价的回落，电力行业总体实现利润 191 亿元，同比增长 12.5%。其中一直亏损的火力发电行业利润为 251.9 亿元，增长 3.3 倍。

1.4 煤炭行业概况

2008 年，在全国主要产煤省份中，产量超过亿吨的省份有 7 个，与 2007 年相比，增加了安徽省。原位列首位的山西原煤在全省四季度采取限产保价及煤炭兼并重组、淘汰落后的前提下，第四季度产量均为负增长，全年累计产量增速仅为 5.5%，占全国原煤产量比重也由 2007 年的 24.86% 降至 23.25%。

受电力需求持续增长、国家对煤炭管制加强的作用影响下，2008 年，全国原煤产量完成 262 183.2 万吨，同比增长 12.8%，增速高于 2002 年至 2007 年的年平均增速，但四个季度各月原煤产量增长明显放缓。截至 2008 年 12 月底，全国煤炭库存为 2.01 亿吨，同比增长 34.9%，其中直接供应电厂的库存达到 4 332 万吨，增长 90.84%。2008 年，大型煤炭企业原煤平均售价为 357.03 元/吨，同比增长 34.10%，煤价在前 8 个月同比大幅上涨 60% 以上的基础上，第四季度各月同比增速均为负增长。

2009 年上半年，煤炭产量呈月度加速增长。全国原煤产量为 13.56 亿吨，同比增长 8.7%，增速同比减缓 6.1 个百分点。其中，6 月份全国原煤产量完成 27 908.5 万吨，同比增加 3 829 万吨，增长 15.9%，这一增速比 5 月份提高了 6.3 个百分点。2009 年煤炭进出口呈现明显的两极分化走势，1 至 6 月累计煤炭净进口 3 660 万吨。煤炭供求形势总体宽松，价格持续小幅波动。

1.5 我国煤电能源体制

2008—2009 年，我国电力供需同比呈现增长，电力行业消费直接决定煤炭需求，然而随着煤价的不断上涨和电价调整的停滞不前，火电行业出现全面亏损。“煤电之争”、“市场煤”与“计划电”的矛盾成为中国能源价格体制中最大的困局。在共同求生存、促发展的政策引导下，“煤电一体化”成为煤炭和电力两大行业企业在当前“市场煤”和“计划电”的能源价格体制下的最优选择。

一方面，面对煤炭企业“限产保价”，发电企业作为国有公共企业无法“限电保价”，双方的市场定位不等导致在煤价上涨而电价调整停滞不前的情况下，电力企业只能通过合并产业链上游企业，寻求煤炭供给保证，分隔煤矿行业利润。另一方面，在2008—2009年的电煤订货会上，煤炭企业面临发电企业“集体对抗”煤价上涨的市场“重压”，煤炭企业无奈为保销售，与发电企业联合。

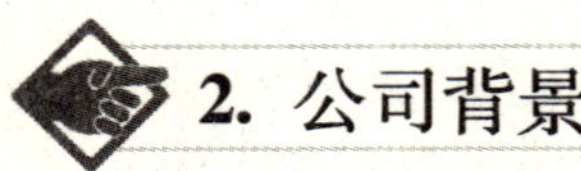

2. 公司背景

2.1　华电国际

华电国际于1994年6月28日在中国山东省济南市注册成立，母公司和最终控股公司为中国华电集团公司（以下简称“中国华电”）。该公司是经原国家经济体制改革委员会批准成立的股份有限公司，注册股本为每股面值1元的普通股3 825 056 200股，合计3 825 056 200元。公司于1999年6月30日首次公开发行约14.31亿股H股，并在中国香港联合交易所有限公司挂牌上市。2005年年初在境内成功发行了7.65亿股A股，并于2005年2月3日在上海证券交易所（以下简称“上交所”）挂牌上市。

华电国际主要经营范围包括建设、经营发电厂和其他与发电相关的产业。2008年，华电国际及其所属子公司发电总量为1 006.8亿千瓦时，同比去年增长约37.38%；经电网售出电量906亿千瓦时，同比去年增长约38.53%。截至2008年12月31日，华电国际全年实现营业额约为299.97亿元，同比去年增长约47.47%，其中售电业务收入约为292.75亿元，同比去年增长46.31%；售热业务收入约为7.22亿元，同比去年增长117.32%。由于煤价的高涨导致营业成本上升至309.94亿元，同比去年增长59.17%，该期间亏损34.14亿元，股东权益持有人应占亏损为25.6亿元，每股亏损0.425元。

2009年上半年，华电国际实现半年营业额约为171.87亿元，相比去年同期上升25.5%，主要原因是受惠于2008年电价上调，煤炭价格波动趋缓及售电量的增长；华电国际本期售电业务收入约为165.64亿元，同比增长23.36%；售热业务收入约为6.23亿元，同比增长133.54%。该期间实现纯利约22.02亿元，同比去年增长1 644.99%，而股东权益持有人应占利润约是5.45亿元，每股盈利0.09元。华电国际经营情况表见表2—3。

表 2—3 华电国际经营情况表

数量单位：亿千瓦时；金额单位：亿元

	发电量	售电量	售电收入	售热收入	营业收入	盈亏
2008 年	1 006.80	906	292.75	7.22	299.97	-25.60
同比 2007 年	37.38%	38.53%	46.37%	117.32%	47.47%	N/A
2009 年上半年	N/A	N/A	165.64	6.23	171.87	5.45
同比 2008 年	N/A	N/A	23.36%	133.54%	25.5%	1 270.59%

2.2 山西茂华

山西茂华于 2009 年 4 月 27 日在山西省太原市注册成立，是华电国际拥有的全资子公司，注册资本为 15.49 亿元。其主营业务为煤炭、电力、热力等能源项目的投资和管理，批复产能为 510 万吨/年。该子公司主要是华电集团为加大山西煤炭开发力度，消除省内有关政策的限制，实现专业化运作及管理而设立的能源投资公司。

2.3 万通集团

万通集团位于山西省朔州市，为原地方国有二铺煤矿改制发展而来的民营企业集团。公司业务多元化，主营业务为矿产开采，围绕发展房地产开发、酒店、典当行业等。公司旗下拥有五家矿业公司，30 多万平方米可建楼面面积，接近 3 000 套可销售商品房以及朔州市最高的酒店——万通源大酒店。

2.4 万通煤业

万通源二铺煤业有限公司于 1986 年 3 月 22 日在山西省朔州市成立，主要经营范围包括煤矿建设、煤炭生产及相关业务。该公司目前拥有煤炭保有储量 15 151 万吨，可采储量 7 285 万吨，批准设计生产能力为 90 万吨/年，并有条件扩展到 180 万吨/年。截至 2009 年上半年，该煤矿尚处于建设阶段，预计将于 2010 年上半年竣工投产。

2.5 东易大酒店

东易大酒店位于山西省朔州市市政府附近，开业于 2008 年 8 月 18 日，是一座主楼高 10 层，副楼高 5 层的国家四星级酒店。酒店有 223 间房间，提供住宿、餐饮、宴会、商务会议、休闲娱乐等服务设施。酒店地理位置优越，堪称朔州第一酒店。

2.6 忠厚煤业

东易忠厚煤业有限公司于 1998 年 6 月 17 日在山西省朔州市成立，主要经营范围包括煤矿建设、煤炭生产及相关业务。忠厚煤业目前拥有煤矿的资源储量为12 801万吨，可采储量6 028 万吨。批准设计生产能力为45 万吨/年，并有条件扩展到120 万吨/年。截至2009 年上半年，该煤矿尚处于建设阶段，预计将于2009年年底竣工投产。

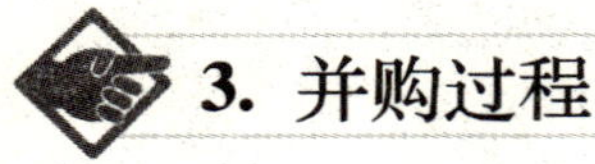

3. 并购过程

2009 年第一季度，基于2008 年的亏损困境，华电国际开始积极物色产业链上游的煤矿企业，主要是一些小型煤矿。由于山西位居我国原煤产出中首位，加之2008—2009 年山西省对省内许多小型煤矿开始整合重组，华电国际锁定了山西两个小型煤矿，分别是万通煤业和忠厚煤业，并与其展开初步的洽谈商讨。

2009 年 4 月 27 日，华电国际斥资 8 亿元在山西省省会太原注册成立山西茂华，为收购万通煤业和忠厚煤业做准备，同时通过该公司与被收购方继续进行磋商，包括收购的作价、支付的方式、收购的份额等。

2009 年 5 月 31 日，并购双方经过多次谈判，达成共识，最终达成收购协议。

2009 年 7 月 6 日，华电国际发表公告，宣布以现金支付方式，分别以 3. 97 亿元和 3. 62 亿元成功收购万通煤业 70% 的股权和忠厚煤业 70% 的股权。

2009 年 7 月 7 日，华电国际宣告收购完成，两项股权收购均已完成交割和工商变更程序。

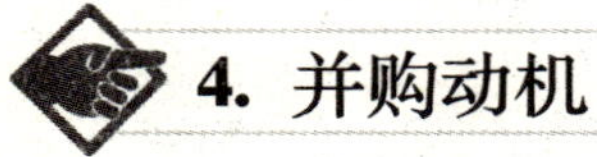

4. 并购动机

4.1 华电国际

在五大电力集团跑马圈地、扩张版图之争白热化的行业背景下，华电国际也正在积极谋求增加自身的市场份额。五大电力集团除了并购小型发电站之外，还十分积极地延伸自己的上游产业链，四处收购地方的小型煤矿，为企业长远发展寻求煤炭储备。

促使五大集团积极延伸上游产业链的主要原因就是我国现有能源体制造成的煤电供需矛盾突出，双方对于煤炭价格存在严重的分歧。煤炭供货商限产保价或抬价，而电力企业在电价限定的情况下希望降价。双方相互博弈，各不相让，至2008 年煤炭价格急剧上涨时达到白热化状态，尽管在 2008—2009 年的电煤订货会上，电力企业集体对抗煤炭企业，拒签或是签署无效合同，但最终电力企业在电力需求增加，原材料供给不足的情况下被迫接受煤价上涨。

4.1.1 政策原因

2008 年 4 月，国家发改委发表调查研究报告指出，我国煤矿行业重组过程中存在一系列问题，其中包括煤炭资源配置不合理，煤矿企业准入门槛低等。一方面，矿业权不合理配置的现状提高了资源整合、兼并重组的成本，不利于行业的持续发展和大型煤炭企业集团的建设。而且，煤矿企业的低准入门槛导致一些不具备办矿条件、不以组织生产为目的，主要以炒卖资源、转让煤矿等短期行为为主赚取差价的企业和个人，利用其经济实力上的优势参与矿业权竞争，这是造成煤价剧烈波动的原因之一。其次，不完善的煤矿企业准入制度，造成煤炭资源开发队伍鱼龙混杂，资源浪费严重。

另一方面，针对我国现有能源体制中煤电供需矛盾突出的现象，报告提出"关小建大"的政策，鼓励有能力的电力企业兼并小型煤矿，实现煤电一体化经营。电力企业兼并煤矿，一方面可以分享煤矿企业的利润，另一方面可以稳定煤炭供应和价格。另外国家推出积极的配合政策，如"上大压小"。对于不参加兼并重组的小型煤矿，国土资源管理部门不予新增资源，采矿权到期后不予延期，有关部门不得为其办理有关证件、执照变更手续等措施，鼓励大型煤矿企业兼并重组中小型煤矿；鼓励优势煤矿企业之间联合重组；鼓励大型煤炭企业兼并重组相关联产业的企业；鼓励具有经济优势的大型企业兼并重组煤矿。

4.1.2　电煤之争，谈判破裂

我国电煤行业有一项传统，每年年初由发改委、铁道部、电力企业和煤炭企业举行年度订货谈判，即"电煤谈判"。在谈判中，双方就下一年度的煤炭价格和供应量进行商讨，若双方达成共识则可签订下一年度的订单合约。

2008年，发改委和铁道部声明将不再参加并永久退出此谈判会议。失去了政府的主导，谈判将随时有可能陷入僵局。在电力企业和煤炭企业互不相让的情况下，2009年无一订单签成。期间五大电力集团曾远赴国外，并与国外煤炭集团商谈，虽无成果，但是此举多少也有向国内煤炭巨头示威的姿态。2009年年初，电力企业逼于传统的用电高峰期——春节来临之际，与煤炭企业再次进行谈判，结果是电力企业只得接受煤炭涨价4%至20%不等这一条件。

电煤谈判破裂之后，加快了大型上市电力企业掠夺煤炭资源的速度。五大电力集团积极寻求合并小型煤矿之路，并试图参与海外煤矿资源的竞争。

4.1.3　战略动机

华电国际的发展战略是："以科学发展观为统领，以效益为中心，以改革为新动力，以发电产业为核心，以煤炭产业为保障，以增强综合竞争力为主线，优化结构，希望将公司建设成为具有综合竞争力的全国性现代化优秀上市电力企业"。华电集团此次率先发力山西，并购两个煤矿，就是其战略目标的很好体现。

"以发电产业为核心，以煤炭产业为保障"是华电发展战略的中心所在。2008年由于发电用煤炭价格的抬高，华电国际燃煤发电成本高达226.6亿元，占公司经营费用高达74%以上，加之各行业对煤炭需求只增不减的情况，只有稳定煤炭价格和供应量才能稳定发电，维护核心业务的竞争力。收购上游煤矿，增加煤炭储存量是华电国际保障核心业务的基础。

另外，五大电力集团在煤炭供应紧张的情况下，各自发力，频频与小型煤炭企业或国外煤矿企业洽谈，也促使了华电国际加快其战略扩展的步伐。

4.1.4 完善产业链

在我国，发电行业主要生产消耗为燃煤。燃煤发电占发电总量的75%以上。仅2008年，五大电力集团主营业成本高达7 766亿元，其中煤炭开支占主营业成本比例最高，对于华电国际花费在煤炭上面就有226.6亿元。如何维持煤炭价格的稳定和保障煤源，是电力企业亟待解决的一大难题。

2003年起，国家取消电煤指导价，实行电煤市场定价，在随后连续几年的煤炭交易上，煤电之争愈演愈烈。随着矛盾的加深，煤电双方都开始寻求自救。2006年，国家发改委在草拟《电力产业发展政策》时提出，要鼓励煤炭企业与电力企业之间通过资产重组，实现煤电一体化经营。自2008年年初，先后有大型上市电力企业并购地方性的中小型煤矿，更甚者并购大型或超大型煤矿。此举吹响了并购上游原材料企业的号角，如2008年3月15日，华能集团亦称将投资600多亿元，加快在甘肃的煤炭、电力等能源项目开发建设，推进电力、煤炭、铁路、化工一体化及相关产业的发展；2008年3月16日，大唐集团在北京宣布，将投资160亿元在陕北能源化工基地开发建设煤电一体化项目；2008年3月27日，大唐发电发布公告称，将出资不超过34.272亿元，建设内蒙古自治区锡林郭勒盟五间房煤田的东部矿区，控股51%。

由于我国电力和煤炭行业产业结构特殊，皆属于寡头垄断产业。电力行业希望以其垄断地位去压低煤炭价格，以获得更低的成本、更高的利润；而煤炭行业也同样通过自身市场地位去抬高煤炭价格，以争取获得更大的利润空间。在市场机制以及煤炭价格无法压低的情况下，电力企业采取的最优对策就是通过纵向合并吸收供货商，从而压低成本，提升竞争力。

纵向合并是企业将关键性的投入—产出纳入企业控制范围，以行政手段而非市场手段处理上下游的供销业务，以提高企业对市场控制能力的一种方法。企业通过并购上下游企业，可以减少对谈判对手的依赖程度，提高自身的要价能力，能够迫使相关企业以更加优惠的价格提供服务，从而提升自己的市场势力。

煤电企业相互参股，近地域建立坑口电厂，一方面，可有效减少运输环节，降低煤炭价格，还解决了煤炭在运输过程中的污染和热量损耗等问题；另一方面由资金雄厚的发电集团出面，整合煤矿和物流，从而建立覆盖煤炭、电力、运输等整个行业链条的特大型能源集团。多种经营方式不仅可以降低企业的投资风险，保证了利润的最大化，而且还有利于完善国家的能源安全体制。

华电国际这次的并购，成功兼并了两个煤矿，这两个煤矿具备的产能达到300万吨/年，一方面可以为华电国际位于山东、宁夏等区域性发电厂提供相对稳定的煤炭供应，从而减少对外界的煤炭依赖，可为华电国际带来正面效益；另一方面也显示出华电国际具备并购煤矿的经济实力，及其对完善上游产业链的决心。

4.2 万通煤业与忠厚煤业

对于华电国际的并购，这两家煤矿企业皆持积极态度。对于它们，华电国际的入主不单是单纯引入一个带来资金的理想投资者，更具有多方意义。首先，在华电国际庞大的资金和集团关系的帮助下，煤矿企业可以顺应国家和地方政策迅速转型，成为安全并高产量的煤矿公司，更可增强抵抗其他煤矿的竞争力；其次，被合并以后，这两家煤矿企业符合国家的政策和地方的法规，可以延续矿产经营权，这对双方都是有利的；再次，此举对万通煤业、忠厚煤业的长远发展，也十分有益。

5. 结果评价

股价分析

华电国际公告日前后 20 个交易日的股价走势图如图 2—2 所示。

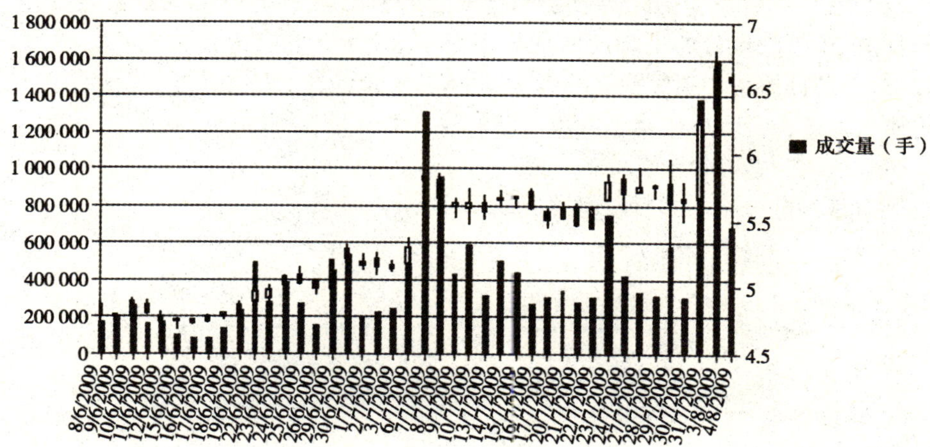

图 2—2　华电国际公告日前后 20 个交易日的股价走势图

根据图 2—2，2009 年 7 月 6 日前 20 日的股价维持在 4.7 元左右的价位。至 2009 年 7 月 7 日，公司宣布以现金支付的方式完成对山西两家煤矿收购的消息，市场当天立即作出反应，股价大幅上扬至 5.29 元/股，而成交量也上升到 479 956手，当天涨幅跑赢大市涨幅。公告日往后的 20 天中，股价持续上涨，一直涨到 6.56 元/股，成交量也上升至 688 605 手。同比公告日前 20 天，后 20 天的股价涨幅达到 24.01%，成交量增加了 288.34%。在煤价高涨的情况下，煤价已经慢慢蚕食发电企业的利润，投资者对此次并购决策持正面态度，并反映在股价中。

下面是华电国际公告日前后 20 个交易日的 AR 图，如图 2—3 所示。

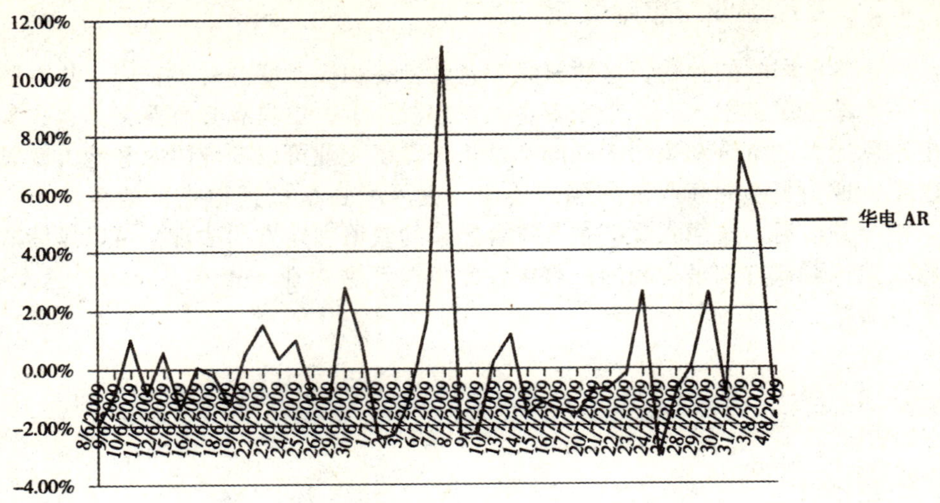

图 2—3　华电国际公告日前后 20 个交易日的 AR 图

根据图 2—3，华电国际的股票回报率在公告日前后呈现一定程度的差异，在公告日前 20 个交易日的平均超额回报率是-0.29%，表现为跑输大市，而公告日后 20 个交易日的平均超额回报率转为 0.56%。公告日前后表现截然不同，由原来的跑输大市变为公告后的优于大市，证明投资者对华电国际信心较足，市场一致认同本次收购能为华电带来正面的效益。

下面是华电国际与大唐发电的 CAR 对比图，如图 2—4 所示。

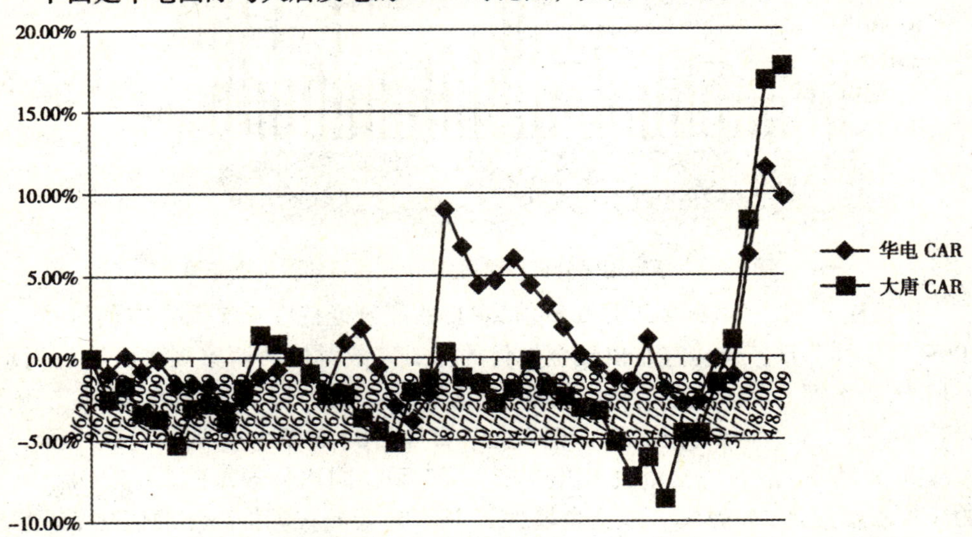

图 2—4　华电国际与大唐发电的 CAR 对比图

除通过 AR 分析证明华电国际公告消息的利好之外，为了加强对上述分析的支持，笔者利用存在可比性的同行业与华电国际的 CAR 进行比较。由图 2—4 可知，公告日前同行业的超额回报率优于华电国际，但公告日后，华电国际的累计超额回报率不断高拉，一方面表现为跑赢大市，另一方面超额回报率不断大幅抛离同行业。对比说明本次收购煤矿决策有利于公司。

由上述分析可见，华电国际的股价在并购消息公告以后，股票价格的快速上涨，无论是平均回报率，还是累计超额回报率都要高于市场水平，这显示投资者认同此次并购所作出的正面积极的反应。

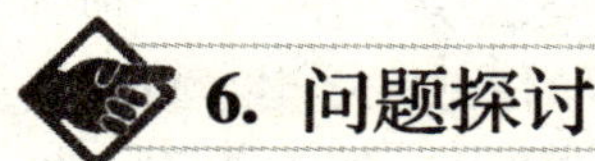

6. 问题探讨

6.1 政策风险将是否会降低并购煤矿的效益

随着社会经济的发展，环境问题已经作为一个不可回避的重要问题。保护环境，减轻环境污染，遏制生态恶化趋势，成为政府社会管理的其中一项重要任务。对于我国，保护环境是我国的一项基本国策，解决全国突出的环境问题，促进经济、社会与环境协调发展和实施可持续发展战略，是政府面临的重要又艰巨的任务。

在我国“十一五”规划纲要中明确指出节能减排是当前政府其中一项重要的任务，再加上已经批准的《哥本哈根气候协议》，如何进一步促进节能减排，是政府面临的重大任务。

根据权威人士引述消息，国家环保局正在修订“火电厂大气污染物排放标准”等一系列相关产业的国家级排放标准，该标准正在讨论和征求意见的过程中。该标准主要对新建火电厂设备规定具体的排放指针，如单位立方米烟气排放量、运转每小时烟气排放量、发每度电烟气排放量等。经过修订后，火电废气排放标准将变得更加严格，相关指标将与国际排放水平接轨。同时，按照国内 2008 年的设备技术水准，要满足上述标准还存在一定的难度，必须推广使用更严格的污染物控制技术。此举意味着火电厂的技术难度将加大，成本将提升。而在政策的执行上，政府将会考虑到各地的经济发展水平不同，该标准的落实应该不会“一刀切”，而是将在不同地区有区别地推行，东部沿海地区和华南地区极有可能成为首批推行的试点。这意味着位于山东省的华电国际将会首先受到这个政策的影响。

随着对排放标准的修订，而且极有可能在短时间内推行，华电国际在新建的电厂中，只有购买更加先进的设备才能满足新的排放标准，而且旧设备也会在政府允许的过渡期内慢慢被更换。燃煤发电的比例将会慢慢地下降，这是未来的大势所趋。所以，并购煤矿的效益将会在新的排放政策中慢慢消减。

6.2 煤电一体化是否完全可行

在企业的发展过程中，实施多元化经营战略是其发展至一定程度上的必然选择。电力企业向煤炭上游产业链的自然延伸，可以有效加强自身核心业务竞争优势。但事实上，“煤电一体化”并非完全可行，青海便是一个例证。据悉，由于青海大量煤炭资源控制在民营企业和个人手中，地方政府对当地企业控股经营的保护给河南义马煤业集团进入青海重组造成很大障碍。据悉，地方小型煤矿从未遵循“一个主体开发”的原则。针对以上情况，“问题的核心在于煤矿资源没有实行完全的市场化，而主要是由行政区划分的”。在经济效益很好的情况下，很难让小型煤矿主动退出。

尽管如此，煤矿企业加快兼并重组，已成为决策层的主流意见。在经历了南方雪灾时的电煤紧张后，多个部委均赞成国家必须加强对能源的控制力，建立煤炭资源向优势企业流转的机制。但实际上，大型煤炭企业重组过程中还存在诸多困难。比如，较为关键的是成本因素，由于小型煤矿资源价值增值较快，民营煤矿出让价格高，兼并困难。除上述问题外，煤矿的地方保护主义也是重组中的一大障碍。

因此，煤电一体化只是基于现有能源体制不完善下的无奈之举，但并不是所有电力企业都有并购上游企业的能力，随着煤矿资源的减少，电力企业的垄断性越来越高，煤炭企业的筹码不断压低，更为有效的方式是改进我国现有“市场煤”和“计划电”的现状，解决问题的根本方案最终还要从能源体制改革入手，特别是要从能源价格机制的改革入手。

6.3 现金支付方式分析

在现代企业并购中，常用的支付方式一般有四种：股权支付、杠杆支付、现金支付和综合证券支付，此次收购活动采取的是现金支付方式。

现金支付是指收购方通过支付一定数额的现金来购买、置换被收购方的资产或者股权，从而实现收购交易的一种支付方式。现金支付是一种简单、直接、快速的支付方式，一般在中小型的企业并购中比较常用。

现金支付的优点：（1）对被并购方的股东而言，不必承担太多的证券风险，并且马上可以得利；（2）对并购方而言，现金支付可以向市场传递一个讯号，表明其现有的资产可以产生较大的现金流量，企业拥有足够的现金去把握未来任何的投资机会；（3）对于并购方来说，现金支付相对直接明了，可以迅速达成收购，可以缩短并购所需的决策时间，减少未来可能发生的各类成本，例如，时间成本、机会成本等，可避免错过最佳的并购时机；（4）现金支付不会改变公司现有的股东权益结构，也不会导致股东权益被稀释和股权转移等问题。因此，华电国际愿意通过现金支付的方式去完成并购，一方面可以用最短的时间完成交易，另一方面给被并购方带来充裕的资金，作为公司改善和提升公司竞争力的后盾。

现金支付的缺点：（1）对被并购方而言，公司股东的资本利得需要立即确认，不能推迟，这表示无法享受税收上面的优惠政策，也不能拥有被并购后成立的新公司的股东权益，这将会影响被并购方股东的接受意愿和积极性；（2）对并购公司而言，现金支付是实时性的沉重负担，对现金的要求和筹资能力的要求都十分高，交易的规模也受到一定的限制，处理稍有不慎将会影响公司的财务状况，甚至是财务结构。在这次并购中，对于属于国家企业的华电国际来说，有国家作为强大的后盾，再加上本身的资金充裕，故以现金支付是最合适的方式。

附件　AR、CAR 股价分析数据

附件 2—1　AR、CAR 股价分析数据

日期	大唐涨跌幅	华电涨跌幅	上证指数	华电 AR	华电 CAR	大唐 AR	大唐 CAR
2009-06-08	0.63%	-1.44%	0.52%	-1.96%	0.00%	0.11%	0.00%
2009-06-09	-1.88%	-0.21%	0.71%	-0.92%	-0.92%	-2.59%	-2.59%
2009-06-10	1.91%	2.09%	1.02%	1.07%	0.15%	0.89%	-1.70%
2009-06-11	-2.38%	-1.64%	-0.67%	-0.97%	-0.82%	-1.71%	-3.41%
2009-06-12	-2.30%	-1.25%	-1.91%	0.66%	-0.16%	-0.39%	-3.80%
2009-06-15	0.13%	0.21%	1.67%	-1.46%	-1.62%	-1.54%	-5.34%
2009-06-16	1.70%	-0.42%	-0.48%	0.06%	-1.56%	2.18%	-3.16%
2009-06-17	1.54%	1.05%	1.23%	-0.18%	-1.74%	0.31%	-2.85%
2009-06-18	0.39%	0.21%	1.56%	-1.35%	-3.09%	-1.17%	-4.02%
2009-06-19	3.07%	1.46%	0.93%	0.53%	-2.56%	2.14%	-1.88%
2009-06-22	3.73%	2.05%	0.55%	1.50%	-1.06%	3.18%	1.30%
2009-06-23	-0.60%	0.20%	-0.12%	0.32%	-0.74%	-0.48%	0.82%
2009-06-24	0.24%	2.01%	1.02%	0.99%	0.25%	-0.78%	0.04%
2009-06-25	-0.96%	-0.98%	0.09%	-1.07%	-0.82%	-1.05%	-1.01%
2009-06-26	-1.21%	-0.99%	0.11%	-1.10%	-1.92%	-1.32%	-2.33%
2009-06-29	1.72%	4.42%	1.61%	2.81%	0.89%	0.11%	-2.22%
2009-06-30	-2.05%	0.38%	-0.54%	0.92%	1.81%	-1.51%	-3.73%
2009-07-01	0.99%	-0.77%	1.65%	-2.42%	-0.61%	-0.66%	-4.39%
2009-07-02	0.98%	-0.58%	1.73%	-2.31%	-2.92%	-0.75%	-5.14%
2009-07-03	3.99%	0.00%	0.92%	-0.92%	-3.84%	3.07%	-2.07%
2009-07-06	1.98%	2.91%	1.18%	1.73%	-2.11%	0.80%	-1.27%
2009-07-07	0.46%	10.00%	-1.13%	11.13%	9.02%	1.59%	0.32%
2009-07-08	-1.82%	-2.57%	-0.28%	-2.29%	6.73%	-1.54%	-1.22%
2009-07-09	0.92%	-0.88%	1.37%	-2.25%	4.48%	-0.45%	-1.67%
2009-07-10	-1.37%	0.00%	-0.29%	0.29%	4.77%	-1.08%	-2.75%
2009-07-13	-0.23%	0.18%	-1.07%	1.25%	6.02%	0.84%	-1.91%
2009-07-14	3.84%	0.53%	2.10%	-1.57%	4.45%	1.74%	-0.17%
2009-07-15	-0.22%	0.18%	1.38%	-1.20%	3.25%	-1.60%	-1.77%

续表

日期	大唐涨跌幅	华电涨跌幅	上证指数	华电 AR	华电 CAR	大唐 AR	大唐 CAR
2009-07-16	-0.79%	-1.58%	-0.15%	-1.43%	1.82%	-0.64%	-2.41%
2009-07-17	-0.45%	-1.43%	0.19%	-1.62%	0.20%	-0.64%	-3.05%
2009-07-20	2.28%	1.63%	2.42%	-0.79%	-0.59%	-0.14%	-3.19%
2009-07-21	-3.67%	-2.32%	-1.64%	-0.68%	-1.27%	-2.03%	-5.22%
2009-07-22	0.58%	2.38%	2.60%	-0.22%	-1.49%	-2.02%	-7.24%
2009-07-23	2.07%	3.57%	0.97%	2.60%	1.11%	1.10%	-6.14%
2009-07-24	-1.12%	-1.72%	1.33%	-3.05%	-1.94%	-2.45%	-8.59%
2009-07-27	5.80%	1.05%	1.86%	-0.81%	-2.75%	3.94%	-4.65%
2009-07-28	0.11%	0.17%	0.09%	0.08%	-2.67%	0.02%	-4.63%
2009-07-29	-1.93%	-2.43%	-5.00%	2.57%	-0.10%	3.07%	-1.56%
2009-07-30	4.27%	0.71%	1.69%	-0.98%	-1.08%	2.58%	1.02%
2009-07-31	9.98%	10.05%	2.72%	7.33%	6.25%	7.26%	8.28%
2009-08-03	10.03%	6.73%	1.48%	5.25%	11.50%	8.55%	16.83%
2009-08-04	1.13%	-1.50%	0.26%	-1.76%	9.74%	0.87%	17.70%

参考文献

1. 罗淑贞、熊剑:《财务学原理》,北京,经济科学出版社,2007。

2. 孙涛:《公司并购》,北京,经济管理出版社,2006。

3. 杨飞、张宗:《公司并购原理与实务》,北京,中央广播电视大学出版社,2004。

4. 华电国际电力股份有限公司:《华电国际电力股份有限公司2008年年度报告》。

5. 华电国际电力股份有限公司:《华电国际电力股份有限公司2009年中期业绩报告》。

6. 华电国际电力股份有限公司:《华电国际电力股份有限公司2009年年度报告》。

7. 国家统计局能源统计司:《国家统计局解释上半年我国经济增长与用电背离》,中国网,http://www.china.com.cn/economic/txt/2009 - 08/03/content_18255108.htm。

8. 佚名:《2008年全国用电量增长5.23%》,中国市场研究报告网,http://www.ewise.com.cn/Industry/200901/yongdianliang070910.htm。

9. 胡文洲:《电力行业:08年发电量增长大幅放缓》,新浪财经,http://finance.sina.com.cn/stock/report/20090108/09552615408.shtml。

10. 佚名:《宁夏2009年上半年经济运行状况评估》,广西壮族自治区发展与改革委员会网站，http://dy.gxdrc.gov.cn/gglm/zt/qgfgwxxlb/nxfzggw/200908/t20090806_134716.htm。

11. 佚名:《2008年电力行业运行情况及2009年趋势预测》,上海证大投资管理有限公司，http://www.zendai.com.cn/news _ detail.asp? news _ id = 145&SmallClassName=%C3%BD%CC%E5%B1%A8%B5%C0。

12. 佚名:《2009年上半年电力和煤炭两大行业运行情况分析》,中国行业研究网,http://www.chinairn.com/doc/4080/446157.html。

13. 佚名:《电煤重组:发改委首次发文支持电企并购煤矿》,国际煤炭网,http://www.in-en.com/coal/html/coal-0656065694178114.html。

14. 佚名:《"火电厂大气污染物排放标准"拟近日颁布》,中国政府采购网,http://www.ccgp.gov.cn/gysh/jdjx/zcfg/1123347.shtml。

15. 佚名:《我国的环保政策什么时候会开始实施》,中国职业技术教育服务网,http://www.zzjjf.com/Html/knowledge/knowledge_content.asp? NewsID=07112315041349466。

16. 佚名:《电力企业并购煤矿热潮开始》,中国自动化网,http://www.ca800.com/news/html/2008-4-11/n81919_0.html。

17. 佚名:《华电国际(600027)项目:财务摘要》,新浪财经,http://money.finance.sina.com.cn/corp/go.php/vFD _FinanceSummary/stockid/600027/displaytype/4.phtml。

18. 佚名:《2009年电力行业呈五大特点》,中国阀门网,http://www.famens.com/html/2010/1-28/F1350268807.htm。

19. 佚名:《国有企业并购煤矿注意事项》,崔王伟律师的博客,http://blog.sina.com.cn/s/blog_4fe66f640100ff05.html。

20. 潘建:《煤价僵局待解　五大电力集团"另谋出路"》,中国供应商网,http://cn.china.cn/frame/d470881,2dd9b2,d2050_7093.html。

21. 刘蕊:《河南:主动关闭煤矿可获100万补助》,中国香港文汇网,http://news.wenweipo.com/2010/06/03/NN1006030003.htm。

22. 万通源能源投资集团:《集团简介》,万通源能源投资集团官网,http://www.szwty.com/main.htm。

23. 佚名:《煤炭行业供需情况分析》,中国建设工程招标网,http://www.projectbidding.cn/info/scfx/304.html。

24. 王静:《电力行业:政策影响较为积极》,宏源证券,http://www.hongzhoukan.com/newsview.php? id=60625。

25. 李新民:《煤电一体化:能源体制"逼"出来的选择》,中国电力门户网站,http://www.chinapower.com.cn/newsarticle/1106/new1106801.asp。

案例参编:区文伟

3

兖州煤业 189 亿元收购澳大利亚菲利克斯公司

2009 年 12 月 23 日，兖州煤业股份有限公司（以下简称“兖州煤业”）以 33.3 亿澳元（约 189.5 亿元）收购澳大利亚菲利克斯资源公司（以下简称“菲利克斯公司”）100% 的股权。同日，菲利克斯公司全部股份过户至兖州煤业设于澳大利亚的全资下属公司兖州煤业澳大利亚有限公司（简称“兖煤澳洲”）。2009 年 12 月 24 日，菲利克斯公司向澳大利亚证券交易所申请退市。这次并购是 2009 年中国企业在澳大利亚完成的最大一宗收购案，也是 2009 年澳大利亚十大并购案之一。

1. 行业背景

1.1 国内煤炭行业状况

随着中国经济的发展，煤炭资源的需求量和消耗量持续上升，2009 年煤炭的消耗量约为 2000 年的两倍。2002 年至 2009 年，消耗量连续 8 年同比增长 10% 左右，如图 3—1 所示。煤炭资源的节约利用，将成为我国经济社会可持续发展的内在要求。

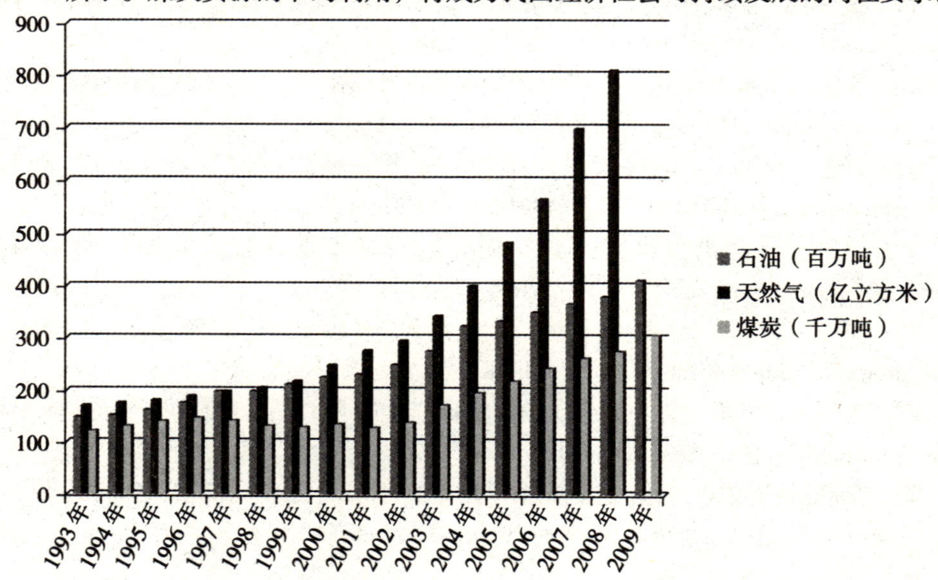

图 3—1 1993—2009 年中国能源消耗情况

资料来源 三星经济研究院整理

我国能源资源结构特征为“富煤、贫油、少气”，石油和天然气储量都相当匮乏，煤炭是我国最重要的一次性能源，在国民经济发展中占据着举足轻重的地位。2007 年在我国一次性能源的消费结构中，煤炭、石油和天然气的消费量分别占全球消费量的 70. 4%、19. 7% 和 3. 3%（见表 3—1）。石油、天然气消费比例明显低于其他国家，而煤炭消费比例则是最高的。由此可见，中国是世界煤炭能源消费大国。

表 3—1　　**2007 年世界及主要国家一次性能源消费量及构成**

国家	能源消费总量（亿吨油）	占消费量的比重（%）		
		煤炭	石油	天然气
美国	23. 61	24. 3	39. 9	25. 2
中国	18. 63	70. 4	19. 7	3. 3
澳大利亚	1. 22	43. 6	34. 6	18. 6
英国	2. 16	18. 2	36. 2	38. 1
日本	5. 18	24. 2	44. 2	15. 7
印度	4. 04	51. 4	31. 8	9. 0
俄罗斯	6. 92	13. 7	18. 2	57. 1
法国	2. 55	4. 7	35. 8	14. 8
韩国	2. 34	25. 5	46. 0	14. 2

2008 年，美国情报署统计按当时探明的中国煤炭可采储量 1 262. 15 亿吨和开采能力测算，我国煤炭的可采年限只有 80 年。煤炭人均剩余可采储量仅有世界平均水平的 58. 6%。受全球能源危机和低碳经济的影响，我国正努力实现由传统能源向新能源的转变。根据正在制定中的可再生能源规划和新能源规划，中国将大力发展风电、水电、核电、生物能和太阳能，以期降低火力发电的比重。但是考虑到一次性能源消费格局在相当长一段时间内不会有明显变化，而且全社会对一次性能源的消费会持续增长等因素，未来煤炭需求仍将会保持增长趋势。

在这种形势下，国家有意整合煤炭行业，改变煤炭行业的竞争格局。国家出台政策，以国有企业为主导，对煤炭生产基地进行资源整合，推动煤炭行业的结构调整，加速形成较为集中的市场。由此，煤炭生产企业将会大幅减少，煤炭行业将由完全竞争格局向垄断竞争格局转变。随着国家对小型煤矿的关闭以及投资速度的放缓，煤炭产量增速已呈下降趋势。预计 2010 年煤炭洗选业固定资产投资增速将继续低于全社会固定资产增速，维持在 20% 左右。自《能源发展“十一五”规划》实行后，截至 2008 年 1 月 12 日，全国关闭小型煤矿 11 155 余处，减少产能 2. 5 亿吨，预期未来三年煤炭产量复合增速为 8. 4%，低于同期煤炭需求增速。

供求拉动、成本推动决定了煤炭价格持续上扬。2003 年以来，中国煤炭市场价格不断攀升，直到 2008 年上半年，煤炭价格由快速上涨转入到急速下滑的动荡时期，煤炭市场运行很不稳定；另外，煤炭市场由连续几年的价格不断攀升，将会转入价格相对稳定运行的轨道，煤炭供应将逐步趋于平衡，并保持适度的市场竞争。所以要抓住现在煤炭市场供过于求的有利时机，进一步推进煤炭资源整合、企业兼并重组，促进煤炭产业的优胜劣汰，减少和消除落后的煤炭生产能力，加快煤炭大基地、企业大集团的建设步伐。

1.2　澳大利亚煤炭行业情况

1.2.1　煤炭资源情况

澳大利亚是世界重要的能源矿产生产国，特别是在煤炭和铀的生产方面，产量分别占世界总产量的5.9%和21.8%，对世界，特别是亚太地区能源供应有着极为重要的影响。

澳大利亚煤炭产量和出口量均居世界前列，其黑煤地质储量约575亿吨（工业经济储量为397亿吨），占世界的5%，且煤质较好，发热量高，硫、氮含量和灰份较低。煤炭在澳大利亚各州均有分布，但95%以上集中于新南威尔士州和昆士兰州（以下简称“新州”和“昆州”），其煤炭储量分别占澳大利亚已探明经济储量的34.2%和62%。

澳大利亚的褐煤资源更为丰富，已探明地质储量为418亿吨（工业经济储量为376万吨），占全球褐煤储量的20%，位列德国（23%）之后，居世界第二位。按澳大利亚2007年的开采强度，澳大利亚的褐煤矿藏可供开采近500年。维多利亚州（以下简称“维州”）占澳大利亚已探明褐煤储量的95%以上和经济可采储量的全部，其中89%的经济可采储量分布于La Trobe山谷。

1.2.2　煤炭生产情况

煤炭生产是澳大利亚最重要的工业之一。澳大利亚年产黑煤约3.5亿吨、商品煤约3亿吨，黑煤产量占世界总产量的7%，列中国、印度和南非之后。新州和昆州的黑煤占了澳大利亚96%以上的产量和全部的出口量。澳大利亚生产的褐煤主要用于发电。澳大利亚褐煤年均产量约6 700万吨，占世界总产量的8%，列德国（20%）和美国（10%）之后，产值达5.33亿澳元。维州La Trobe山谷的褐煤产量约占澳大利亚褐煤产量的98.5%。

自1984年以来，澳大利亚一直是世界最大的煤炭出口国，年出口煤炭逾2亿吨，价值近200亿澳元，占澳大利亚出口总额的10%以上。澳大利亚煤炭出口到世界35个国家和地区，其中往日本和其他亚洲经济体的出口量占其总出口量的75%以上，往欧洲、印度、北非、中东和南美的出口量也很大。焦炭、动力煤等黑煤的出口约占澳矿产和能源出口的1/4，昆州和新州是出口煤炭的生产基地。

澳大利亚本身丰富的煤炭资源一直是中国企业的十大并购目的地之一。2008年开始，中铝、五矿、中化、宝钢等中国上市公司为争夺企业控制权，不断向澳大利亚外国投资审查委员会提交收购申请，但大多以失败告终。

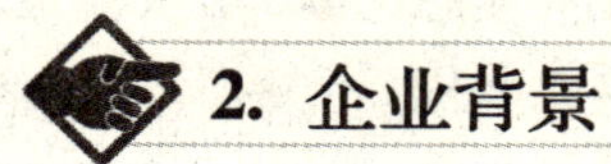

2. 企业背景

2.1　兖州煤业

兖州煤业股份有限公司由兖矿集团有限公司（以下简称“兖矿集团”）发起重组而成的中外合资股份有限公司。公司成立于1997年9月25日，设立时总股本为167 000万元，并于1997年10月1日正式开始运作。1998年6月，公司发行的A股、H股及美国存托股分别在中国上海（股票代码：600188）、中国香港（股票代码：01171）及美国纽约（股票代码：yzc）上市。

公司经营范围包括煤炭采选、销售（其中出口应按国家现行规定由拥有煤炭出口权的企业代理）；矿区自有铁路货物运输；公路货物运输；港口经营；生产、销售、租赁、维修相关矿用机械；其他矿用材料的生产、销售；销售、租赁电器设备及销售相关配件；金属材料、机电产品、建筑材料、木材、橡胶制品、甲醇的销售；煤矿综合科学技术服务；矿区内的房地产开发，房屋租赁，并提供餐饮、住宿等相关服务；煤矸石系列建材产品的生产、销售。

兖州煤业1998年的煤炭销售量是2 028万吨（如图3—2所示），而后在2002年达到3 505万吨。但在2003年达到3 941万吨之后的5年多的时间里，兖州煤业的煤炭产销量一直没有太大的增长，2008年公司煤炭销售量为3 756万吨，而业绩提升主要依赖于煤价的上涨。

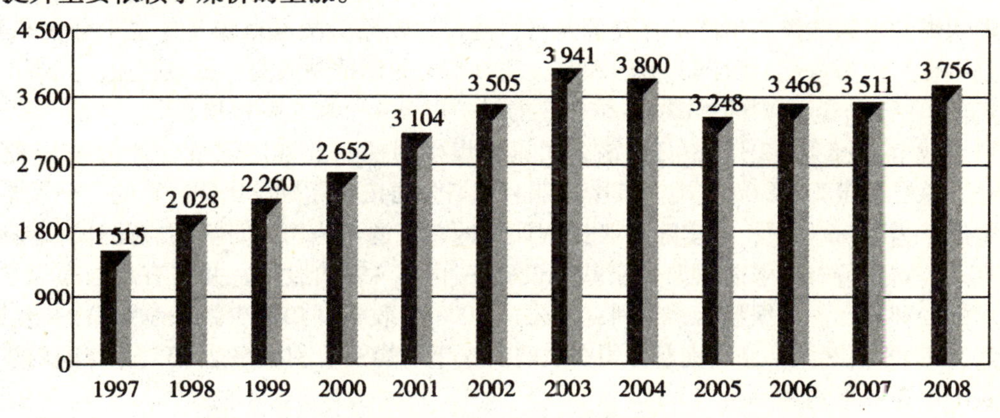

图3—2　兖州煤业1997—2008年销量情况（单位：万吨）

资料来源　互动百科

随着煤炭资源开发，兖州煤业的煤炭产品逐渐丰富，逐渐将拥有气煤、半硬焦煤、1/3焦煤、贫煤、无烟煤等多个品种。公司的规模也在不断扩大，经多次增发、送股，截至2008年12月31日，公司总股本已达到30.74亿股，股本总额增至491 840万元，下辖有六座现代化大型煤矿，并先后在我国山东省菏泽市、陕西省榆林市、贵州省及澳大利亚等地开辟了新的矿区，拥有已探明及推定储量约

18.66 亿吨。兖州煤业在澳大利亚、山西、山东巨野分别拥有澳思达煤矿、天池煤矿、赵楼煤矿和陕西榆树湾煤矿，拥有可采煤炭储量约 1.825 亿吨。

2.2 兖煤澳洲

兖州煤业澳大利亚有限公司，是于2004 年依据澳大利亚法律成立的有限公司，主要负责兖州煤业的营运、预算、投融资等活动，以及在澳大利亚投资项目的管理，是兖州煤业旗下的全资子公司。

2.3 澳思达

澳思达煤矿有限公司（以下简称“澳思达”）是兖煤澳洲的全资子公司，成立于2004 年 12 月，实收资本为 6 400 万澳元。澳思达注册登记号为 111910822，主要从事澳大利亚南田煤矿的煤炭生产、加工、洗选、营销等经营活动。

2.4 菲利克斯公司（Felix Resources Limited）

菲利克斯公司的前身成立于 1970 年 1 月 29 日，当时的名称是 Meekatharra Minerals Limited，并于当年在澳大利亚交易所上市。1999 年 11 月，更名为 Aurion Energy Limited。2003 年 11 月，菲利克斯公司进行重组，并更名为现在的名称。截至 2009 年 9 月，菲利克斯公司已发行的股票总数为 196 455 038 股普通股，以及 170 000 份股票期权。

菲利克斯公司是一家主要从事煤炭开采和勘探的企业，产品包括动力煤、高炉喷吹煤和半软焦煤，生产矿井设备完善，港口、铁路等交通运输条件也十分便利。其主要客户为亚洲、欧洲、美洲和澳大利亚本土的钢铁制造商、发电企业。其煤炭资产包括 4 个运营中的煤矿、2 个在建的煤矿以及 4 个煤炭勘探项目。

截至 2008 年 12 月 31 日，该公司旗下煤矿的探明及推定储量合计为 5.10 亿吨，总资源量为 20.06 亿吨。其中，菲利克斯公司按实际持股比例计算的探明及推定储量为 3.86 亿吨，按实际持股比例计算的总资源量为 13.75 亿吨。此外，菲利克斯公司还持有纽卡斯尔港煤炭基础设施集团 15.4% 的股权，并拥有超洁净煤技术的专利资产。数据显示，菲利克斯公司 2008 财政年度扣除少数股东损益的净利润为 1.88 亿澳元。菲利克斯公司在收购前 3 年平均销售利润率达 22%，与国内煤炭上市企业平均水平相当。

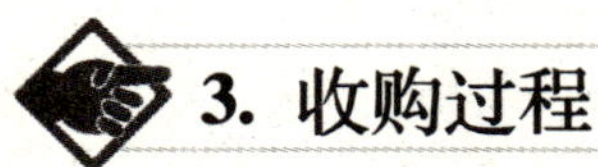

3. 收购过程

2008 年 7 月，菲利克斯公司发布出售信息。

2008 年 10 月，兖州煤业先后两次组团赴澳现场考察，确认菲利克斯公司是近年来公司筛选的资源储量状况较好的国际煤矿企业。菲利克斯公司在收购资产前 3

个财年平均销售利润率达 22%，与国内煤炭上市企业平均水平相当。预计 2010 自然年度净利润有望达到 3.5 亿澳元。

2008 年 11 月，兖州煤业的收购意向获得了山东省国资委同意。

2009 年 1 月，国家发改委对这一收购事项进行了确认。

2009 年 8 月 13 日，兖州煤业第四届董事会第八次会议审议通过了《关于收购澳大利亚菲利克斯公司（Felix Resources Limited）100% 股权的议案》。同日，兖州煤业和菲利克斯公司签署了《安排执行协议》，兖州煤业的全资子公司兖煤澳洲将通过安排方案的方式，由其全资子公司澳思达以 16.95 澳元/股（约合 96.38 元/股）的现金对价收购目标公司的全部股份。

2009 年 9 月 11 日，兖州煤业第四届董事会第十次会议审议通过了《关于审议通过〈兖州煤业股份有限公司重大资产购买报告书〉的议案》，同意披露重大资产购买报告书，并向 H 股股东寄发关于收购菲利克斯公司的《通函》。

2009 年 9 月 28 日，澳大利亚联邦法院举行第一次法庭听证，批准菲利克斯公司安排方案召开股东大会并向其股东派发安排方案手册。

2009 年 9 月 30 日，菲利克斯公司向其全体股东派发安排方案手册。同日，独立专家 Deloitte Corporate Finance Pty Limited 发布独立专家报告，认为安排方案公平、合理，符合目标公司股东的最佳利益。安排方案手册及独立专家报告均已在菲利克斯公司所在澳大利亚交易所公开披露。

2009 年 10 月 23 日，山东省国资委出具《关于投资收购澳大利亚菲利克斯资源有限公司股权有关问题的批复》（鲁国资规划函［2009］109 号），同意兖州煤业本次收购。同日，澳大利亚联邦财政部发布公告称，澳大利亚联邦财政部助理部长已于当日有条件批准兖州煤业收购菲利克斯公司 100% 的股份，并要求兖州煤业作出以下承诺：

（1）兖煤澳洲公司负责运营兖州煤业在澳大利亚的煤矿，并将主要由来自澳大利亚的管理团队和销售团队进行管理；

（2）保证兖煤澳洲公司及其下属所有运营子公司的董事会中，均至少有两名董事的主要居住地位于澳大利亚，其中一名董事需独立于兖州煤业及其关联实体；

（3）保证兖煤澳洲公司首席执行官和首席财务官的主要居住地位于澳大利亚；

（4）兖煤澳洲在任何日历年内的大多数董事会会议在澳大利亚举行；

（5）兖煤澳洲最迟于 2012 年年底在澳大利亚证券交易所上市，届时，兖州煤业在兖煤澳洲中的持股比例减少至不超过 70%；并且，考虑到菲利克斯公司现有的若干煤矿为该公司与第三方成立的合资企业所拥有，在兖煤澳洲公司上市后，兖州煤业在菲利克斯公司现有煤矿中的合计经济所有权将减少至不超过 50%，对于该项承诺，如果兖州煤业认为经济条件或其他因素潜在导致其无法履行，将寻求澳大利亚联邦财政部长的批准以对其进行修改；

（6）兖州煤业在澳大利亚的煤矿所生产的全部煤炭产品，将参照国际市场价格，按照公平、合理的原则进行销售，遵循市场化原则运作。

2009 年 10 月 30 日，兖州煤业 2009 年度第一次临时股东大会审议并批准了《关于收购澳大利亚菲利克斯资源有限公司 100% 股权的议案》、《兖州煤业股份有限公司重大资产购买报告书》、《关于收购澳大利亚菲利克斯公司股权项目融资方案》和《关于给予公司董事会相关授权的议案》，批准兖州煤业进行本次收购及融资方案。

2009 年 12 月 3 日，国家发改委核发《国家发展改革委关于兖州煤业股份有限公司收购澳大利亚菲利克斯资源有限公司 100% 股权项目核准的批复》（发改外资［2009］3034 号），同意兖州煤业收购菲利克斯公司 100% 股权项目。

2009 年 12 月 8 日，中国证监会核发证监许可［2009］1324 号文《关于核准兖州煤业股份有限公司重大资产重组方案的批复》，同意兖州煤业收购菲利克斯公司 100% 股权之重大资产重组方案。同日，菲利克斯公司召开股东大会，参加表决（其中包括委托投票）的股东持股价值的 99.81% 及股东人数的 92.61% 投票赞成关于本次收购的议案。

2009 年 12 月 10 日，澳大利亚联邦法院举行第二次法庭听证，批准菲利克斯公司股东大会决议，安排方案正式生效。

2009 年 12 月 18 日，安排方案登记日，有权获得收购对价的菲利克斯公司登记股东名单确定。

2009 年 12 月 22 日，由澳思达与菲利克斯公司（代表其全体股东）共同签署的股权转移主表（Master Share Transfer Form）提交给菲利克斯公司的股票登记机构 Computer share 作为记录存档。

2009 年 12 月 23 日，安排方案执行日，本次收购的交易对价支付给菲利克斯公司全部原有股东，目标公司全部股份过户至澳思达名下。过户完成后，澳思达在 Computer share 登记拥有目标公司 196 625 038 股股票，代表目标公司已发行股份的 100%。

2009 年 12 月 24 日，菲利克斯公司向澳交所提交退市申请，申请其股票退市。

2009 年 12 月 29 日，澳交所发布公告，菲利克斯公司将自 2009 年 12 月 30 日工作时间结束之时起从澳交所退市。

4. 并购动因

4.1 兖州煤业方面

4.1.1 兖州煤业资源短缺

兖州煤业于 1998 年上市，当年其煤炭销售量是 2 028 万吨，而后在 2002 年至 2008 年间，兖州煤业煤炭销售量没有大的增长。另外，与中国神华、大同煤业等拥有丰富地方煤炭资源的企业有所不同，兖州煤业位于山东地区，近年呈现煤炭资源紧缺状况。在资源有限的情况下，兖州煤业一直致力于拓展国内和海外的业务。

4.1.2 选择在澳大利亚收购的原因

兖州煤业在澳大利亚收购有以下直接原因：首先，澳大利亚拥有丰富的煤炭资源，是世界上重要的煤炭资源国、生产国和最大的煤炭出口国，其煤炭资源丰富，资源质量高，地理位置优越，在世界煤炭市场上占有举足轻重的地位。其次，澳大利亚拥有稳定的政治环境，是亚太地区乃至世界范围内兼具发展潜力和稳定环境的理想投资目的地。再次，澳大利亚具有良好的商业环境，其投资政策较为开放。在煤炭资源的勘探、开发和生产方面具备比较完善和透明的监管体制，政府对于煤炭运输和服务条件的监管体系也比较完善。最后，澳交所作为亚太地区排名前列的交易所，有着较为成熟的运营经验，健全、完善的法律法规以及透明、规范的监管体系。本次收购的根本目的是着眼于长期可持续发展，获得更多的优质资源，进一步拓展并完善公司的国际业务平台，确立并巩固本公司国际化、现代化大型煤炭企业的地位。

4.1.3 全球金融危机，为企业带来了“痛苦的幸福”

受到金融危机的影响，国际大宗商品价格出现大幅下滑，全球股市特别是资源类上市公司估值水平也明显下降，为中国企业海外收购提供了难得的历史性机遇。在全球经济危机背景下，下游行业煤炭需求较为疲软，国际煤价处于较低水平且低于国内煤价。在发生金融危机之后，菲利克斯公司的股票由接近 23 澳元/股左右跌至 7 澳元/股，而澳元对人民币的汇率由 6.7 : 1 骤降至 4.3 : 1。两大因素叠加，菲利克斯公司的市值大幅缩水。这一机遇坚定了兖矿集团通过跨国收购获得海外优质煤炭资源的发展战略，而且在金融危机发生前几年，我国企业的海外并购计划多以失败告终，主要原因在于我国企业的“国有”背景让海外企业家和政治家不能认同。不过，金融危机的到来和后危机时代的“大病初愈”，使得欧美企业和相关政府部门都会相对放松对我国国有企业的监管和审查，从而减少跨境并购的政治障碍和隐性成本。

4.2 澳大利亚方面

4.2.1 澳大利亚政府

受到金融危机的影响，澳大利亚许多矿产业在融资方面比较困难，资产大打折扣。有的公司停止开采项目；有的则债务缠身，开始变卖旗下资产偿还债务；更严重的公司面临倒闭的危机。而中国企业的投资，可以令公司筹集到足够的资金来偿还债务或消除公司的债务负担，进而令他们保住工作机会和生产能力。

4.2.2 菲利克斯公司

金融危机使菲利克斯公司资产严重缩水。2008 年 7 月，菲利克斯公司决定整体出售。而他们希望买家要有强大的技术优势和经济实力，带领公司渡过难关。兖州煤业刚好满足了菲利克斯公司的基本条件。

5. 结果评价

5.1　股票分析

兖州煤业公告日前20天的CAR一直都处于下降的情况（如图3—3所示），表示股民对今次的收购并不看好。到9月15日，即出公告的第二天开始股票增长，但是两天后下降，而这两天的换手率分别是9.35%和13.08%，是这段时期最高的，相信有人利用收购的消息将价格提高来赚钱。

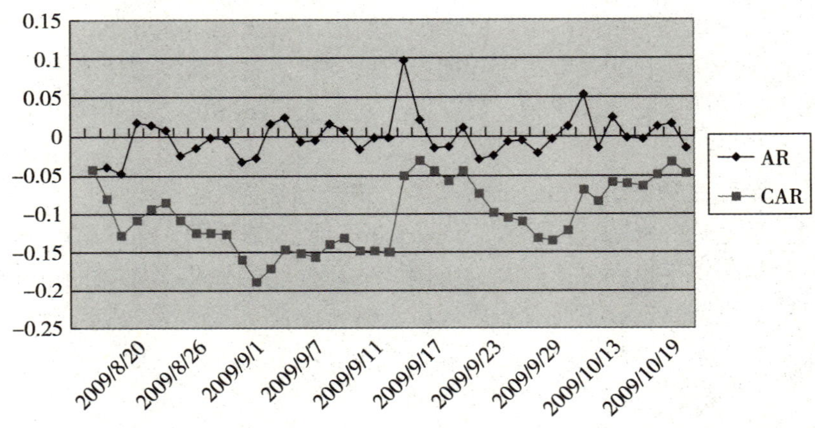

图3—3　兖州煤业2009年9月14日公告日前后20天的AR和CAR图

5.2　短期业绩分析

2010年一季度兖州煤业实现营业收入70.32亿元，同比增长58.67%；实现营业利润26.93亿元，同比增长158.70%；每股收益为0.43元/股，业绩超出预期。增长来源主要是煤炭价格和产量的增加，商品煤产量为1 042万吨，同比增长29.17%。煤炭价格同比增长的原因在于公司市场煤比例较高，资料详见表3—2、表3—3、表3—4。

表3—2　　兖州煤业资产与负债

	收购后2010-03-31	收购前2009-03-31	收购后2009-12-31	收购前2008-12-31
资产总额（元）	63 501 410 111	33 013 673 125	62 252 348 717	32 117 509 649
负债总额（元）	32 804 258 342	5 739 947 085	33 792 852 321	5 699 557 625
流动资产（元）	21 627 840 299	15 113 081 313	20 885 081 931	15 273 976 978
流动负债（元）	9 432 904 094	5 552 678 050	10 940 725 899	5 511 526 349
资产负债率（%）	51.66	17.39	54.28	17.75
流动比率	2.29	2.72	1.91	2.77
速动比率	2.18	2.61	1.83	2.62

资料来源　和讯网

表 3—3　　**兖州煤业利润表**　　单位：元

	2010 年 1—3 月	2009 年 1—3 月	增减幅（%）	2009 年	2008 年
主营业务收入	7 031 835 329	4 431 608 759	58.67	21 500 352 215	26 353 291 171
主营业务成本	3 588 459 376	2 466 227 760	45.50	12 220 217 097	13 491 457 654
营业利润	2 693 376 084	1 041 136 682	158.70	5 405 788 817	8 644 402 896
每股收益	0.43	0.17	152.94	0.17	-0.03

资料来源　和讯网

表 3—4　　**2009—2010 年煤炭业务**　　数量单位：千吨

项目	2010 年第一季度	2009 年第一季度	增减幅（%）
商品煤产量	10 424	8 070	29.17
商品煤销量	10 393	7 915	31.31
兖煤澳洲销售成本总额（千元）	704 901	102 935	584.80
兖煤澳洲吨煤销售成本（元）	418.73	565.87	-26.00

资料来源　兖州煤业股份有限公司 2009 年第一季度报告

商品煤产量增长 30% 左右（表 3—4），主要的来源是兖煤澳洲产量出现了较大幅的增长，2010 年第一季度兖煤澳洲商品煤产量达到 169 万吨，同比增长 634%，煤炭产量和价格的增长使得公司第一季度业绩大幅增长。2010 年第一季度，兖煤澳洲煤炭业务销售成本为 704 901 千元，同比增长 584.80%，吨煤成本为 418.73 元，同比减少了 26.00%，主要是由于收购菲利克斯公司使煤产量增加，降低成本，同时商品煤销量增加了，提高收入。

6. 问题探讨

6.1　澳大利亚财政部为何有条件才同意收购

各地政府在招商过程中对于矿产资源都有相应的保护政策，并不愿意让外来企业插手。澳大利亚当然也是。2008 年开始，中国众多上市公司不断向澳大利亚外国投资审查委员会提交收购申请，但多次遭否决。令中国企业对澳投资渐渐失去信心。2008 年年末，金融危机的爆发使澳大利亚的煤业受到重创。澳大利亚明白国家要缓解金融危机，需要引入外国的资金，所以，同意了本次收购。但是对于兖州煤业的收购，澳大利亚为了保障自身国家的利益提出了各种条件。

6.2　承诺的条件是否太苛刻了

首先，由来自澳大利亚的管理团队来管理，可减少不同地区管治方式不同的矛盾，而且兖煤澳洲在澳大利亚拥有多年运营经验和良好运营业绩，熟悉当地的商业环境、矿区管理、劳工关系，有利于将收购完成后的整合风险和企业运营风险降到最低。其次，兖煤澳洲已经拥有以澳大利亚员工占多数的管理团队和销售团队，这不仅符合现代企业的公司治理原则和跨国投资运营的通行做法，也有利于保证兖州煤业对目标资产享有绝对控制权。同时，有利于收购后根据被收购方当地的法律及商业惯例平稳的运营，实现长期稳健发展。最后，兖煤澳洲最迟于 2012 年年底在澳大利亚证券交易所上市。只有兖煤澳洲尽快上市，才能够更好地运用国际化的资本平台和融资渠道募集到大量资金，进一步开发新的资源、推动勘探项目的投入，还可以用来偿还境外收购所借的贷款，有利于缓解财务方面的压力，并为兖煤澳洲的后续发展提供强有力的支持。

6.3　花费近 200 亿元是否划算

2009 年，国内收购煤矿股权 100% 的情况下，价格均不超过 20 亿元，依照对比，这次的收购价格明显比较贵。但有时候并购企业不是价格越低越好，价格并不是唯一成功的关键因素。成功的关键是使并购企业与被并购企业并购后能协同在一起合作。兖州煤业这一次的并购，考虑到国内煤炭资源市场争夺激烈，地方保护主义及区位占优，很多公司及兖煤集团在贵州等地区收购资源多次失败，海外高价收购也是公司发展不得已而求其次的选择，更是企业为以后持续扩张海外市场、开发资源积累经验。而且从短期收益来看，兖州煤业通过此次收购，可以突破成长瓶颈，大步拓展煤储量和产量，不仅将开发中的煤炭资源揽入怀中，而且还可以获得直接运营中的煤矿以及纽卡斯尔港第三码头的股权和使用权，以上都是这次收购不能单从收购价格判断划算与否的原因。

6.4　收购资金来源及其可能存在的财务风险

兖州煤业这次收购所需资金全部都是通过银行借款取得的，贷款金额为 29 亿美元，期限为 5 年，自提款后第 3 年年末开始，每年年末偿还一次本金，贷款利率以浮动利率计息。兖州煤业还款计划为：由兖煤澳洲以收购后的目标公司和澳思达所产生的经营现金流偿还贷款；或根据公司战略以及向澳大利亚外国投资审查委员会所做承诺，由兖煤澳洲于 2012 年年底前在市场条件允许的情况下，以在澳大利亚证券交易所上市所募集的资金偿还贷款；或在目标公司下属煤矿层面及兖煤澳洲引入投资者，以分担投资风险，减轻还款压力；或由兖煤澳洲向银团申请贷款展期。由于菲利克斯公司的日常运营中涉及美元、澳元两种货币，而兖州煤业的合并报表记账本位币为人民币。伴随着人民币、美元、澳元之间汇率的不断变动，可能给本次交易及公司未来运营带来汇兑风险。如果未来贷款利率随市场利率出现大幅上升，而兖煤澳洲公司无法保持良好的经营业绩或成功实现上市融资，上述贷款可能会给兖煤澳洲的经营现金流产生一定的压力。

6.5 中国企业在澳大利亚收购所面临的主要问题

中国企业在澳大利亚收购所面临的主要问题有三个：一是政治压力。2008 年 2 月 17 日，澳大利亚政府颁布了新的外国投资指南。国库部长斯旺当天宣布说，根据新的外国投资指南，在澳大利亚外国投资审查委员会的要求下，澳大利亚政府可以以维护国家利益的名义阻止某些外国投资者购买澳大利亚公司的股权。之后，中国曾有多个企业进行海外收购都以失败告终，这些商业并购案本身是市场行为，却因为这些企业大多是国企背景而被澳大利亚议员理解为政治行为。他们认为中国一党专政、政治不民主，如果由中国国有企业海外投资等于由共产党来控制他们的资产。而中国目前欠缺的是让外界了解自己，提高透明度。对中国政府来说，需要通过推进政治民主和改善人权状况来改善中国在国际的形象，从而减轻中国企业海外投资受到的抵触。第二是市场风险。自从全球经济危机以来，主要的经济体社会的总需求下降，煤炭价格持续在低位徘徊，考虑到菲利克斯公司的主要经营收入来自煤炭产品的销售，因而为菲利克斯公司的煤炭销售和盈利带有较大的不确定性。第三，法律与政策风险。外国政府的政策监管与审批对并购最终否决。中国在海外收购行为须符合两国相关的法律法规，而政府和相关监管机构针对本次收购出台不利政策、法规。投资并购时境外法律环境发生变化的风险或是有关国家贸易保护主义抬头、滥用世界贸易组织规则都会对收购产生重大不利影响或致使收购无法完成。

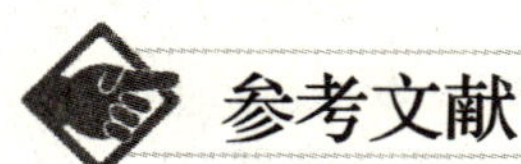

参考文献

1. 虞亚新:《兖州煤业(600188)收购意义非凡,投资价值显现》,中财网,http://www.cfi.net.cn/p20100402001706.html,2010-04-02 。

2. 佚名:《个股信息》,金融界,http://stock.jrj.com.cn/cominfo/ggxw_600188.htm。

3. 兖州煤业股份有限公司:《兖州煤业股份有限公司 2010 年第一季度报告》,上海证券交易所,http://static.sse.com.cn/cs/zhs/scfw/gg/ssgs/2010-04-26/600188_2010_1.pdf,2010-04-26。

4. 兖州煤业股份有限公司:《兖州煤业股份有限公司 2009 年第一季度报告》,上海证券交易所,http://static.sse.com.cn/cs/zhs/scfw/gg/ssgs/2009-04-27/600188_2009_1.pdf,2009-04-27。

5. 兖州煤业股份有限公司:《兖州煤业股份有限公司 2008 年年报》,上海证券交易所,http://static.sse.com.cn/cs/zhs/scfw/gg/ssgs/2009-04-27/600188_2008_n.pdf,2009-04-27。

6. 兖州煤业股份有限公司:《兖州煤业股份有限公司 2009 年年报》,上海证券交易所,http://static.sse.com.cn/cs/zhs/scfw/gg/ssgs/2010-04-26/600188_2009_n.pdf,2010-04-26。

7. 兖州煤业股份有限公司:《重大资产购买报告书》,上海证券交易所,http://static. sse. com. cn/cs/zhs/scfw/gg/ssgs/2009-12-15/600188_20091215_2. pdf,2009-12-15。

8. 佚名:《兖州煤业》,互动百科,http://www. hudong. com/wiki/%E5%85%96%E5%B7%9E%E7%85%A4%E4%B8%9A#1。

9. 李少彤:《澳大利亚煤炭资源分析》,中国商品网,http://ccn. mofcom. gov. cn/spbg/show. php? id=9622&ids,2009-08-17。

10. 赵永刚:《王信:两天四见陆克文“采矿帮长”谈精彩一跃》,大众网,http://www. dzwww. com/2010/sdlh/wzsd/hwsg/ft/201001/t20100130_5342823. htm, 2010-01-30。

11. 刘若愚:《兖矿收购菲利克斯案不应成为标杆》,价值中国网,http://www. chinavalue. net/Blog/234524. aspx,2009-11-11。

12. 张立:《兖州煤业完成收购 Felix 始末》,中国矿业网,http://app. chinamining. com. cn/Newspaper/E_Mining_News/2009-12-14/1260776073d31299. html, 2009-12-12。

13. 佚名:《2009 年煤炭行业市场分析》,管理人网,http://km. manaren. com/glzl/show-1783-1/,2010-03-11。

14. 兖州煤业股份有限公司:《兖州煤业资产负债》,和讯网,http://stockdata. stock. hexun. com/2009_zcfz_600188. shtml。

15. 丁友刚:《中国企业重组案例》,大连,东北财经大学出版社,2009。

16. 何玉荣:《兖矿集团:高瞻远瞩　健步迈向国际化》,世界能源金融网,http://www. wefweb. com/news/2010511/1524055180_2. shtml,2010-05-11。

17. 高程:《澳大利亚于中国有多重要》,东方周刊,http://www. lwdf. cn/oriental/world/20080410145243 28. htm,2008-05-09。

案例参编:欧阳嘉雯

案例 4

中国五矿集团13.86亿美元收购澳大利亚OZ公司主要资产

2009年6月11日中午，中国五矿集团公司（以下简称“中国五矿”）在北京正式对外宣布，中国五矿旗下的五矿有色金属股份有限公司（以下简称“五矿有色”）成功以13.86亿美元收购OZ Minerals公司（以下简称“OZ公司”，股票代码：OZL）主要资产的100%股权，交易全部以现金方式完成。这次收购是中国五矿在国际金融危机愈演愈烈的收购良机之下，冲破澳大利亚贸易保护之门的成功之举。这一成功之举一方面有助于中国五矿实现全球化资源布局，谋求确立金属领域优势地位的战略目标；另一方面有助于保障我国在有色金属矿产资源方面的储备量，缓解我国有色金属的供需矛盾，加强中澳双方贸易。另外，此次海外并购也是澳洲政府首次批准中国国有投资者对本土在产矿业企业的收购，为今后能源国企海外并购提供了良好借鉴。

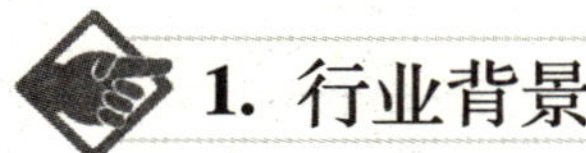

1. 行业背景

有色金属不仅是国民经济、人民日常生活中的不可或缺的基础材料，更是国防工业、科学技术发展中重要的战略物资。其供给主要由有色金属工业企业通过地质勘探、采矿、选矿、冶炼和加工形成。其需求主要源于航空航天、机械制造、电力、汽车等行业。有色金属行业特征主要包括：（1）具有较高敏感性，市场走势与经济周期密切相关。一方面，有色金属是国家重要的战略储备资源，国家对其十分重视；另一方面，有色金属期货与现货并存，成为虚拟经济与实体经济紧密结合的行业，有色金属的价格走势不仅取决于国内外市场的供需关系，与金融市场变化也有紧密联系。（2）具有较强的全球流通能力。有色金属单位产品价值高，运输费用在销售成本中相对较低，流动性较强。（3）具有一定保值增值功能。有色金属大多抗氧化能力较强，便于长期储存，因此具有一定保值增值功能。尤其是在2008年国际金融危机爆发后，随着通货膨胀预期上升，各国及私人对有色金属的增持欲望势头强劲，这也是促使国内大型能源企业纷纷在2008—2009年迈出并购之路的重要原因。

1.1 有色金属储备情况

1.1.1 国外有色金属储备情况

有色金属矿产资源在世界上的储量非常丰富，且探明的有色金属储量在不断增长。2000 年世界铜储量为 3.4 亿吨，储量基础为 6.5 亿吨，而 2008 年的世界铜储量为 5.5 亿吨，储量基础为 10.0 亿吨，与 2000 年相比探明储量增长了 54%；2000 年，世界铅储量为 6.4 亿吨，储量基础为 14.3 亿吨，而 2008 年的世界铅储量为 7.9 亿吨，储量基础为 17.0 亿吨，与 2000 年相比探明储量增长了 19%；2000 年，世界锌储量为 1.9 亿吨，储量基础为 4.3 亿吨，而 2008 年的世界锌储量为 1.8 亿吨，储量基础为 4.8 亿吨，与 2000 年相比探明储量增长了 12%。图 4—1 为世界部分有色金属储量分析图。

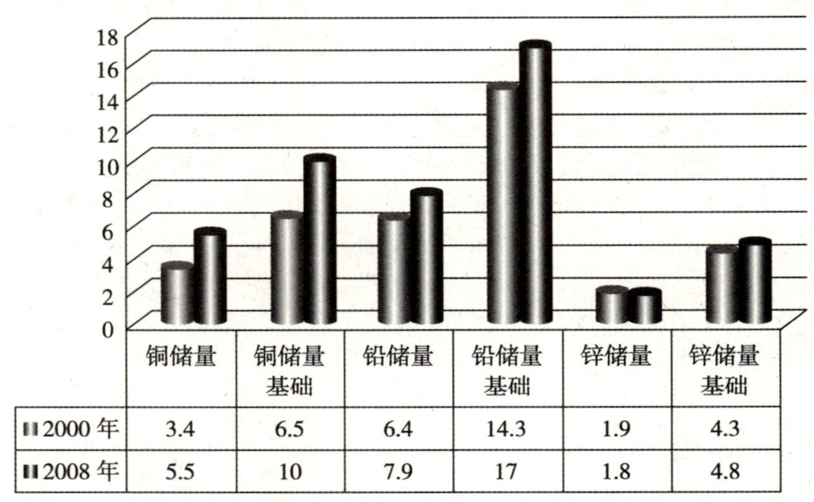

	铜储量	铜储量基础	铅储量	铅储量基础	锌储量	锌储量基础
2000 年	3.4	6.5	6.4	14.3	1.9	4.3
2008 年	5.5	10	7.9	17	1.8	4.8

图 4—1　世界部分有色金属储量分析（数量单位：亿吨）

世界有色金属资源分布广泛，但不均衡。比如，铜矿资源储量最多的国家是智利和秘鲁，两国分别占世界储量和储量基础的 40.0% 和 48.0%；铅矿资源储量较多的国家有澳大利亚、中国、美国和哈萨克斯坦，合计占世界储量的 71%；锌矿资源储量较多的国家有澳大利亚、中国、美国、哈萨克斯坦和墨西哥，合计占世界锌储量基础的 66%。世界现有锌储量和储量基础分别只占锌资源量的 10.5% 和 23.6%，全球锌勘查潜力仍然较大。

丰富多样的矿产资源、技能熟练的采矿专业人才以及先进的采掘加工技术等因素使澳大利亚成为全球采矿业的领先国家，是仅次于美国和加拿大的世界第三大矿产品生产国。澳大利亚的矿石开采主要用于出口，出口量占开采量的 80%。澳大利亚目前已探明的矿产中，储量居世界第一位的有铀、铅、锌、钽和钛，居世界第二位的有铝、铜、银，详见表 4—1。另外澳大利亚拥有透明而且可预测的立法框架，该立法框架为现有和潜在的投资商提供了高度的稳定性保障，同时也为投资灵活地进入采矿业的各个环节提供了方便。长久以来，尽管澳大利亚在世界资源勘探方面一直处于领头羊的地位，但其大陆部分大多依然处于未勘探状态。因为拥有竞争前地质科学数据库的在线资源，所以澳大利亚已经成为开展勘探活动最容易、最具成本效益的国家之一，这同时也确保了澳大利亚继续保留全球矿业投资首选目的地的地位。

表 4—1　澳大利亚已探明的矿物资源种类及生产和排名情况（2004）

矿物	单位 EDR72		世界排名	生产 3-Apr		生产世界排名
铝土矿	Gt	5.5	2	56 316	kt	1
氧化铝				16 796	kt	1
铜	Mt Cu	40.1	2	2 340	kt	4
金	t	5 382	3	260	t	3
铁矿石	Gt	12.4	3	222	Mt	3
铅	Mt Pb	19.3	1	960	kt	1
钛铁	Mt	208.8	1	1 925	kt	1
金红石	Mt	21.3	1	154	kt	1
锆石	Mt	32.2	1	451	kt	1
镍	Mt Ni	22.8	1	192	kt	2
银	kt Ag	42.9	2	1 868	t	3
钽	kt Ta	41	1	83 273	t	1
铀	kt U	675	1	9 538	t	2
锌	Mt Zn	34.8	1	1 479	kt	2

资料来源　澳大利亚地球科学

1.1.2　国内有色金属储备情况

我国有色金属矿产资源也十分丰富，其中铅、锌的探明储量居世界第二位，铜探明储量居世界第四位。但由于我国人口基数大，人均占有资源量很低，且分布范围广，区域不均衡，各省、市、自治区均有产出。其中，铅、锌矿有产地 700 多处，主要分布在华南的广西、湖南、广东、江西、云南、内蒙古、甘肃、陕西和青海等省份。此外，我国有色金属还存在着贫矿多，富矿少，开发利用难度大等问题。

新中国成立以来，我国有色金属工业的发展取得了一定进展，发展了大批有色金属生产、出口企业及科研单位，形成了一个布局比较合理、体系比较完整的行业。改革开放 30 多年来，随着矿产勘查工作的不断开展，尽管生产消耗速度加快，但是我国有色金属的探明储量大多数都存在较大幅度的增长。截至 2008 年，我国铜矿、铅矿、锌矿资源储量分别达到 7 709.56 万吨、4 548.66 万吨及10 393.08万吨，自 1978—2008 年间，分别增长 53%、106% 及 96.2%（详见表 4—2），其中，在 2001—2008 年间，三种有色金属的探明储量分别增长了 11.5%、22.7% 及 21.6%，增长速度惊人。

表 4—2　　我国有色金属查明资源储量变化情况表

序号	矿产名称	单位	1978 年	1988 年	1998 年	2008 年	1978—2008 年增减（%）
1	铜矿	金属万吨	5 040. 43	6 146. 75	6 307. 24	7 709. 56	53. 0
2	铝土矿	矿石万吨	116 464	173 684. 6	226 584. 9	303 136. 42	160. 3
3	铅矿	金属万吨	2 207. 99	3 094. 78	3 510. 98	4 548. 66	106. 0
4	锌矿	金属万吨	5 296. 02	7 567. 36	9 244. 87	10 393. 08	96. 2
5	镍矿	金属万吨	767. 08	756. 54	771. 04	828. 16	8. 0
6	钨矿	WO3 万吨	336. 35	475. 83	532. 02	561. 17	66. 8
7	锡矿	金属万吨	228. 96	333. 56	385. 3	484. 29	111. 5
8	钼矿	金属万吨	408. 85	785. 56	836. 34	1232. 23	201. 4
9	锑矿	金属万吨	135. 05	186. 88	269. 66	251. 51	86. 2

资料来源　2008—2009 年有色金属工业分析及展望

但是，从保有储量与生产规模对比分析来看，我国有色金属，无论是大宗短缺矿产还是优势矿产，静态保证年限都呈现逐渐降低趋势，储量增长也赶不上生产消费的增长。自 2001—2008 年，主要矿种储量的静态保证年限明显缩短，如铜矿从 74 年降至 32 年，铅矿从 34 年降至 16 年，锌矿从 37 年降至 19 年，铝土矿从 289 年降至 87 年。而同期世界主要有色金属静态保证年限较长，如铝土矿达 100 多年，有些矿种静态保证年限还有较大幅度提高，如铜矿和镍矿。这使我国必须充分利用国际市场、国外资源。

1. 2　有色金属行业运营情况

1.2.1　国外有色金属运营情况

世界有色金属的主要生产国有美国、俄罗斯、日本、加拿大、联邦德国、澳大利亚、法国和英国，总产量都超过或接近 100 万吨。为满足经济发展、科技进步、战略储备的需要，各国均积极发展有色金属工业。

以有色金属资源丰富闻名于世界的澳大利亚，则成为矿产品出口大国。2005—2006 财政年度，澳大利亚矿业与石油工业产值占 GDP（9 190 亿澳元）的 5%，矿产品出口量约占商品和服务出口总量的 47%。但 2008 年金融危机的全球爆发，使得有色金属价格先高后低，波动剧烈。2008 年年初开始从上年的较低位大幅上涨，一季度不断突破历史高位，最高时 4 月份铜的期货价格上涨至 8 800 美元/吨，而铅、锌、锡、镍等也纷纷达到历史高位。9 月 15 日，美国由次贷引发的金融危机进一步升级，并开始波及全球各个金融及经济市场，金属市场持续下滑，6 大品种金属价格跌幅都在 30% 以上，见表 4—3。之后，澳大利亚规模较小或正处于扩张时期的有色金属企业纷纷陷入经营困局，现金流难以周转，这也为国内大型有色金属企业入主澳大利亚提供了良好的契机。

表 4—3 金融危机前后大宗商品期货最高与最低价格一览表

名称	金融危机前商品最高价		金融危机后商品最低价		涨、跌（%）
	时间	数值	时间	数值	
黄金（美元/盎司）	2008 年 3 月	1 032.09	2008 年 10 月	680.80	-34.04
原油（美元/桶）	2008 年 7 月	147.27	2009 年 1 月	32.70	-77.80
铜（美元/吨）	2008 年 7 月	8 920.00	2008 年 12 月	28 250.00	-68.33
铝（美元/吨）	2008 年 7 月	3 380.00	2009 年 2 月	1 280.00	-62.13
铅（美元/吨）	2007 年 10 月	3 890.00	2008 年 12 月	851.00	-78.12
锌（美元/吨）	2006 年 11 月	4 580.00	2008 年 12 月	1 046.00	-77.16
锡（美元/吨）	2008 年 5 月	25 525.00	2008 年 5 月	9 750.00	-61.80
镍（美元/吨）	2007 年 5 月	51 750.00	2008 年 10 月	8 850.00	-82.90

资料来源 安泰科及国际期货市场

1.2.2 国内有色金属运营情况

2008 年下半年开始，由于受到国内接连不断发生的严重自然灾害的冲击，以及世界经济金融形势振荡多变的不利影响，我国有色金属工业生产增幅明显回落，有色金属主要产品价格暴跌，产能过剩等问题日渐显现，企业亏损情况严重。2008 年全年有色金属行业增加值比上年增长 12.7%，增速同比回落 6 个百分点；十种有色金属产量为 2 520 万吨，比上年增长 8.2%，增速同比回落 16.2 个百分点。另外，铜、铝等主要有色金属市场价格大幅下跌，导致企业利润大幅下滑。统计显示，2008 年 12 月，国内市场铜、电解铝现货平均价格分别为 27 027 元/吨、10 963 元/吨，比同年上月下降 15.9% 和 18.3%，比 2008 年最高价格下跌 56.8% 和 40%。

进入 2009 年，在国家扩大内需、产业调整振兴规划等政策的作用下，随着企业库存调整的基本结束以及市场价格的明显提高，近期有色金属冶炼及加工业生产增幅逐渐回升，其中 6 月份出现加快增长，当月增速达到 14.9%，比上月加快 8.4 个百分点。前 6 个月累计增长 6.0%，增幅比上年同期减少 8.3 个百分点，但比一季度加快 3.2 个百分点。2009 年 1—5 月，有色金属工业企业总体实现扭亏为盈，盈亏相抵后实现利润 94.2 亿元，比去年同期下降 81.8%，其中，1—2 月亏损 24.1 亿元，3—5 月实现利润 118.3 亿元，但国有企业仍处于亏损状态。

总体而言，国际金融危机对我国有色金属工业的冲击较为明显，国内外市场需求急剧萎缩，部分有色金属冶炼产能过剩的矛盾进一步凸显。2009 年，在政策指导以及金融危机恢复的作用下，我国有色金属的生产需求逐步上升。

1.3 我国有色金属政策环境

我国是世界上最大的有色金属生产国和消费国。但我国有色金属行业长期以来存在稀土贱卖、开采过度、产能过剩、产业集约化程度低、企业综合实力弱、原材料对外依存度高、高精尖材料依赖进口、贸易摩擦过多等问题，尤其是 2008 年金融危机引起的有色金属市场需求萎缩、价格暴跌，对中国有色金属工业的生产经营及产业发展产生更多的不利影响。为推进中国有色金属行业的发展，2009 年 2 月，国务院常务办公会议审议通过了《有色金属产业调整和振兴规划》，提出要以控制总量、淘汰落后、技术改造、企业重组为重点，推动产业结构调整和优化升级。规划的出台，对于稳定有色金属价格、促进产品出口、降低产品库存积压起着积极的作用，也为有色金属回暖提供条件。规划鼓励大型企业兼并重组，促进行业资源的合理流动，有利于产业集中度的提高和资源配置的优化，有利于企业通过并购重组做强做大，增强企业活力和竞争力。在当前整个行业陷于“寒冬”的时期，有色金属工业振兴调整规划的出炉，为行业的重组与整合注入了活力，为企业提供了化被动为主动，变挑战为机遇的机会。此次规划的出台，为我国有色金属行业的并购提供了更有利的激励。

我国出台了许多政策用于有色金属产业的结构优化及发展，以应对国际金融危机所带来的负面影响。2008—2009 年我国有色金属需求由波动转变为逐步上升，但与需求快速增长形成尖锐矛盾的是，由于有色矿产资源有限，中国虽是有色金属的生产大国，但并非是资源大国。由于人均资源占有量严重不足，加之冶炼产能的盲目扩张，原料供应紧张。事实上，除了钼、镁等少数品种外，我国可采资源储量只有 10 年左右，资源问题业已成为中国有色金属工业发展的最大隐忧。目前，我国铜、铝、铅、锌四种有色金属的原料均需进口，我国已经成为仅次于美国的全球第二大有色金属消费市场，在全球有色金属消费领域扮演着重要角色。在这样的情况下，如果只依赖国内资源，有色金属消费需求远远不够，从国外取得资源将是中国有色金属企业长期的战略。

另外，受 2008 年金融危机的冲击，我国有色金属工业经济效益出现了整体下滑。特别是在 2008 年 9 月中旬以后，国内外市场主要有色金属价格暴跌，导致有色金属工业出现全行业的亏损，而且损失非常严重，公司价值严重低估。但是相对于国际经济来说，我国经济受到这次金融危机的冲击相对较小。这为我国有色金属行业走出去收购或开发矿产资源提供了很好的时机。

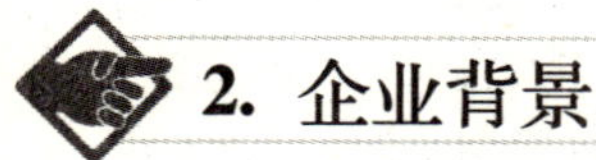

2. 企业背景

2.1 中国五矿

中国五矿集团公司成立于 1950 年，主营金属和矿产品的开发、生产、贸易、综合服务，兼营金融、房地产、物流等业务，是一家进行全球化经营的大型企业集团。中国五矿是国内最具运作实力的有色金属企业之一，涉及的产品包括铜、铝、钨、锑、锡、稀土、钽、铌、铅、锌等主要金属。中国五矿营销网络遍及全球，在国内 20 个省区建有 168 家全资或合资企业，控股和参股 14 家国内上市公司，在其他主要国家和地区更设有 44 家海外企业，拥有控股“东方鑫源”和“东方有色”两家红筹股上市公司。其发展战略为是以贸易为基础，集约多元，充分发展营销网络；以客户为中心，依托资源，积极提供增值服务；使中国五矿成为提供全球化优质服务的金属矿产企业集团。

1992 年，中国五矿被国务院确定为全国首批 55 家企业集团试点和 7 家国有资产授权经营单位之一。1999 年，中国五矿被列入由中央管理的 39 家国有重要骨干企业之一。2007 年，在中央企业业绩考核中，中国五矿被评为 A 级。2008 年，中国五矿在世界 500 强企业中排行第 331 位，比 2007 年上移 23 位，同年其总经营额为 266.7 亿美元，营业收入为 1 809 亿美元，同比增长 15.9%，利润为 71 亿美元，净资产收益率为 27.84%，连续第九年保持经营增长。在 2008 年中国五矿的业务发展中，黑色金属、有色金属两大核心产业共实现经营额约 257 亿美元，汇总利润占集团公司总额的 79.5%。

中国五矿作为中国最早“走出去”的企业之一，从 2004 年控股舍文氧化铝厂，到 2006 年与智利国家铜公司合资，再到 2007 年收购北秘鲁铜业公司，成功的海外收购不仅使公司积累了丰富经验、锻炼了人才队伍，也为此次全资收购 OZ 矿业主要资产奠定了坚实的基础。

2.2 五矿有色

五矿有色是中国五矿旗下的非上市子公司，成立于 2001 年 12 月 27 日，注册资本为 12.7 亿元，是由中国五矿集团公司联合国内其他五家企业依照现代企业制度共同出资组建的股份制企业。中国五矿占五矿有色总股本的 90.27%，是五矿有色的控股公司及大股东（如图 4—2 所示）。五矿有色的主营业务为铜、铝、钨、锑、铅、锌、锡、镍等金属及稀土类资源。

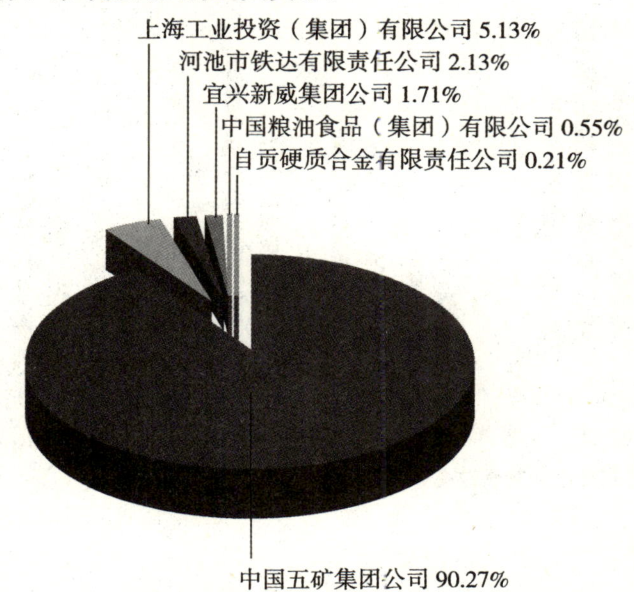

图 4—2　五矿有色股份比例图

资料来源　五矿有色金属股份有限公司网站

五矿有色是一家非常具有运作实力的有色金属企业。2008 年，五矿有色的主营业务收入达到 356.7 亿元，利润总额达到 31.38 亿元，相关资料如图 4—3 所示。

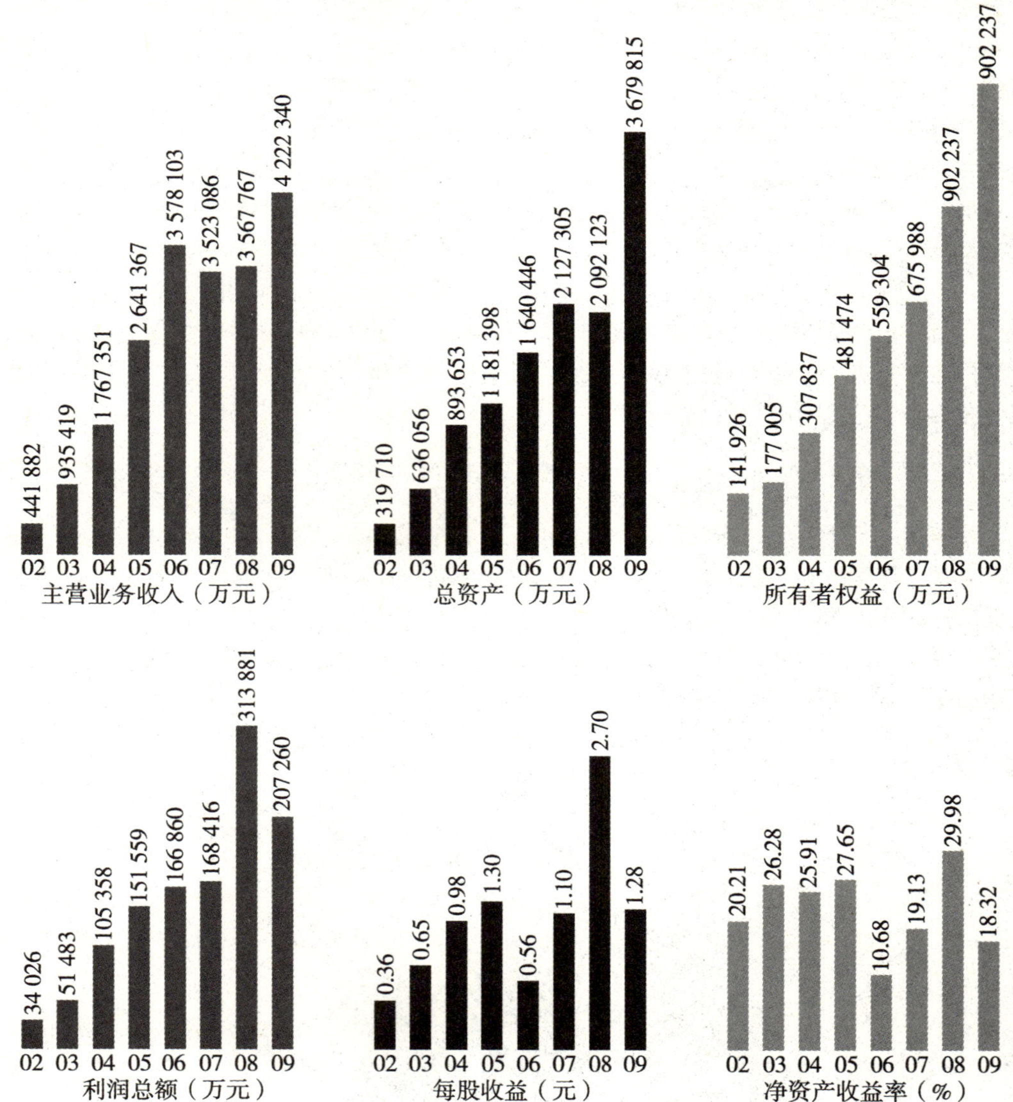

图 4—3 公司八年成长主要指标

资料来源 五矿有色金属股份有限公司网站

2.3 OZ 公司

2008 年 6 月，澳大利亚的国际性矿业公司 Oxiana 与 Zinifex 公司正式合并为澳大利亚 OZ Minerals Limited，一跃成为澳大利亚第三大矿业公司和全球第二大锌矿公司。同年 7 月，OZ 公司于澳大利亚证券交易所挂牌上市。OZ 公司主要生产的资源有锌、铜、铅、黄金和银等金属，在锌、铅、铜、镍、黄金、银等资源上拥有非常可观的储量，其中，锌的储量为 1 820 万吨，铅的储量为 260 万吨，相当于我国 2007 年锌资源和铅资源储量的 18.74% 和 6.28%。

中国五矿与 OZ 公司最初业务往来是在 2005 年。自此，两家保持了良好的沟通与交往。2007 年，五矿集团下属公司五矿有色有意购买 Oxiana 公司 14.99% 的股份，但由于当时大宗商品市场持续上涨，Oxiana 公司市值达 30 亿美元，购买计划流产。2008 年，OZ 公司通过合并成立后，由于大宗商品与资源价格快速上涨，OZ 公司又未停止疯狂扩张，从而产生大量债务，现金流拮据。金融危机到来后，大宗商品价格下跌，加之澳元贬值，导致 OZ 公司陷入财务困境，股价总值也由最高峰时的 120 亿澳元跌到 17 亿澳元，其中包括未来需要归还的 7 亿美元的到期债务。2008 年 11 月 28 日，OZ 公司在澳大利亚证券交易所被停牌，公司开始寻求自救并提出三套方案：发行股票或债券、出售部分资产、公司股权收购。

关注该公司 3 年之久的五矿有色获悉这一消息后，迅速向中国五矿决策层汇报，获得收购通过后，立即成立了相关项目领导小组，并向 OZ 矿业递交兴趣表达函。形势不好的资本市场，下跌的大宗商品市场，新股发行不被看好，投资机构与银行很难给予帮助，这种种情形使 OZ 公司的债务问题凸显，于是审核过后认可五矿有色的方案优于其他选择。最终，OZ 公司经过反复衡量，开始接受五矿有色的方案。

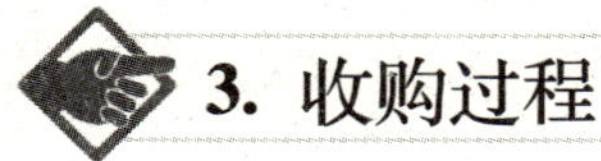

3. 收购过程

2008 年 9 月，国际金融危机全面爆发，OZ 公司贷款银团要求 OZ 公司偿还总额约 12 亿澳元的到期贷款。OZ 公司陷入债务危机和财务困境。

2008 年 11 月 28 日，迫于银行债务压力，OZ 公司在澳大利亚证券交易所被停牌，财务困境加剧，公开寻求发行股票或债券、出售部分资产、公司股权收购三种解决方案。

2008 年 12 月 24 日，五矿有色以周中枢总裁的名义向 OZ 公司递交了兴趣表达函，提出“股权收购+偿债”一揽子的解决方案。5 天后，OZ 公司董事会主席库萨克书面回复五矿有色，对此表示欢迎。五矿有色首次与 OZ 公司接洽收购事宜。在此之前，中信资源和中国铝业公司也分别与 OZ 公司接触过。

2009 年 2 月 16 日，五矿有色与 OZ 公司发布公告称，OZ 公司董事会已同意五矿有色提出的 17 亿美元的收购交易协议，并将提交股东大会通过。根据协议，五矿有色将以协议收购的方式收购 OZ 公司的全部资产，报价为每股 82.5 澳分，收购全部采用现金形式。以 OZ 公司最后一个交易日的收盘价格 55 澳分计算，此报价溢价 50%。如果交易成功，五矿有色还将为 OZ 公司偿还所有债务，并赎回 OZ 公司已发行的可转换债券。

2009 年 2 月 27 日，OZ 公司负债累累，面临被出售或清盘的危机，幸而此时中国五色提出向其收购，并承诺为其清还欠下的所有债务和维持该公司的采矿业务。因此，银行同意把 OZ 公司 2009 年 2 月 27 日到期的 12 亿澳元债务延期至 2009 年 3 月 31 日偿还。OZ 公司表示，如果中国五矿对其收购行动失败的话，将会把旗下的资产出售以偿还即将到期的债务。

2009 年 3 月 23 日，OZ 公司向澳大利亚证券交易所（ASX）披露的公告称，自 2009 年 3 月 24 日起，澳大利亚外商投资审查委员会（Foreign Investment Review Board）延期 90 天公布对五矿收购 OZ 公司的审批结果。

根据澳大利亚的“外国收购法案”（Foreign Acquisitions and Takeovers Act 1975）第 25 条规定，在投资申请递交的 30 天后会公布是否予以批准。30 天后，若澳大利亚财政部长认为尚不能作出决定，可将审批时限进一步延长 90 天。在 90 天的延长期内，交易将不能被推进。澳大利亚财政部长对外来投资有最终决定权。

2009 年 3 月 27 日，澳大利亚财政部否决五矿有色全面收购 OZ 公司的方案。澳大利亚财政部长斯旺表示，由于 OZ 公司的普罗米嫩特山（Prominent Hill）铜金矿区位于南澳大利亚伍默拉军事禁区，考虑到国家安全方面的因素，因此否决该项收购议案。但澳大利亚战略国防研究中心专家鲍尔教授则认为，澳大利亚否决该项收购的真正原因是因为普罗米嫩特山铜金矿区设施距离澳美联合卫星监测基地过近，澳美联合卫星监测基地控制着几个对地静止的监听卫星，可拦截微波信号，包括导弹遥测和微波通信，而中国正是此拦截活动的主要焦点目标，美国不愿意让中国在这片区域内拥有任何配备了通信装置的设施，担心中国会干扰该基地拦截的运作。

2009 年 4 月 1 日，经过一轮调整后，五矿有色修改协议，对外公布新的收购方案，决定放弃普罗米嫩特山（Prominent Hill）铜金矿区、印度尼西亚马塔贝（Martabe）金银矿及 OZ 公司持有的 Toro Energy 和 Nyrstar 上市资产，将收购金额缩减到 12.06 亿美元，并不再承担 OZ 公司的债务。根据修改后的收购方案，五矿有色可以获得 OZ 公司位于老挝的 Sepon 铜金矿、位于澳大利亚的 Century 和 Rosebery 锌矿、位于澳大利亚的 Golden Grove 锌矿、位于塔斯马尼亚岛的 Avebury 镍项目，以及在澳大利亚和加拿大其他项目的控制权。至此，五矿有色对 OZ 公司的收购，实际上已由“全面要约收购”变为“资产收购”。

五矿有色副总经理焦健表示，在这种情况下，只能放弃全面收购，改为收购 OZ 公司部分矿产资源。虽然原定目标未能实现，但对五矿有色仍具有重要的战略意义。如果交易成功，五矿有色未来将全面介入这些矿山的管理和开发。

2009 年 4 月 14 日，OZ 公司宣布与五矿有色就 12.06 亿美元的新收购协议中的商业条款达成一致。五矿有色最新的收购计划为债务缠身的 OZ 公司再次注入生机。OZ 公司的贷款人同意将 12 亿澳元贷款的再融资截止日期延长至 4 月 30 日。新的交易完成后，OZ 公司将能够偿还除正在发行中的可转换债券外的全部债务，并可保留约 5 亿多澳元的现金，OZ 公司将以这笔资金继续开发普罗米嫩特山

（Prominent Hill）铜金矿区并开展其他活动。

2009 年 4 月 23 日，澳大利亚财政部长斯旺宣布，已批准五矿有色对 OZ 公司的 12.06 亿美元的新收购协议，但收购交易需要附带一些强制执行的法定条件，这些条件包括：五矿有色需要把所收购的矿产作为有特定商业目标的独立业务来经营；收购矿产总部仍须设在澳大利亚，且管理团队主要由澳大利亚人组成；定价必须符合国际标准，五矿有色不得干预价格。

2009 年 5 月 1 日，为了方便五矿有色推进收购，OZ 公司已获得银行推迟债务偿还期至 6 月 30 日的许可，这是 OZ 公司获得的第三次债务展期。

2009 年 5 月 18 日，中国国家发改委批准中国五矿有关收购 OZ 公司的各项资产和业务的计划。

2009 年 6 月 3 日，OZ 公司宣布，以 12.06 亿美元向中国五矿集团出售部分资产交易已获中国政府主管部门批准。

2009 年 6 月 5 日前后，在收购逐步进行的过程中，新挑战者出现。加拿大皇家银行（Royal Bank of Canada）与 RFC Corporate Finance 提出资本重组提议，表示愿意负责帮 OZ 公司承销 10 亿美元的股票与可转换债券及筹集 2 亿美元营运资本。澳大利亚麦格理银行则提出以 14 亿美元重组 OZ 公司，他们极力游说 OZ 公司股东反对五矿有色的新方案，以达到其商业目的。

此次“搅局”的背景是：随着中国政府刺激消费的措施逐渐见效，中国因素带动国际商品市场回暖，从 2 月到 6 月，铅、锌、铜等金属的价格上涨了约 40%~60%；同时由于美国美元持续弱势，澳元兑美元汇率大幅上涨，涨幅达到 17%；资本市场开始复苏，发行可转换债券和配股似乎也变得可行，OZ 公司的股价也回升到 91 澳分左右的水平。在这样的形势下，部分股东的期望值发生了变化。

2009 年 6 月 8 日，OZ 公司表示，已正式拒绝由加拿大皇家银行（Royal Bank of Canada）与 RFC Corporate Finance 等提出的两项资本重组提议。OZ 公司认为，第一份重组方案将带来对现有股东利益的稀释，而且由于可转换债券的发行不是包销协议，公司在执行上存在风险，更重要的是，对于没能向五矿有色出售而保留下来的这部分资产，这方案并没有将 4 200 万美元至 5 200 万美元的额外运营成本计算在内；而第二份重组方案虽然优于第一份，但也没有把近 8 700 万美元的重组费用考虑在内。因此，董事会在经过反复比较后，还是认为五矿有色 12.06 亿美元的收购计划更胜一筹，最后 OZ 公司重申其对中国五矿收购提议的承诺，并敦促股东在周四的会议上投票支持该交易。

2009 年 6 月 10 日，在股东大会投票表决数小时前，五矿有色将收购价格由原来的 12.06 亿美元增加至 13.86 亿美元，此价格比之前协议价格高出了 15%。五矿有色表示，提高最终报价是鉴于当前金属及资本市场的改善。

2009 年 6 月 11 日，OZ 公司股东大会对包括五矿有色收购在内的三项融资（包括股权收购、债务置换融资及日常营运备用授信等）投票表决，五矿有色收购议案最终以 92% 的赞成票高票通过。对于公司收购的资金来源，五矿集团总裁周中枢表示将会通过发行企业债券、股市融资及银行贷款等渠道筹集资金。五矿有色获得股东大会通过后，预计双方交易最终将会在 6 月 18 日前后完成。

2009 年 6 月 18 日，完成收购后，五矿有色将在澳洲注册成立一家新公司——Minerals and Mining Group Limited（以下简称“MMG”），以管理开发这些资产。根据五矿有色副总经理焦健介绍，这家新公司将于当地时间 6 月 18 日正式挂牌成立。五矿有色除了获得 OZ 公司的矿产之外，还将大多数 OZ 公司的员工收归旗下，原 OZ 公司的 CEO 将担任 MMG 的 CEO。MMG 董事会由六人组成，其中两人是澳洲人，他们将负责管理原属于 OZ 公司的资产，包括锌、铜、镍、金、银等矿产的生产和销售。

2009 年 6 月 19 日，中国银行联合国家开发银行为五矿有色收购澳洲 OZ 公司主要资产项目提供融资支持，其中包括股权收购、债务置换融资以及日常备用授信额度。

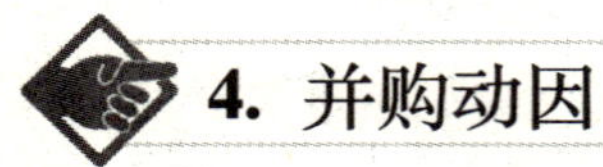

4. 并购动因

4.1 从中国五矿有色集团公司的角度考虑

4.1.1 从自身因素考虑，降低开采铅、锌矿产资源的成本，推进企业全球化经营战略

虽然我国铅、锌矿探明储量居世界第二位，铜矿居世界第四，但总体质量不高，加上矿产资源的分布不集中，遍布全国不同的地方，并不适合大规模机械化开采。基于这种情况，五矿有色开采国内的铜、铅、锌矿产资源就需要高额的开采成本。而收购 OZ 公司后，五矿有色就能够减低其开采铜、铅、锌矿产资源的成本，因为澳大利亚的矿产资源具有质量高、分布集中等优点，而且开采技术先进，这也是为什么五矿有色被拒绝收购普罗米嫩特山铜金矿区后仍继续收购 OZ 公司其他有色金属资产的原因。此次收购完成后，OZ 公司的铅、锌等矿产资源基本上被五矿有色全部收入账下，包括在澳大利亚的几个铅、锌矿区。因此，OZ 公司被五矿有色收购后，五矿有色便不用担心开采铅、锌矿产资源的成本会不断提高，反而可以大大降低成本，并且可以节省不少人力、物力。

此外，中国五矿作为一家实力较强的跨国企业，从 1999 年年末开始，便致力于战略转型，包括通过收购，实现企业由贸易型转向生产型、资源型的战略转型，切入上游矿业资源企业，并在海外投资有色金属矿业。面对国内有色金属供给需求日益突显的矛盾，中国五矿寻求澳大利亚这个丰富的矿产国家的有色金属资源，可谓明智之举。而 2008 年爆发的金融危机及 2009 年国家颁布的《有色金属产业调整和振兴规划》，为中国五矿并购 OZ 公司进一步提供了良好的外部条件。

4.1.2 从国家因素考虑，提高我国有色金属矿产资源储备量

我国铅、锌矿产资源大多为贫矿，开采公司几乎都是民营小矿，质量较

差，所以我国自产锌精矿、铅精矿远远不能够满足冶炼需求。我国铅精矿和锌精矿的自给率仅为 68%、34%。但通过这次收购，五矿有色将获得 OZ 公司的铜、锌、铅、镍和金矿等有色金属项目，这样除可以确保铜、铅、锌等有色金属的供应外，还可以保障有色金属的质量。这次交易可以有效增加我国在铜、铅、锌等主要有色金属矿产的储备量，有助于解决之前供给不足的情况，大幅地提高我国在铅、锌矿产资源方面的保障程度，有效缓解我国在有色金属方面的供需矛盾。

4.2 从 OZ 公司的角度考虑，走出财务困境

2008 年全球金融危机席卷全球，各国经济受到不同程度的影响，尤其是之前经济较发达的国家。金融危机导致许多国家的企业面临财务困境。在这种情况下，部分企业因为资金周转不灵，无法填补亏损或偿还负债，导致价值严重低估，被迫被其他公司收购。OZ 公司就是一个典型的例子。

在全球金融危机和有色金属价格暴跌的环境下，OZ 公司的股价由 210 澳分跌至 55 澳分，跌幅超过 70%。加之 2008 年 9 月，OZ 公司有一笔价值 12 亿澳元的沉重债务即将到期，在当时的环境下，OZ 公司无力筹集充足的资金以偿还债务，迫于银行债务压力，OZ 公司于 11 月 28 日被澳大利亚证券交易所停牌，并公开寻求发行股票或债券、出售部分资产、公司股权收购三种解决方案。倘若 OZ 公司在银行指定限期前还没有筹集到足够的资金来偿还债务，OZ 公司将会面临被出售或清盘的危机。权衡之后，面对着债台高筑的问题，OZ 公司可选择的最优方法就是接受中国五矿的收购，以解决债务问题。

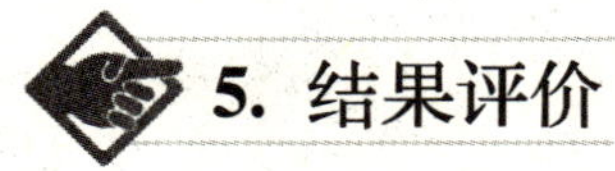

5. 结果评价

5.1 OZ 公司方面

OZ 公司与 S&P/ASX200 指数 2008 年 7 月到 2010 年 6 月间走势图如图 4—4 所示。

OZ 公司与澳大利亚最大矿业公司 BHP2008 年 7 月到 2010 年 6 月间走势比较图如图 4—5 所示。

从图 4—4、图 4—5 可以看出，2009 年 2 月 OZ 公司受五矿有色提出的收购交易协议影响，股价逆市反弹，升幅领先于同期的 S&P/ASX200 指数和相关行业 BHP。而在收购协商过程期间（2009 年 2 月至 2009 年 6 月），OZ 公司的股价升幅一路紧追 S&P/ASX200 指数和相关行业 BHP，但无明显的领先或落后，由此可以看出，投资者对此次收购持保守态度，反应较为平淡。

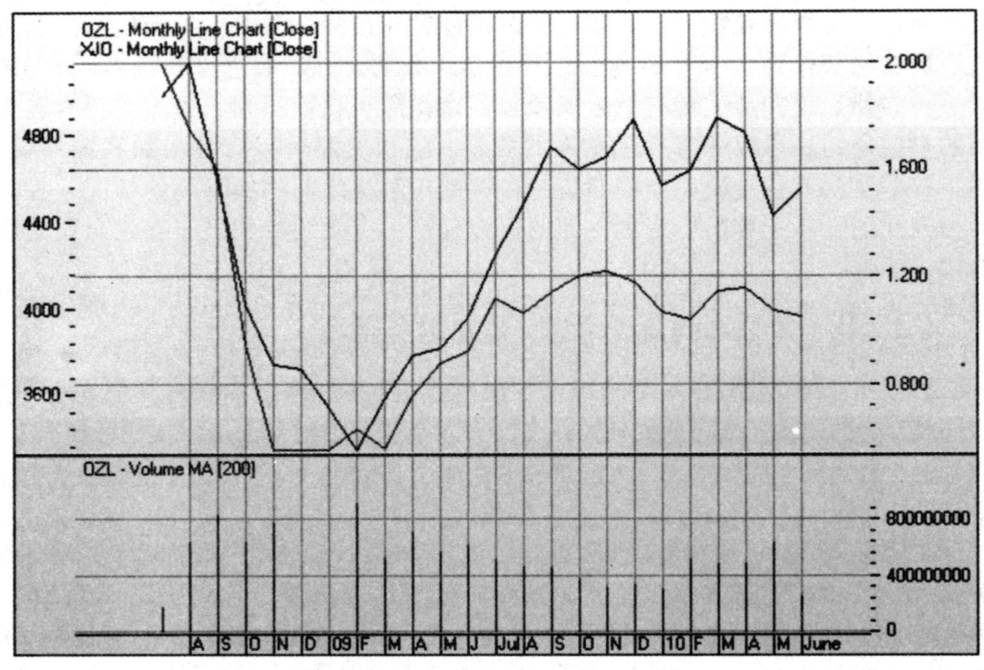

图 4—4　OZ 公司与 S&P/ASX200 走势图比较

资料来源　澳洲证券交易所网站

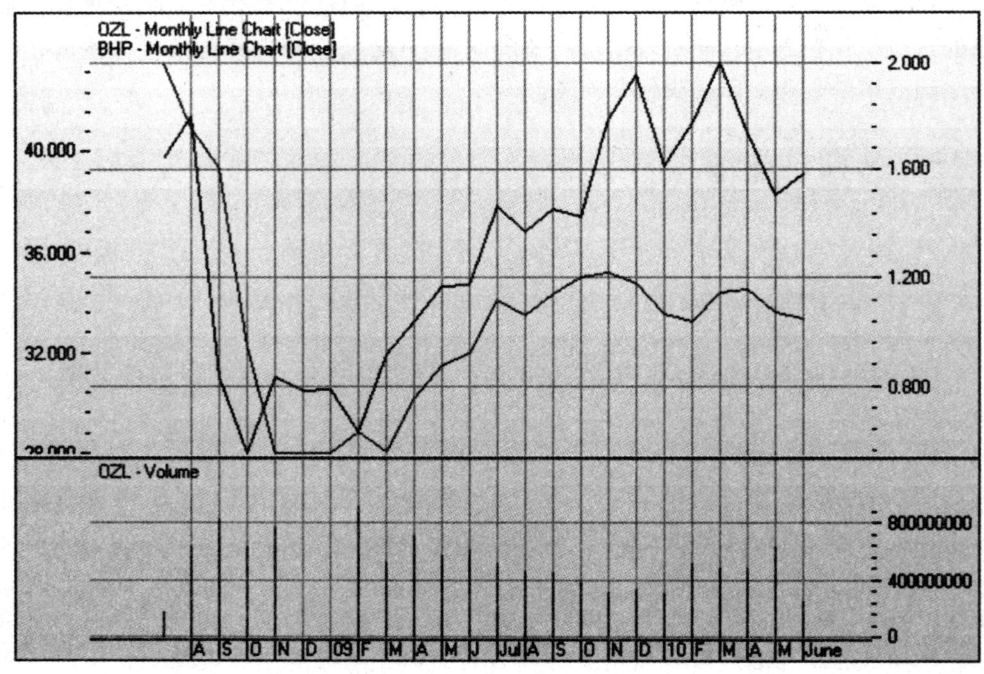

图 4—5　OZ 公司与 BHP 走势图比较

资料来源　澳洲证券交易所网站

从 2009 年 8 月开始，OZ 公司明显落后于 S&P/ASX200 指数和相关行业 BHP。从表 4—4 可以看到，有色金属在 2009 年下半年的升幅强劲，正常来说，矿业型企业应该会受惠，如 BHP 就领先于 S&P/ASX 200 指数（如图 4—6 所示），但 OZ 公司却无明显升幅，持续落后，具体原因可能是 OZ 公司失去大部分矿业资产后，经营能力变差，市场对其失去信心。

表 4—4　　2009 年伦沪两市金属价格涨幅

日期	LME 铝	LME 铜	LME 铅	LME 锌	沪铝连三	沪铜连三	沪锌连三
2008-12-31—2009-06-30	5.78%	60.85%	69.47%	27.24%	16.23%	72.75%	32.91%
2008-12-31—2009-12-14	47.84%	122.91%	130.73%	89.63%	41.08%	129.28%	81.48%

资料来源　WIND 大通证券研发中心

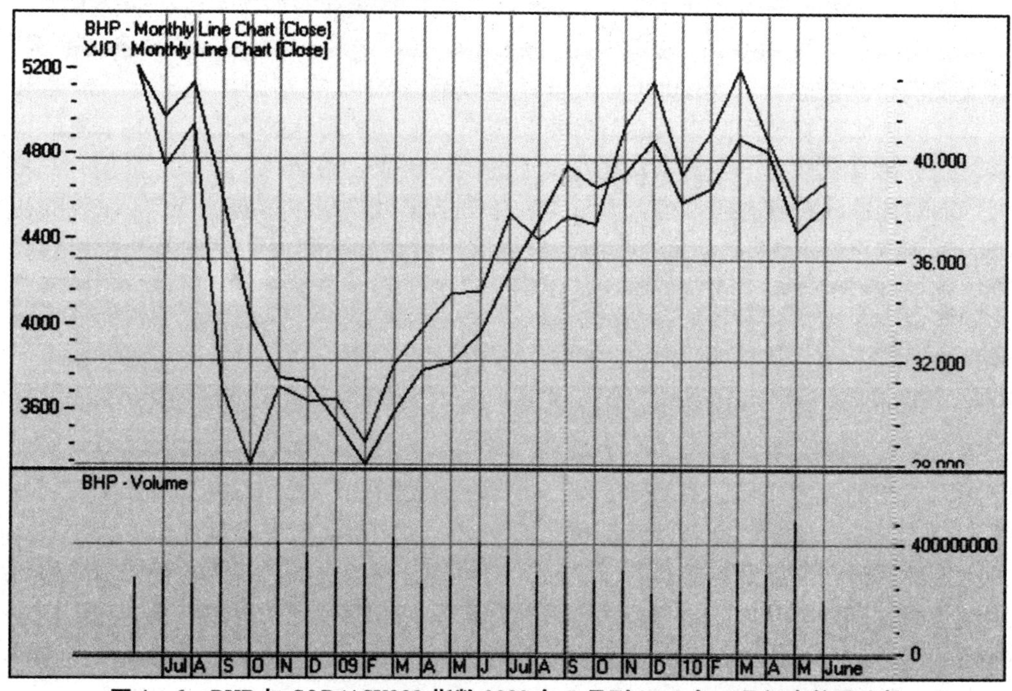

图 4—6　BHP 与 S&P/ASX200 指数 2008 年 7 月到 2010 年 6 月间走势图比较

资料来源　澳洲证券交易所网站

5.2　五矿有色方面

五矿有色收购 OZ 公司主要资产之后，国内存在正反两个方面的评价，但总体上支持声音较多。

支持和认同这次收购的观点有三个：其一，此次收购是澳大利亚政府首次批准中国国有投资者对本土在产矿业企业的控股收购。在同一时期，澳大利亚拒绝了多个中国企业的并购活动，其中就包括中国铝业股份有限公司（以下简称“中铝”）以 195 亿美元入股力拓，最终却因力拓毁约而损失惨重。其二，随着此次交易的完成，中国五矿将拥有 OZ 公司位于西澳大利亚州、塔斯马尼亚州和昆士兰州的 5 座矿产以及其他勘探和开发资产等主要资产，既确保了金属资源供应，大幅提高了我国铅、锌矿的保障程度，又有效地缓解了我国有色金属的供需矛盾，而新成立的 MMG 将获得巨大的销售市场，并随中国经济趋暖和需求加大的有利形势获得进一步的发展。其三，收购后 MMG 业绩表现良好。MMG 于 2010 年 3 月 22 日公布的 2009 年业绩表示，公司在重组后 7 个月内实现扭亏为盈，累计取得净利润 1.8 亿美元。MMG 挂牌后，先后重启了若干个之前因资金短缺而暂停的矿山项目，取得明显成效。在重组后的 7 个月内，公司实现营业收入 8.5 亿美元，息税折旧摊销前利润 3.5 亿美元。对于 MMG 的发展前景，业内人士也十分看好，认为 MMG 掌控的丰富矿产资源正好可以保障中国五矿的原料供应，从而增强产业链的一体化竞争优势。

基于以上几点理由，此次收购被认为是国内有色企业对西方主流矿业企业进行全资并购的首个成功案例，是国内企业“走出去”过程中为数不多的经典范例，被《亚洲金融杂志》评为 2009 年最佳并购项目。MMG 完整的矿业平台、成熟和富有经验的矿业管理团队以及良好的资源组合，使五矿有色的资产质量有了质的提高，使五矿有色成为国内首家真正意义上的国际矿业公司。

而对此次收购存在质疑的人则认为，中国五矿此次成了“冤大头”。在收购初期，五矿有色提出 17 亿美元的收购交易协议，但在后来澳大利亚财务部长长斯旺出于国家利益的考虑，将普罗米嫩特山铜金矿区排除在交易之外，借口这一矿区坐落的位置距离澳大利亚一处军用设施过近，可能对国家安全构成威胁。而普罗米嫩特山铜金矿区正是 OZ 公司的核心资产，也是这次交易的核心部分，业内分析人士认为，据保守估计，这座铜金矿山的价值占到对 OZ 公司收购案整体含金量的 80% 以上。那就是说，五矿有色花了大价钱，作出巨大让步，最终以总交易金额 13.86 亿美元成交的这笔交易，只买到人家不到 20% 的股份。对于此次收购，澳大利亚人的漠不关心与国人的振奋欢呼形成了鲜明对比。中铝入股澳大利亚第二大矿石企业力拓的时候，澳大利亚政府是千方百计地阻挠，而这次五矿有色在把普罗米嫩特山铜金矿区剔除在这次交易外以后，收购却异乎寻常的顺利，再没有受到澳大利亚政府的阻挠。仔细思考过后，出现反差的原因很可能就是中国五矿有名无实主要资产全资收购。

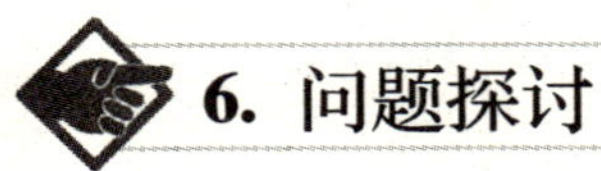

6. 问题探讨

6.1 为何五矿有色可成功收购 OZ 公司，而中铝收购澳大利亚力拓公司以失败告终

6.1.1 目标资产较小

在收购矿产资源数量和金额方面，五矿有色提出以 13.86 亿美元的价格收购 OZ 公司，而中铝却以 300 多亿美元的巨资收购力拓公司。两者相比之下，中铝的

收购价格比起五矿有色的收购价格高出 20 多倍。由于五矿有色只是收购 OZ 公司的部分矿产资源，资源数量比较少，且收购初期所涉及的敏感资产也在收购后期协商中去除，所以收购金额相对来说也较为便宜一点。相反，中铝收购力拓公司的全部矿产资源，资源数量较多，收购金额相对较为昂贵。另外，五矿有色收购范围小，矿产资源数量也较少，收购起来更为容易，控制起来更加方便；而中铝收购范围大，矿产资源数量非常多，收购较为困难，控制起来更加不方便。

6.1.2　处事较为低调

在处事方面，五矿有色较为低调，而中铝就比较高调。因为中铝收购力拓公司的金额非常巨大，第一次收购为 140.5 亿美元，第二次收购为 195 亿美元，两次加起来就是 300 多亿美元，这笔巨大的资金必定会引起社会的广泛关注，因此中铝很容易泄露行踪，因而收购行动走向了失败的道路。相反，五矿有色在处事方面对外一向低调，但是五矿有色对内却非常积极，在获得 OZ 公司债务和财务困境方面的消息，立即组织了一班出色的团队，在收购遇到波折时，也能够稳定决策并迅速拿出解决方案，甚至出奇制胜，五矿有色能有效吸收之前的收购经验和教训，最终使这次默默收购取得成功。另外，中国五矿在与 OZ 集团洽谈，选择了其集团旗下的一家非上市有色金属公司，一方面考虑到所收购的资产为有色金属公司；另一方面也反映了其处事低调的作风。五矿有色隐藏在中铝背后进行收购，中铝大手笔掩盖了五矿有色的“小动作”，转移了人们的目光。正如澳大利亚贸易委员会大中华区资深投资专员王恒岩所说：OZ 公司是在金融危机退潮过程中五矿有色捡到的一枚贝壳，而中铝试图在茫茫大海上捕获一条巨鲨，澳大利亚政府的敏感神经深深地锁定在中铝身上。

6.1.3　重视游说中的沟通作用

在公共关系管理能力方面，五矿有色懂得怎样去与其他公司打交道，彼此建立良好的合作关系，而中铝却缺乏这方面的能力，最终导致收购失败。五矿有色在收购中对出现的各种问题都做了充分准备，并积极解决，尤其是在面临澳大利亚政府的质疑时，具有外交经验的周中枢作为项目负责人起到了重要作用。当五矿有色向 OZ 公司提出收购其矿产资源时，遭到澳大利亚两个反对党的强烈反对，但五矿有色并没有放弃，还专门会见了两个反对党领袖，向他们解释如果这次收购可以成功的话，可以共同发展。另外五矿有色在保证 OZ 公司也继续存在的前提下继续与 OZ 公司合作，以缓和政府对此次收购的误解，积极与其建立良好关系以获得两个反对党的支持。在公共关系处理方面，因为五矿有色明白到一个道理，反对党如今是在野党，但今后也有可能会成为执政党，与他们保持良好的沟通，对今后的工作会非常有利。相反，中铝面对着很多的反对声音，但它并没有积极去挽救，并在中途临时换帅，得不到政府的支持，最终使收购失败。

综合以上几点，中国五矿给我国企业并购带来了几点启示，首先是在收购前要充分了解被收购公司，并制定清晰的收购策略，并在市场发生变化时，审时度势、灵活应变、量力而行；其次是与目标公司的管理层、董事会以及所在政府保持良好的沟通和交流。

6.2 为何很多企业选择收购澳大利亚能源公司

6.2.1 矿产资源储量丰富、分布集中，且运输网络成熟

澳大利亚拥有丰富的矿产资源，种类繁多且质量也相对较高，是世界上主要的矿产资源国家，亦是矿产资源开发中心。此外，澳大利亚的地理位置理想，运输方便，拥有良好的运输网络，具有得天独厚的竞争优势和非常悠久的资源开发历史，是世界重要的矿产资源生产国和出口国。由于澳大利亚拥有多个大型矿产资源地区，分别生产多种不同的有色金属，例如铅矿、锌矿、铜矿等，比起其他国家来说矿产资源储量较为丰富。另外，澳大利亚矿产资源的分布较为集中，开采技术发展成熟，开采矿产较为便利，可以统一时间开采，节省人力、物力。

以OZ公司为例，OZ公司本身拥有良好的根基。OZ公司一向从事采矿的工作，是澳洲著名的采矿公司之一，是世界第二大的锌公司，更是澳大利亚第三大矿业公司，开采历史长久，并在锌、铅、铜、镍、金、银等资源上拥有可观储量，拥有良好的根基基础。OZ公司目前所拥有的锌矿资源有1 820万吨，铅260万吨，储量丰厚。因此，OZ公司成为了不少企业心目中的收购对象。另外，OZ公司亦曾开采位于南澳大利亚的矿场，其后更进一步将其业务扩张至泰国、柬埔寨等国家，具有丰富的技术及开采矿产资源的经验。再加上澳大利亚的科技水平较高，OZ公司结合先进的技术，发展较为成熟，先进的开采技术使采矿工程变得更方便、快捷、安全而且省时，使其成为各大企业争相收购的目标。

6.2.2 法律体系健全，资源完全市场化

澳大利亚拥有健全的法律体系，资源完全市场化，而且对投资者进入没有过多政策限制。对于很多企业来说，他们除了看中澳大利亚矿产资源的丰富、优质外，也是看中澳大利亚在这方面上的优势。基于这种原因，很多公司都对澳大利亚的公司产生浓厚的兴趣，希望收购后公司可以有更好的发展前景。澳大利亚的资源完全市场化，对投资者进入没有过多政策限制，是中国五矿考虑并购的前提，也是中国企业扎堆澳大利亚的一个基础。

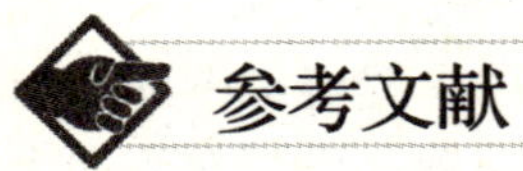

参考文献

1. 丁友刚:《中国企业重组案例:2008专辑·下》,大连,东北财经大学出版社,2010。

2. 徐虞利:《五矿集团:仍在协商收购OZ最终方案》,上海证券报，http://stock.588588.com/2009/03/310756348568.shtml,2009-03-31。

3. 中国五矿集团公司:《中国五矿集团公司简介》,http://www.smartdot.com/news.php? id=394,2009-08-24。

4. 徐虞利:《五矿收购OZ公司新协议获澳政府批准》,上海证券网，http://

stock. cnbb. com. cn/10jqka_cache/content/de/db/60878532. html，2009-04-24。

5. 曹扬：《中国五矿对 OZ 矿业收购案获股东大会通过》，新华网，http://news. qq. com/a/20090611/001596. htm，2009-06-11。

6. 佚名：《中国五矿完成对 OZ 矿业全资收购》，金牛财顺，http://finance. sina. com. cn/money/future/20090619/09446372341. shtml，2009-06-19。

7. 邓瑶：《五矿、OZ 联姻记》，载《21 世纪经济报道》，中国山东财经网，http://finance. sdchina. com/show/45227. html，2009-05-08。

8. 黄海、商永胜：《中国五矿全资收购 OZ 矿业主要资产始末》，中国有色网，http://www. cnmn. com. cn/ShowNews. aspx? id=20531，2009-07-15。

9. 佚名：《澳大利亚的自然资源》，百度百科，http://baike. baidu. com/view/3692. htm? fr=ala0_1_1#9_5。

10. 蒋姮、王志乐：《中铝投资力拓为什么受挫?》，人民网—跨国公司频道，http://mnc. people. com. cn/GB/9663892. html，2009-07-16。

11. 李晨蕾：《2009 海外并购总结时刻》，载《环球企业家》，http://finance. sina. com. cn/leadership/msypl/20100129/11587334946. shtml，2010-01-29。

12. 王洁：《拒绝两项资本重组提议 澳洲 OZ 力挺中国五矿集团收购》，中国创业投资网，http://www. wineast. com/news/2009/200906/w95902. htm，2009-06-11。

13. 李晨蕾：《五矿大交易幸存术：淡化红色标签》，载《环球企业家》，http://finance. sina. com. cn/leadership/jygl/20090714/11466477621. shtml，2009-07-17。

14. 陈玉明：《五矿集团成功收购澳大利亚 OZ 公司主要资产》，新华网，http://big5. xinhuanet. com/gate/big5/news. xinhuanet. com/fortune/2009 - 06/11/content _ 11527709. htm，2009-06-11。

15. 佚名：《有色金属》，百度百科，http://baike. baidu. com/view/32353. htm? fr =ala0_1_1。

16. 葛军：《有色金属：让历史告诉未来 2009 年投资策略》，中国经济网，http://finance. ce. cn/stock/gsgdbd/200812/29/t20081229_14055808. shtml，2008-12-30。

17. 张峰：《2008—2009 年有色金属工业分析及展望》，中国传动网市场研究，http://www. chuandong. com/publish/report/2009/5/report_1_1994. html，2009(5)。

18. 马建明、崔荣国、刘树臣：《有色金属矿产资源战略保障分析(图)》，铸造网，http ://search. 10jqka. com. cn / snapshot / 20091215 / lmy 7 YNQGHv 9 u1WQPrpurBOeqYScdm 8 Ud 5 6 OK 9 sSvZec~. html，2009-12-15。

19. 佚名：《澳大利亚矿业》，澳洲中文网，http://www. ozchinese. com/finance/investment/20060829/32582. shtml。

20. 朱骏峰：《2008 年有色金属价格回顾及 2009 年预测》，龙源期刊网，http://www. qikan. com. cn/Article/lhzd/lhzd200904/lhzd20090409. html。

21. 佚名：《2008 年我国有色金属产量增速大幅回落》，中国贸易救济信息网，http://www. cacs. gov. cn/jidian/show. aspx? articleId=49839。

22. 王志乐:《中国五矿集团在海外》,载《中国外资》,2007(4)。

23. 国务院发展研究中心“澳大利亚矿业管理”考察团:《澳大利亚的矿业管理及其启示》,载《中国发展观察》,2008-10。

24. 张莓:《澳大利亚矿业发展(2002—2006)》,载《中国金融通报》,2008(24)。

25. 鲍江升(澳大利亚 Minter Ellison 律师事务所佩斯首席合伙人):《一个外国人对中国国企投资澳大利亚矿业的三点建议》,载《中国经济周刊》,2008(27)。

26. 佚名:《2008 年有色金属工业经济运行情况》,载《中国有色建设》,2009(1)。

27. 谭少娜:《有色金属行业将筑底回升》,载《中国金融通报》,2009(12)。

28. 佚名:《中国有色金属行业运行报告》,财经界,http://wuxizazhi.cnki.net/Article/CJJI200912021.html。

29. 万江洪:《有色金属行业,并购号角吹响》,载《金属世界》,2009(3)。

案例参编:陈雅雯

中石化收购 Addax 石油公司

2009 年 8 月 18 日，中国石油化工集团公司（以下简称“中石化集团”，英文缩写 Sinopec Group）旗下的中国石化集团国际石油勘探开发有限公司（以下简称“SIPC”）以每股 52.8 加元的价格成功完成了对瑞士 Addax 石油公司（以下简称“Addax 公司”）的收购。交易总额为 83.2 亿加元，折合 75.6 亿美元。这是截至 2009 年 8 月，我国公司进行海外资产收购最大的一笔成功交易。该收购的完成有利于提高中石化集团上游资产配置的能力，对于增强我国在国际石油市场上的话语权也具有重要意义。

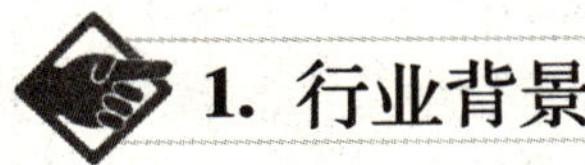

1. 行业背景

1.1 我国石油供需缺口不断加大

首先，我国能源储量丰富，但石油比重很小。据统计，2003 年年底，在传统化石燃料中，总储量的 95% 以上是煤炭，石油和天然气分别只占 2.45% 和 2.25% 左右。特别是与国外相比，我国油田以中小型为主，大型油田比较少，特大型油田更少。

其次，从供需情况来看，随着 90 年代经济的持续高速发展，石油消费量急剧上升。20 世纪 80 年代末，我国还是除 OPEC 之外最大的石油出口国。但此后各年石油进口量不断呈增长趋势。2003 年我国成为仅次于美国的世界第二大石油消费国。2006 年我国的石油消费量为 3.23 亿吨，2007 年达到 3.46 亿吨，增长 7.1%。而原油产量从 2006 年的 1.84 亿吨增加到 2007 年的 1.87 亿吨，仅增长 1.6%，供需缺口达 1.59 亿吨。2008 年，我国国内石油消费量达 3.897 亿吨，石油净进口为 1.999 亿吨。

1.2 石油对外依存度高，国民经济易受油价波动影响

近些年，我国石油对外依存度开始超过 50%。最新资料显示，2010 年上半年，我国石油对外依存度达 55.14%。按照国际标准，若一国的石油资源对外依存度达到或超过 50%，说明该国已进入能源预警期。更可怕的是，我国石油对外依存度还将不断提高。《中国能源发展报告（2009）》指出，2020 年中国的石油对外依存度将上升至 64.5%。

此外，自 1998 年 6 月起，我国原油价格已与国际市场接轨，造成国民经济极易受到国际油价的影响。首先，从进口方面来看，我国每年进口石油大约使用外汇 350 亿美元，是我国外贸的主要支出。油价高，石油进口愈多，外汇支出也就越大，这是我国石油资源过度依赖进口所造成的压力。其次，石油价格上涨也给国民经济的发展带来了间接的影响，例如炼油加工及运输成本的增加，已严重影响工业、农业、交通、动力以及人民生活等各个方面，使国民经济整体运行成本增加，产生了“成本推动”型的物价上涨，严重影响了我国经济的持续稳定健康发展，甚至危及国家经济安全和政治外交上的主动权。这必将给中国的石油安全带来巨大的威胁。因此，进行对外石油投资，提高自身的供给能力，减少对海外原油市场的依存度，既可解决我国石油供需问题的燃眉之急，也是我国的必要举措。

1.3 石油行业海外并购的机遇

2008 年下半年因为受金融危机的影响，各经济实体不断遭受冲击，全球经济走势急剧下滑，石油需求严重萎缩，危机造成的石油需求减少促使国际油价持续下降。2008 年年初，原油价格每桶约 100 美元/桶，此后不断攀升，7 月 11 日 WTI 现货价格曾一度达到每桶 145.66 美元/桶的历史新高。然而随着金融危机的爆发，国际油价迅速呈大幅下跌之势。12 月 5 日布伦特原油现货价格跌至 37.94 美元/桶，接着 12 月 18 日 WTI 现货价格跌至 36.22 美元/桶，12 月 24 日布伦特原油和 WTI 现货价格分别跌至 34.30 美元/桶和 32.35 美元/桶的历史低位，详细的国际原油价格走势如图 5—1 所示。

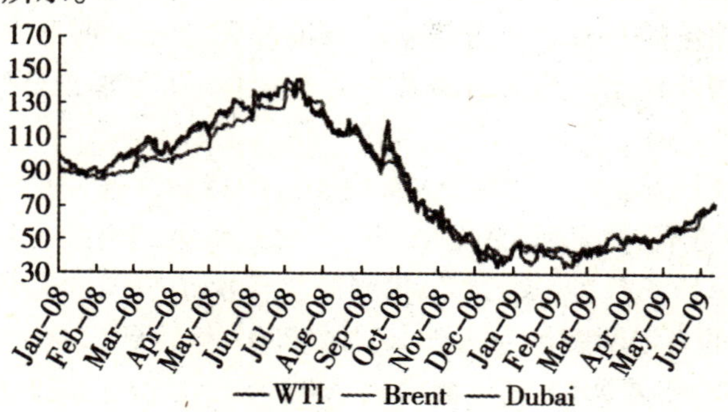

图 5—1 国际原油价格走势（单位：美元/桶）

资料来源 Bloomberg04

随着国际石油价格大幅下降，石油行业整体在低位运行，包括产量、价格、出口、经济效益四个方面的指标均出现两位数的负增长，海外石油企业的价值也随之下降。

相对而言，中国经济受到金融危机的冲击不大。为了应对危机，中国政府在实施促进经济增长的一系列刺激措施的同时，鼓励有实力的企业走出海外，开展境外资源的开发与合作。此外，截至 2008 年 3 月底，我国外汇储备已达 16 821.77 亿美元，成为全球最大的外汇储备国。利用丰富的外汇储备来购买海外石油资源，不仅能够减弱外汇储备“过多”带来的人民币升值压力，而且能够解决我国石油供需缺口问题，可谓是一箭双雕。

综上得出，金融危机的爆发，为拥有强大资金流的中国资源类企业迎来空前的并购机会，为我国资源类企业抓住机遇“走出去”从而加快石油战略储备创造了良好的环境。

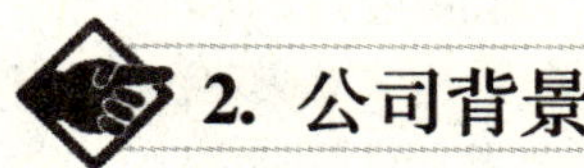

2. 公司背景

2.1　中石化集团

中石化集团是中国政府于 1998 年 7 月在原中国石油化工总公司基础上重组成立的特大型石油石化企业集团，是国家独资设立的国有公司、国家授权投资的机构和国家控股公司，总部设在北京，注册资本 1 306 亿元。中石化集团旗下的中石化股份有限公司（以下简称“中石化股份”）先后于 2000 年 10 月和 2001 年 8 月发行 H 股（股票代码：00386）和 A 股（股票代码：600028），并分别在中国香港、纽约、伦敦和上海上市。2008 年年底，中石化股份总股数为 867 亿股，中石化集团持股占 75.84%，外资股占 19.35%，境内公众股占 4.81%。

中石化集团是中国最大的一体化能源化工企业之一，主要从事石油与天然气勘探开发、开采、管道运输、销售；石油炼制、石油化工、化纤、化肥及其他化工生产与产品销售、储运；石油、天然气、石油产品、石油化工及其他化工产品和其他商品、技术的进出口、代理进出口业务；技术、信息的研究开发和应用。中石化集团是中国最大的石油产品（包括汽油、柴油、航空煤油等）和主要石化产品（包括合成树脂、合成纤维单体及聚合物、合成纤维、合成橡胶、化肥和中间石化产品）的生产商和供货商，也是中国第二大原油生产商。2008 年，在《财富》全球 500 强企业中排名第 16 位。

2.2　SIPC

SIPC 是中石化集团的全资子公司，成立于 2001 年 1 月，总部设在北京，注册资本为 63.1 亿元。SIPC 代表中石化集团统一行使上下游对外投资合作和对海外项目的统一经营管理，是中石化集团从事上下游海外投资与经营的唯一专业化公司。SIPC 下设 16 个职能部门和 20 多个海外分支机构，共有海内外员工 1 700 人左右。SIPC 的海外油气勘探开发项目遍布非洲、中亚、中东、俄罗斯、美洲、南亚太的二十多个国家，已初步形成了海外油气生产合作的战略布局。

2.3　Addax 公司

Addax 公司是一家跨国油气勘探开发公司，成立于 1994 年，在西非和中东拥有油气资产，是西非最大的独立油气开采商。Addax 公司总部设在英国伦敦，并在多伦多和伦敦两地上市，主要从事原油和天然气的勘探开发工作。

Addax 公司具有良好的资源资产，除了在伊拉克有 2 个区块总计为 138 200 英亩的石油资源之外，在尼日利亚、加蓬、喀麦隆和伊拉克库尔德地区也有大量的油气资产，拥有 25 个勘探开发区块，已发现油气田 37 个，油气资产组合良好。合同区面积 32 027 平方公里，其中开发区面积 8 760 平方公里，其权益 2P（探明+概算储量）石油可采储量 5.37 亿桶，其权益 3P（探明+概算+可能储量）石油可采储量 7.38 亿桶。2008 年，平均原油产量 14 万桶/日，年原油产量达 700 万吨（其中尼日利亚占 72.2%、加蓬占 19.5%、库尔德占 8.3%），最高峰预计可年产 1 000 万吨。

2008 年，公司实现总收入 37.62 亿美元，净利润 7.84 亿美元。公司经营活动现金流在 10 亿美元/年左右，2006—2008 年经营活动现金流分别为 10.85 亿美元/年、8.69 亿美元/年和 15.21 亿美元/年。按照加拿大证券委员会的储量计算规则，该公司的储量动用率只有 51.7%，具有良好的增产基础。另外，Addax 公司还拥有一部分权益储量，一旦具备开发条件，将会大大提高公司的潜在价值。

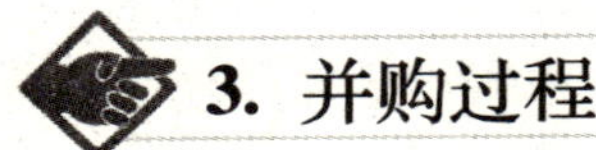

3. 并购过程

2009 年 2 月，国内三大石油企业，即中国石油天然气股份有限公司、中国海洋石油总公司和中石化集团，均与 Addax 公司有过接触。但是，按照国资委相关规定，为了避免央企之间竞价，最终只有一家会获得出价权。

国资委最终选定中石化集团为收购方，同时，包括日本 DBJ 联合三菱商事、印度石油天然气公司和韩国国家石油公司（Korean National Oil Corporation，以下简称“KNOC 公司”）在内的若干家亚洲石油企业均有意参与该次收购交易。

2009 年 3 月 4 日，中石化集团委托财务顾问瑞士信贷银行向 Addax 公司管理层表明“有意参与 Addax 公司并购交易”，SIPC 与 Addax 公司签订了保密协议。

2009 年 3 月 17 日，KNOC 公司也表示有意收购 Addax 公司，并与 Addax 公司达成保密协议，进行下一步的探讨且展开尽职调查。

2009 年 3 月 23 日，SIPC 向 Addax 公司提交了有意收购 Addax 公司全部股份的非约束性的协议。

2009 年 4 月初，Addax 公司管理层写了一封信给 SIPC。在信中，Addax 公司认为 SIPC 给出的价格不够高，双方应进一步讨论。Addax 公司并在信中表示 SIPC 是一个较好的合作者，愿意让 SIPC 展开尽职调查。

2009 年 4 月 23 日，Addax 公司的 CEO、CFO 与 SIPC 的高层及财务顾问等人在英国伦敦会晤。席间，Addax 公司的高管表示若想要进一步谈判还需要提高收购报价。

2009 年 4 月 24 日，Addax 公司也与 KNOC 公司高管在伦敦碰面，同样希望 KNOC 公司提高报价。

2009 年 5 月 8 日，SIPC 与 KNOC 公司均已完成对 Addax 公司的尽职调查工作，Addax 公司认为可以继续探讨收购之事。

2009 年 5 月 18 日，SIPC 再次提交了一份有关购买 Addax 公司的非约束力的意向书。Addax 公司 CEO 随后建议其董事长可把这份新意向书提交给董事会审议，理由是 SIPC 方面的报价具有一定的吸引力。

2009 年 5 月 20 日，KNOC 公司也提交了一份修改过的购买报价的新协议。

2009 年 6 月 11 日，SIPC 在与 KNOC 公司同时向 Addax 公司重报价格时，占据明显优势。在该报价协议中，SIPC 提出了更高报价，而且表示将采用要约收购的方式来购买 Addax 公司的股票；并解释其有足够的现金、现有信贷服务以及信贷担保来完成此次收购。除此之外，SIPC 希望与 Addax 公司最大的股东 AOG 公司（AOG Holdings B. V.）和首席执行官 Jean Claude Gandur 分别达成锁定协议。根据该锁定协议：如果在特定情况下该收购交易没有完成，Addax 公司将向中石化集团支付 3 亿加元的终止费用，如果 SIPC 没有满足必要条件，SIPC 将支付 3 亿加元的终止费用给 Addax 公司。其必要条件包括：SIPC 必须获得 Addax 公司至少 66.67% 的股份和必须要在 2009 年 8 月 24 日前得到中国政府的批准。

KNOC 公司在 2009 年 6 月 11 日这一天，也提交了一份涵盖报价、融资方式以及收购模式等内容的建议书。在建议书中，KNOC 公司也提高了报价，并希望成立一个由债务和股票融资组合组成的基金来筹措巨额的收购资金。

在 SIPC 和 KNOC 公司两家公司提出不同的融资方式后，Addax 公司首次表现出了倾向性。很明显在融资方式上中石化集团比 KNOC 公司的吸引力要大得多。

2009 年 6 月 15 日，Addax 公司、SIPC 和 KNOC 公司都找了各自的代表在英国伦敦进行了再次会晤。席间，Addax 公司仍希望两家公司能再提高报价。会晤后，Addax 公司的财务顾问——加拿大皇家银行（Royal Bank of Canada，以下简称“RBC”）代表 Addax 公司向 SIPC 和 KNOC 公司寄了一封信，信中要求于 2009 年 6 月 22 日上交资金筹措相关证据，并在 23 日拿出最终报价。

2009 年 6 月 23 日，SIPC 和 KNOC 公司两家公司均提交了资金筹措相关证据。Addax 公司董事会审议了这两家公司的收购提议书，最终与 SIPC 签订锁定协议书，双方董事会也达成一致意见。

2009 年 6 月 24 日，SIPC 和 Addax 公司签署收购协议：SPIC 下属全资子公司镜湖石油天然气股份有限公司作为要约收购方以每股 52.8 加元的价格收购 Addax 公司发行在外的全部普通股，支付方式为现金支付。Addax 公司自 2008 年夏天以来最高股价为 51.13 加元/股。在与 KNOC 公司的竞价中，中石化集团再次以优势价格获胜。

2009 年 8 月 12 日，中石化集团称，以总价 82.7 亿加元收购瑞士 Addax 石油公司的要约已获国家发改委批准。

2009 年 8 月 18 日，中石化集团正式对外宣布，以现金 82.7 亿加元的总价成功收购 Addax 公司，且收购协议规定的交割条件都已满足，成功完成了交割。

2009 年 8 月 19 日，Addax 公司正式在加拿大多伦多和英国伦敦的交易所注销上市公司资格。

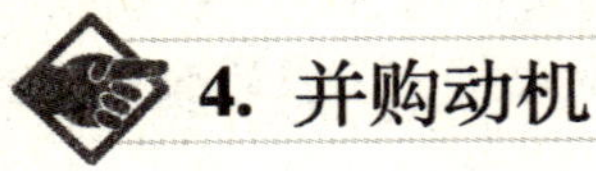

4. 并购动机

4.1 中石化集团并购动机分析

4.1.1 符合国家石油储备战略动机

随着近年来石油开采量的减少，我国石油资源仅凭自身力量已无法满足国家经济高速发展的需求，对国家石油市场的贡献率比例不断下降，这些都导致国家的石油进口需求不断扩大，国际石油市场对我国经济发展的影响不断增加。此外，国内主要石油供应的老油田，已进入开采中晚期，出油率低，开发成本高，几乎不可能再提高产量。

战略石油储备是一个国家应对政治和军事危机、保障经济安全的最重要工具，被视为减轻能源安全脆弱性的关键武器。当国际石油供应突然发生中断或国际油价暴涨危及国家安全与社会经济正常运转时，战略石油储备的动用往往具有抗拒风险、保障安全、平衡供需、抑制油价的功能。我国有一半以上的石油进口来自中东，而中东地区局势动荡，所以石油进口过分依赖中东将存在很大的风险。在全世界石油进口大国中，美国实际储备原油的能力可满足 158 天的消费，日本的石油储备相当于 160 天的进口量，欧盟国家则建立了相当于 90 天进口量的石油战略储备。中国是唯一没有任何战略储备的国家。因此，及早建立中国石油战略储备体系，可以预防突发事件对中国经济安全的冲击，减少经济代价，有利于中国在国际政治、经济活动中处于主动地位。据《BP 世界能源统计》（BP Statistical Review of World Energy）的数据，Addax 公司 2008 年平均日产 136 500 桶石油，约相当于中国石油日消费量的 1.7%，故收购 Addax 公司有利于提高我国原油供应的安全性和稳定性。

4.1.2 缓解中石化集团的转型危机

中石化集团是我国最大的炼油企业和化工产品生产商。2008 年，在石油生产中，包括勘探、开采、炼油、化工、营销和分销等业务，财务报告显示收益来源主要是炼油业务，占主营业务收入的比例高达 56.53%。由此看来，中石化集团的上下游发展不平衡，原油加工能力和原油生产比例大约为 1：0.3，上游原油的勘探开发一直是中石化的薄弱环节。中石化集团拥有庞大的炼油产能，但是其原油自产量只有 20% 左右，80% 的加工原油需要从其他开采公司购买，在国际原油价格大幅波动的情况下，不利于其控制下游的产量。因此加强上游板块，避免国际油价不确定性所带来的经营风险是中石化集团战略调整的一个重要方向。但是要在上游取得快速的发展，通过收购公司获得油气资源的方式无疑是最方便、最直接的。

Addax 公司网站显示，该公司在西非和中东均拥有油气资产。截至去年年底，该公司石油探明储量为5.36亿桶，平均日产原油14万桶，约相当于中国石油日消费量的1.7%，年原油产量达700万吨。中石化集团收购Addax公司后，能拥有Addax公司丰富的石油资源。据数据表明，中石化集团在收购后，其业务结构将有调整，炼油业务占比由2008年的56.53%降低为2009年的52.31%，对中石化集团的转型很有帮助。

4.1.3 获得Addax公司的优越资产

在全球能源市场和证券市场低迷的情况下，去海外收购一些资产价格合理的公司可以降低中石化集团为进行并购所支付的成本，加快其全球化发展步伐。Addax公司是一家潜力巨大的跨国独立石油公司，收购Addax公司意味着将为中石化集团的进一步发展提供强有力的平台。Addax公司年产量约700万吨，相当于中石化集团2008年产量的16.7%。另外，在Addax公司在伊拉克的Taq Taq油田，预计在2011年年产量可以达到800万吨。对中石化集团来说，Addax公司的储量和产量规模都相当可观，加上Addax公司的油气资产结构比较合理，品质优良，如果能成功收购该公司，中石化集团的上游板块将会有一个较大的跃进，对改善中石化集团的资源结构产生积极的正面影响。综上看来，这对于优化海外油气资产结构，实现海外油气勘探开发的跨越式发展有着不可忽视的作用。

4.1.4 实现协同效应

4.1.4.1 提高中石化集团的市场占有率，增强市场竞争力

中石化集团作为中国石化行业的龙头，虽然各方面竞争能力都很强，但是同样面临着不可忽视的消极因素，即我国能源环境先天不足所造成的上游产业竞争力不足。收购的Addax公司相当于我国的一个中等油田，对于优化中石化集团上游资源配置起着积极的作用，为我国的石油供应开辟了新的渠道。随着上游产业链的完善，这次的收购行为势必会提高中石化集团在石化行业的竞争地位，也有利于其扩大市场的覆盖率和占有率。当然，这次大规模的收购，对于中石化集团在世界500强中的排名也会有一个新的定位。

4.1.4.2 实现纵向一体化的发展模式，充分发挥产品链条的协同效果

如果本次收购顺利完成将会大幅增加上游资源的供应，对其未来的发展起着重大的作用，同时亦使其减少对海外原油市场的依存度，增加中石化集团抵御国际原油市场不稳定风险的能力。除此之外，中石化集团担负着保障国家石油安全的重任，增加优质和有潜力的海外油气资产，有利于增强我国石油储备和原油供应的安全性和稳定性。

4.2 Addax石油公司并购动机分析

4.2.1 摆脱受金融危机影响所造成的业绩下滑态势

公司财务业绩报告显示，Addax公司在2008年运营状况良好，实现销售收入37.62亿美元，盈利7.84亿美元。但是由于受金融危机的影响，2009年一季度，受国际市场低油价的影响，Addax公司的净收入同比下降98%，只有500万

美元，净利润率从 2008 年的 20. 84% 突降至 1. 01%，相应地，其现金流也同比下降 41%，为 27 600 万美元。此外，Addax 公司的资本支出大幅增长，总负债由 2008 年年底的 28. 65 亿美元增至 2009 年一季度末的 31. 32 亿美元。2008 年年底，Addax 公司曾决定在 2009 年投入 16 亿美元用于提高产量。一季度，其基本建设支出同比增加 36%，为 4. 62 亿美元。这些因素都导致了 Addax 公司的现金流呈紧张情形。

如果中石化集团顺利完成对 Addax 公司的收购，对于 Addax 公司来说可谓是救火。因为中石化集团是一家国有控股企业，其背后有政府的支持。凭借其雄厚的经济实力和优越的资金情况，一方面，Addax 公司可以完善公司内部出现的财务问题，减小危机造成的损失和不良影响，顺利度过过渡阶段；另一方面，即使在危机期过后，Addax 公司也可以从其与中石化集团所产生的中下游一体化的协同效应中获得相关的利得。所以说，不管从短期还是长远局面来看，这次收购对于 Addax 公司都是积极的、有利的。

4.2.2　收购协议符合股东利益

Addax 公司的董事们一致认为，收购协议是公平、合理的。中石化集团以每股 52. 8 加元实施要约收购，跟 2009 年 6 月 4 日的收盘价相比高出了 47%。在金融危机的影响下，股东能以高达 47% 的溢价赎回现金是完全符合其利益的。除此之外，中石化集团是一间大规模的中国国有企业，拥有雄厚的经济实力，而且其收购协议条件优越，其中包括在特定情况下如果该收购交易没有完成，中石化集团同意支付 3 亿加元的终止费用等的优厚条件。这些都可以避免股东利益受损，符合股东追逐利益最大化的取向。

4.2.3　协同效应——获得中石化集团的下游渠道

Addax 公司是一家跨国油气勘探开发公司，主要负责石油和天然气的开采，拥有丰富的油气资产。中石化集团虽然说产业链从油气开采到相关化工产品的制造，一体化的架构很清晰，但是其上下游发展严重不平衡，上游原油的开采一直是薄弱环节。随着收购项目的完成，Addax 公司可以说是找到了油气产品的销售渠道，因此不用担心油气资产无路可销的局面，当然它也可以从中石化上下游协调发展的积极效应中获得相对的利得。

5. 结果评价

5.1　股票市场评价

本次收购对中石化股份不构成直接影响，然而，中石化集团的优质资产可能会在适当的时候进入到公司，这一利好的期待可以理解为一个间接的有利因素。

本次收购对中石化股份股票价格的影响，即对公告日前后 20 个交易日的股票价格（如图 5—2 所示）的变动进行研究。

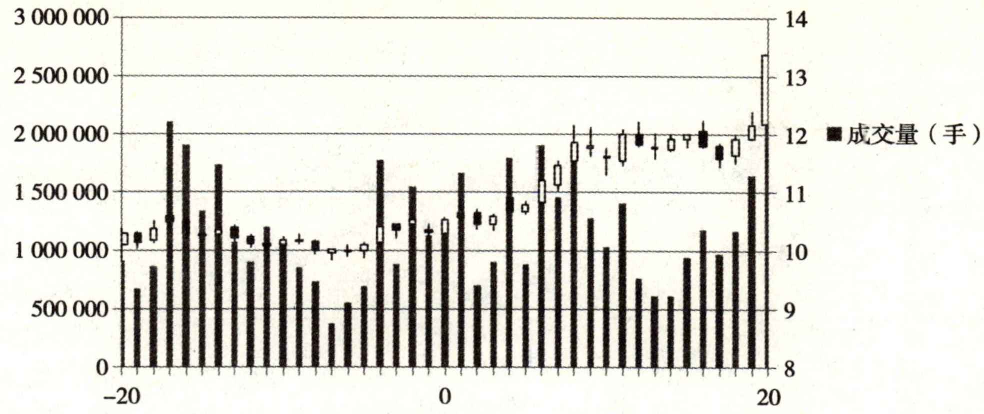

图 5—2　公告日前后 20 个交易日的股票价格的变动情况

由股票走势图可知，公告日即 2009 年 6 月 24 日前后的股价有所变动，形成一个以公告日为中心的前后两种不同的走势。公告日前，股价相对稳定，一直徘徊在 10. 3 元/股左右。公告日后，出现一定程度的持续升幅，其中最高位达 13. 38 元/股，比公告日前最高 10. 63 元/股的价格高出 25%，而公告日后最低价为 10. 35 元/股，这只是比公告日前最高价格少 2. 63%。因此，在一定程度上可以认为，本次收购给中石化股份的股价带来了间接的利好作用。

然后，从中石化股份公告日前后共 40 个交易日的累计超额回报来看（如图 5—3 所示），本次收购能否为中石化股份的投资者带来高于市场的回报。

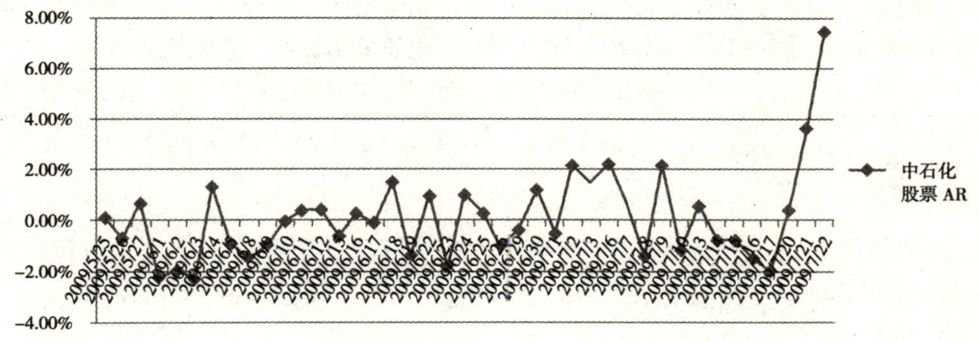

图 5—3　中石化股份公告日前后 AR 图

由图 5—3 可知，公告日前一天（2009 年 6 月 23 日）的超额回报率为 –1. 88%，公告日当天（6 月 24 日）的超额回报率上升到 1. 02%。这充分证明市场对其重组有一个利好的反应，中石化集团收购 Addax 公司的消息对股价有着正面的影响，表明了投资者认同中石化集团本次收购的决策。整体来说，公告日前 20 个交易日的平均超额回报率为–0. 36%，但公告日后 20 个交易日的平均超额回报率为 0. 588%，说明中石化整体股价由公告前跑输大市变为公告日后跑赢大市。

同行业 CAR 对比图如图 5—4 所示。

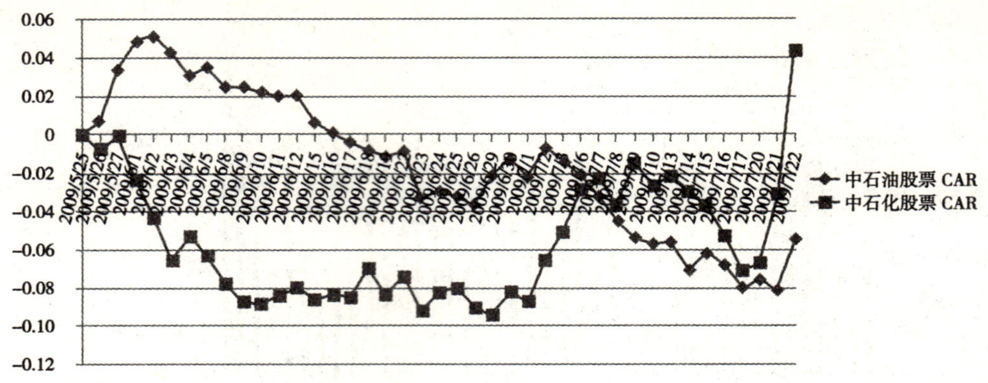

图 5—4　同行业 CAR 对比

由图 5—4 可知，在公告日前（2009 年 5 月 25 日至 6 月 23 日）中石油股票的累计超额回报大幅抛离中石化股票的累计超额回报。而在收购方案公告日后（6 月 24 日），该局势得到扭转，中石化股票的累计超额回报逐渐向中石油股票的累计超额回报靠近，7 月 16 日，中石化股票的累计超额回报开始高于中石油股票的累计超额回报，自始至 7 月 22 日，中石化股票的累计超额回报一直在中石油股票的累计超额回报之上。该现象反映了本次收购对股票回报带来的正面影响，加上市场上的评论都基本看好本次收购的决策，证明市场对本次收购仍有一定的期望。

5.2　财务业绩评价

参照中石化集团收购 Addax 公司以后中石化股份的股票分析，针对于财务方面的业绩也做一个简单的介绍分析，同样以中石化股份为标准，资料见表 5—1。

表 5—1　并购前后中石化股份的财务业绩表现　单位：百万元

	截至 2009. 03. 31	截至 2009. 06. 30	截至 2009. 09. 30	截至 2010. 12. 31
主营业务收入	227 499	534 025	893 448	1 345 052
营业利润	14 838	43 999	66 230	80 202
利润总额	14 789	43 768	65 917	80 076
净利润	11 252	33 190	49 714	61 290

以公告日 6 月 24 日为基准，也就是 2009 年第二季度末，从表 5—1 中我们可以看出公告日后的两个季度，中石化股份的各个财务指标，主营业务收入、营业利润、利润总额等都有了很大的提高，第三季度末与第二季度末相比，净利润增长了约 49.8%；第四季度末与第二季度末相比，净利润增长了约 84.7%，增长幅度有了很大的提升。当然，公司经营业绩的增长不能完全说是收购 Addax 公司所引起的，但是不能不承认此次收购对于公司业绩的增长有着积极的影响。

收购发生后，公司财务业绩的改变可以通过图 5—5 和图 5—6 得到清晰的认识和了解。从图中可以看到，从2009年第二季度开始，中石化股份的净利润率和营业利润率增长很快。至2009年年末增长达到最高峰。可以说，从财务业绩方面来看，收购Addax公司对中石化股份是个利好的消息。

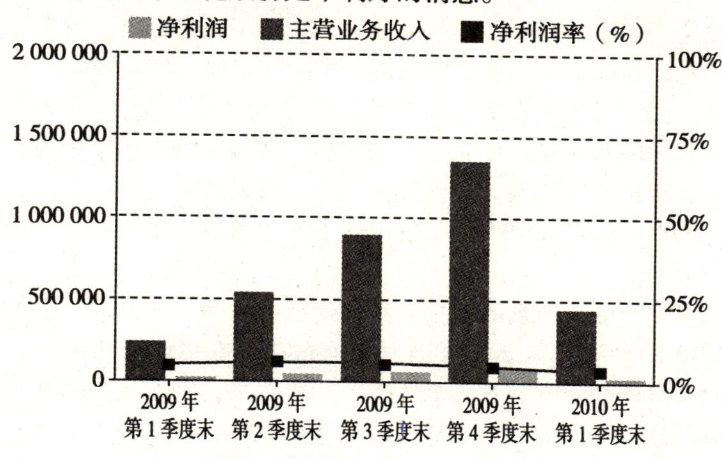

图5—5　并购前后中石化股份的财务情况（一）

资料来源　Google财经

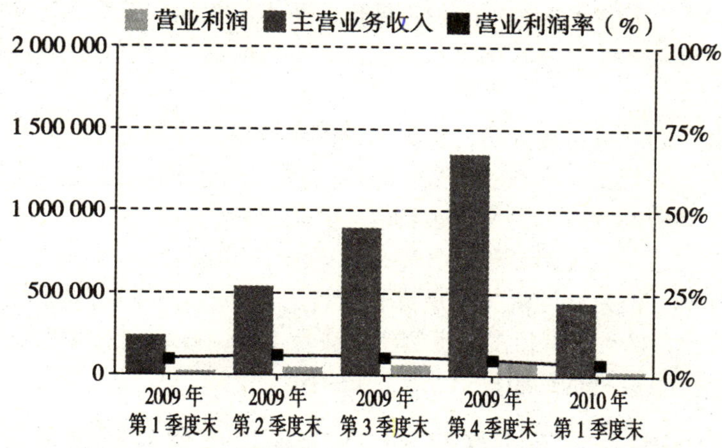

图5—6　并购前后中石化股份的财务情况（二）

资料来源　Google财经

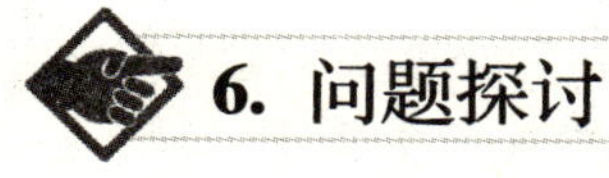

6. 问题探讨

6.1　Addax公司部分石油资产产权不明可能引起相关风险问题

产权明晰化是企业并购顺利实现的基本前提。如果对被并购企业的产权没有进行界定或界定不合理，又或者未向有关部门办理相关法定手续，导致产权不明晰，如此进行并购容易造成并购方与被并购企业产权相关人的产权确认纠纷等问题。

在该项收购过程中，对于中石化集团来说，最大的障碍就是 Addax 公司位于伊拉克库尔德地区的石油资源，这是一个由地缘政治引发的问题。库尔德地区一直以来与伊拉克政府不相容，库尔德地区的油田在伊拉克国内也是个敏感问题。由于伊拉克政府和库尔德地区对于库尔德地区的油田开采未能达成一致意见，而库尔德地方政府与 Addax 公司等外国石油公司签下了大约 30 份的石油合同又引起了伊拉克政府的强烈不满，因此政府宣布这些合同非法，并且伊政府还禁止在库尔德地区有业务的石油公司在该国其他地区竞标任何合约。所以，在中石化集团收购 Addax 公司后，其首要面对的就是 Addax 公司手中位于库尔德地区的石油所带来的一系列政治问题。

问题一：伊拉克政府出台的相关政策使得所有在伊开采的油田所出口的原油收入都必须经过伊政府之手，Addax 公司所签署的合约在伊政府看来是非法的，因此其绝无可能向 Addax 公司支付其售油收入。如此一来，中石化集团收购 Addax 公司以后，如何取得这一油田的收入将成为最大的难题。

问题二：由于伊政府认定 Addax 公司与库尔德人签署的石油协议是非法的，所以如果中石化集团完成对 Addax 公司的收购，根据伊政府的说法中石化集团很有可能被列入黑名单。其将不能参加伊拉克油田的第二次招标，无法获得标的物——未开发油田及开采权。如果中石化集团不能进入招标的话，对中石化集团将会造成一定的经济损失。

对于问题一的解决，因为中石化集团的国企背景，再加上此次收购所引起的产权不明晰的问题涉及的不仅仅是经济方面的因素，还有政府之间的政治因素，所以，必要的时候借助政府的力量，进行政府间的对话。

对于问题二，虽然说因为收购 Addax 公司的中石化集团可能会失去在伊拉克的第二次油田招标，但是问题的关键是我们要将二者的收益间做个比较来判断得失。Addax 公司的潜力很大，有很多勘探资产，储量丰富，收购之后如果能够完善地整合，获得的协同效应将远远超过第二次油田招标。

6.2　有关中石化集团收购 Addax 公司所支付并购价格是否合理的问题探讨

中石化集团以总价 83.2 亿加元，每股约 52.8 加元的价格收购 Addax 公司。该报价相对于 Addax 公司 2009 年 6 月 5 日在多伦多交易所的收盘价来说，溢价 47%，而较 6 月 8 日 Addax 公司公布潜在并购消息前的收盘价亦有 33% 的溢价，较 6 月 23 日双方签署协议当天 Addax 公司的收盘价也高出约 16%。

这样的高溢价是否合理？以下从几个方面进行分析说明。

6.2.1　从中石化集团以往多次油气资产收购溢价的角度进行横向比较

从 2005 年开始，中石化集团先后收购了多项海内外油气资产。表 5—2 是中石化集团历次海内外收购溢价情况分析。

表5—2 中石化集团历次海内外收购溢价分析

	被收购方	大约总价（RMB）	占样本总价合计比例	溢价
海外收购	加拿大 Tanganyika 公司	13 000 000 000	21.64%	21.20%
	加拿大 Syncrude	31 800 000 000	52.94%	16.00%
	俄罗斯乌拉尔能源公司	975 000 000	1.62%	351.00%
要约收购	齐鲁石化	3 563 000 000	5.93%	24.40%
	扬子石化	4 882 500 000	8.13%	26.20%
	中原油气	3 090 600 000	5.14%	13.20%
	石油大明	2 762 060 278	4.60%	16.90%
合 计		60 073 160 278	加权平均溢价	25.06%

上述7次收购的目标都是为了完善产业链，发挥协同效应，增强上游控制能力以提升中石化集团的核心竞争力。如果以2009年6月5日为基准，对比上述收购的加权平均溢价25.06%，足足高出21.94%，即高出平均溢价约0.88倍左右。所以从与加权平均收购溢价横向比较来看，此次收购的价格略微偏高。但是比较6月23日双方签署协议当天Addax公司的收盘价来看，收购的溢价为16%，该数据低于加权平均溢价。

6.2.2 从公司战略角度看

本次收购除了是金融危机带来的机会，更重要的是该项收购有助中石化集团的未来发展，能够大大增加中石化集团的原油产量供应，也为中石化集团建设具有国际竞争力的一体化能源化工公司的战略目标提供条件。除此之外，这次收购也符合中石化集团国际化的战略目标，有利于增强中石化集团在西非和伊拉克的实力，加快中石化集团全球化发展的步伐，优化海上油气资产结构。中石化集团希望通过扩大公司的上游规模，吸收海外相关企业的优质能源资产，加强在勘探开采上的实力，以增强其上游的控制力，降低对其他公司购买原油的依存度，更好地控制中石化集团下游产量。因此，从公司战略角度来看，这次收购是必要的，而且可以预期，收购所带来的协同效应和战略机遇远远超过其现在付出的成本代价。

6.2.3 从Addax公司自身的情况看

Addax公司的经营状况仍然很好，截至2008年年底，Addax公司的利润率和股本回报率分别达到56%和32%。Addax公司高效的回报，更是能够较容易填补高出平均溢价的成本。受金融危机的影响，公司的利润回报率和现金流量出现了一定程度上的损失，但是这主要是源于外部环境的影响，待危机过后公司还是有很强的恢复能力的。若按收购Addax公司资产探明、控制、预测储量的净现值折让15%后的价格计数，其收购价值是70亿美元，而中石化集团以总价72.4亿美元收购Addax公司，收购价大约高出3%。鉴于2009年的油价和项目风险来看，收购价格是合理的。

而本次收购 Addax 公司除拥有上述的特点外，还使中石化集团的外权益油产量大幅提升近 78%，为中石化集团的原油稳定供应提供了强大的支持作用，加上 Addax 公司能为中石化集团带来的效益是长远的，而且将成为中石化集团未来在全球扩张中作出重要贡献的资产之一。

6.2.4　从中石化集团的承受能力看

中石化集团作为中国油气行业的龙头企业之一，经济实力雄厚，资金力量充足，加上背后有政府的大力支持，所以，中石化集团完全有能力收购 Addax 公司，2008 年中石化集团股份的可供分配留存收益合计为 821.47 亿元，假设人民币对美元的汇率为 1：7.5，则相当于此次收购金额的约 1.5 倍。虽然本次收购是一个巨额交易，但是对于中石化集团来说并不是较重的负担。

综上所述，虽然对 Addax 公司的收购要支付一笔很大的金额，但是从收购所产生的协同效应、中石化集团的公司整体战略以及其财务承受能力来看，收购所付出的成本远远不及收益。所以说，该次收购的价格在一定程度上说，存在合理性。

6.3　如何解决因国企背景所造成的收购障碍

2005 年，中海油失手美国优尼科一个很大的原因就是中海油的国企背景，因为当时美国认为中海油收购优尼科背后存在政府的意图。在某些欧美国家中，很多投资者认为中国国企并购的目的十分值得怀疑。在他们看来，中国的国有企业并购没有遵循市场规律，高溢价和激进策略让他们感到不安。所以西方国家对中国充斥着“中国威胁论”、“中国因素”等言论，一些正常的市场行为也被臆想成“政治企图”。特别是牵扯到石油这样的国家战略资源，不仅公司并购所在国的双方国家都很关注和谨慎，而且会引起国际社会其他国家的审视和阻止。中海油并购案和中铝公司并购案的失败就充分说明了这一点。

从中国海外并购案中可以看出，很多西方国家对“国企”存在误会，认为只要是国有企业，就有政府背景，渗透着政治目的，对于已经上市的国企的改革进程了解不充分。由于中国政府与国有企业之间不甚透明的关系很容易导致海外并购案遭到反对，那么如何解决海外并购案中的国企背景问题，从而让国际市场接受我国国企的并购是出于商业目的而不是政治动机，这是当前进行海外并购首先要解决的问题。

在本次收购过程中，中石化集团采取的措施显然是很恰当的，通过海外的全资子公司来执行这次收购，可以减少政治障碍，淡化中石化集团的中资国企背景。从中石化集团此次海外收购可以得出，我们在实际操作时，可以通过以下形式顺利实现海外收购。

6.3.1　通过以参与合作私募基金形式间接收购

以在境外成立的合作私募基金形式参与投资收购，比起企业直接参与投资成功的几率要大。例如国企可以到中国香港或国外作为跳板，先在中国香港或国外注册公司，然后通过境外公司再到拟投资的国家成立公司，以该公司名义发起收购行动。如此可以回避或淡化中资国企背景，较容易获得国外认可。

6.3.2 间接通过民营企业收购

海外一些国家对中国国企介入其资源性产业有很大的限制，但私营企业则是代表自有资产，不代表国家，所以相比较而言，外方更愿意让中国民营企业进入。这样私营企业可以先拿下国外项目，再转让给国营企业，而且可以以较低的成本完成收购。这是由于私营企业参与海外企业并购，由于自身的灵活性不受央企背景的限制，往往能在谈判中压低价格，节省成本，也减少了阻力。

就此项收购本身来说，无疑对于中石化集团和 Addax 公司双方都有着深远的意义，协同效应的发挥会将此意义进一步地提升。但是问题的关键是在整合的过程中，如何通过有效的整合使协同效应最大化。从收购完成到现在，一方面，因为 Addax 公司尼日利亚 137 区块 UDELE-3 探井主力油层已进行完井 TSD 测试，结果获得高产油流，使得该区块的价值大大提升；另一方面，在整合层面上，中石化集团保持 Addax 公司在运营和投资决策上的高度独立性，充分发挥其自身的技术优势和管理经验，在相互融合方面作出了一定的成就。可以说，该次收购的意义重大，对中石化集团乃至我国石油行业来说都是如此。

附件 中石化集团公告日前后 20 个交易日 AR 和 CAR 数据

附件 5—1 **中石化集团公告日前后 20 个交易日 AR 和 CAR 数据** 单位:%

日期	上证指数回报率	中石油市场回报率	中石油 AR	中石油 CAR	中石化市场回报率	中石化 AR	中石化 CAR
2009-05-25	0.48%	1.87%	1.39%	0	0.59%	0.11%	0
2009-05-26	-0.82%	-0.08%	0.74%	0.74%	-1.55%	-0.73%	-0.73%
2009-05-27	1.71%	4.35%	2.64%	3.38%	2.37%	0.66%	-0.07%
2009-06-01	3.36%	4.89%	1.53%	4.91%	1.06%	-2.30%	-2.37%
2009-06-02	0.11%	0.42%	0.31%	5.22%	-1.81%	-1.92%	-4.29%
2009-06-03	1.99%	1.12%	-0.87%	4.35%	-0.29%	-2.28%	-6.57%
2009-06-04	-0.41%	-1.67%	-1.26%	3.09%	0.88%	1.29%	-5.28%
2009-06-05	-0.48%	-0.07%	0.41%	3.50%	-1.45%	-0.97%	-6.25%
2009-06-08	0.52%	-0.50%	-1.02%	2.48%	-0.98%	-1.50%	-7.75%
2009-06-09	0.71%	0.71%	0.00%	2.48%	-0.30%	-1.01%	-8.76%
2009-06-10	1.02%	0.78%	-0.24%	2.24%	0.99%	-0.03%	-8.79%
2009-06-11	-0.67%	-0.91%	-0.24%	2.00%	-0.29%	0.38%	-8.41%
2009-06-12	-1.91%	-1.84%	0.07%	2.07%	-1.48%	0.43%	-7.98%
2009-06-15	1.67%	0.22%	-1.45%	0.62%	1.01%	-0.66%	-8.64%

续表

日期	上证指数回报率	中石油市场回报率	中石油AR	中石油CAR	中石化市场回报率	中石化AR	中石化CAR
2009-06-16	-0.48%	-1.01%	-0.53%	0.09%	-0.20%	0.28%	-8.36%
2009-06-17	1.23%	0.73%	-0.50%	-0.41%	1.10%	-0.13%	-8.49%
2009-06-18	1.56%	1.15%	-0.41%	-0.82%	3.07%	1.51%	-6.98%
2009-06-19	0.93%	0.57%	-0.36%	-1.18%	-0.48%	-1.41%	-8.39%
2009-06-22	0.55%	0.85%	0.30%	-0.88%	1.54%	0.99%	-7.40%
2009-06-23	-0.12%	-2.53%	-2.41%	-3.29%	-2.00%	-1.88%	-9.28%
2009-06-24	1.02%	1.30%	0.28%	-3.01%	2.04%	1.02%	-8.26%
2009-06-25	0.09%	-0.14%	-0.23%	-3.24%	0.38%	0.29%	-7.97%
2009-06-26	0.11%	-0.36%	-0.47%	-3.71%	-0.95%	-1.06%	-9.03%
2009-06-29	1.61%	3.22%	1.61%	-2.10%	1.24%	-0.37%	-9.40%
2009-06-30	-0.54%	0.28%	0.82%	-1.28%	0.66%	1.20%	-8.20%
2009-07-01	1.65%	0.69%	-0.96%	-2.24%	1.13%	-0.52%	-8.72%
2009-07-02	1.73%	3.29%	1.56%	-0.68%	3.90%	2.17%	-6.55%
2009-07-03	0.92%	0.20%	-0.72%	-1.40%	2.41%	1.49%	-5.06%
2009-07-06	1.18%	0.46%	-0.72%	-2.12%	3.40%	2.22%	-2.84%
2009-07-07	-1.13%	-2.24%	-1.11%	-3.23%	-0.51%	0.62%	-2.22%
2009-07-08	-0.28%	-1.55%	-1.27%	-4.50%	-1.69%	-1.41%	-3.63%
2009-07-09	1.37%	0.48%	-0.89%	-5.39%	3.53%	2.16%	-1.47%
2009-07-10	-0.29%	-0.68%	-0.39%	-5.78%	-1.50%	-1.21%	-2.68%
2009-07-13	-1.07%	-0.89%	0.18%	-5.60%	-0.51%	0.56%	-2.12%
2009-07-14	2.10%	0.62%	-1.48%	-7.08%	1.27%	-0.83%	-2.95%
2009-07-15	1.38%	2.27%	0.89%	-6.19%	0.67%	-0.71%	-3.66%
2009-07-16	-0.15%	-0.74%	-0.59%	-6.78%	-1.67%	-1.52%	-5.18%
2009-07-17	0.19%	-1.02%	-1.21%	-7.99%	-1.78%	-1.97%	-7.15%
2009-07-20	2.42%	2.74%	0.32%	-7.67%	2.85%	0.43%	-6.72%
2009-07-21	-1.64%	-2.13%	-0.49%	-8.16%	2.01%	3.65%	-3.07%
2009-07-22	2.60%	5.32%	2.72%	-5.44%	10.03%	7.43%	4.36%

参考文献

1. 丁友刚:《中国企业重组案例》,大连,东北财经大学出版社,2009。

2. 林金高:《石油、天然气会计问题研究》,大连,东北财经大学出版社,2002。

3. 传琦:《中国石油加工业竞争力评价和分析》,北京,中国标准出版社,2007。

4. 崔民选:《中国能源发展报告》,北京,社会科学文献出版社,2009。

5. 周大地:《中国能源问题》,北京,新世界出版社,2006。

6. 史丹:《能源工业市场化改革研究报告》,北京,经济管理出版社,2006

7. 林峰:《石油中国》,北京,中华工商联合出版社,2006。

8. 王丹:《中国石油产业发展路径》,北京,中国社会科学出版社,2007。

9. 邓勇:《中国石化:成功收购 Addax 公司》,载《羊城晚报》,http://stock.jrj.com.cn/2009/08/1920125830246.shtml,2009-08-19。

10. 文风:《中石化收购瑞士 Addax 公司要约获发改委批准》,载《证券日报》,http://www.ce.cn/cysc/ny/shiyou/200908/13/t20090813_19576315.shtml,2009-08-13。

11. 世华财讯:《中石化将收购 Addax 汇率风险怎么回避》,外汇通原创,http://biz.forex.com.cn/QiYe/SSGS/2009-06/1141248p2.htm,2009-06-25。

12. 新浪财经:《中石化股价》,新浪财经,http://finance.sina.com.cn/realstock/company/sh600028/nc.shtml,2009。

13. 中国石油化工集团公司:《中国石油化工集团公司简介》,中国石油化工集团公司官方网站,http://www.sinopecgroup.com/Pages/index.aspx,2010。

14. 中石化公司:《中石化年报》,中石化公司官方网,http://www.sinopec.com/investor_centre/reports/,2009。

15. 王佑:《 Addax 公司或注入中国石化》,凤凰网,http://big5.ifeng.com/gate/big5/finance.ifeng.com/news/corporate/20090825/1138985.shtml,2009-08-25。

16. Addax 石油公司:《Addax 石油公司简介》,Addax 石油公司官方网,http://www.addaxpetroleum.com/,2010。

案例参编:王楚玲

案例 6

中信银行现金收购中信国金

2009 年 10 月 23 日，中信银行股份有限公司（以下简称“中信银行”）以 1 905 149 560. 43美元（约合 14 764 909 093. 30 港元）的价格收购了中信国际金融控股有限公司（以下简称“中信国金”）70. 32% 的股份。中信银行是中国中信集团公司（以下简称“中信集团”），原中国国际信托投资公司，下属的具有综合金融平台优势的股份制银行。中信国金持有中国香港本土银行——中信银行国际有限公司的全部股份、中信国际资产管理有限公司 40% 的权益和中信资本控股有限公司 50% 的权益。此次收购对中信集团内部金融资源的整合配置起到了非常积极的作用，因此，中信银行自身将此次收购评价为“合适的时机、合适的价格、合适的对象”。

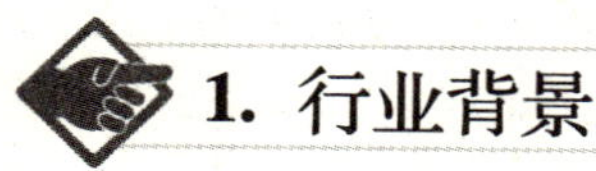

1. 行业背景

1.1　金融全球化趋势加强

第二次世界大战以后，经济全球化开始蓬勃发展。伴随经济全球化而来的是金融行业的全球化。金融全球化以资本流动全球化、金融市场一体化和金融机构的全球扩张化为主要特征，已经成为经济全球化的主导趋势。

在金融全球化的影响下，我国商业银行跨国经营的案例不断涌现。可以说，商业银行进行跨国经营是经济全球化的必然结果，是银行业参与经济一体化的前提，也是银行业提高自身竞争力的必要措施。商业银行的跨国经营主要有两种形式：一是直接在当地设立分支机构；二是通过海外并购的形式进入当地金融市场。二者相比较而言，通过海外并购的方式无疑是最直接、最便捷的。通过海外并购的方式，可以帮助银行快速实现国际化的战略目标，将目标企业的有形资产和无形资产与本企业结合起来，从而提高自身的竞争力，在更广泛的范围内实现资源的优化配置，降低经营成本，所有这些有利因素都促使银行业加快海外并购的步伐。

通过对国际一流银行的发展模式分析，通过自身的发展进行扩张所产生的增长业绩往往低于市场的平均水平，由此可以看出并购在银行业发展过程中起着了举足轻重的作用，尤其是在银行业的国际化发展中。

1.2 金融危机所带来的优势和机遇

1.2.1 国际金融市场引资需求增大

首先，由于受到金融危机的影响，境外各银行股价深幅下挫，价格达到可以投资的区间范围。相比而言，境内银行受金融危机影响并不大，市盈率依然较高，在此种情况下进行海外并购成本较低，中资银行迎来较好的海外并购时机。其次，金融危机使得之前不愿出售资产的花旗银行等境外金融机构也倾向于出售资产进行融资，而欧美各国也对本国大批金融机构进行国有化，从而适当放宽了外资进入的限制。

1.2.2 中资银行实力雄厚，受金融危机影响小，是境外金融机构寻资的一个重要方向

首先，中资银行资产状况和流动性良好。截至 2008 年年底，中资银行资本充足率全部达标，不良贷款率为 2.45%，达到历史最低水平。其次，中资银行通过上市及政府注资，拥有大量资金及外汇资产，大大提升竞争力，有能力对海外竞争对手进行并购活动。

1.3 我国经济外向型发展致使银行业存在走出去的动机

改革开放以后，随着我国国际贸易的发展和中国公民不断走出国门，我国银行的国际业务也成倍增长，许多商业银行先后在与我国贸易和人员往来较多的国家开设了分行或办理业务的机构，而商业银行的业务发展也促使了我国的中央银行在境外设立机构，积极推进国际化发展战略目标的实现。改革开放以来外向型经济与中国经济增长有关数据统计表，见表 6—1。

表 6—1　　**改革开放以来外向型经济与中国经济增长有关数据统计表**　　单位：亿元

年份	GDP	出口总额	出口依存度（%）	实际利用外资额	外商直接投资额	外资出口额	对外直接投资额
2002	105 172.3	3 256	24.7	550.1	527.43	1 699.4	9.83
2003	117 390.2	4 382.3	29.8	561.4	535.05	2 146.5	28.5
2004	136 875.9	5 933.7	34.6	640.7	606.3	3 382.2	36.2
2005	182 321	7 620	34.4	603	602.1	4 442	69

资料来源　改革开放以来中国经济外向发展的进程特点及趋势分析

1.3.1 中资企业在海外发展必然遇到金融方面的问题

中资企业在海外发展必然遇到金融方面的问题，如一般的经营需要进行国际结算、贸易融资、信贷以及相关的保险需要；而当发展到一定阶段或者出现良好的并购机会需要向银行融资时，有可能面临因为自有资金不足导致从所在国银行等金融机构取得信用困难，采取发债的方式又面临信用等级和资金实力不够的困难；还有

对规避风险，进行国际套期保值需要等。这些均需要中资银行给予资金、咨询、管理等方面的支持。

1.3.2　支持中资企业在海外的发展是中资银行自身发展的需要

根据商务部2005 年的数据，中资企业在中国香港占比 16.5%、在美国占比 10.3%，海外企业在德国占比5.8%、在日本占比3.8%、在越南占比3.5%、在澳大利亚占比2.6%，但是国内银行分布并没有这么广泛，无法满足中资企业在当地的融资和结算，包括现金管理等金融服务。因此，如果能为中资企业在海外的发展提供全方位的服务，必定能提升中资银行在海外的影响力及竞争力。

随着人民币的国际影响不断扩大，在周边国家的使用范围不断扩大，我国对外贸易联系越来越广，也为中资银行金融机构的发展提供机遇。

1.4　我国金融企业自身的发展为走出去提供了经济基础

我国金融类企业通过股份制改革上市后，公司治理模式得到了显著的改善，资本力量和经济实力都有了很大的提高。截至 2008 年第四季度，我国主要商业银行的总资产额度为 41 万亿元，不良贷款率仅仅占 2.49%。从资本利润率和资产利润率的角度看，我国商业银行已经基本达到国际先进银行的水平，参与国际竞争的能力大大提升。据专门机构统计，2008 年，我国银行业金融机构税后净利润达到5 834亿元，比 2007 年增长 30.6%；资本回报率高达 17.1%；保险公司保费收入9 784亿元，比 2007 年增长 39.1%；107 家证券公司当年实现营业收入 1 251 亿元，实现利润 482 亿元。所有这些数据都表明，我国金融业机构运营已经相当稳健，资本充足率有了很大的提高，资金实力大大增强。

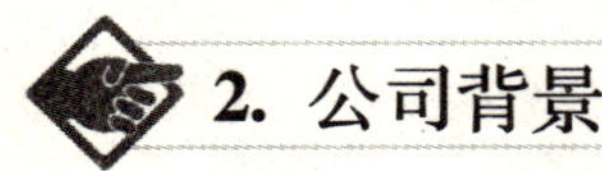

2. 公司背景

2.1　中信集团

中信集团是中国改革开放的总设计师邓小平亲自倡导和批准，由前国家副主席荣毅仁于 1979 年 10 月 4 日创办的。2010 年 12 月 1 日以前，董事长为孔丹，总经理为常振明。

中信集团是具有较大规模的国际化大型跨国企业集团，拥有 44 家子公司（银行），其中包括设在中国香港、美国、加拿大、澳大利亚等地的子公司，以及在东京、纽约、哈萨克斯坦设立的代表处。在国内，中信集团旗下拥有的境内 A 股上市的公司包括：中信国安、中信银行、中信证券、中信海直四家公司，中国香港上市公司包括：中信泰富、中信资源、中信 21 世纪、中信 1616 集团，以及中信银行 H 股。中信集团的业务主要集中在金融业，以及一部分非金融业。

金融业主要包括商业银行、证券、保险、信托、资产管理、基金、租赁等，经营门类齐全，金融综合服务优势明显，具有较强的品牌影响力。2008 年，中信控股有限责任公司大力推进中信集团所属金融子公司之间，以及金融子公司与非金融子公司之间的业务协同，建立了“中信网上金融超市”，发展网上综合金融业务，各金融子公司之间通过金融交叉产品销售，以及对重大项目进行联合市场营销，为客户提供差异化的综合金融服务；在20个地区建立了由金融子公司与非金融子公司共同参与的地方分支机构联席会议制度，推进子公司客户、网点、销售等资源共享；全面完成客户信息系统的整合与迁移工作，着手规划和建立客户关系管理系统，为各子公司共享客户资源及交叉销售创造条件。截至2008年年末，中信集团金融业务总资产为13 204亿元，同比增长16.6%；营业收入为750亿元，同比增长35.6%；2008年实现利润总额212亿元，同比增长46.2%。

非金融业主要涉及房地产基础设施与区域开发业务、工程承包业务、资源与能源业务、制造类业务、信息产业、商贸与服务业等领域。截至2008年年末，非金融业务总资产为3 268亿元，同比增长59.8%；2008年实现营业收入796亿元，同比增长44.2%，按比例消化中信泰富公司远期外汇期货合约亏损后，实现利润总额80亿元，同比下降20.9%。

2.2　中信银行

中信银行，原名中信实业银行，是中信集团的全资子公司，成立于1987年2月28日，是中国改革开放过程中最早成立的新兴商业银行之一。2004年4月1日，中信实业银行增资至140亿元。2004年12月，中信集团向中信实业银行拨付资本金25亿元。2005年3月25日，中信实业银行增资至177.9亿元。2005年11月25日，中信实业银行正式更名为中信银行。2007年1月，中信银行整体改制为中信银行股份有限公司，并于2007年4月27日分别在上海证券交易所和中国香港联合交易所上市，首次发行所募集的资金总额达13 351 209 393.20元（约合276.23亿港元）。截至2008年，中信银行总股数约39 033百万股，包括26 631 541 573股中信银行A股及12 401 802 481股中信银行H股。2008年年末，中信银行及子公司资产总额为11 878.37亿元，实现净利润133.20亿元。

中信银行的经营范围包括吸收公众存款，发放短期、中期和长期贷款；办理国内外结算；办理票据承兑与贴现；发行金融债券；代理发行、代理兑付、承销政府债券；买卖政府债券、金融债券；从事同业拆借；买卖、代理买卖外汇；从事银行卡业务；提供信用证服务及担保；代理收付款项及代理保险业务；提供保管箱服务，以及经中国人民银行或中国银行业监督管理委员会、国家外汇管理局等政府部门批准的其他业务。

从成立至今，中信银行在中国金融、银行领域创造了多个第一，并在2005年7月英国《银行家》杂志按一级资本排序排出的全球最大的1 000家银行中名列第200位，进入了全球银行200强。同时中信银行在中国商业银行排名中位居第7位。2009年2月中信银行首入英国《银行家》杂志品牌价值百强。

2.3 中信国金

中信国金是中信集团中国境外金融业务的旗舰，于2002年11月由收购中国香港华人银行有限公司后的中信银行国际有限公司（以下简称“信银国际”，原为中信嘉华银行有限公司）重组而成。截至2008年年底，中信国金的资产总额约1 500亿港元，较成立时增长了97%。

中信国金是一家投资控股公司，业务范围包括商业银行及非银行金融服务。其主要的经营业务是通过全资附属公司——信银国际实现的。该公司是一家在中国香港注册及持牌的商业银行，为企业及个人提供一系列的银行服务及金融方案，并专注于零售银行、企业银行及财资服务。在非银行金融业务方面，中信国金分别持有中信资本控股有限公司50%的股权及中信国际资产管理有限公司40%的股权。前者是一家主攻中国的投资管理及咨询公司，而后者则关注资产管理及直接投资业务。

中信集团将金融服务业作为整体业务发展的核心，中信国金及其附属公司和主要联营公司在实现母公司力争成为具有国际竞争力的中国领先金融企业的宏伟目标上担当着重要的角色。中信国金除了要建立中信国际银行和金融服务的品牌以外，还要凸显中信集团优秀的国际业务及管理水准。

3. 并购过程

3.1 过程简介

2008年6月3日，提请中信国金董事会，向中信国金少数股东提呈中信国金的私有化建议，该私有化建议成功完成后，中信国金为Gloryshare Investments（为中国中信集团公司的全资子公司）和BBVA（西班牙毕尔巴鄂比斯开银行）全资拥有。中信国金私有化建议的对价为每注销一股由当时中信国金少数股东持有的中信国金股份，可获一股中信银行H股及现金2.16港元。中信集团（及其联系人）及BBVA分别持有中信国金约55.15%及14.51%的已发行股本。

2008年6月10日，Gloryshare Investments和中信国金联合公告中信国金的私有化议案。

2008年11月4日，为中信国金股份于中国香港联合交易所除牌之前的最后一个交易日，中信国金的私有化建议的注销代价相当于每注销一股由当时中信国金少数股东持有的中信国金股份可得4.95港元。

2008年11月5日，中信国金在中国香港联合交易所主板除牌。

2008年12月31日，Gloryshare Investments和BBVA分别持有中信国金70.32%和29.68%的已发行股本。

2009年1月7日，由中信国金作为借款方和Gloryshare Investments及BBVA作

为授信方签署了 30 亿港元的循环授信融资协议，根据该协议 Gloryshare Investments 及 BBVA 同意按照其各自在中信国金的持股比例，向中信国金提供金额分别为 2 109 638 856. 87港元和 890 361 143. 13 港元的循环授信额度。

2009 年 5 月 8 日，第一届董事会第二十四次会议决议，中信银行与中信集团及 Gloryshare Investments 订立股份购买协议。根据该协议，中信银行同意以 135. 63 亿港元的现金对价收购 Gloryshare Investments 持有的中信国金 70. 32% 的权益。

2009 年 6 月 29 日，2009 年度股东大会决议，中信银行收购中信国金 70. 32% 的股份。

2009 年 9 月 23 日，取得中国银行业监督管理委员会对中信银行收购中信国金股份交易的批准。

2009 年 10 月 9 日，取得中国香港金融管理局对中信银行收购中信国金股份交易的批准。

2009 年 10 月 23 日，中信银行以总对价为 1 905 149 560. 43 美元（约合 135. 63 亿港元）的现金完成交割手续，中信银行完全持有中信国金全部已发行股份的 70. 32% 。

3. 2 收购交易完成前后产权控制关系比较

至次交易完成前，Gloryshare Investments、中信国金及实际控制人之间的产权及控制关系图如图 6—1 所示。

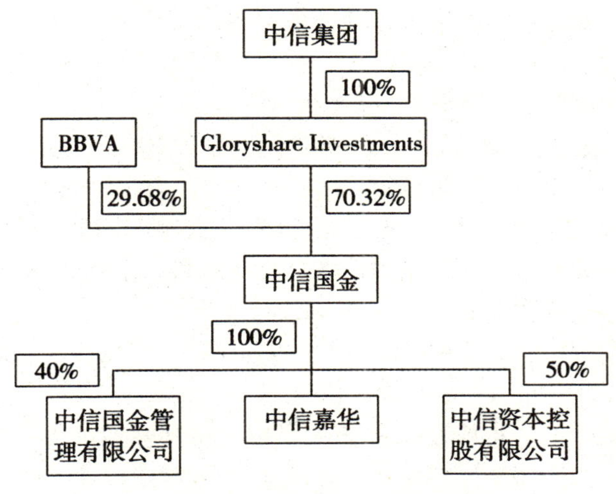

图 6—1 并购前股权架构图

这次交易完成后，中信银行、中信国金及实际控制人之间的产权及控制关系图如图 6—2 所示。

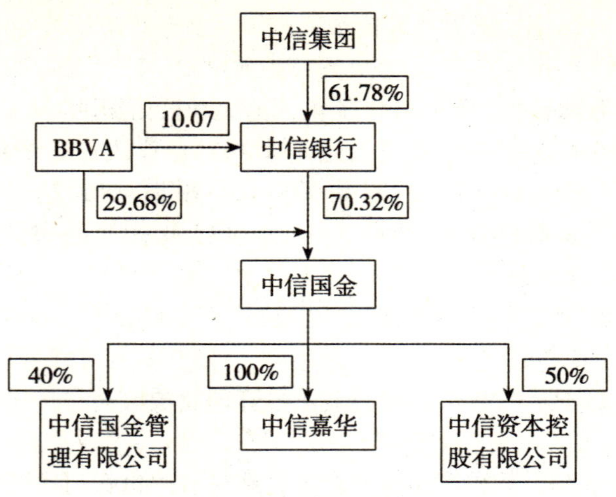

图 6—2 并购后股权架构图

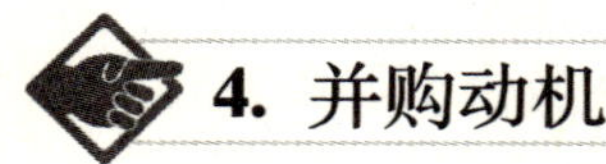

4. 并购动机

4.1 扩展业务范围，实现“领先的国际银行”的战略目标

中信银行拥有强大且稳定的全国性分行网络、巩固的市场地位以及不断扩张的市场份额。收购交易完成之后，中信银行可以利用中信国金的跨境服务平台，将中信银行的网络延伸到国际金融中心，并在中国香港开展更大规模、更稳固的业务。通过利用中信国金在中国以外市场的丰富管理经验和强大网络资源，中信银行将得以实施国际化综合型的业务战略，发展国内外商业银行网络，从而提供“一站式”解决方案以及更为多样、更加适用的服务产品和服务渠道，满足客户的国际银行业务需求。随着中信国金，特别是信银国际这一海外金融平台的加入，中信银行在正式启动国际化发展战略的同时，将打造更加清晰的国际化品牌形象。

此次交易符合中信银行于中国香港联合交易所和上海交易所上市时所考虑的扩展国际业务的战略。收购的完成将是中信银行实现成为“领先的国际银行”目标过程中的重大里程碑，有利于中信银行的国际化和长远发展，从而进一步提升中信银行的股东价值。

在整合工作的初期，中信银行将继续保持信银国际的品牌。在将来的合适时机，信银国际将成为中信银行国际化形象的重要组成部分，双方亦将进一步整合产品品牌，建立统一的产品优势。秉持着成为具有国际竞争力的中国领先金融企业这一战略目标，中信银行将凭借强势的品牌效应，在包括中国在内的全球金融市场上再创辉煌。

4.2 寻求协同效应最大化，提高中信银行的市场竞争力

收购完成后将促使中信银行有效整合金融资源、优化资源配置、不断提高中信国金和中信银行的业务协同效应，以及提高本行在银行业市场的整体竞争力。中信银行将可以充分利用在中国强大的网络资源，为中国香港客户提供多种金融服务，同时中信银行亦会应用在中国香港市场的各项金融产品，为中国内地的广大客户群提供全面的金融产品和服务。

4.2.1 在业务及管理上

中信银行与中信国金下属的信银国际将充分展开各个层面的合作和互补，大大增加双方跨境服务的业务量和业务种类，并逐步整合双方位于中国及海外的服务网络。2009 年 7 月，中信银行与信银国际已经展开跨境贸易人民币结算业务合作，中信银行为中信嘉华开立人民币同业往来账户，代理中信嘉华进行跨境贸易人民币支付。

4.2.2 资本交易和风险管理亦是本次收购后业务整合的重点方面

中信银行的资本市场部门将与信银国际市场部进行紧密配合，在债券交易、外汇交易方面加强信息共享，同时加强风险管理，在决策制度、制衡机制以及市场风险监测等有关方面加强合作，不断完善技术体系、监管理念和监控手段，将有效保障未来中信银行国际化运营的资产安全性。

4.2.3 整合成本较低，有利于协同效应的发挥

中信银行与中信国金同属中信公司旗下，在企业文化上非常接近，在人员交往和业务合作方面具有良好的传统和基础。这将极大地降低了本次收购的整合成本，有效地促进了双方整合并发挥协同效应。同时，由于在过去的两年里，中信银行与中信银行国际有限公司就在高级管理人员、业务经营和文化交流等诸多方面已经展开过密切联系与合作，双方在业务和管理方面的互动、交流也非常活跃。所有这些已有的合作基础，都有助于协同效应的最大化程度的发挥。笔者也认为，双方通过进一步深化合作，在管理体制优化、丰富国际化人才资源等方面都将开展全方位合作，势必推动整合工作的顺利实施。

4.3 使用富余资本提升股东价值

中信银行将有效配置富余资本，并通过利润增值及扩大资产净值以提升股东价值。

Gloryshare Investments 于 2008 年 12 月 31 日（在考虑了有关减资及派息因素之后）应占中信国金净资产约 94.85 亿港元。收购中信国金对价高于中信国金 2008 年 12 月 31 日（考虑了前述减资及派息因素后）的净资产中 Gloryshare Investments 应占部分，溢价部分约为 40.78 港亿元，约 43%，即收购对价相当于净资产中 Gloryshare Investments 应占部分的 1.43 倍。尽管收购中信国金的对价高于中信国金净资产中 Gloryshare Investments 应占部分，但考虑到收购中信国金的对价所基于的

价格与账面值比例与 Gloryshare Investments 在中信国金私有化建议中采用的价格与账面值比例相近，并且基于上述理由和益处，中信银行董事会认为该股份购买协议基于一般商业条款订立；该交易公平、合理且符合全体股东的利益。

中信银行预计，通过业务整合、降低运营费用，以及各方面紧密合作的逐步落实，本次收购所产生的协同效益将会逐步得以显现，信银国际等资产对中信银行的盈利贡献能力也将有所提升。所有这些利好的因素都有助于提升股东的价值，符合股东的利益。

5. 结果评价

5.1 市场反应

本次收购对中信银行股票价格的影响，可以通过公告日前后 10 个交易日的股票价格（如图 6—3 所示）的变动进行研究。

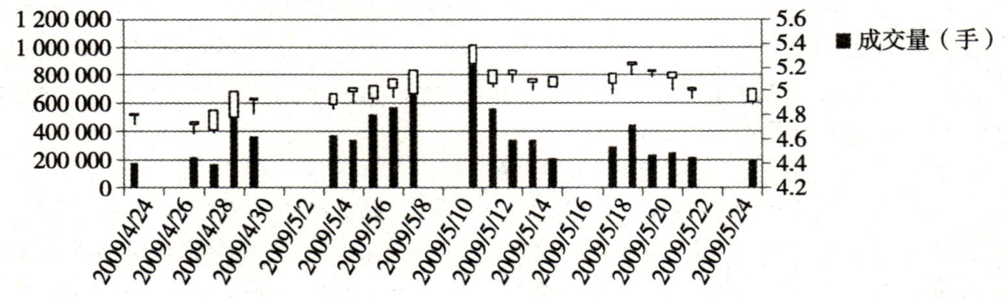

图 6—3 中信银行公告日前后股价变动分析

从图 6—3 中可以看出，公告日 5 月 8 日前公司的股价相对比较稳定，公告日前最高股价为 5.2 元/股。公告发布后公司的股价上涨到最高水平为 5.4 元/股，上涨幅度为 4%，相比公告日前的最低股价 4.6 元/股，上涨幅度为 13%。除此之外，公告日后的 10 个交易日内股价的平均值与公告日前相比都有一定的增长，维持在相对稳定的高水平。由此可知，市场对此次收购的反应是利好的。

从图 6—3 的股票成交量来看，也可以发现公告当天的成交量为前后 10 日最高点，说明投资者对此次收购都很兴奋，持积极的态度。

从公告日前后 10 个交易日的超额回报和累计超额回报走势（如图 6—4 所示）来看，在公告日当天，CAR 和 AR 有一定的波动，公告日后还有一定的降低趋势，但是之后又出现了增长的现象。虽然说，这两个指标并没有因为收购消息的公布而出现大幅的增长，可能是因为投资者对此项收购持观望态度。相信随着整合效应的显现，公司各方面的市场反应会朝着利好的方向发展。

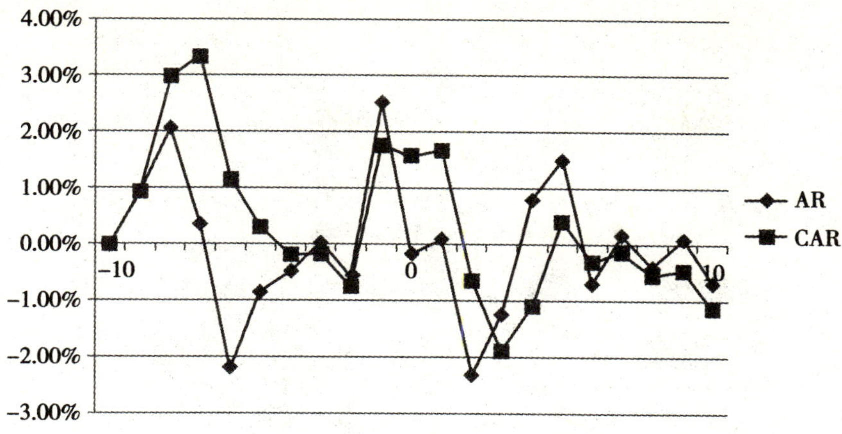

图 6—4 中信银行的 AR 与 CAR

5.2 财务业绩

收购公告日为 2009 年 5 月 8 日，收购所进行的交割手续完成是在 10 月份。比较中信银行在 2009 年 12 月 31 日和 2009 年 9 月 30 日的主营业务收入，增长额度为 13 589 百万元，增长比率约为 50%；2010 年 3 月 31 日的主营业务收入同期增长 3 329 百万元，增长幅度为 37.6%。从净利润的增长情况来看，增长趋势是一致的，详见表 6—2、图 6—5、图 6—6。

表 6—2 并购前后中信银行的财务比较 单位：百万元

日期	2009-03-31	2009-06-30	2009-09-30	2009-12-31	2010-03-31
主营业务收入	8 853	17 104	27 212	40 801	12 182
营业利润	4 462	9 330	15 034	19 122	5 781
利润总额	4 481	9 358	15 094	19 265	5 793
净利润	3 350	7 047	11 395	14 320	4 312

从图 6—5 和图 6—6 可以看出，如果以公告日为基准，中信银行在发布收购消息后，公司在 2009 年第三季度末和第四季度末的净利润和营业利润都有了大幅的增长，净利润率和营业利润率也一度飙升到 75% 以上，公司的财务业绩有了明显的提升。虽然说，财务业绩的好转不能完全归功于收购中信国金，但是不能否认收购对公司财务提升的积极影响。

2009 年，中信集团实现归属中信银行股东净利润为 143.20 亿元，比上年增长 7.98%；平均资产回报率（ROAA）和平均权益回报率（ROAE）分别为 0.94% 和 12.91%；每股收益 0.37 元/股。基于稳健的市场表现，2009 年中信银行在金融时报社联合中国社科院金融研究所共同举办的“2009 年中国金融机构金牌榜暨首届‘金龙奖’评选”活动中，成为国内唯一一家获得“最佳股份制银行”奖项的银行。

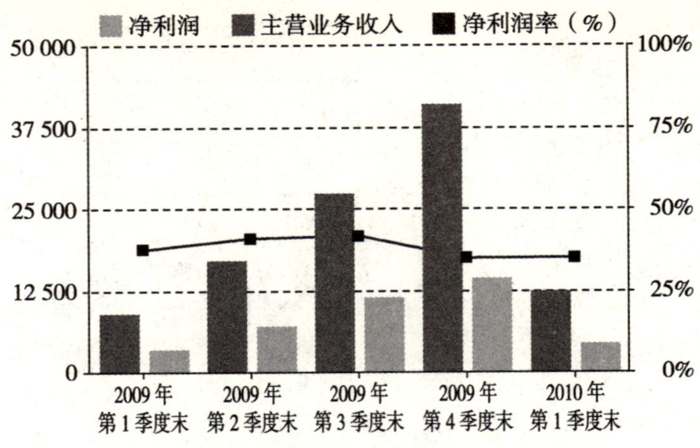

图 6—5　收购前后中信银行财务业绩比较（一）

资料来源　Google 财经

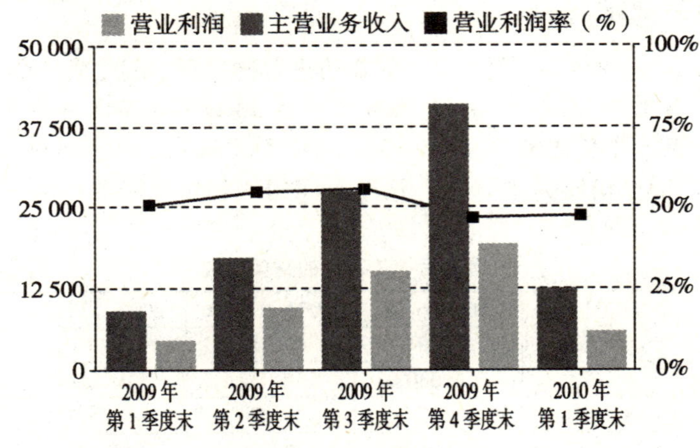

图 6—6　收购前后中信银行财务业绩比较（二）

资料来源　Google 财经

6. 问题探讨

6.1　收购价格是否合理

对于收购价格，此次收购的对价为 136 亿港元，折合成市净率为 1.43 倍。针对于此次收购价格的合理性，笔者主要从以下几个方面进行分析说明。

6.1.1　同行业收购对比情况

2008 年 5 月，招商银行以 172 亿港元折合对价为 3 倍市盈率，收购了中国香港土家族银行——永隆银行，与此价格相比中信银行的收购价格便宜多了。虽然说由于金融危机的影响，使得金融行业资产价值缩水，所以才致使收购价格降低，但是不能否认这也是中信银行抓住了并购的机遇。同时，从中国香港市场的收购历史来看，这也是一个非常低的价格，而且这也是中信集团2008年年末对中信国金私有化的成本价。

6.1.2 人民币国际化方向的加强

随着人民币国际化方向的加强，借助人民币的国际化来推动金融企业自身的国际化战略已经成为一种趋势。中国香港作为中西方交流的重心和中心，很有可能成为人民币跨境结算的中心，如果通过收购中信国金从而进入中国香港市场，这将会使中信银行在人民币跨境结算中占据有利的位置。从这个角度看，收购中信国金将会为中信银行带来很大的收益。从成本效益的原则出发，此次收购具有一定的合理性。

6.1.3 从中信国金的资产质量和资产规模考虑

中信国金是一家投资控股公司，横跨多个金融服务领域，资产规模维持在1 500亿港元左右。即使是在2008年金融危机的影响下，公司仍然实现了经营利润的正增长，利润总额达127亿港元。中信国金的规模属中等水平，避免了中信银行不能消化的潜在危险。此外，中信国金旗下同时拥有银行和资产管理公司以及中信资本三个经营牌照，收购中信国金后将使中信银行的国际化平台变得更加完善、合理，积极因素十分明显。

综上考虑各方面的因素，笔者认为此次收购价格很大程度上是合理的，收购整合的效应远远超过为此所付出的成本。

6.2 在国际金融危机余波未平的情况下，中信为何将此次收购的对象选在中国香港

一般而言，企业进行海外并购都是选择欧美地区，但是为什么中信银行国际化战略的推行却将首站选在了中国香港呢？笔者主要从以下几个方面进行分析说明。

6.2.1 中国香港是国内银行业国际化的第一站

中国香港以其独特的地理位置和文化优势，往往成为国内银行业国际化的第一站。通过在中国香港市场选择合适的国际化平台，实现国内银行业向东南亚、欧美、非洲市场的拓展，是一条很好的战略路径。

6.2.2 将收购的对象选在中国香港有其深刻的历史渊源

中国香港实行的是“一国两制”的方针，资本主义的发展完善，使得市场经济相对内地来说成熟许多；但是同时又归属于中华人民共和国，与内地在许多方面存在千丝万缕的联系。这相对于在欧美进行海外并购，政治因素的限制会相对少一些，因此，在中国香港进行海外并购的可行性和可操作性会高些。

6.2.3 人民币国际化议题，已经成为金融业的焦点问题之一

中国政府与中国香港政府签署的2 000亿元人民币/港币互换协议，使中国香港在人民币跨境结算方面处于非常有利的位置。在这样的背景下，中信银行通过收购中信国金进入中国香港市场，将使中信银行在新兴的人民币跨境结算领域处于非

常有利的竞争地位。

6.2.4 中信银行与中信国金同属中信集团，二者在某些方面有一定的相似性

中信银行与中信国金同属中信集团，二者在某些方面有一定的相似性，收购后整合方面的阻力会相对较小，最大化协同效应。

参考文献

1. 孟扬:《收购中信国金:中信银行迈出国际化战略坚实一步》,载《金融时报》,http://cfi. cn/p20090514001170. html,2009-05-14。

2. 陈羽:《年报将与中信国金并表 中信银行利润增长无悬念》,中国证券网·上海证券报主办,http://www. cnstock. com/paper _ new/html/2009-11/06/content _ 71646064. htm,2009-11-06。

3. 佚名:《中信银行股份有限公司关于收购中信国际金融控股有限公司 70. 32% 股份交易完成的公告》,新浪财经,http://www. cnstock. com/paper_new/html /2009-10/26/content_71568300. htm,2009-10-26。

4. 余晓宜、沐华:《中信银行:并购中信国金,国际化战略里程碑式的一步》,华泰证券,http://stock. stockstar. com/info/darticle. aspx? id = JI. 20090511. 00000192 &columnid=2461,2009-05-11。

5. 佚名:《中信银行股份有限公司第一届董事会第二十四次会议决议公告》,载《上海证券报》,http://paper. cnstock. com/html/2009-05/11/content_69811367. htm,2009-05-11。

6. 佚名:《中信银行关联交易及须予披露的交易建议收购中信国际金融控股有限公司 70. 32% 的股份》,中国香港联交所,http://www. caihuanet. com/ah/gonggao/200905/t20090510_759212. shtml,2009-05-11。

7. 佚名:《中信银行项目财务摘要》,新浪财经,http://money. finance. sina. com. cn/corp/go. php/vFD_ FinanceSummary/stockid/601998. phtml #2008 - 12 - 31, 2010 - 05-31。

8. 佚名:《中信银行财务分析》,中国雅虎财经,http://yahoo. compass. cn/stock/F10. php? code=sh601998&type=3,2010-04-29。

9. 中信银行股份有限公司:《中信银行股份有限公司首次公开发行 A 股股票上市公告书》,金融界网站,http://stock. jrj. com. cn/cominfo/disc,2007-04-26,601998,0000000010001199vd. htm,2007-04-26。

10. 中信银行股份有限公司:《历史行情》,搜狐证券,http://q. stock. sohu. com/cn/601998 /lshq. shtml,2010-06-25。

11. 中信银行股份有限公司:《上证指数》,搜狐证券,http://q. stock. sohu. com/zs/000001/lshq. shtml,2010-05-25。

12. 中国银监会银行:《中国银行业走出去大势分析》,读览天下,http://

www. dooland. com/magazine/article. php? id=44811,2010-04。

13. 卿定文、程掀:《改革开放以来中国经济外向发展的进程、特点及趋势分析》,论文大全,http://www. lw23. com/paper_16812661_6/,2007。

14. 公司:《中信银行股份有限公司 2009 年度报告》,新浪财经,http://money. finance. sina. com. cn/corp/view/vCB_AllBulletinDetail. php? stockid = 601998&id = 555508,2010-04-29,

15. 刘明志:《中小企业外向型发展中银行的机遇》,经济学阶梯教室,http://www. gjmy. com/Item/14759. aspx,2008-01-02。

案例参编:洪丽春　梁少彬

7

吉恩镍业收购四家海外矿业公司权益

2009年4月9日至2010年5月11日期间，吉林吉恩镍业股份有限公司（以下简称“吉恩镍业”）先后进行了四宗对外资源收购，分别是对加拿大Liberty Mines Inc.（以下简称“LBE公司”）51%的普通股股权、澳大利亚Metallica Minerals Ltd.（以下简称“MLM公司”）19.95%的股权、加拿大Victory Nickel Inc.（以下简称“Victory公司”）14.7%的股权及相关购股权以及加拿大Canadian Royalties Inc.（以下简称“皇家矿业”）100%的股权以及全部2015年3月31日到期的7%可转换高级无担保债的收购。通过对这四家海外矿业公司的收购，吉恩镍业从国内第二大镍盐公司跃升到第一的位置，慢慢发展成为多品种跨国公司。

1. 行业背景

有色金属是重要的基础原材料，主要用于航空、航天、汽车、机械制造、电力、通讯、建筑、家电等行业，以及合金的制造等。有色金属不仅是世界上重要的战略物资、重要的生产资源，而且是人类生活中不可缺少的消费资料的重要生产原材料。十种常用有色金属当中，镍主要用于不锈钢、电池、电镀和化学镀等行业。随着全球高技术产业的快速发展，以及发展中国家工业化、城镇化、信息化进程明显加快，对有色金属深加工和新材料产品的需求也不断增加。因此，世界上许多国家，尤其是工业比较发达的国家，都争相发展有色金属工业，增加有色金属的战略储备。截至2008年，世界镍矿储量为7 000万吨，储量基础为15 000万吨；2000年世界镍矿储量为4 600万吨，储量基础为14 000万吨，探明储量较以往增长了7.0%。世界镍矿储量主要集中分布在古巴、加拿大、俄罗斯、新喀里多尼亚、印度尼西亚、南非、澳大利亚、中国、巴西和哥伦比亚等国家，合计约占世界总储量的91.6%。

2008年，受国际金融危机的影响，我国有色金属业受到较大冲击，产品价格整体回落了50%~60%，相关企业纷纷减产，产量由2007年的115 772.10吨下跌至112 209.99吨，国内消费疲软，企业流动资金紧张，行业全面亏损，产业平稳发展面临严峻挑战。而这段时间正是进行全球并购的良好时机。一旦市场需求回暖，供给将会紧俏，毕竟关闭一个矿很快、很容易，但重新启动、提升产能却需要很长时间，那些掌握上游稀缺资源的企业更能从价格上升中获利。

2009年5月11日，我国颁布了《有色金属产业调整和振兴规划》，计划内容指出，我国有色金属业所面对的问题主要有三方面：第一是行业集中度低；第二是规模效益差；第三是资源分散。我国矿产资源分布示意图如图 7—1 所示。

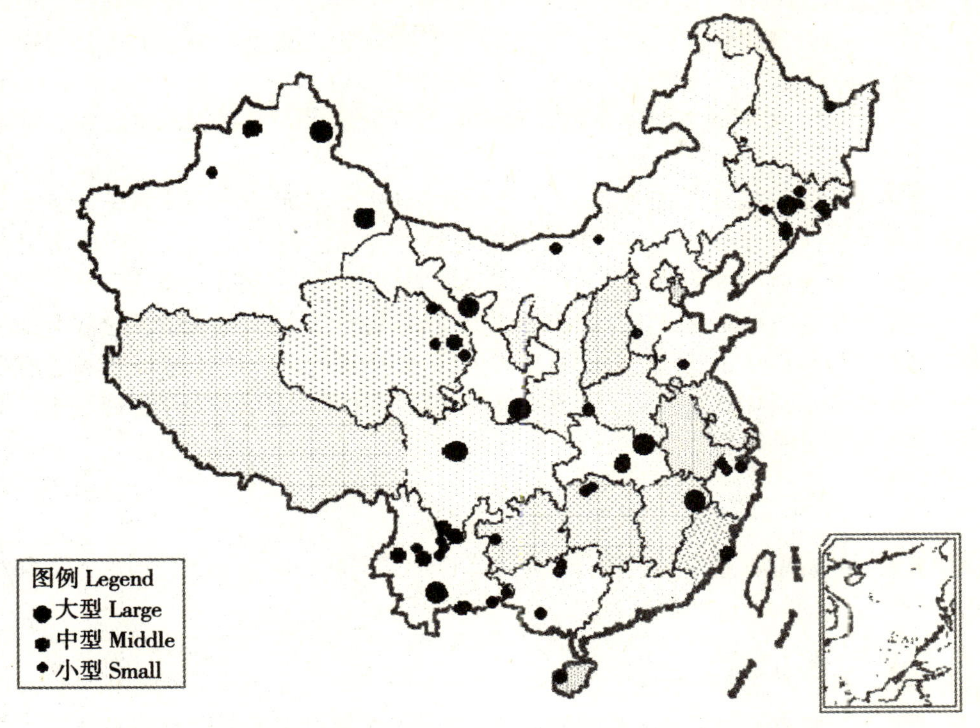

图 7—1　我国镍资源分布示意图

虽然我国是有色金属总产量排行第一的国家，但就镍资源生产的情况来看，我国的镍资源较为贫乏，这主要体现在我国的镍消费缺口不断加大。2003 年，我国精炼镍产量为 6.47 万吨，消费量为 13.78 万吨，缺口为 7.31 万吨；2008 年，精炼镍产量为 13.26 万吨，消费量为 36.51 万吨，缺口为 23.25 万吨。

另外，我国镍矿勘探也始终没有重大进展，由 1998 年的 771.04 万吨到 2008 年的 828.16 万吨，十年间只增加了 8%。因此，参股或者控股海外矿山、企业，能弥补中国有色矿产资源的不足，转变中国企业在原料波动中的不利局面。

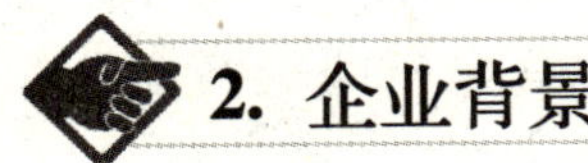

2. 企业背景

2.1　吉恩镍业

吉林吉恩镍业股份有限公司是经吉林省经济贸易委员会以吉经贸企改字［2000］954 号文——《关于设立吉林吉恩镍业股份有限公司的批复》批准，于 2000 年 12 月 27 日以当时的吉林镍业公司，现在的吉林昊融有色金属集团有限公司作为主发起人，联合佛山市华创化工有限公司、营口青花耐火材料股份有限公司、长沙矿冶研究院以及吉林省通化赤柏松铜镍矿共同发起设立的股份有限公司。

2003 年 9 月 5 日，吉恩镍业在沪市 A 股市场上市，实现了吉恩镍业由普通股份公司到上市公司的跨越，开辟了全新的“镍”概念，被誉为中国上市公司镍业“第一股”，“吉恩”品牌被称为镍股“第一品牌”。

企业主要从事硫酸镍、高冰镍、电解镍、氢氧化镍、氯化镍、硫酸铜、铜精矿、硫酸等产品的生产和销售。

截至 2008 年年末，吉恩镍业的总资产约为 47.75 亿元，拥有 6 家全资子公司以及 8 家控股子公司，包括：上海吉恩镍业商贸有限公司、沈阳吉镍商贸有限公司、深圳吉恩镍业有限公司、新乡吉恩商贸有限公司、吉恩国际投资有限公司、澳大利亚吉恩矿业有限责任公司、通化吉恩镍业有限公司、吉林卓创有色金属有限公司、盘石长城精细化工有限公司、重庆吉恩镍业有限责任公司、新乡吉恩镍业有限公司、重庆吉恩冶炼有限公司、吉林吉恩亚融科技有限公司以及四子王旗小南山铜镍矿业有限责任公司。

2.2　澳洲吉恩矿业

澳大利亚吉恩矿业有限责任公司是吉恩镍业旗下的一家控股子公司，其主要业务是矿产资源的投资、开发以及生产。

2.3　吉恩国际

吉恩国际投资有限公司是吉恩镍业于 2008 年在加拿大设立的全资子公司，其主要业务是矿产资源的投资、开发以及生产。

2.4　加拿大吉恩矿业

Jien Canada Mining Ltd. 于 2009 年 8 月 6 日由吉恩国际与 GBK 公司合资成立。吉恩镍业与 GBK 公司的占股比例为：吉恩镍业占 75%，GBK 公司占 25%。其主要业务是镍矿、铜矿的开采。

2.5　GBK 公司

Goldbrook ventures Inc. 成立于 1983 年 5 月 20 日，主要从事硫化镍、铜和铂钯金属的勘探。截至 2009 年 1 月 31 日，公司的总资产为 422.57 万加元。

2.6　LBE 公司

Liberty Mines Inc. 在多伦多证券交易所上市。其经营范围是镍、铜、钴等金属的探矿、开采，拥有 Redstone 矿山、McWatters 矿山和 Hart 矿山的采矿权，资源储量合计为 297.17 万吨，含镍金属储量为 46 744 吨。受到国际金融危机的影响，2008 年第四季度，LBE 公司一直处于停产状态。

2.7 MLM 公司

Metallica Minerals Ltd. 成立于 1997 年，2004 年 11 月在澳大利亚证券交易所上市。公司的经营范围包括勘探和开发镍矿、煤矿、铝土矿、石灰石、钪矿、金矿及其他基础金属等。

截至 2009 年 4 月 29 日，MLM 公司拥有现金储备 1 940 万澳元，并拥有 NORNICO 镍矿项目以及 Lucky Break 镍项目 100% 的股权、Metrocoal Limited（都市煤炭公司）84% 的所有权和 Cape Alumina Ltd.（凯普氧化铝公司）32% 的所有权。

2.8 NWI 公司

Nuinsco Resources Limited 是由 New Insco 于 20 世纪 80 年代初改组而成的，其主要业务是矿产资源的勘探，在加拿大及土耳其这两个世界级矿带拥有铀、铜、金及锌的矿场。

2.9 Victory 公司

Victory Nickel Inc. 在加拿大多伦多证券交易所上市，主要从事镍矿矿产资源的勘探及开发，其业务范围集中在加拿大，截至 2009 年 3 月 31 日，Victory 公司的总资产为 3 684 万加元，并拥有三个硫化镍矿山的采矿权，其镍资源储量为 41.4 万吨。

2.10 皇家矿业

Canadian Royalties Inc. 是加拿大多伦多证券交易所的上市公司，于 2001 年开始从事勘探找矿的工作。截至 2008 年年末，皇家矿业所属的勘查区内已探明的 6 个矿床资源总量为矿石量 2 534 万吨，镍金属量 22.8 万吨，铜金属量 27.7 万吨，具有雄厚的资源储备量。

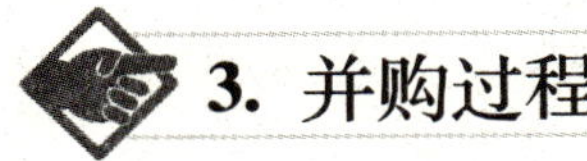

3. 并购过程

3.1 吉恩镍业收购 LBE 公司 51%普通股股权

2009 年 4 月 9 日，吉恩镍业召开第三届第十九次董事会，审议通过《公司投资入股加拿大 Liberty Mines Inc.》的议案：与 LBE 公司签订《认购协议》，公司将投资 3 000 万加元，以 0.11 加元/股的价格认购 LBE 公司 85 732 763 股普通股和 186 994 509 股优先股，合计 51% 的股权。

2009 年 4 月 27 日，吉恩镍业投资入股 LBE 公司事项获得加拿大多伦多证券交易所的许可。

2009 年 5 月 4 日，吉恩镍业召开 2008 年年度股东大会，审议通过《公司投资入股加拿大 Liberty Mines Inc.》的议案。

2009 年 5 月 21 日，吉恩镍业投资入股 LBE 公司事项获得中华人民共和国发展和改革委员会有关文件批准。

2009 年 5 月 25 日，吉恩镍业投资入股 LBE 公司事项的股权过户已经办理完成，公司成为 LBE 公司的控股股东，拥有其 85 732 763 股普通股（占其普通股 51% 的股权）和 186 994 509 股可转换优先股，公司将根据双方签订的协议及相关法律规定行使股东权利、履行股东义务。

3.2 吉恩镍业收购 MLM 公司 19.95% 普通股股权

2009 年 5 月 11 日，吉恩镍业通过其控股子公司澳大利亚吉恩矿业以 0.2259 澳元/股的价格购买 MLM 公司 22 854 462 股股票，合计金额为 516.35 万澳元。

3.3 吉恩镍业收购 Victory 公司 14.7% 普通股股权

2009 年 7 月 31 日，吉恩国际与 NWI 公司签订《证券买卖协议》。吉恩国际将以 270 万美元购买 NWI 公司所持有的 Victory 公司 14.7% 普通股股权，以及相应的配股权。同时向 NWI 公司提供 280 万美元的借款，借款期限为 2 年，年利率为 8%。NWI 公司将其持有的 Gold Hawk Resources Inc. 9.6% 股权以及 Cameron Lake JEX Corporation 的 100% 权益质押给吉恩国际作为担保。

2009 年 8 月 3 日，吉恩镍业召开第三届第二十一次董事会临时会议，审议通过《公司购买 Victory Nickel Inc. 股权》的议案。

2009 年 8 月 5 日，交易过户手续已办理完毕，吉恩国际总共持有 Victory 公司 18.98% 股权，成为其第一大股东。

3.4 吉恩镍业与 GBK 公司共同要约收购并控制皇家矿业

2009 年 8 月 7 日，吉恩镍业与 GBK 公司签署了《股东联合竞标和运营协议》，拟通过全资子公司吉恩国际与 GBK 公司共同成立合资公司——加拿大吉恩矿业，要约收购皇家矿业 100% 股权以及全部 2015 年 3 月 31 日到期的 7% 可转换高级无担保债。

2009 年 8 月 26 日，皇家矿业认为吉恩镍业的报价低估了该公司位于魁北克北部 Nunavik 镍项目的战略价值，因而拒绝接受其收购报价。

2009 年 9 月 17 日，吉恩镍业公告称，公司与 GBK 公司共同要约收购皇家矿业 100% 股权事宜仍处在与皇家矿业股东和债权人沟通阶段。皇家矿业股东及债券持有人接受要约的比例未达到 66.67%。按照加拿大要约收购法律的相关规定，为获得皇家矿业更多股东和债权人的认可，公司与 GBK 公司决定对皇家矿业普通股和债权的要约期由原定的终止于 2009 年 9 月 15 日，展期至终止 2009 年 10 月 15 日。

2009 年 10 月 16 日，吉恩镍业以通讯方式召开第三届第二十六次董事会，审议通过修订吉恩镍业与 GBK 公司共同要约收购皇家矿业 100% 股权事宜。吉恩镍业与 GBK 公司已经和皇家矿业签署支持协议，皇家矿业董事会特别委员会同意支持修订的要约收购。此次修订后要约收购条件是要约收购价格由 0. 60 加元/股增至 0. 80 加元/股，每 1 000 加元面值的债券要约收购价格由 600 加元增至 800 加元，同时加上未付的利息，要约收购总额由 1. 485 亿加元增至 1. 92 亿加元，要约期由原定的始自 2009 年 8 月 7 日，终止于 2009 年 10 月 15 日，展期到 2009 年 10 月 27 日下午 5 点。

2009 年 10 月 27 日，截至当日下午 5 点，皇家矿业 69 066 054 股普通股（约占发行量的 67. 68%）的股东和 82 837 000 份可转换债券（约占总比例的 60. 25%）的债权人同意出让，吉恩镍业的股权比例已超过皇家矿业普通股的 66. 67%，达到要约收购条件，可转换债券未达到 66. 67% 的要约条件，为避免触及可转换债券按面值的 101% 赎回，吉恩镍业与 GBK 公司决定最后一次将要约期展期至 2009 年 11 月 10 日下午 5 点，皇家矿业普通股和可转换债券的要约期由原定的始自 2009 年 8 月 7 日，终止于 2009 年 10 月 27 日下午 5 点，展期至终止于 2009 年 11 月 10 日下午 5 点。

2009 年 11 月 10 日，截至当日下午 5 点，皇家矿业 68 478 888 股普通股（约占发行量的 76. 66%）的股东和 97 362 000 份可转换债券（约占总比例的 70. 81%）的债权人同意出让，吉恩镍业的股权比例和可转换债券均超过其比例的 66. 67%，达到要约收购条件，第一阶段交易成功，进入第二阶段交易程序（至 2009 年 11 月 24 日下午 5 点），收购剩余的皇家矿业普通股和可转换债券。该事项已获得中华人民共和国发展和改革委员会有关文件核准：公司投资不超过 2 亿加元，其中 7 618 万加元用于收购皇家矿业 100% 股权，1. 1 亿加元用于收购该公司面值为 1. 37 亿加元的可转换债券，其余资金用于支付中介机构费用和其他前期费用。

2009 年 11 月 24 日，截至当日下午 5 点，皇家矿业 77 359 626 股普通股（约占发行量的 85. 36%）的股东和 99 911 000 份可转换债券（约占总比例的 72. 66%）的债权人同意出让。吉恩镍业与 GBK 公司决定不再展期，并决定于 2009 年 12 月 31 日上午 10 点召开皇家矿业特别股东会议，审议以 0. 80 加元/股、每 1 000 加元面值的债券收购价格为 800 加元，收购剩余的皇家矿业股权和可转换债券的事项，皇家矿业将从加拿大多伦多证券交易所退市。该股权收购事项已获得中华人民共和国商务部有关文件批复。

2010 年 12 月 31 日，皇家矿业召开特别股东会议，审议通过了以 0. 80 加元/股、每 1 000 加元面值的债券收购价格为 800 加元收购剩余普通股股份和可转换债券的事项，皇家矿业股票从加拿大多伦多证券交易所退市的事项，皇家矿业可转换债券已经从加拿大多伦多证券交易所退市。

2010 年 5 月 11 日，吉恩镍业与 GBK 公司共同要约收购皇家矿业 100% 股权和全部可转换债券交割完毕，完成过户手续。皇家矿业的股票以及可转换债券已经从加拿大多伦多证券交易所退市。

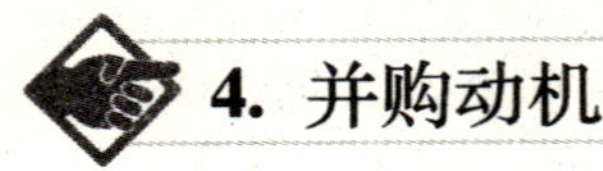

4. 并购动机

4.1 符合公司发展战略，有利于推进公司国际化经营进程

自2005年以来，我国镍金属的消费量一直位居世界第一，但由于我国镍金属的消费增长量大于生产增长量，导致生产消费缺口逐年扩大，对国际市场的依赖越来越大。2005年、2006年、2007年我国镍行业的供求差均在10万吨以上。我国是镍矿资源较为贫乏的国家，近年来国内镍矿勘探也始终没有重大进展，长此以往，国内的镍矿资源将很快消耗殆尽，国内的镍相关行业将受制于人。与其被动地期望从国际市场购买并承担市场风险，不如以战略性的眼光进行对外直接投资具有镍矿资源储备的公司，并逐步取得控制权。通过境外投资，有选择性地在境外建立一批战略性矿产资源开发生产供应基地，保障我国矿产资源供应的战略安全，具有十分重要的意义。从国外获得优质的镍矿资源是我国政府及企业迫在眉睫的战略任务，也符合国家《有色金属产业振兴规划》要求。

4.2 有效提升公司镍矿资源储量，提高公司镍精矿自给率

随着吉恩镍业生产规模的逐步扩大，自有矿山保有储量已不能满足其长远发展的需要，镍矿石原料始终是制约公司快速、可持续发展的瓶颈。15KT/a 镍系列改扩建项目投产后，公司年生产能力将超过20 000吨镍金属量，镍原料的自给率相应降低，远远不能满足生产需要。

通过多年对国内外镍矿资源的考察，吉恩镍业认为收购海外的矿业公司，将有效提升公司镍矿资源储备，为公司原料供应提供强有力的保障，有利于发挥吉恩镍业镍金属采选的技术优势，充分开发利用国外资源，有利于提升公司盈利能力及可持续发展能力。

5. 结果评价

5.1 股价分析

5.1.1 吉恩镍业收购 LBE 公司 51% 普通股股权

2009年4月10日，吉恩镍业投资入股 LBE 公司51%普通股股权的消息公布后，CAR 值先有大幅上升后慢慢回落，最高达到2009年4月16日的27.25%，由此可见，市场对于这宗收购仍有一定的期望，如图7—2所示。

5.1.2 吉恩镍业收购 MLM 公司 19.95% 普通股股权

2009年5月12日，吉恩镍业投资入股 MLM 公司的消息公布后，由于受到上一宗投资入股 LBE 公司的消息的影响，CAR 值的波动有升有跌，但仍可看出有慢

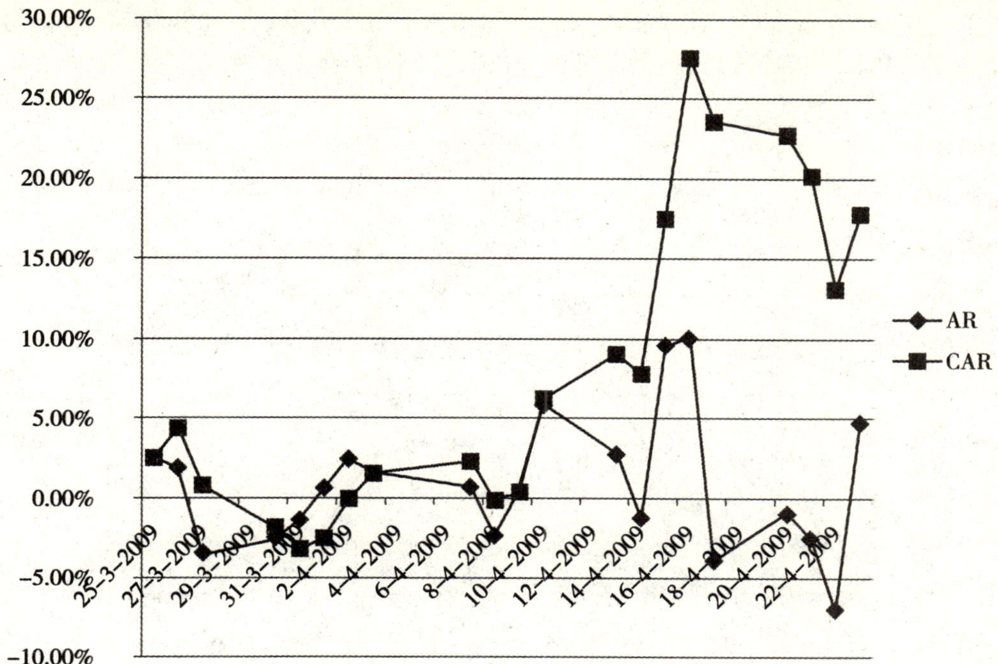

图 7—2　吉恩镍业收购 LBE 公司 51% 普通股股权前后的 AR 和 CAR 图

慢上升的趋势，由此可见，市场对这宗收购是抱有希望的，如图 7—3 所示。

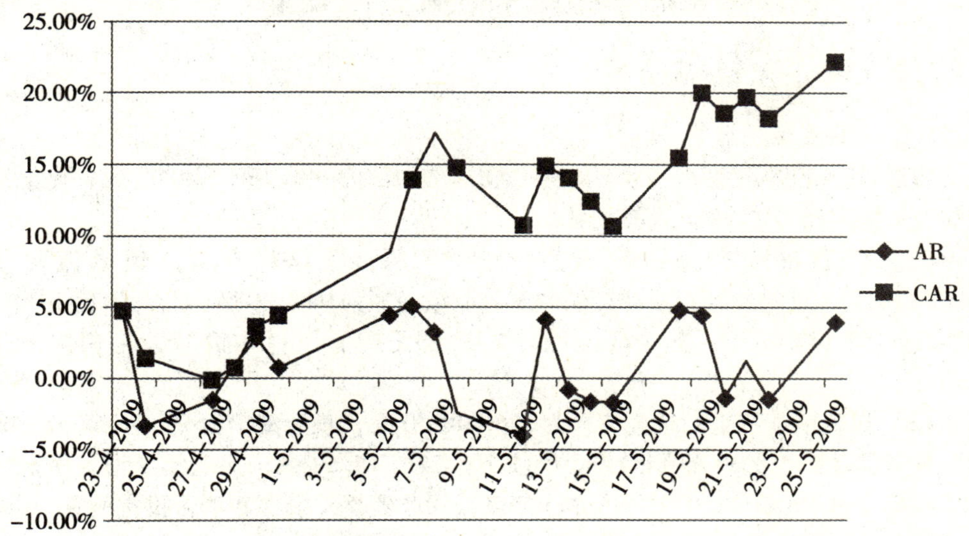

图 7—3　吉恩镍业收购 MLM 公司 19.95% 普通股股权前后的 AR 和 CAR 图

5.1.3　吉恩镍业收购 Victory 公司 14.7% 股权及与 GBK 公司共同要约收购并控制皇家矿业

2009 年 8 月 5 日吉恩镍业发布收购 Victory 公司 14.7% 股权的消息，紧接着于

2007 年 8 月 10 日宣布收购皇家矿业后，CAR 值一直有升有跌，最高值 31.19% 仍比两宗消息发布前的最高值 34.48% 低，由此可见市场对于这两宗收购处于观望的状态，如图 7—4 所示。

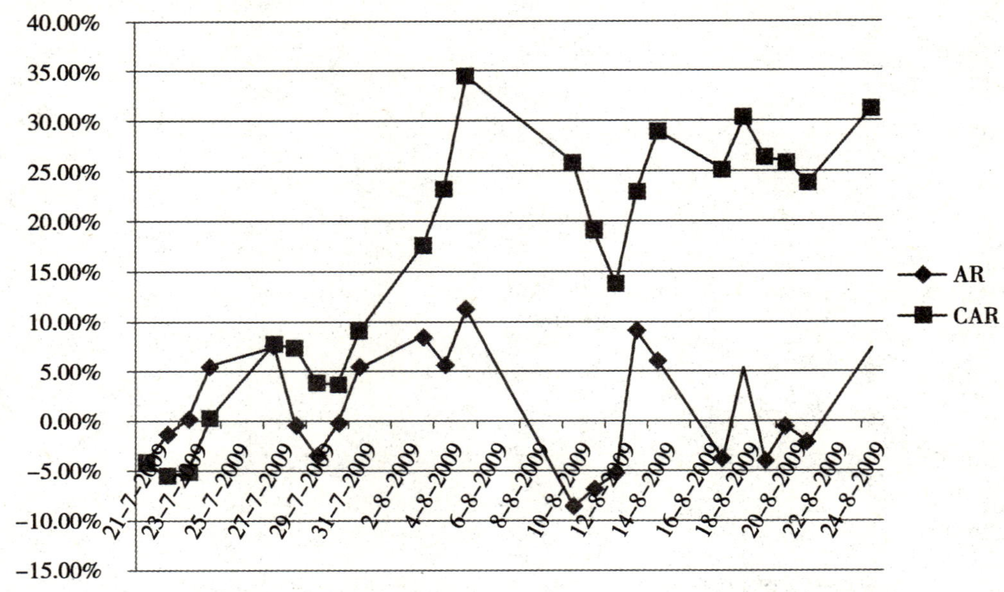

图 7—4 吉恩镍业收购 Victory 公司 14.7% 股权及与 GBK 公司共同要约收购并控制皇家矿业前后的 AR 和 CAR 图

5.2 公司经营状况分析

5.2.1 现金使用分析

吉恩镍业 2009 年度现金及现金等价物净增加额为-491 998 534.08 元，比上年度减少-726 416 864.92 元，其中：

（1）经营活动产生的现金流入为 1 216 545 891.00 元，现金流出为 1 122 318 007.11元，经营活动产生的现金流量净额为 94 227 883.89 元，比上年度减少386 754 147.06元，其主要原因是本期公司产品销售均价与去年相比下降所致。

（2）投资活动产生的现金流入为 326 800.00 元，现金流出为 1 708 868 515.69 元，投资活动产生的现金流量净额为-1 708 541 715.69 元，比上年度增加净流出 1 014 767 014.36元，其主要原因是本年度公司收购境外资源和项目投资所致。

（3）筹资活动产生的现金流入为 2 976 229 539.68 元，现金流出为 1 781 842 567.84元，筹资活动产生的现金流量净额为 1 194 386 971.84 元，比上年度增加 746 716 588.54 元，其主要原因是在向母公司借款增加所致。

（4）汇率变动对现金产生-72 071 674.12 元的影响，比上一年度增加现金净流出 71 612 292.04 元。

5.2.2　资产负债分析

吉恩镍业相关负债情况见表 7—1。

表 7—1　**吉恩镍业相关负债情况表**　单位：元

会计年度	2010-03-15	2009-12-31	2009-09-30
流动负债合计	3 150 078 422.22	3 125 792 889.46	2 427 963 548.99
非流动负债合计	1 051 042 789.89	661 790 527.20	646 450 433.35
负债合计	4 201 121 212.11	3 787 583 416.66	3 074 413 982.34

在第一宗收购开始后，吉恩镍业的负债一直上升，主要的原因是向 NWI 公司购买 Victory 公司 14.7% 股份时，吉恩镍业同时向 NWI 公司借款 270 万美元，加上之前所收购的 LBE 公司于 2008 年第四季度开始一直处于停产状态，吉恩镍业需要运用大量资金使 LBE 公司的营运重新接上轨道，以及快速推进皇家矿业的矿山开发建设，使其尽早达产、达效，在资金不足以应付开支的情况下，吉恩镍业向母公司吉林昊融有色金属集团有限公司借款；另外，在与 GBK 公司合作海外探矿等项目的资金来源于 2009 年年度非公开发行股票募集资金，其他项目资金来源于公司自筹和银行借款等方式。就负债增加而言，吉恩镍业的四宗海外收购是失败的。

5.2.3　利润分析

吉恩镍业相关利润情况见表 7—2。

表 7—2　**吉恩镍业相关利润情况表**　单位：元

会计年度	2010-03-15	2009-12-31	2009-09-30
营业收入	311 184 964.88	1 125 848 850.44	690 648 419.65
营业利润	29 133 229.56	117 961 715.46	102 172 788.05
利润总额	63 960 208.04	141 531 657.16	99 010 323.52
净利润	51 302 473.87	112 430 761.70	80 225 072.01

2009 年第四季度的利润收入比 2009 年第三季度的利润收入上升近一倍，主要的原因是在收购 Victory 公司股权开始后不久，受到国际金融危机影响的有色金属市场开始回暖，镍金属的价格有所上升，因此，此前公司所有的镍储存收购所得的镍矿资源都能以更高的价钱卖出，使利润收入有所增加；而 2010 年第一季度的利润收入比 2009 年第四季度的利润收入大幅减少，主要是因为 LBE 公司当时仍处于营运复苏阶段，而 MLM 公司本身的镍矿资源储量并不多，加上收购皇家矿业的事项尚未完成，因此公司所得到的镍矿资源并不多，导致利润收入大幅下降。总括而言，吉恩镍业的四宗海外收购对于公司的获利有着好的影响。

5.3　战略分析

这四宗收购的目标公司都具有雄厚的资源储量，在四宗收购完成后，吉恩镍业获得的境外权益镍金属储量合计超过 40 万吨。通过收购海外的矿业公司，吉恩镍业实现对目标公司的控股，能有效发挥彼此的经营互补性，产生经营协同效应，有利于推进公司的国际化经营进程，并有利于提升公司的行业竞争能力和可持续发展能力。吉恩镍业将掌握国外资源，拥有充足的矿产资源，满足我国经济快速发展对有色金属的巨大需求，符合我国政府鼓励资源型企业走出国门，面向世界的产业政策。就战略而言，吉恩镍业收购四家海外矿业公司的行为是成功的。

6. 问题探讨

6.1　吉恩镍业在收购这四家公司的过程中面临着什么风险

6.1.1　外汇风险

由于这四宗交易的目标公司分别位于加拿大以及澳大利亚，交易各方涉及加拿大、澳大利亚及中国，交易币种涉及加元、澳元和人民币元。国际市场各项外币汇率的不断变化，将给这次投资入股带来一定的外汇风险。

6.1.2　管理、运营海外采矿企业经验不足带来的管理和经营风险

由于加拿大与澳大利亚在政治、经济、文化、法制、意识形态等多个方面与中国具有较大差异，因此，公司在收购成功后对这四家海外矿业公司的运营、管理，在企业文化、法律法规、商业惯例以及工会制度等经营管理环境方面将需要一段时间适应，公司因而面临一定的管理和经营风险。

6.1.3　法律、政策风险

这四宗投资项目涉及中国与加拿大、澳大利亚三个国家的政策与法律。吉恩镍业是中国公司，吉恩矿业设在加拿大，目标公司分别是加拿大以及澳大利亚的上市公司。因此，这四宗股权投资行为必须符合各国（及地区）关于外资投资（收购与并购）的法规，存在政府和相关监管机构针对本次投资出台决议、法律或调查行动的风险。

6.2　吉恩镍业购买 MLM 公司 19.95% 股权，是否是一种“乱花钱”的行为

吉恩镍业对海外四家矿业公司进行收购，主要的目的是提升公司镍资源储量。但是，MLM 公司的镍矿储量并不大，与吉恩镍业的收购目的并不相符。因此就目的而言，这宗收购是不切实际的。

但是，从财务的角度来看，这宗收购涉及的金额为 516.35 万澳元，所用资金占公司净资产比例约为 1%，对公司财务状况影响较小，成本不算高。而且，从战略投资的角度上看，吉恩镍业能够通过这宗收购在澳大利亚建立一个新的投资平台，拓宽相应渠道，为谋求其他的合作机会做好准备。

总体来说，吉恩镍业对 MLM 公司进行收购对公司的长远发展是有利的，并不能说是“乱花钱”。

参考文献

1. 吉恩镍业:《吉林吉恩镍业股份有限公司 2009 年年度报告》,2010-04-22。

2. 吉恩镍业:《吉恩镍业(600432)2008 年年度报告》,国泰君安证券,http://www. gtja. com/share/NewsContent. jsp? docId=5960447&oneColum=index&twoColum=jccy&threeColum=cxzl&fourColum=gp,2009-03-25。

3. 吉恩镍业:《吉恩镍业(600432)个股档案》,东方财富网,http://quote3. eastmoney. com/f10. asp? StockCode=600432&stock_name=%BC%AA%B6%F7%C4%F8%D2%B5&f10=009。

4. 吉恩镍业:《吉恩简介列表》,吉林吉恩镍业股份有限公司网站,http://www. jlnickel. com. cn/info/dispatchInfoAction. do? action=list&progid=4028bc5b14d093b00114d0a88404003c&view=true&Forward=ViewDetailType2。

5. 吉恩镍业:《吉恩镍业(600432)公司信息》,财富天下俱乐部,http://company. p5w. net/ggzx. asp? zqdm=600432。

6. 吉恩镍业:2000 年 12 月 27 日,《吉恩镍业公司资料》,新浪网,http://money. finance. sina. com. cn/corp/go. php/vCI_CorpInfo/stockid/600432. phtml。

7. 加拿大吉恩矿业:《Jien Canada Mining Ltd.》,Jien Canada Mining Ltd.,http://jiencanadamining. com/presentations. html。

8. MLM 公司:《Metallica Minerals Ltd.》,Metallica Minerals Ltd.,http://www. metallicaminerals. com. au/。

9. GBK 公司:《Goldbrook ventures Inc.》,Goldbrook ventures Inc.。

10. 国务院办公厅:《有色金属产业调整和振兴规划》,中央政府门户网站,http://www. gov. cn/zwgk/2009-05/11/content_1310436. htm,2009-05-11。

11. 马建明、崔荣国、刘树臣:《我国有色金属矿产资源战略保障分析》,LRN 资源网,http://big5. lrn. cn/zjtg/academicPaper/200912/t20091215_443652. htm,2009-12-15。

12. 佚名:《中国镍行业发展情况》,上海白银网,http://www. shbyw. com/Article/ShowInfo. asp? ID=46872,2009-10-22。

13. 佚名:《数据频道》,中国证券网,http://data. cnstock. com/securities/capitalInvest. action? exgId=600432。

14. 佚名:《2008 年镍金属行业基本情况》,元唐不锈网,http://www. ytbxw. com/Material/35797. html,2009-03-19。

15. 佚名:《2008 年镍市场发展现状》,我的钢铁,http://www. mysteel. com/ll/gnzs/2008/11/17/144854,1902625. html,2008-11-27。

16. 佚名:《2006 年镍金属行业基本情况》,元唐不锈网,http://www. ytbxw. com/Material/35795. html,2009-03-19。

17. 佚名:《2007 年镍金属行业基本情况》,元唐不锈网,http://www.ytbxw.com/Material/35796.html,2009-03-19。

18. 佚名:《中国镍矿资源情况及分布示意图》,中国选矿技术网,http://www.mining120.com/resource/index_resource.asp? fl1 =% D3% D0% C9% AB% BD% F0% CA% F4&fl2 =% C4% F8。

案例参编：陆曦雯

 8

西安民生和宝商集团的重大资产重组

2008 年 6 月 20 日，海航集团有限公司（以下简称“海航集团”）旗下的宝鸡商场（集团）股份有限公司（以下简称“宝商集团”）和西安民生集团股份有限公司（以下简称“西安民生”）通过《发行股份购买资产暨关联交易预案》，预案内容如下：宝商集团置出宝鸡商业经营管理有限责任公司（以下简称“宝鸡商业”）全部股权，置入大股东海航商业控股有限公司（以下简称“海航控股”）持有的六个子公司，同时西安民生向海航控股发行股票，以 5. 74 元/股的价格向大股东海航控股定向增发 3 396 万股股份，购买获得海航控股资产置换后取得的宝鸡商业 100% 股权。经过一年半的整合，重组于 2010 年 1 月全部实施完成。

这次重组对海航集团、宝商集团和西安民生都具有重大意义：宝商集团将成为国内首家经营航空食品业务的上市公司；实现了海航集团旗下 A 股上市公司“三足鼎立”的局面，即宝商集团经营航空食品业务、海南航空专注航空运输业务、西安民生负责商业。

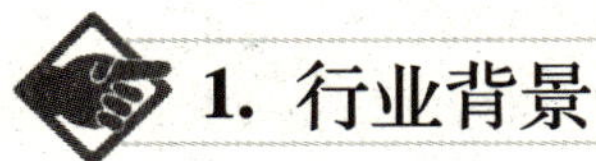

1. 行业背景

1.1　目前的状况

民航业的发展状况是衡量一个国家经济发展状况的重要指标，民航业在国家综合交通体系中具有不可替代的作用和地位，民航业的健全发展可以体现出国家具有更强的竞争力和经济实力。随着民营航空的普及，航空公司之间的竞争也越来越激烈，其中不乏恶性竞争，在我国已经入世的形势下，如果不提高民航的核心竞争力，会给国家民航业带来不小的冲击。

2008 年，全球经济整体性下滑让整个中国民航业出现少有的负增长。中国民航全行业亏损 280 亿元，是近三十年以来的最大亏损。根据国际航协的统计，2008 年全球航空业亏损为 85 亿美元。2009 年以来的国际金融危机，使与经济活动密切相关的全球民航业也饱受冲击，不过，中国民航业还是扭转了 2008 年度的巨亏局面。中国民航全行业 2009 年实现利润总额 122 亿元，扭转了上一年亏损的局面，全行业 2009 年比上年减亏增盈 382 亿元。

总体来看，中国民航业现在并将在较长的时间内仍处于成长期，目前在数量和质量上还不能充分适应国家改革开放和经济社会发展的需要，主要表现在：一是发展的主动性还不够，更多地表现为被动适应市场需求；二是发展的协调性还不强，东、中、西部民航发展不平衡，支线航空、航空货运、国际航空、通用航空的发展相对滞后；三是发展的保障能力还不高，存在基础设施、人员素质和管理水平“三个跟不上”的矛盾。

1.2　我国航空业的四大格局

航空板块以中国国航为龙头，包括南方航空、ST 东航和海南航空在内的四家航空业巨头，四大航空公司就平分了中国航空 90% 的市场，所以可以说中国航空业是以四大航空公司为主、小航空公司为辅。总部设在广州的南方航空公司将成为中国国内最大的民航营运者，占有国内民航市场份额的 35%。东方航空公司的总部将落户上海，并获得为 25% 的国内乘客提供飞行服务的权利，这在四个航空公司中排名第二位。四大航空公司中排名第三位的是位于北京的中国国航，占有国内民航市场份额的 18%。而海南航空占有国内民航市场份额的 12%。

2. 企业背景

2.1　海航集团

海航集团的前身是成立于 1993 年的海南省航空公司。经过 17 年的发展，海航集团从一家只有 1 000 万元资金的地方性航空公司，迅速发展成为涵盖航空、旅游、商业、物流、金融、机场管理、房地产、酒店等八大产业的大型企业集团。海航集团有以下八大产业：海航集团航空运输产业；海航旅业负责整个海航集团旅游产业链的资源整合和旅游业务拓展工作；海航商业目前拥有西安民生、宝商集团等两家上市公司和汉中世纪阳光、民生家乐超市、西北海航置业、海航中免等多家成员公司，共有商业门店 54 家，资产总额约 35 亿元，年收入总额约 30 亿元；大新华物流致力于打造海、陆、空一体化物流产业，同时发展港口、码头等业务；海航实业定位于综合性投资控股企业，业务范围涵盖产业投资、风险投资、资产管理和管理咨询等各方面；海航机场集团是海航集团主要产业集团之一，于 2003 年 10 月成立，目前，公司下辖 12 家成员机场；海航置业拥有地产开发、地产投资、装饰工程、酒店经营管理和物业管理等多个业务领域；海航易集团致力于打造中国最大的食品原材料提供商、食品生产商和食品零售商，产业涵盖航食、绿色产业、铁路动车组配餐、航饮等产业。

截至 2010 年，集团资产总值达到 1 497 亿元，为社会提供就业岗位约 70 000个。

重组前海航集团的股权结构图如图 8—1 所示。

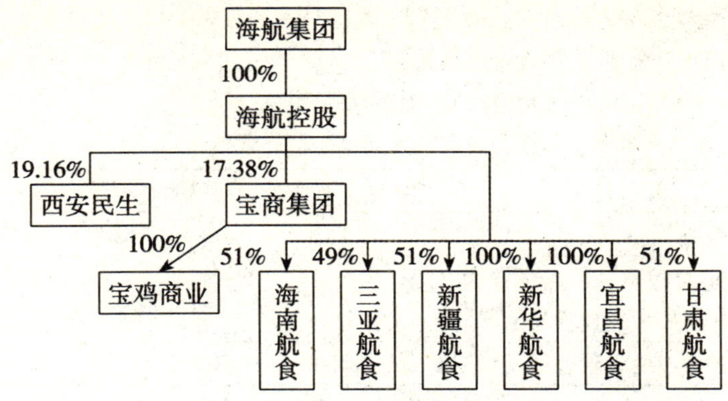

图 8—1 重组前海航集团的股权结构图

资料来源 宝商集团重大资产量换暨关联交易预案

2.2 海航控股

2007 年 9 月 11 日，海航集团成立海航商业控股有限公司，注册资本金为 1 亿元。2008 年 4 月，海航集团将持有的宝商集团 17.38% 的股权和西安民生 19.16% 的股权以增资的方式注入海航控股。

海航控股的主营业务为项目投资及投资管理；货物进出口、技术进出口、代理进出口；专业承包；技术开发、技术咨询、技术服务、技术转让；设备租赁（汽车除外）；销售服装鞋帽、五金交电、日用杂品、文化体育用品、日用百货、珠宝首饰、针纺织品。

2.3 西安民生

西安民生，原名西安民生百货集团股份有限公司，其前身是成立于 1959 年的西安市民生百货商店。1992 年 5 月 8 日，由西安市民生百货商店和西安市民生百货商店劳动服务公司经销部作为发起人，采用募集设立方式成立股份公司，并于 1992 年 8 月 8 日，在陕西省西安市工商行政管理局领取注册号为 22060335 的《企业法人营业执照》，注册资本为 73 134 930 元。1994 年 1 月 10 日，公司股票在深圳证券交易所正式挂牌上市，股票简称“陕民生 A”，股票代码“000564”。1994 年 3 月 28 日，公司名称变更为“西安民生集团股份有限公司”，并办理了工商变更登记。1996 年 6 月，经批准股票简称更名为“西安民生”。2008 年 4 月，海航集团将持有的西安民生 19.16% 的股权以增资的方式注入海航控股。海航控股的主营业务为百货，另外还涉及酒店、广告、旅游、房地产、对外贸易等领域。

西安民生是陕西省西安市一家以经营百货零售业为主的大型商贸企业集团。公司依托海航集团的发展平台，确立了品牌连锁化的发展模式，取得了迅猛发展，网点遍及西安、咸阳、宝鸡、汉中、延安等陕西省主要城市以及甘肃东部地区。目前拥有西安解放路店、西大街店、兴正元店、汉中阳光店、宝鸡百货店等八家百货店，其品牌形象不断提升，核心竞争力逐步增强。1994 年，公司被国务院发展研究中心等单位评为全国零售企业百强之一，公司在西安市第一商业局直属企业销售总额中占 36.84%，其前三大股东的持股情况见表 8—1。

表 8—1　**西安民生（000564）前三大股东**

排名	股东名称	持股数量（万股）	持股比例（%）	股本性质
1	海航控股	5 180.51	19.16	流通受限 A 股
2	中国光大银行——光大保德信量化核心证券投资基金	799.99	2.96	流通 A 股
3	东北证券股份有限公司	540.00	2	流通 A 股

资料来源　证券频道

2.4　宝商集团

宝商集团的前身是宝鸡市经二路百货商店，成立于 1956 年。公司总股数为 6 228.736万股。宝商集团的股票于 1997 年 7 月 3 日在深圳证券交易所挂牌交易（股票代码“000796”）。后经多次送股、转增及配股，截至 2008 年 6 月 30 日，宝商集团股数总额增至 246 542 015 股，注册资本为 246 542 015 元。2008 年 4 月，海航集团将持有的宝商集团 17.38% 的股权以增资的方式注入海航控股。

宝商集团是以经营百货业、连锁超市业、酒店业、中药制造业、路桥收费以及房地产开发为主业的商业零售公司。

截至 2008 年 9 月 30 日，公司连锁网点总数达 28 家，其中连锁超市 26 家、百货商店 2 家。公司已先后与全国 3 000 多家名优厂家联销经营名牌产品，与近万家工商企业建立了稳定的供销关系。公司拥有宝鸡商场和宝鸡商城两大骨干零售窗口，零售占总销售额的 53%；批发网点遍及全省，并开拓了四川、新疆、甘肃、宁夏、河南、山西等省市的联销网点，建立了一个比较系统的名优产品供销网络。经过多年的努力，随着公司的不断发展，经济实力得到很大增强，公司迅速成为宝鸡地区商业龙头，其前三大股东持股情况见表 8—2。

表 8—2　**宝商集团（000796）前三大股东**

排名	股东名称	持股数量（万股）	持股比例（%）	股本性质
1	海航控股	4 284.79	17.38	流通受限 A 股
2	包头市北普实业有限公司	313.00	1.27	流通 A 股
3	冯水兴	168.00	0.68	流通 A 股

资料来源　证券频道

3. 并购过程

2007 年 9 月 11 日，海航集团成立海航商业控股有限公司。

2008 年 4 月，海航集团将持有的宝商集团 17.38% 的股权和西安民生 19.16% 的股权以增资的方式注入海航控股。

2008 年 4 月 25 日，宝商集团和西安民生双双发布重大事项暨停牌公告。

2008 年 5 月，宝商集团将与商业业务直接相关的资产作为投资，设立了宝鸡商业。2008 年 6 月 20 日，海航控股第一届董事会第九次会议审议并通过了《关于对宝商集团、西安民生进行整合的决议》。

宝商集团第五届董事会第二十九次会议通过了《公司重大资产置换暨关联交易预案》：宝商集团拟以持有的宝鸡商业 100% 的股权与控股股东海航控股持有的 6 家航食公司股权（海南航食 51%、三亚航食 49%、新华航食 100%、宜昌航食 100%、新疆航食 51%、甘肃航食 51%）进行置换，以及《关于公司资产置换框架协议》的议案。

西安民生第六届董事会第八次会议审议通过《关于公司符合非公开发行股票有关条件》、《关于发行股份购买资产框架协议》和《发行股份购买资产暨关联交易预案》三个议案。西安民生将以票面价值 1 元/股、发行价格 5.74 元/股的价格向海航控股发行股票 33 964 762 股，海航控股以宝鸡商业 100% 的股权认购该部分股票，标的资产折股数不足 1 股的余额由西安民生以现金向海航控股补足。

2008 年 10 月 24 日，海航控股第一届董事会第十次会议审议并通过了《关于调整宝商集团、西安民生整合方案的决议》。

2008 年 12 月 30 日，海航控股第一届董事会第十一次会议审议并通过了《关于非公开发行股份购买资产协议》。

宝商集团召开第五届董事会第三十四次会议，会议审议通过了关于《宝鸡商场（集团）股份有限公司重大资产置换暨关联交易具体方案》的议案。

在关联董事回避的条件下，西安民生第六届董事会第十四次会议审议通过了《关于与海航商业控股有限公司签订非公开发行股份购买资产协议的议案》、《发行股份购买资产暨关联交易报告书》等议案。

2009 年 1 月 21 日，宝商集团召开 2009 年第一次临时股东大会，会议审议通过了关于《本次重大资产置换暨关联交易具体方案的议案》和《关于与海航商业控股有限公司签订资产置换协议的议案》。

西安民生召开 2009 年第一次临时股东大会，审议通过了《关于发行股份购买资产的议案》、《关于与海航商业控股有限公司签订非公开发行股份购买资产协议的议案》等议案。2009 年 9 月 7 日，经中国证券监督管理委员会上市公司并购重组审核委员会审核，《宝商集团重大资产置换暨关联交易方案》和《西安民生发行股份购买资产暨关联交易方案》获得有条件审核通过。

2009 年 11 月 10 日，宝商集团收到中国证券监督管理委员会《关于核准宝鸡商场（集团）股份有限公司重大资产重组方案的批复》，中国证监会核准公司本次重组方案。

西安民生收到中国证券监督管理委员会《关于核准西安民生集团股份有限公

司向海航商业控股有限公司发行股份购买资产的批复》，核准公司向海航控股发行 33 964 762 股股份购买相关资产。

2009 年 12 月 16 日，新华航食的 100% 的股权已过户至宝商集团名下，双方签订了《资产交割确认书》。

2009 年 12 月 23 日，甘肃航食的 51% 的股权已过户至宝商集团名下。根据兰州市工商行政管理局核发新的营业执照和《外资（外商投资企业）企业变更通知书》，甘肃航食的股东名称由原来的海航控股变更为宝商集团；且双方签订了《资产交割确认书》。

2009 年 12 月 24 日，海南航食的 51% 的股权已过户至宝商集团名下。根据海南省工商行政管理局核发新的营业执照和《核准变更登记通知书》，海南航食的股东名称由原来的海航控股变更为宝商集团；且双方签订了《资产交割确认书》。同时，新疆航食的 51% 的股权已过户至宝商集团名下。根据乌鲁木齐市工商行政管理局核发新的营业执照，新疆航食的股东名称由原来的海航控股变更为宝商集团；且双方签订了《资产交割确认书》。

2009 年 12 月 25 日，三亚航食的 49% 的股权已过户至宝商集团名下。根据三亚市工商行政管理局核发新的营业执照和《核准变更登记通知书》，三亚航食的股东由原来的海航控股变更为宝商集团；且双方签订了《资产交割确认书》。同时，宜昌航食的 100% 的股权已过户至宝商集团名下；双方签订了《资产交割确认书》。

2009 年 12 月 30 日，宝鸡市工商行政管理局核发《股权变更登记通知书》，宝鸡商业的股东已变更。2009 年 12 月 31 日，宝商集团与海航控股签署了《资产交割确认书》，双方对资产过户和交割进行了确认。

2010 年 1 月 8 日，海航控股用于认购股份的宝鸡商业 100% 股权已在工商行政管理部门办理股权过户手续，股权持有人变更为西安民生，且双方已签订《资产交接确认书》，本次发行股份购买的资产已经交割完毕。

重组完成后的股权结构图如图 8—2 所示。

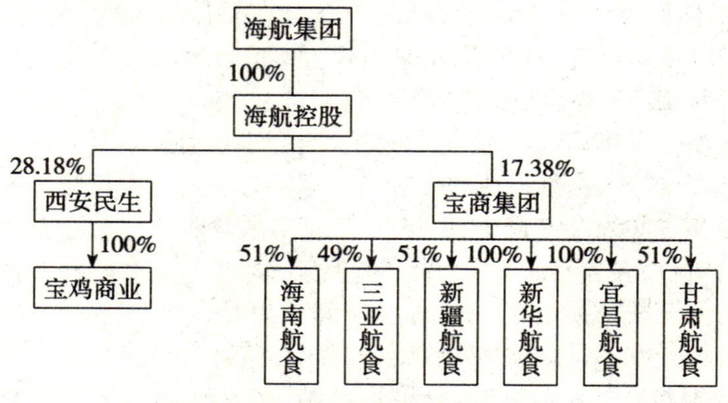

图 8—2　重组完成后的股权结构图

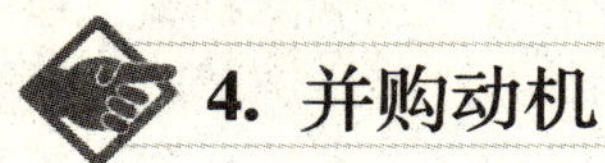

4. 并购动机

4.1 海航集团方面

其实，这次重组最主要是海航集团的一个资本运作，海航集团将宝商集团与西安民生合二为一，也就是说把宝商集团资产注入西安民生后，而宝商集团腾出的壳资源将成为海航集团航空食品资产整体走上资本市场的平台。海航集团很早就开始对此进行筹划准备，新成立的“易集团”业务板块就是为重组宝商集团设立的。海航集团可以借助此次的资本运作让自己的易集团部分资产上市，让旗下的航空食品资产打包上市，同时，靠出售这些“非优质”资产的部分股权，获取并集中零售业资产的股权，达到资产整合，实现协同作用。在商业资产整合后，海航集团系下三大上市公司将会得到更为有效的利用，西安民生注重商业百货、海南航空专注航空，宝商集团可以为海航集团不断扩大的其他业务提供平台。同时，海航食品又可以为现金流吃紧的海航集团提供新的筹资可能性。

4.2 西安民生方面

4.2.1 消除同业竞争

经过多年的发展，西安民生确立了“以西安为核心，陕西省二级城市为重点，以百货、超市、专业店为主要业态，以资产、资本运作为手段，走连锁化、规模化发展之路”的发展思路和模式。但由于公司和宝商集团同属海航集团实际控制，且均属于商业零售行业，因此存在潜在的同业竞争，从而使得公司上述发展战略的实现受到严重制约。

综上，如果不对公司及宝商集团的商业资产进行整合，将严重妨碍两家公司的进一步发展，从而不符合上市公司广大股东利益，也不符合海航控股做大做强旗下商业资产的发展目标。为此，为彻底解决两家上市公司之间的潜在同业竞争，配合控股股东海航控股的商业资源整合计划，公司拟向海航控股发行 33 964 762 股股票，用于购买海航控股与宝商集团重大资产置换后取得的宝鸡商业 100% 股权。

本次发行股份购买资产完成后，将消除宝商集团和本公司的潜在同业竞争问题。

4.2.2 扩大资产规模

西安民生资产规模将得到大幅提高，营业网点将从现有的 4 家增加至 32 家，从而覆盖陕西省内主要城市和甘肃省内部分城市，不仅有利于公司做大做强，提升跨区域经营管理能力，也为提升公司品牌形象奠定良好基础。同时，本次交易也丰富了公司的经营业态，契合了公司原有的发展战略，有利于公司从单一经营业态向多业态综合化方向发展。本次交易还在一定程度上有助于提升公司的盈利能力，增强公司的可持续发展能力。以 2007 年为例，2007 年宝商集团实现营业总收入 7.36

亿元，西安民生的营业收入为3.28亿元，如果加总，两者的收入约为9亿元，西安民生营收增长约183%。

4.3　宝商集团方面

虽然宝商集团的商业零售业务已经具备了一定的规模，但和同行业相比仍然有限，公司占有的商业资源尚不具备规模优势，因而盈利水平绝对值提升不明显。此外，商业零售业是市场竞争较为充分的行业，在国内一级城市竞争日趋激烈的情况下，国际、国内商业零售企业纷纷进入二、三级市场，加剧了二、三级市场零售业的竞争激烈程度。市场竞争加剧可能导致公司经营利润率降低、门店购置或租赁成本上升，从而不利于公司长期发展。

宝商集团的主营业务变更为航空餐饮供给，成为了国内首家以经营航空食品为主业的上市公司。

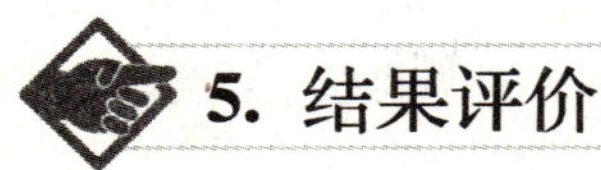

5. 结果评价

5.1　股价分析

5.1.1　西安民生

交易完成后，公司资产负债率将有所上升，但公司资产规模、营业网点迅速增加，市场占有率有所提升，盈利能力得到增强，为后续扩张打下坚实基础。因此本次交易，有助于改善公司资产质量，提高上市公司持续盈利能力。图8—3是西安民生在并购日前后的AR和CAR图。

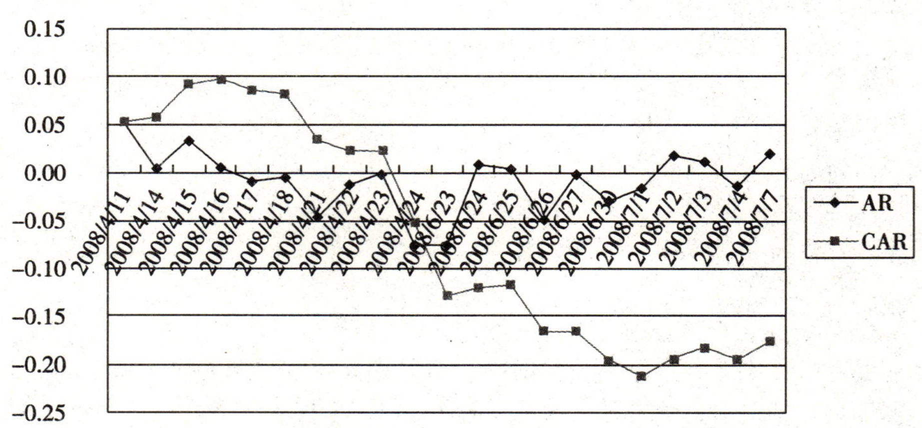

图8—3　西安民生收购日前后的AR与CAR图

4月25日停牌，6月23日复牌，6月23日当日的跌幅为-10.02%，证明市场对其重组持有不利好的反应。从4月11日到7月7日的超额累计回报率为

-17.66%，最低达到了-21.21%。

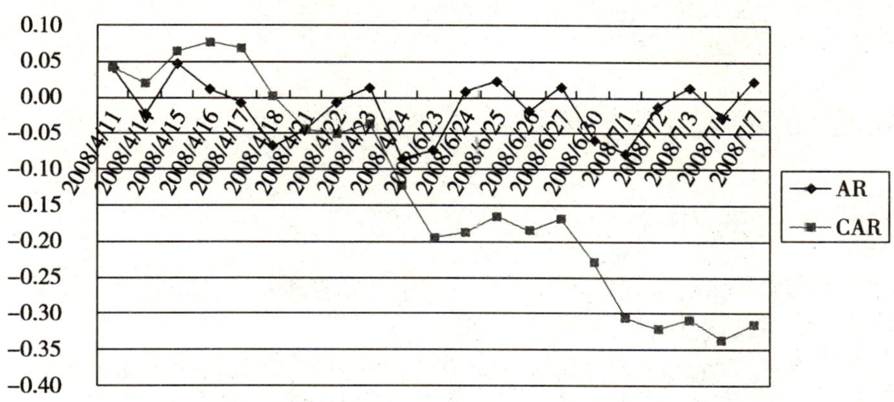

图 8—4 宝商集团收购日前后的 AR 与 CAR 图

4 月 25 日停牌，6 月 23 日复牌，6 月 23 日当天的跌幅为-9.92%，证明市场对其重组持有不利好的反应。从 4 月 11 日到 7 月 7 日的超额累计回报率为-31.62%，最低达到了-33.76%

5.1.2 宝商集团

交易完成后，权益乘数和资产负债率均大大降低，该变动主要是由于航食资产与商业资产存在行业差异，导致上述资本结构发生变化。公司的流动比例和速动比例均大幅升高，但考虑到公司由商业类资产转型为食品加工行业，其资本的流动性应大为加强，偿债能力大大增加。宝商集团的净资产收益率大大高于本次交易前的0.5%，为1.68%；总资产净利率、销售净利率均较交易前大为提高，公司的盈利质量得到大幅改善。经营活动产生的现金流量与营业收入基本配比，现金流净额得到改善。图 8—4 是宝商集团在并购日前后的 AR 和 CAR 图。

5.2 宝商集团经营状态分析

宝商集团利润相关项目资料表见表 8—3。

表 8—3 宝商集团利润相关项目资料表 单位：元

会计年度	2010-03-15	2009-12-31	2009-09-30
营业收入	96 147 760	287 885 114	668 279 328
营业利润	16 345 230	40 737 275	17 138 553
利润总额	16 493 688	41 847 416	7 238 686
净利润	6 033 021	24 989 491	4 232 540

由于主营业务变更，2010 年第一季度，公司实现营业收入 96 147 760 元，同比减少 66.60%；净利润 6 033 021 元，同比减少 75.86%。

收购完成后，营业收入同比减少，净利润也同比减少的主要影响因素为：2009

年公司完成与海航商业控股有限公司重大资产置换工作，主营业务由集中一地的超市零售业务变更为分散全国的食品配餐业务。在最初阶段会影响到市场占有率及营业收入，但日后会有回升。

6. 问题探讨

6.1 宝商集团置换进去的资产是否都是好资产

据宝商集团发布的公告称，此次打包上市的航食资产为海南航食、三亚航食、新华航食、宜昌航食、新疆航食、甘肃航食。

根据《资产评估报告书》显示，以2008 年9 月30 日为评估基准日，此次打包上市的航食资产评估价值总计为24 545 万元，比账面数值高15.32%。

但值得注意的是，24 545 万元是采用成本法得到的评估结果。如果采用收益法进行评估，结果将会不一样，总资产评估价值将小于按成本法计算的价值，见表8—4。

表8—4 6 家公司分别采用成本法和权益法评估 单位：万元

公司名称	与账面的增值率	成本法评估	收益法评估	增值
海南航食	7.46%	9 138.00	9 148.18	-10.18
三亚航食	13.27%	4 334.79	7 435.04	-3 100.25
新华航食	20.61%	15 468.73	8 699.53	6 769.20
宜昌航食	10.58%	474.01	411.38	62.63
新疆航食	-0.02%			
甘肃航食	0			

采用成本法达到评估增值的原因是由于资产中的流动资产增值，主要是应收账款的坏账准备按零评估，而固定资产中，建筑物评估增值的主要原因是建筑材料价格逐年上升，机器设备评估增值主要原因是由于制造材料价格的上升。

不采用收益法有四个原因：一是由于甘肃航食和新疆航食尚在筹建中，因此，无法采用收益法进行评估；二是宜昌三峡机场为支线小型机场，出港航班中短线航班、支线航班比例大，受飞机出港时间等多因素影响，公司配餐量增长势头不强，配餐量具有一定的局限性，造成现有资产生产能力的利用不足，因此收益法评估结果不能客观地反映出企业资产价值总量；三是新华航食资产规模相配比的设计生产能力为每天生产15 000 份餐，而目前的生产供应量约每天8 000 份餐，资产生产能力没有得到充分的利用，短期内还不能更好地产生效益，收益法评估结果不能客观地反映出企业资产价值总量；四是三亚航食的未来收益预测可能存在不确定性风险因素。

6.2 宝商集团转型为未来航空食品巨头的可能性

此次置入宝商集团的资产主要是海航商业控股有限公司持有的海南航食 51% 的股权、三亚航食 49% 的股权、新华航食 100% 的股权、宜昌航食 100% 的股权、新疆航食 51% 的股权、甘肃航食 51% 的股权。这 6 家航食公司 2008 年归属母公司的净利润为 1 752.72 万元，2009 年虽然受总体经济形势影响，但置换的资产保守估计也能保持 1 700 万元的盈利水平。

据了解，目前海航集团在国内拥有 6 个航空食品生产加工基地。截至 2008 年 7 月，6 家食品公司总资产规模已达 3.68 亿元。各家公司均拥有国内最先进的进口设备和设施，积累了丰富的企业标准化管理经验，其中海航航食、新华航食及三亚海航汉莎航食都已取得 HACCP 认证证书，成为国内率先引入 ISO 与 HACCP 管理体系的航空食品企业。除了航空配餐业务以外，海航航食业务还在铁路配餐、会展配餐方面进行了有益的探索，目前已经开始为广深铁路和武汉铁路提供配餐服务。目前海航航食已与国外顶级航空配餐企业建立了良好的合作关系。公司与全球最大的航空配餐公司——汉莎天厨集团——合资成立了三亚汉莎航空食品公司，并且又相继合作建立了新疆航空食品公司和兰州航空食品公司。同时，公司与全球第二大航空配餐公司——佳美国际公司——也建立了密切的业务合作和联系。随着航食业务规模的不断扩大，海航航食还将陆续为国内其他航空公司和海外航空公司提供配餐业务。与世界一流公司的良好合作关系，将在一定程度上解决海航航食后续发展所必需的资金、管理和技术“缺口”。

因此，随着航空业的发展，航空食品业务也将会有更大的上升空间，这将有利于宝商集团保持持续经营能力和长远发展能力。宝商集团将以海航集团为依托，凭借良好的资产质量，进一步拓展航空、铁路、会展等标准化配餐行业的发展，实现航食业务的跨越式发展，转型为未来航空食品巨头。

参考文献

1. 西安民生:《西安民生(000564)发行股份购买资产暨关联交易报告书》,东方财富网,http://data.eastmoney.com/Notice/Notice_Detail.aspx? code = 000564&id = 7FDA8B49-99D3-4532-97FA-0D727DDAD852,2009-01-06。

2. 宝商集团:《宝商集团(000796)重大资产置换暨关联交易之报告》,东方财富网，http://data.eastmoney.com/Notice/Notice_Detail.aspx? code = 000796&id = 540369D9-B4ED-487E-9D2E-99A480052C59,2009-01-06。

3. 西安民生:《西安民生(000564)发行股份购买资产暨关联交易实施进展情况公告》,证券时报网,http://fundnotice.dynamic.secutimes.com/web/detail/lsggdetail.jsp?ID=316603834824&InfoPublDate=2010-01-12&InnerCode=252,2010-01-12。

4. 宝商集团:《国盛证券有限责任公司关于宝商集团(000796)重大资产置换暨

关联交易之持续督导报告》,证券时报网,http://fundnotice. dynamic. secutimes. com/web/detail/lsggdetail. jsp? ID=326977228112&InfoPublDate=2010-05-12&InnerCode=4522010-05-12,2010-05-12。

5. 西安民生:《发行股份购买资产暨股份上市公告书》,巨潮资讯网,http://www. cninfo. com. cn/finalpage/2010-01-22/57530375. PDF,2010-01-22。

6. 宝商集团:《重大资产置换暨关联交易报告书(修订稿)》,巨潮资讯网,http://www. cninfo. com. cn/finalpage/2009-11-14/57290283. PDF,2009-11-14。

7. 广发证券股份有限公司:《西安民生发行股份购买资产暨关联交易实施进展情况之独立财务顾问核查意见》,和讯网,http://download. hexun. com/ftp/all_stockdata_2009/all/057/494/57494242. PDF,2010-01-08。

8. 高江虹:《海航商业重组收官　8大板块5家寻得上市平台》,民航资源网,http://news. carnoc. com/list/123/123039. html,2009-01-07。

9. 刘伟勋:《陈峰回应多元化质疑　明确海航集团新的定位》,民航资源网,http://news. carnoc. com/list/148/148115. html,2009-11-25。

10. 张潇:《海航系编队出征跨界图霸　中国资本重组样本》,民航资源网,http://news. carnoc. com/list/157/157289. html,2010-04-06。

11. 陈姗姗:《海航集团商业资产大整合　主攻配餐业务版块》,民航资源网,http://news. carnoc. com/list/122/122921. html,2009-01-06

12. 张友、刘振盛:《西安民生和宝商集团重组迷魂阵》,载《21世纪经济报道》,http://news. 10jqka. com. cn/html/2008/05/08/1647. shtml,2008-05-08。

13. 张延龙:《海航陕西资产盘整收官　宝商集团前途未卜》,新浪财经,http://finance. sina. com. cn/stock/s/20090122/23555793714. shtml,2009-01-22。

14. 刘昆明、钟彩:《海航集团资产整合　为未来发展储备好壳资源》,载《证券时报》,http://news. carnoc. com/list/96/96113. html,2008-01-08。

15. 彭友:《海航集团旗下两家上市公司重组方案基本定调》,载《上海证券报》,http://news. carnoc. com/list/104/104985. html,2008-05-28。

16. 李家祥:《中国民航业不容乐观》,财讯,http://content. caixun. com/NE/01/i6/NE01i6gh. shtm,2009-09-01。

17. 华商报:《民生宝商重组海航将揭谜底》,华商网,http://hsb. hsw. cn/2008-06/20/content_7005824. htm,2008-06-20。

案例参编：陈颖欣

9

炎黄物流 5.15 亿元收购润丰房产 100%股权

2009 年 8 月 25 日，江苏炎黄在线物流有限公司（以下简称“炎黄物流”，上市编号“＊ST000805”）通过定向发行方式发行新股 19 090 万股购买润丰集团（以下简称“润丰集团”）持有的北京润丰房地产开发有限公司（以下简称“润丰房产”）80% 的股权和林宝定持有的润丰房产 20% 的股权，总代价为 51 543 万元。通过购买优质的房地产类资产，将有助于公司彻底解决历史遗留问题，摆脱经营危机、财务危机，使公司恢复持续发展能力和良好的盈利能力，为公司恢复上市创造有利条件。

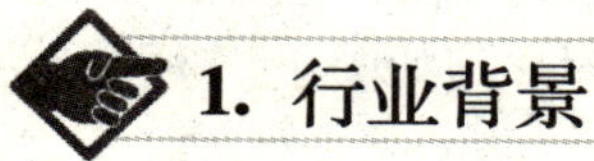

1. 行业背景

1.1　软件产业背景

自 20 世纪 90 年代以来，全球软件产业发展的连续增长率是全球经济平均增长率的 5 倍以上，2006 年全球软件产业同比增长 6.3%，全球产业规模达到 8 754 亿美元，全球软件产业保持了稳定增长，如图 9—1 所示。

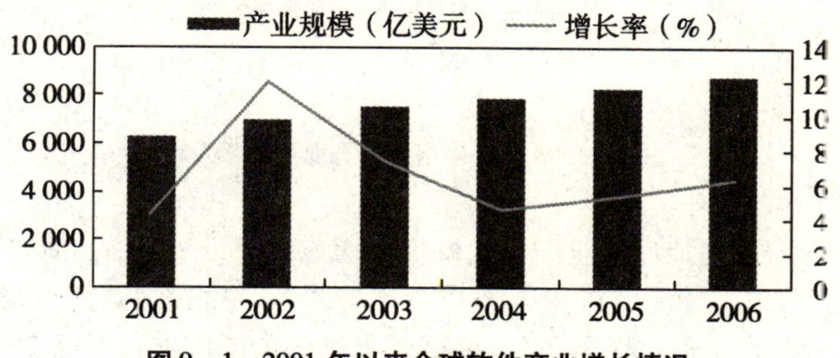

图 9—1　2001 年以来全球软件产业增长情况

资料来源　新浪网

中国软件产业在 2005 年之前保持了快速增长，2006 年之后增幅出现下降，2007 年上半年软件行业实现销售收入 2 994 亿元，同比增长 23.0%，与 2006 年同期 27.6% 相比，增幅继续下降，如图 9—2 所示。

我国的 GDP 总量不断增加，目前位居全球第三，通信设施、上网设备、上网人数、移动设备等信息化指标居世界前列。作为全球最大的信息产品制造基地，中国拥有巨大的信息化、数字化应用市场，这些都为软件产业的发展提供了广阔的国

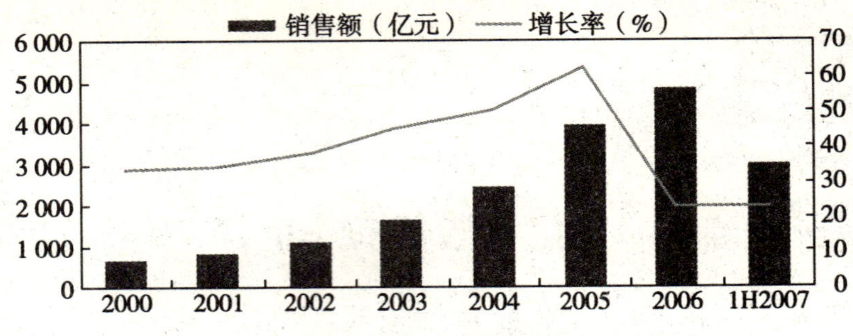

图 9—2　2000 年以来中国软件销售增长情况

资料来源　新浪网

内市场空间支持。但是，随着跨国公司向中国进行产业转移，全球 500 强的跨国公司几乎都已进入中国，我国的软件行业遭受冲击。

1.2　房地产行业背景

房地产行业作为我国国民经济的支柱产业，在工业化和城市化快速发展的带动下已进入快速发展的阶段，1998 年以来房地产行业投资额及增速如图 9—3 所示。

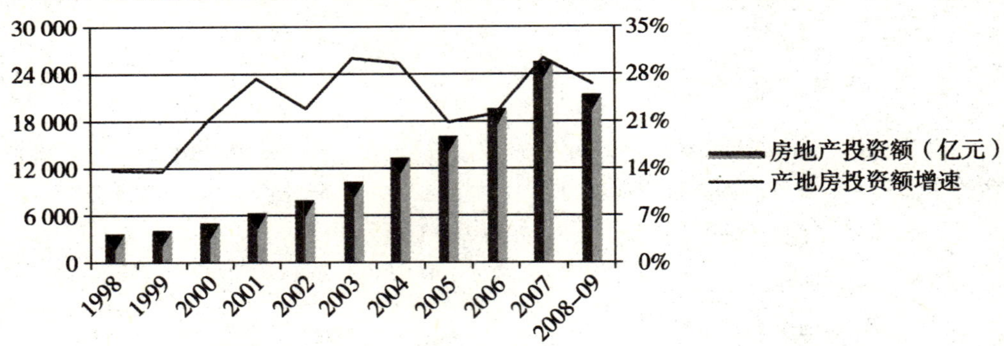

图 9—3　1998 年以来房地产行业投资额及增速

资料来源　新浪网

从 1999 年起，房地产行业投资规模快速增长。近十年来，房地产投资增速虽然有所波动，但增速始终保持在 20% 以上。2007 年，全国房地产投资额为 25 280 亿元，增速达到 30.2%。截至 2008 年第三季度，全国房地产投资额为 21 278 亿元，增速略有回落，达到 26.5%，投资增速仍然较快。

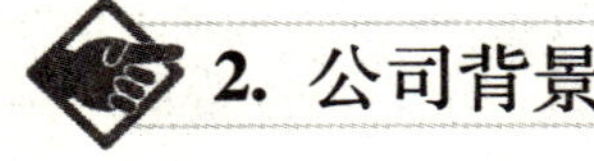

2. 公司背景

2.1　炎黄物流

江苏炎黄在线股份有限公司，即原常州金狮股份有限公司，是 1987 年 3 月 21

日批准成立的股份有限公司。公司注册资本为 57 218 250 元，划分为等值股份 57 218 250股，公司股份由法人股和社会公众股组成。法人股 42 800 000 股，占公司股本总额的 74.80%；社会公众股 14 418 250 股，占公司总股本的 25.20%。公司股票于 1998 年 5 月 29 日在深圳证券交易所挂牌交易。公司于 2000 年 10 月 30 日，经原常州金狮股份有限公司 2000 年第二次临时股东大会通过，公司名称变更为“江苏炎黄在线股份有限公司”，换发了江苏炎黄在线股份有限公司的企业法人营业执照。

公司主要从事计算机网络系统工程、软件、硬件的开发、生产、销售、安装及系统集成，电子产品及通信设备，计算机及配件的销售，新型材料的开发、销售，自行车、助力车、摩托车及其零部件、童车、健身器材的制造、销售，经营本企业自产产品及技术的出口业务；代理出口将本企业自行研制开发的技术转让给其他企业所生产的产品；经营本企业生产、科研所需的原辅材料、仪器仪表、机械设备、零配件及技术的进口业务；经营进料加工和“三来一补”业务；国际贸易、转口贸易、保税仓储、物流系统开发、国际国内物流代理业务。炎黄物流控股和参股的企业如图 9—4 所示。

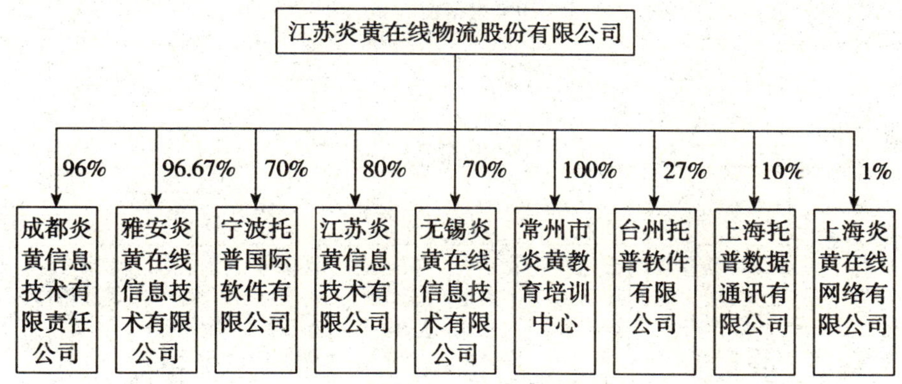

图 9—4　炎黄物流控股和参股的企业

资料来源　江苏炎黄在线物流股份有限公司发行股份购买资产报告书

2.2　润丰集团

润丰集团初创于 1988 年，由汽车事业部、物流事业部、地产事业部等经营单位构成。公司集汽车贸易、市场运营、房地产开发、生态园林建设为一体，总资产 10 多亿元，员工总数 1 000 多人。

润丰投资集团有限公司成立于 2001 年，总部设于北京。润丰集团由润丰投资集团有限公司、润丰投资集团上海投资有限公司、北京尊岚资产管理有限责任公司、北京润丰房地产开发有限公司、北京润丰宏业房地产开发有限责任公司、北京市润丰创业石材有限公司等 10 余家公司组成（见图 9—5）。

润丰集团经营范围：投资管理；企业管理咨询；信息咨询；财务顾问；企业形

象策划；房地产开发；组织国内文化艺术交流活动；组织会议服务；商品房销售；物业管理；餐饮管理；施工总承包；货物进出口、技术进出口、代理进出口；技术开发、技术转让、技术服务。润丰集团项目主要分布在北京、上海、黑龙江、福建、广西、内蒙古等地。其房地产项目主要有：润枫德尚、润枫水尚（润丰国际）、润枫嘉尚、桂林润鸿水尚、润枫锦尚、润枫·欣尚、桂林润琦、满洲里等。其建材工程项目主要有：人民大会堂、北京机场3号楼、中国建设部大楼、国家体育馆（鸟巢）、天津奥体中心等。

润丰集团收入及利润主要来源于房地产开发及建筑材料的综合运营。

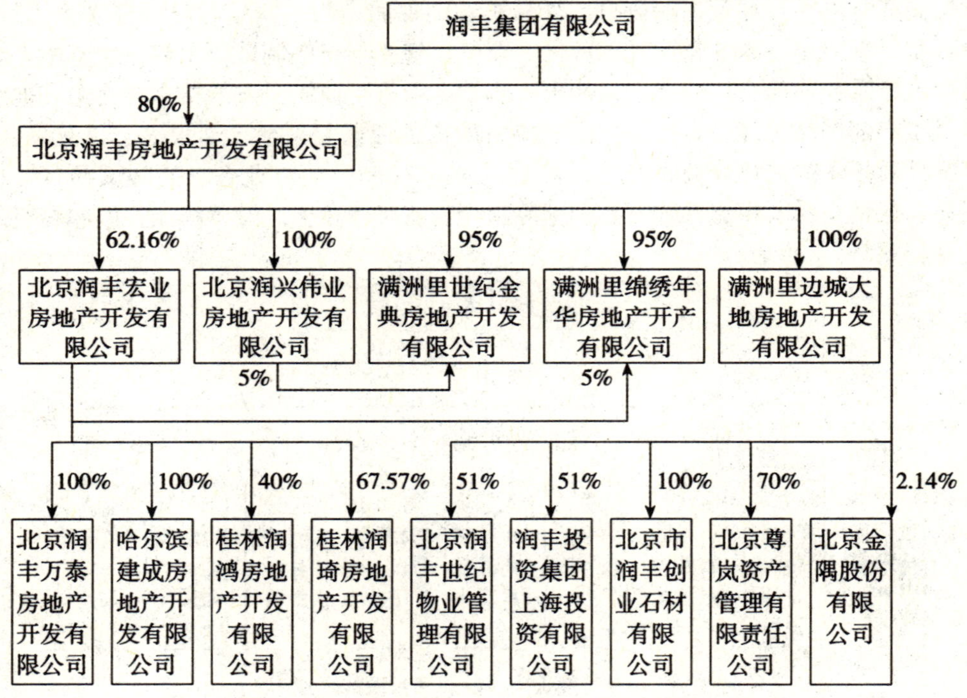

图9—5 润丰集团控股和参股的企业结构图

资料来源 江苏炎黄在线物流股份有限公司发行股份购买资产报告书（草案）

2.3 润丰房产

北京润丰房地产开发有限公司成立于2001年，初始注册资本为2 800万元，经营范围包括房地产开发及商品房销售、接受委托从事物业管理、房地产信息咨询、销售建筑材料、装饰材料、化工产品、机电设备。润丰集团和林宝定先生分别持有润丰房产80%和20%的股权。

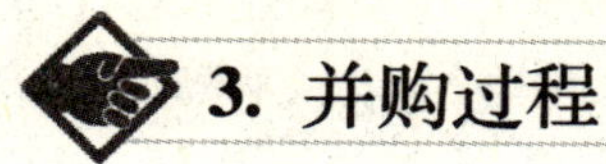

3. 并购过程

3.1　时间与进展

2009 年 2 月 16 日，润丰集团召开 2009 年第一次股东大会，审议并通过了拟以所持有的润丰房产 80% 的股权作为对价认购炎黄物流发行股票的决议，并授权董事会办理以资产认购炎黄物流新增股份的具体事宜。

2009 年 2 月 16 日，润丰房产召开 2009 年第一次股东大会，审议同意润丰房产的现有股东润丰集团和林宝定将其持有的润丰房产合计 100% 股权认购炎黄物流发行的股票。

2009 年 8 月 18 日，炎黄物流与润丰房产和林宝定达成合议，签署《发行股份购买资产协议》和《补偿协议》。

炎黄物流第七届董事会第五次会议审议通过了《关于公司发行股份购买资产方案的议案》、《关于签署〈发行股份购买资产协议〉和〈补偿协议〉的议案》、《关于提请股东大会授权董事会全权办理本次发行股份购买资产事宜的议案》、《关于签署〈江苏炎黄在线物流股份有限公司发行股份购买资产报告书〉的议案》等。

截至 2010 年 6 月 15 日，该资产重组尚未获得中国证监会的批准。

3.2　发行股份价格及定价原则

发行股份定价原则是按不低于发行股份购买资产的董事会决议公告日前 20 个交易日公司股票交易均价确定发行价格。因公司已连续三年亏损，炎黄物流股票已被深圳证券交易所于 2006 年 5 月 15 日实施暂停上市，暂停上市前 20 个交易日炎黄物流股票交易均价为 2.00 元/股（以下简称“基准价格”）。在此基础上，发行价格确定为 2.70 元/股，较基准价格溢价 35%。

3.3　发行股份种类和面值

发行股份的种类为境内上市人民币普通股（A 股），每股面值为 1.00 元。

3.4　发行股份数量及占发行后总股本的比例

向特定对象润丰集团和林宝定发行股份的数量总计 19 090 万股，占发行后总股本的 75%，炎黄物流总股本增加至 254 548 790 股。其中，润丰集团以其持有的润丰房产 80% 的股权认购 15 272 万股，占发行后总股本的 60%，林宝定以其持有的润丰房产 20% 的股权认购 3 818 万股，占发行后总股本的 15%。

3.5　特定对象所持股份的转让或交易限制

润丰集团及其实际控制人承诺：自发行新增股份登记至其名下之日起 36 个月

内，不转让其认购的上述股份。林宝定承诺：自发行新增股份登记至其名下之日起12 个月内，不转让其认购的上述股份。

3.6 补偿协议

3.6.1 盈利预测及补偿

润丰集团和林宝定承诺，为保证注入资产盈利切实可靠，保障上市公司及广大股东的利益，润丰房产在 2009 年、2010 年和 2011 年归属润丰集团所有者税后净利润分别不低于 13 382.10 万元、14 281.14 万元和 15 000 万元。如果润丰房产在 2009 年、2010 年和 2011 年任何单一会计年度经注册会计师审计确认的润丰房产实际实现的归属润丰集团所有者的税后净利润未达到该年度承诺的上述数额，且在该会计年度内炎黄物流取得润丰房产 100% 股权的工商变更登记手续已完成，润丰集团和林宝定将按照 80 ∶ 20 的分摊比例进行补偿。

3.6.2 补偿方式

交易完成后，在负责炎黄物流年度财务报告审计的注册会计师确定补偿金额并出具年度财务审计报告后的十五个工作日内，润丰集团和林宝定以现金方式向润丰房产进行补偿。

重组完成后，润丰集团将持有本公司 15 272 万股，占总股本的 60% 。

3.7 定价

交易的目标是润丰集团、林宝定所持润丰房产 100% 的股权。炎黄物流拟向润丰集团、林宝定发行股份，收购润丰集团和林宝定持有的润丰房产共 100% 的股权。截至 2008 年 12 月 31 日，润丰房产的润丰集团报表股东权益为572 094 408.47元。

炎黄物流与润丰集团约定，交易标的最终定价为 51 543.00 万元。其中，润丰集团所持有的 80% 的润丰房产股权收购价格为 41 234.40 万元，林宝定所持有的 20% 的润丰房产股权收购价格为 10 308.60 万元。其资产价值超出其作价的部分，润丰集团和林宝定同意赠予炎黄物流。

3.8 支付方式

炎黄物流向特定对象润丰集团和林宝定发行股份，所发行股份的种类为境内上市人民币普通股（A 股），面值为 1.00 元，发行股份的价格为 2.70 元/股，各方确认炎黄物流本次发行的股份数量为 19 090 万股。根据相关数据计算过程如下。

润丰集团持有 80% 润丰房产股权的作价 = 515 430 000×80% = 412 344 000（元）

润丰集团以其持有的 80% 润丰房产股权认购股份的数量 = 412 344 000÷2.70 = 152 720 000（股）

林宝定持有的 20% 润丰房产股权的作价 = 515 430 000×20% = 103 086 000（元）

林宝定以其持有的 20% 润丰房产股权认购股份的数量 = 103 086 000÷2.70 = 38 180 000（股）

炎黄物流合计发行股份数量 = 152 720 000+38 180 000 = 190 900 000（股）

3.9 收购形式

收购中炎黄物流向润丰集团及林宝定共计发行 19 090 万股，发行价格 2.70 元/股。其中，润丰集团以其持有的润丰房产 80% 的股权认购 15 272 万股，占发行后股本总数的 60%；林宝定以其持有的 20% 润丰房产的股权认购 3 818 万股，占发行后股本总数的 15%。股份发行前后股权结构见表 9—1。

表 9—1　　股份发行前后的股权结构

股东名称	发行前		发行后	
	股票数量（股）	持股比例（%）	股票数量（股）	持股比例（%）
润丰集团	0	0	152 720 000	60.00
其中：限售流通股份	0	0	152 720 000	60.00
林宝定	0	0	38 180 000	15.00
其中：限售流通股份	0	0	38 180 000	15.00
其他限售流通股份	42 800 000	67.24	42 800 000	16.81
非限售流通股份	20 848 790	32.76	20 848 790	8.19
合计	63 648 790	100.00	254 548 790	100.00

资料来源　江苏炎黄在线物流股份有限公司发行股份购买资产报告书（草案）

4. 并购动机

4.1 炎黄物流方面

4.1.1　提高可持续发展能力

北京中企华盛投资有限公司于 2006 年 9 月 13 日通过竞拍获得 1 685.33 万股股权，成为炎黄物流的控股股东后，开始逐步改善公司法人治理结构，推进债务重组。收购实质上是，润丰集团以所持润丰房产 80% 的股权认购上市公司新增股份。交易前，炎黄物流已连续三年亏损，已被深圳证券交易所实施暂停上市，并面临退市风险。交易完成后，润丰集团控制的房地产资产及业务将全部注入炎黄物流。炎黄物流主营业务将变更为房地产开发与经营，从而彻底改善资产质量，增强盈利能力和抗风险能力。炎黄物流将拥有一定数量正在开发的房地产项目及待开发的土地储备，还将通过市场化的方式积极寻找开发机会，适时获取优良的土地资源，逐渐增加炎黄物流的土地储备数量，以提高公司的发展潜力。炎黄物流将成为一家资产优良、主营业务突出的上市公司，可持续发展能力显著提高，有利于促进公司恢复上市，同时也最大限度地维护了中小投资者的利益。

4.1.2　实现公司主营业务的转变，发展房地产业务

炎黄物流的原主业是仓储物流和计算机应用服务，目前经营陷入困境，无法维持公司的可持续发展。本次交易拟通过发行股份购买润丰集团和林宝定合计持有的润丰房产 100% 股权，实现主营业务向房地产开发和经营的方向转变。

4.2 润丰集团方面

此次炎黄物流收购润丰房产，法律上炎黄物流是母公司，润丰房产是子公司，但从会计处理上来看，此次交易构成反向收购，实质上润丰房产是母公司，炎黄物流是子公司，润丰房产是为了借壳炎黄物流实现上市。

北京润丰房地产基本组织架构包括母公司、4 个直接或间接控股的子公司及 2 个联营企业，一直谋求将旗下地产资产通过借壳上市进入资本市场。

公开资料显示，北京润丰房地产开发有限公司成立于 2001 年，注册资金 3 亿元，总资产约 30 亿元，主营房地产开发、商品房销售及房地产住宅信息咨询等业务。此次借壳对 *ST 炎黄而言，是自 2006 年停牌之后重组的巨大举措，对润丰房产而言，也不是第一次试图通过借壳的方式实现上市。

早在三年前，积极寻求拓展融资渠道的润丰房产就试图借壳纺织板块上市公司 S 圣雪绒实现上市，但是由于 S 圣雪绒不能按约定债务剥离，借壳终究以失败告终。

此次借壳，是润丰房产第二次试图通过借壳的方式实现上市。炎黄物流拟以 2.70 元/股的价格向特定对象发行 19 090 万股购买北京润丰房地产开发有限公司 100% 股权，交易价格确定为 5.15 亿元，这意味着润丰地产将通过借壳 *ST 炎黄实现上市。

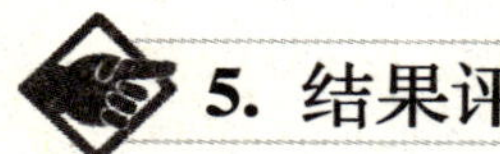

5. 结果评价

5.1 发行股票前后主要财务数据的变化

根据炎黄物流 2008 年年末，炎黄物流发行股票前后主要财务数据见表 9—2。

表 9—2　**炎黄物流发行股票前后主要财务数据**　单位：元

项　目	合并数据（发行前）	备考合并数据（发行后）
总资产	94 762 838.30	2 654 456 564.28
总负债	155 834 494.36	2 039 879 335.79
所有者权益	−61 071 656.06	614 577 228.49
归属于母公司股东的权益	−61 813 774.64	498 965 783.38
资产负债率（%）	164.45	76.85
扣除预收账款的资产负债率（%）	166.22	69.14
营业收入	3 068 376.07	1 097 006 156.33
营业利润	−12 572 951.56	230 152 011.42
净利润	90 848 754.94	256 623 266.15
归属于母公司股东的净利润	90 765 968.27	261 374 854.93
每股净资产	−1.08	1.96
基本每股收益	1.59	1.03

资料来源　江苏炎黄在线物流股份有限公司发行股份购买资产之独立财务顾问报告

截至审计基准日，从重大资产重组前后炎黄物流主要的财务指标对比可以看出：公司资产规模大幅增加，公司总资产由 9 476. 28 万元增加到 265 445. 66 万元；公司净资产由-6 107. 17 万元增加到 61 457. 72 万元。公司的资产质量明显提高，资产负债率由重组前的 164. 45% 下降到 76. 85% 。

从重组完成后的整体绩效看，公司的盈利能力大大提高。公司营业利润由-1 257. 30万元增加到 23 015. 20 万元；归属母公司普通股股东净利润由 9 076. 60 万元增加到 26 137. 49 万元，增长了近两倍。

表 9—2 显示，重组后，炎黄物流的资产状况获得极大的改善。2008 年 12 月 31 日的净资产由-6 107. 17 万元提高到 61 457. 72 万元，每股净资产由-1. 08 元增值至 1. 96 元。在盈利能力方面，公司 2008 年的营业收入和净利润分别从 306. 84 万元、9 084. 88 万元提高到 109 700. 62 万元和 25 662. 33 万元。尽管炎黄物流在重组前也有利润实现，但基本依靠债务重组的方式获得，炎黄物流的生产经营仍处于停滞状态，重组完成后，炎黄物流的实际盈利能力和可持续发展将得到显著提高。

5. 2 发行股票前后炎黄物流股本结构的变化

发行股份的价格为 2. 70 元/股，共计发行 19 090 万股。发行后炎黄物流总股本增加至 254 548 790 元。润丰集团以其持有的润丰房产 80% 的股权认购发行的股份，获得 15 272 万股，占发行后股本总数的 60% ；林宝定以其持有的 20% 润丰房产的股权认购发行的股份，获得 3 818 万股，占发行后股本总数的 15% 。此次发行完成后，润丰集团及林宝定合计持有公司 75% 的股权。发行股票前后炎黄物流股本结构变化表见表 9—3。

表 9—3 **发行股票前后炎黄物流股本结构变化表**

股东名称	发行前持股比例（%）	发行后持股比例（%）
润丰集团	0	60
林宝定	0	15

资料来源 江苏炎黄在线物流股份有限公司发行股份购买资产之独立财务顾问报告

交易前，北京中企华盛投资有限公司持有炎黄物流 26. 48% 的股权，是炎黄物流的控股股东，实际控制人为曾东江；交易完成后，润丰集团将持有炎黄物流 60% 的股权，成为炎黄物流的控股股东。发行股份导致炎黄物流控制权发生变化。

5. 3 重组前后炎黄物流的财务状况

5.3.1 重组后资产的主要构成

重组前后炎黄物流流动资产的主要构成见表 9—4。

重大资产重组完成后，炎黄物流主要资产为流动资产，自 2008 年 12 月 31 日至 2009 年 6 月 30 日，流动资产账面总额占总资产的比例由 94. 50% 小幅下降到 91. 24% 。流动资产的主要构成内容为存货、货币资金及预付账款，其中，存货账

表9—4　重组前后炎黄物流流动资产的主要构成　金额单位：元

项目	2009-06-30		2008-12-31	
	金额	比例	金额	比例
流动资产	2 422 208 551.20	91.24%	2 508 396 876.80	94.50%
其中：货币资金	136 352 017.86	5.14%	108 527 206.58	4.09%
应收账款	2 586 594.30	0.10%	808 751.04	0.03%
预付账款	317 032 199.21	11.94%	139 164 552.63	5.24%
其他应收款	208 891 305.07	7.87%	154 625 963.97	5.83%
存货	1 757 346 434.76	66.20%	2 105 270 402.58	79.31%

资料来源　江苏炎黄在线物流股份有限公司发行股份购买资产之独立财务顾问报告

面值占总资产账面值比例由79.31%下降到66.20%。存货中主要包括在开发和经营房地产业务过程中为出售或耗用而持有的开发土地使用权、开发产品、库存材料和库存设备等，以及在开发过程中产生的开发成本；货币资金占总资产账面值的比例由4.09%上升到5.14%；预付账款占总资产账面值的比例由5.24%上升到11.94%。

5.3.2　负债的主要构成及分析

5.3.2.1　负债结构

根据炎黄物流2008年两年一期备考合并财务报表，重组后炎黄物流各类负债金额及与总负债的比例见表9—5。

表9—5　重组后炎黄物流各类负债金额及与总负债的比例表　金额单位：元

项目	2009-06-30		2008-12-31	
	金额	比例	金额	比例
流动负债合计	1 989 580 276.23	99.50%	1 054 879 335.79	51.71%
其中：短期借款	27 100 000.00	1.36%	26 500 000.00	1.30%
应付账款	155 435 699.89	7.77%	205 322 837.85	10.07%
预收账款	936 252 466.09	46.82%	662 787 639.09	32.49%
应付职工薪酬	4 343 835.89	0.22%	4 328 189.59	0.21%
应交税费	79 417 361.76	3.97%	51 921 203.92	2.55%
应付利息	4 641 098.73	0.23%	3 910 403.73	0.19%
应付股利	3 547 110.00	0.18%	3 547 110.00	0.17%
其他应付款	184 842 703.87	9.24%	96 561 951.61	4.13%
一年内到期的非流动负债	594 000 000.00	29.71%	0	0%
非流动负债合计	10 000 000.00	0.50%	985 000 000.00	48.29%
其中：长期借款	0	0%	975 000 000.00	47.80%

资料来源　江苏炎黄在线物流股份有限公司发行股份购买资产之独立财务顾问报告

重组后，自 2008 年 12 月 31 日至 2009 年 6 月 30 日，炎黄物流流动负债占全部负债的比例由 51.71% 上升到 99.50%，主要原因是预收账款和一年内到期的非流动负债大幅增加。从流动负债的构成内容中看，预收账款占全部负债的比例由 32.49% 上升到 46.82%。炎黄物流非流动负债占全部负债的比例由 48.29% 下降到 0.5%，长期借款转入一年内到期的非流动负债项目，剩余全部为预计负债，共计 1 000 万元。

5.3.2.2 资产负债率分析

重大资产重组完成后，炎黄物流的主营业务调整为房地产开发，属于资金密集型行业。由表 9—4 和表 9—5 中数字计算得知，2008 年 12 月 31 日，炎黄物流资产负债率为 76.85%，剔除预收账款后炎黄物流资产负债率下降到 69.14%，略高于同行业上市公司平均水平。截至 2009 年 6 月 30 日，炎黄物流资产负债率小幅下降到 75.32%，剔除预收账款后公司资产负债率下降到 61.88%。炎黄物流的流动比率、速动比率较好，利息保障倍数也远高于同行业上市公司平均水平，具有充分的偿债能力。而且，润丰房产近年来发展势头迅速，银行资信良好，未出现银行借款逾期现象。

因此，炎黄物流能够在较为低迷的市场环境下，获得银行等金融机构的长期贷款支持。

5.3.3 偿债能力分析

根据炎黄物流备考合并财务报表数据，重组后炎黄物流偿债能力指标见表 9—6。

表 9—6 **重组后炎黄物流偿债能力指标表**

项目	2009-06-30	2008-12-31
流动比率	1.22	2.38
速动比率	0.33	0.38
资产负债率（%）	75.32	76.85
息税前利润（元）	95 868 864.68	374 033 757.16
利息保障倍数（倍）	2.66	8.53

资料来源 江苏炎黄在线物流股份有限公司发行股份购买资产之独立财务顾问报告

重大资产重组完成后，截至 2008 年 12 月 31 日，炎黄物流的流动比率为 2.38，速动比率为 0.38，公司与房地产上市公司平均水平相比略低，主要是因为炎黄物流的存货和预收账款分别占流动资产和流动负债的比例较高，同时考虑到部分已上市房地产企业已经通过资本市场进行融资，因此炎黄物流速动比率还是相对合理的。公司利息保障倍数较高，可以足额偿还借款利息。

截至 2009 年 6 月 30 日，炎黄物流流动比率下降到 1.22，速动比率下降到 0.33，主要因为炎黄物流大笔长期借款即将到期转入一年内到期的非流动资产项目，导致流动负债大幅增长。炎黄物流整体利息保障倍数较高，有足够的利息偿还能力，且炎黄物流发展前景明朗，盈利能力较强，银行资信良好，因此，重组后炎黄物流不存在重大的偿债压力。

5.3.4 周转能力分析

炎黄物流周转能力分析见表9—7。

表9—7 炎黄物流周转能力分析表

项目	2009-06-30	2008-12-31
应收账款周转率（次/年）	439.59	1 356.42
存货周转率（次/年）	0.65	0.52
总资产周转率（次/年）	0.43	0.41

资料来源 江苏炎黄在线物流股份有限公司发行股份购买资产之独立财务顾问报告

重大资产重组完成后，截至2008年12月31日，炎黄物流的应收账款周转率达到1356.42次/年，处于极高的水平，远高于同期已上市房地产开发企业的平均水平。存货周转率和总资产周转率也分别达到0.52次/年和0.41次/年；截至2009年6月30日，应收账款周转率达到439.59次/年，存货周转率和总资产周转率也分别达到0.65次/年和0.43次/年。总体而言，炎黄物流开发产品的销售情况良好，存货周转率及总资产周转率基本处于较佳水平，体现出炎黄物流具有较强的营运能力以及营销能力。

6. 问题探讨

6.1 本次收购产生的风险问题

6.1.1 不能获得批准的风险

购买资产总额超过上市公司2008年12月31日经审计的合并财务报表期末资产总额的50%，构成重大资产重组行为。炎黄物流将召开审议本次重大资产重组议案的临时股东大会，然后向中国证监会报送重大资产重组及要约收购豁免的申请材料。由于证监会的审核结果存在不确定性，交易存在不能获得批准的风险。

6.1.2 盈利预测的风险

重大资产重组，南京立信永华会计师事务所有限公司分别出具了润丰房产2009年度和2010年度的盈利预测审核报告以及上市公司2009年度和2010年度的备考合并盈利预测审核报告。上述盈利预测均基于多种假设，虽然假设条件的设定遵循了谨慎性和可靠性的原则，但某些假设可能存在不确定性，从而使得预测对象的实际经营情况与其预测结果不符。

6.1.3 标的资产抵押担保及权属瑕疵风险

截至审计基准日，润丰房产及其子公司以存货等资产对外抵押，取得银行和信托借款共计97 500万元。此外，润丰房产位于北京市大兴区旧宫镇西广德地段的土地储备已签订土地出让合同，也已经支付相应款项，但截至2010年6月16日尚未拿到土地使用权证，位于北京市昌平区东小口镇商业金融项目用地也已签订土地出让合同，但尚未办理土地使用权证，存在权属瑕疵风险。

6.1.4 润丰房产控股子公司业务资质尚未取得的风险

截至2009年8月18日，润丰房产控股子公司边城大地、锦绣年华及世纪金典房产开发项目尚未取得房地产开发资质证书。

6.2 购买资产的价格是否合理的问题

6.2.1 购买资产的定价是否合理

6.2.1.1 购买资产的定价依据

购买资产的价格以润丰房产经审计后的润丰集团报表中股东权益账面价值572 094 408.47元为定价基准，确定为515 430 000元，相当于审计值的90.10%，以及经评估公允价值73 550.09万元的70.08%。其中，润丰集团所持有的润丰房产80%的股权收购价格作价412 344 000元，林宝定所持有的润丰房产20%的股权收购价格作价103 086 000元。

6.2.1.2 购买资产定价是否合理

截至2008年12月31日，润丰房产归属于润丰集团所有者的股东权益为560 779 558.02元，2008年度归属于集团所有者的净利润为170 608 886.66元，详细资料见表9—8。

表9—8 润丰房产相关财务指标情况表 金额单位：元

指标		数值
润丰房产全部股东权益作价	A	515 430 000.00
润丰房产归属母公司所有者的净资产	B	560 779 558.02
润丰房产归属母公司所有者的净利润	C	170 608 886.66
市净率①	D=A/B	0.92
市盈率②	E=A/C	3.02

资料来源 江苏炎黄在线物流股份有限公司发行股份购买资产之独立财务顾问报告

注：①市净率=拟购买资产价格/归属于润丰集团股东权益

注：②市盈率=拟购买资产价格/归属于润丰集团所有者的净利润

6.3 购买资产的市盈率、市净率与其他公司的比较

截至2008年12月31日，国内全部从事房地产开发与经营的A股上市公司的平均市盈率为22.64，平均市净率为2.01。其中，主要的房地产上市公司具体情况见表9—9。

表 9—9　　主要的房地产上市公司相关财务指标情况表

序号	证券代码	证券简称	市盈率[①]	市净率[②]
1	000668	荣丰控股	14.29	4.98
2	600246	万通地产	8.26	1.57
3	600641	万业企业	9.05	1.29
4	002244	滨江集团	12.87	2.82
5	600048	保利地产	15.82	2.51
6	600064	南京高科	16.72	0.92
7	000006	深振业 A	16.43	1.56
8	600663	陆家嘴	28.17	2.95
9	000502	绿景地产	25.00	5.89
10	600325	华发股份	10.57	1.69
11	600791	京能置业	16.71	2.19
12	600256	广汇股份	16.55	2.79
13	002146	荣盛发展	11.80	2.08
14	000024	招商地产	13.96	1.52
15	600376	首开股份	8.90	1.38
16	002208	合肥城建	12.34	1.39
17	600639	浦东金桥	23.31	2.10
18	600463	空港股份	14.86	1.69
19	002016	世荣兆业	21.18	2.59
20	600732	上海新梅	15.27	2.45

资料来源　江苏炎黄在线物流股份有限公司发行股份购买资产之独立财务顾问报告

注：①市盈率取各炎黄物流 2008 年 12 月 31 日的股票收盘价格与 2008 年年报披露的每股净收益的比值。

注：②市净率取各炎黄物流 2008 年 12 月 31 日的股票收盘价格与 2008 年年报披露的每股净资产的比值。

资产按 2008 年经审计年报业绩计算的市盈率仅为 3.02，市净率仅为 0.92，大大低于市场平均水平。

因此，以 515 430 000 元来购买资产，即低于股东权益账面 572 094 408.47 元，相当于审计值的 90.10% 的价格是合理的，因为其股东权益账面价值和实际的买价的差额正好弥补了润丰地产的市盈率和市净率大大低于市场平均水平。

6.4 发行股票的定价是否合理

6.4.1　发行股份的定价依据

股票发行价格在董事会前 20 个交易日均价 2.00 元/股的基础上溢价 35%，最终确定为 2.70 元/股。

6.4.2　股份定价分析

2007 年至 2008 年间，国内暂停炎黄物流发行股份购买资产的发行价格统计表见表 9—10。

表 9—10　　炎黄物流发行股份购买资产的发行价格统计表

股票代码	上市公司	董事会预案公告日期	暂停上市日期	停牌前 20 个交易日股票均价（元）	发行价格（元）	溢价率（%）	购买资产所属行业	实施过程
000631	S＊ST 兰宝	2008-09-02	2006-05-15	0.88	2.17	146.59	房地产	证监会核准
000506	S＊ST 东泰	2008-06-02	2007-05-21	3.52	3.52	0.00	房地产	证监会核准
000757	＊ST 方向	2008-04-30	2007-05-23	3.09	3.85	24.60	房地产	未获核准
600248	＊ST 泰丰	2008-04-12	2007-05-25	5.26	5.26	0.00	化工石油工程施工	证监会核准
600517	S＊ST 成功	2008-01-14	2006-03-10	2.16	2.92	35.19	房地产	证监会核准
600703	ST 三安	2008-01-18	2007-05-25	4.33	4.33	0.00	电子设备制造	证监会核准
000622	S＊ST 恒立	2008-01-08	2006-05-15	1.26	2.18	73.02	房地产	未获通过
600259	S＊ST 聚酯	2007-12-13	2007-05-25	6.61	6.68	1	矿业	证监会核准
600745	ST 天华	2007-10-13	2007-05-25	2.54	2.67	5.12	房地产	证监会核准
000592	ST 中福	2007-09-29	2006-06-16	0.847	1.25	47.58	林业	证监会核准
平均值		—	—	3.05	3.38	33.31	—	—
000805	炎黄物流	—	2006-05-15	2.00	2.70	35	房地产	董事会通过

资料来源　根据 WIND 资讯中上市公司公告统计

注：表内暂停上市日期为炎黄物流因连续三年亏损被交易所强制停牌日期。

通过发行股份购买资产实施重大资产重组的同类型上市公司，股票发行价格的平均溢价水平为 33.31%，而炎黄物流本次股票发行价格在基准价格的基础上溢价 35%，与市场平均水平基本持平。因此，交易价格较为合理，充分保护了炎黄物流及其原股东的利益。

参考文献

1. 江苏炎黄在线物流股份有限公司:《ST 炎黄:发行股份购买资产报告书(摘要)》, http://download.hexun.com/ftp/all_stockdata_2009/all/056/361/56361402.PDF。

2. 孔晓燕、李怡星:《ST 炎黄:北京市天元律师事务所关于公司发行股份购买资产的法律意见书》, http://download.hexun.com/ftp/all_stockdata_2009/all/056/361/56361409.PDF ,2009-08-18。

3. 朱建忠、张国和、胡约翰:《关于发行股份购买资产独立意见的公告》, http://download.hexun.com/ftp/all_stockdata_2009/all/056/361/56361405.PDF。

4. 德邦证券有限责任公司:《发行股份购买资产之独立财务顾问报告》, http://download.hexun.com/ftp/all_stockdata_2009/all/056/361/56361408.PDF。

5. 江苏炎黄在线物流股份有限公司:《江苏炎黄在线物流股份有限公司发行股份购买资产报告书(草案)》, http://www.cninfo.com.cn/。

6. 江苏炎黄在线物流股份有限公司:《江苏炎黄在线物流股份有限公司》, http://money.finance.sina.com.cn/corp/go.php/vCI_CorpInfo/stockid/000805.phtml。

7. 润丰投资集团有限公司:《润丰投资集团有限公司简介》, http://www.winfirst.com.cn/jrtz01.asp。

8. 江苏炎黄在线物流股份有限公司:《江苏炎黄在线物流股份有限公司 2006 年中期报告》, http://money.finance.sina.com.cn/corp/view/vCB_AllBulletinDetail.php?stockid=000805&id=166896。

9. 佚名:《等待三年终有果 *ST 炎黄或将被润丰地产借壳》,21CN 财经综合, http://finance.21cn.com/corp/2009/08/26/6789202.shtml。

案例参编：李宝华

东航换股吸收合并上航

2010 年 1 月 28 日，中国东方航空股份有限公司（以下简称“东航”）换股吸收合并上海航空股份有限公司（以下简称“上航”），换股比例为 1∶1.3，每 1 股上航 A 股股份可换取 1.3 股东航 A 股新股。交易完成后，上航的全部资产、负债、业务和人员进入东航，东航集团占重组后总股本的 59.93%。此次重组是推进我国区域航空资源整合的重大举措，是促进中国航空运输企业做强做优、增强核心竞争力的有效措施，同时也是加快建设上海国际航运中心的重要步骤。

1. 行业背景

民航业是国民经济发展的基础产业，与旅游、商贸、物流等行业有着紧密的联系。随着我国经济的快速发展，我国民航业呈现出巨大的发展潜力。

民用航空的作用不仅仅在于它能够创造或促进经济活动，还在于它对整个社会发展和人们生活方式的积极影响，是社会公共服务体系和应急救援体系的重要组成部分，具有潜在的军事价值，是维护国家安全的重要保障，具有重大的政治外交价值，是实施国家全球战略的有力工具，在政治、经济、社会、军事、外交、文化等领域均发挥着十分重要的作用，许多国家和地区把民航业定位为战略性产业，把发展民航业上升为国家战略或地区战略，使之成为本国、本地区在全球化过程中获取最大化利益的有力工具。因此，各国政府都非常关注本国民航业的发展。

从 1980 年开始，中国民航就一直走在市场化的道路上，其间，经历了管理局、航空公司与机场分立、航空运输价格改革、民航全行业严重亏损以及规范国内航空运输市场、扭亏为盈等一系列重大事件。随着民航业的特征转变，我国也逐步开始了民航业的渐进化改革，我国民航业的改革大体可分为以下三个阶段。

第一阶段（1980—1989）是民航业走企业化道路，逐步放松市场的进入时期。从 1982 年开始，国家对民航实行全行业的财务承包，对地方管理局实行利润包干。然后紧接着的是国家放松对民航业的市场准入。1984 年，第一家股份制地方航空公司厦门航空成立，拉开了地方兴办航空企业的序幕，全国先后兴办数十家地方性航空公司和机场。

第二阶段（1989—1998）是体制改革时期。早在 1987 年，民航业地区管理局体制改革试点已经在成都管理局试运转成功。1989 年，民航总局进行经营分割。1990 年，开始实行分公司制。1996 年，又对业务进行细分，创立了我国首家邮政空运企业——中国邮政航空有限公司。1997年，开始资本运作，推行股权多元化。

第三阶段（2000年以后）是政企分开时期，行业实行重组。2002年，在原直属中国民航总局的9家航空公司和4家服务保障企业的基础上进行联合重组，成立了中国国际航空股份有限公司（以下简称“国航”）、东航和中国南方航空公司三大企业集团，和3大服务保障集团公司（中国民航信息集团公司、中国航空油料集团公司、中国航空器材进出口集团公司），并与民航总局脱钩，构成了民航业“三足鼎立”的市场格局。民航总局推出的三大集团的重组方案，目的之一是形成规模与国外大公司竞争。但可惜最终结果是：市场不但没有完成优胜劣汰的使命，反而让亏损巨大、效率低下的企业做大蛋糕，占有市场。

2008年，全球经济整体性下滑让整个中国民航业出现少有的负增长。此后，金融危机、油价大幅波动、甲型H1N1流感疫情的扩散等，让民航业遭受一次又一次打击。中国民航全行业亏损280亿元，是近三十年以来的最大亏损。根据国际航协的统计，2008年全球航空业亏损为85亿美元，这意味着中国三大航空企业的亏损总额占全球航空企业亏损总额的48.1%。

而随着中国民航经济发展的变化、市场经济体制的建立、市场供求关系的变化、国际航空业竞争的日益激烈等种种原因的出现，中国民航管理体制和运营机制等重要问题逐步显现出来，如运输能力分散、企业规模小、负债率高、竞争不规范、资源浪费、缺乏现代企业制度建设等，而航空运输业一般的规律是：航空公司规模越小，其运营成本就越高，面对这些问题，民航业进一步深化改革迫在眉睫。

我国航空运输市场广阔，发展潜力很大。经过一系列联合重组，现有的航空运输企业数量和规模比较能适应中国市场，只要经营得法，不同大小规模航空公司都能各得其所，向前发展。但市场竞争是无情的，优胜劣汰更是市场竞争的必然结果，各家航空公司都应该对内部问题进行深化改革，加强企业管理，增强竞争能力，使自己立于不败之地。否则，不管是大企业还是小企业，都有可能面临着在竞争中被淘汰的局面。

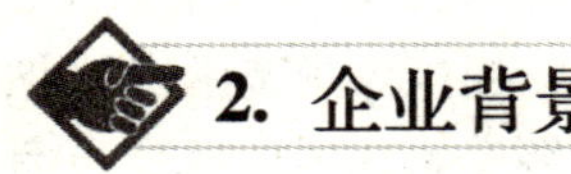

2. 企业背景

2.1 东航

中国东方航空股份有限公司总部在上海，其前身为中国东方航空公司，成立于1988年6月，是当时中国六大骨干航空公司之一。1995年4月14日，在上海市工商局独家发起成立的。1997年2月，在纽约证券交易所（股票代码“CEA”）、中国香港联合交易所成功上市，11月在上海证券交易所（股票代码“600115”）成功挂牌上市，是中国第一家在中国香港、纽约和上海上市的航空公司。东航是国有控股企业，是东航集团的核心企业，东航集团拥有其61.64%的股权。

东航主要从事国内和国际航空的客、货、邮、行李运输等业务及延伸服务。航线除了国内航线外，也经营从上海等地至世界各大城市的国际航线，拥有贯通中国东西部，连接亚洲、欧洲、澳洲和美洲的航线网络，建立起与世界水平接近的飞行安全技术、空中和地面服务、机务维修、市场营销、运行控制等支柱性业务体系。

截至 2008 年 12 月 31 日，东航已通航 21 个国家，服务于国内外共 134 个城市；机队规模达 240 架，经营客运航线 423 条，货运航线 16 条，其中国内客运航线 332 条、货运航线 1 条，国际客运航线 75 条、货运航线 14 条，地区客运航线 16 条、货运航线 1 条。此外，东航还经营中国台湾常态化包机客运航线 5 条、货运航线 1 条。其总资产达 733 亿元，净利润为-139. 28 亿元。

2.2 上航

1985 年 12 月 30 日，上海航空公司成立，是中国国内第一家多元投资商业化运营的航空公司。2000 年 11 月，上海航空股份有限公司是由上海航空有限公司整体变更设立的，是以经营国内干线客、货运输为主，同时从事国际和地区航空客、货运输及代理的大型地区航空公司。2002 年 10 月，在上海证券交易所的 A 股市场上市（股票代码“600591”）。

上航 2005 年运输旅客 680 万人次；运输货邮 21 万吨公里，取得了良好的经济效益和社会效益，连续 10 年保持盈利。

截至 2008 年 12 月 31 日，上航拥有各类飞机达 66 架，经营国内外客运航线 170 多条，通达 60 多个国内外大中城市，并通过下属子公司上海国际货运航空公司经营货运业务，现有 5 架全货机，开通了上海至美国、德国、泰国、日本、印度、越南、中国香港等国际和地区的全货运航线。其总资产达 144. 85 亿元，净利润为-12. 49 亿元。

3. 并购过程

2009 年 6 月 8 日，东航与上航的股票 ST 东航、＊ST 上航，双双由于重大重组而停盘。2009 年 6 月 9 日，ST 东航发表公告称公司正在筹划与公司相关的重大重组事宜和进一步降低公司资产负债率的计划安排；而＊ST 上航称，有涉及与公司相关的重大重组事宜，并将在公告刊登后向相关部门进行政策咨询及方案论证。

2009 年 7 月 13 日，东航发表公告，第五届董事会第二十七次普通会议，审议通过了此次换股吸收合并的相关事项和《中国东方航空股份有限公司非公开发行 A 股股票之预案》，提出非公开发行 A 股和定向增发 H 股的方案，以换股方式吸收合并上航，吸收合并完成后，上航将终止上市并注销法人资格。上航的所有资产、负债、业务、人员、合同及其他一切权利与义务，将转至东航或其下设专门用于接收公司全部转让资产的全资子公司。东航、上航的换股价格分别为 5. 28 元/股、5. 50 元/股，作为对参与换股的上航股东的风险补偿，在实施换股时将给予上航股东约 25% 的风险溢价，将透过发行不多于 1 694 838 860 股 A 股交换上海航空已发行股本中合共不多于 1 303 722 200 股上航股份，由此确定上航与公司的换股比例为 1∶1.3，即每股上航股份可换取 1.3 股东航股份。当天股票恢复交易。

2009 年 8 月 10 日，东航召开第五届董事会第三十次普通会议，审议换股吸收合并报告书（草案）等本次换股吸收合并相关事项。

2009 年 8 月 27 日，在递交东航和上航重组方案一个月后，东航、上航重组获民航局批准，也是东航、上航重组需要跨过的众多门槛的第一个。虽然重组工作还有待商务部、股东大会等一一审批通过，东航和上航的整合工作已经启动，利用冬春换季的机会，东航和上航的航班时刻就会进行整合优化。

2009 年 9 月 22 日，东航、上航联合重组领导小组新闻发言人刘江波透露，当日东航和上航分别召开职工代表大会，审议东航、上航联合重组方案。东航和上航管理层向职工代表报告了东航、上航联合重组方案，并回答了有关质询。会议按程序进行了表决，获得高票通过。在东航、上航重组工作稳步推进的同时，东航已经开始着手上海航空资源的整合和合作。

2009 年 10 月 9 日，东航、上航联合重组等相关事项今天分别获得两家公司临时股东大会高票通过，东航董事长刘绍勇称："东航最困难的时期已经基本过去。"

2009 年 11 月 2 日，＊ST 上航发布第三季度报告显示第三季度仍然亏损 4 265 万元，前三季度累计亏损 1.34 亿元，但已较去年同期的 4.37 亿元巨亏大有好转，已经披星戴帽的＊ST 上航今年扭亏基本无望。

2009 年 11 月 24 日，东航与阿里巴巴正式结成战略联盟。同日，东航董事长刘绍勇表示，东航与上航的合并方案已经通过商务部的反垄断调查，并购及增发计划希望能在年底前完成，新东航将以开放心态欢迎海外战略投资者。

2009 年 11 月 27 日，经中国证监会批准，东航定向增发不超过 4.9 亿股 H 股。截至本换股吸并报告书签署之日，东航已非公开发行 A 股 13.5 亿股，发行价格为 4.75 元/股；定向增发 H 股 4.9 亿股，发行价格为 1.56 港元/股；A 股募集资金和 H 股募集资金总额约为 70.85 亿元。

2009 年 11 月 30 日，ST 东航、＊ST 上航今日齐发公告称，经中国证监会上市公司并购重组审核委员会审核，"ST 东航换股吸收合并＊ST 上航"事宜获得有条件通过，这标志着东航、上航联合重组工作已基本通过监管部门的审核，将进入资产交割的最后阶段，而根据相关规定，两家公司的股票也将于 12 月 1 日起复牌。

2009 年 12 月 30 日，东航收到中国证监会有关批复文件，核准公司吸收合并上航，并根据此次换股吸收合并、第 091490 号《中国证监会行政许可项目审查一次反馈意见通知书》以及《换股吸收合并上海航空股份有限公司方案反馈意见的函》对《中国东方航空股份有限公司换股吸收合并上海航空股份有限公司报告书》进行了补充和完善。

2009 年 1 月 7 日，＊ST 上航股票的收盘价格为 7.44 元/股，比现金选择权的行权价高出 35.27%。投资者行使 1 份现金选择权，所持有的 1 股公司股票将以 5.50 元/股的价格出售给国家开发投资公司；ST 东航的 A 股股票的收盘价格为

6.21 元/股，比收购请求权的行权价高出 17.61%，投资者的行权价为 5.28 元/股。

2010 年 1 月 12 日，东航和上航将实施吸收合并计划，启动现金选择权实施工作而连续停牌。1 月 11 日为＊ST 上航公司股票最后一个交易日，而 ST 东航于 2010 年 1 月 14 日即收购请求权申报截止日起复牌。

2010 年 1 月 25 日，ST 东航拟通过换股方式吸收合并＊ST 上航。换股实施后，＊ST 上航的法人资格将被注销。根据《上海证券交易所股票上市规则》规定于当日起依法终止＊ST 上航股票在上海证券交易所上市交易。

2010 年 1 月 28 日，ST 东航公告换股吸收合并已经完成换股，本次换股吸收合并后，东航集团对东航的总持股量由 74.65% 降至 59.93%。ST 东航总股本增加 16.94 亿股，变更为 112.77 亿股。具体换股吸收合并前后公司股本结构变化情况见表 10—1。

表 10—1　**换股吸收合并前后公司股本结构变化情况**　单位：股

	变动前	新增股份	变动后
有限售条件的流通股（A 股）	5 691 375 000	288 888 860	5 930 263 860
无限售条件的流通股（A 股）	396 000 000	1 405 950 000	1 801 950 000
有限售条件的流通股（H 股）	1 437 375 000	—	1 437 375 000
无限售条件的流通股（H 股）	2 056 050 000	—	2 056 950 000
合计	9 581 700 000	1 694 838 860	11 276 538 860

资料来源　广发证券

4. 并购动机

4.1　战略动机

4.1.1　提高运营规模、增强竞争实力

截至 2008 年年底，东航大概有 240 架飞机，439 条航线；上航有 66 架飞机，180 条航线。合并后，新东航拥有大中型飞机 331 架，通航点达到 151 个，通航纽约、洛杉矶、巴黎、法兰克福等全球主要城市，总体规模步入世界较大航空公司之列。新东航在国内的航空市场上仅次于南航；飞国际航线，仅次于国航。根据民航局按照 2008 年的市场情况统计，东航换股吸收合并上航完成后，在上海市场的占有份额将会有很大的提高，在客运市场占有份额从 32.1% 升至 46.6%，货运市场份额从 17.6% 升至 26.6%，存续公司运营规模、市场覆盖率将会得到进一步提升，有利于稳定上海市场的票价，提高公司的收入和盈利能力，有利于提高规模经济、推进枢纽网络型航空公司战略目标的实现。

4.1.2　减少同业竞争

东航与上航的总部均设于上海，业务重叠率很高，合并前，两家公司竞争异常激烈，甚至相互封杀对方。经过重组和兼并，东航和上航两家合为了一家，减少了竞争。

4.1.3 增强力量，抵御国航竞争

由于上海航空枢纽已经成为国内最繁忙的航空港之一，从上海飞往北京、广州、深圳、中国香港等大城市的航线利润极高，国航一直觊觎能扩大在上海市场的占有率。东航、上航的成功联手将增加东方航空的竞争力。

4.2 政府推动

早在2002年，上海市政府第一次提出把东航划归地方，已为东航、上航埋下合并的伏笔，但此次申请并没有获得国资委的同意。七年来，虽然传闻不断，但并没有任何实质性的进展。2008年，全球金融危机对中国的影响日渐加大，除要求央企之间“抱团取暖”外，国资委还希望央企和地方国企共度时艰。国资委主任李荣融提出：“要进一步加大企业重组调整力度，支持、鼓励与中央企业的联合重组、跨区域的联合重组。”国资委要求，到2010年，中央企业减少到80~100家，培育30~50家具有国际竞争力的大公司、大企业集团。2008年，各行业的整合如火如荼地进行，而三大航空公司的合并可能会造成国内市场的垄断，因此，央企重组不可能包括三大航空公司的组合。正是在这个背景下，分属于国务院和上海市政府的东航、上航合并在政策面得到了更多的支持。这些因素都成为这次上航与东航合并成功的主要导因。

2009年5月，国务院出台了《国务院关于推进上海加快发展现代服务业和先进制造业建设国际金融中心和国际航运中心的意见》，其中提到“到2020年将上海基本建成与我国经济实力和人民币国际地位相适应的国际金融中心、具有全球航运资源配置能力的国际航运中心”。换股吸收合并完成后的东航在航线网络、市场份额、机队规模、管理效率等方面都将获得大幅提升，大幅加强竞争实力。东航将促进上海航空枢纽港的建立，有利于推进上海“两个中心”的建设。

4.3 财务动机

1998年以来，中国民航业规模发展迅速，东航为了适应市场需要，先后联合兼并重组收购了国内五家国营航空公司（长城、云南、通用、武汉、西北），但由于中国国内航空运力过剩以及上海市场航空竞争日益加剧等种种原因，从2002年以来，东航的利润率一直在下跌。

2006年，三大航空公司中，只有东航发生亏损，亏损额达27.8亿元，资产负债率高达93.72%，资金严重匮乏。2008年，东航的主业亏损了60亿元，再加上中国各个航空公司为了规避航油价格大幅上涨的风险，进行了石油金融衍生产品投资，与对手方订立了一系列燃油保值合约，但国际油价却从2008年7月开始直线下滑，东航是亏损最为严重的企业之一，亏损了62亿元。2008年，东航共亏损140亿元，资不抵债达110.65亿元。东航曾经开展自救行动。2007年9月2日，东航与新加坡航空公司（以下简称“新航”）达成入股协议，新航收购东航 24% 的股权并参与东航管理。2007 年 11 月 9 日，东航和新航及淡马锡签署了投资者认购协议，新航及淡马锡分别认购 1 235 005 263 股新发行的 H 股及 649 426 737 股新发行的 H 股。但由于国航为自身经营发展考虑，在股市上对此计划进行狙击，该计划最终未能成功。2008 年 12 月，政府向东航注资 70 亿元，但此举并没把东航从困境中解救出来。

上航的经营也是困难重重。2007 年，当三大航空公司业绩大幅增长时，上航却首次出现了亏损。据公告显示，截至 2008 年 12 月 31 日，上航燃油套保浮亏 1.7 亿元，实际已经交割的现金亏损 850 万元，虽然上航的套保合约浮亏规模较小，不过依然难逃大幅亏损的命运。由于 2008 年上半年受雪灾、汶川地震、奥运会安保措施等严峻形势的影响，以及下半年全球经济明显衰退的缘故，造成航空市场低迷、运输需求急剧下降，加上套保的浮亏，上航全年净利润亏损 13.6 亿元。2007 年，上海航空亏损约 4.3 亿元。由于已经连续两年亏损，上航的股票进入了 * ST 行列，意味着就要被摘牌了。

在这样的背景下，东航与上航开始计划重组。

4.4 协同效应

整合资源，实现经营协同效应。换股吸收合并完成后，东航就能通过一体化整合发挥协同效应。合并的协同效应将会有助于降低管理成本，提高经营效率，主要体现在以下几个方面。

4.4.1 通过合理统筹规划，经济效益将获得提升

重组前，两家公司分别在上海的浦东和虹桥两个机场独立运营各自的业务，这使两家航空公司之间的竞争异常激烈，也导致运营成本都居高不下。重组完成后，东航将成为机队规模仅次于南航的中国民航企业，通过飞机、航油、航材等集中采购，有助于降低采购成本，而且，通过调整航班时刻、整合航线等方式可以显著提高经营收益，提高市场竞争优势。

4.4.2 有利于优化国内航线网络布局，提高资源配置和使用效益

重组完成后，新东航可以充分利用原东航与中航位于全国的直属营业部、售票点进行交叉销售，提高网点的市场覆盖率，以及提高网点资源的经济效益。同时，双方在国内外的机票代理机构也可以在统筹规划的基础上实现销售渠道布局的优化和渠道经济效益的提升。

4.4.3 增加东航的规模优势

通过新信息系统的统一建设、统一使用、维护，降低建设信息平台的相关成本。通过统一的融资安排可以降低融资成本，而且，可以通过统筹规划重大投资项目，合理配置资源，避免重复投资。

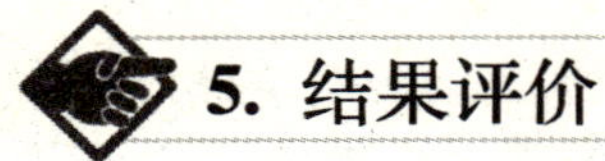

5. 结果评价

5.1　股价反应

东航公告日前后 10 个交易日走势图如图 10—1 所示。

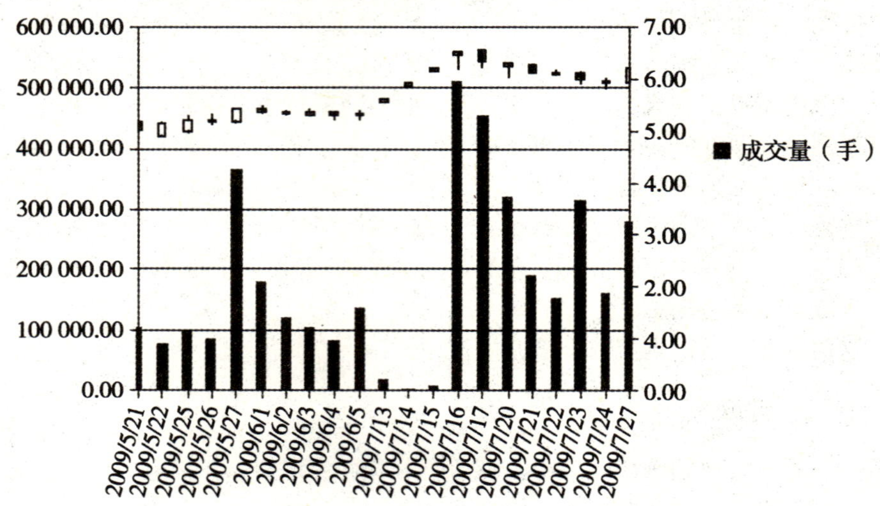

图 10—1　东航公告日前后 10 个交易日走势图

2009 年 7 月 13 日，东航公布了《中国东方航空股份有限公司第五届董事会第 27 次普通会议决议公告暨换股吸收合并上海航空股份有限公司公告》，并于当天复盘。复盘当日，东航和上航股票双双涨停，分别报收 5.6 元/股和 6.22 元/股。复盘后，成交量较停盘前有了明显的增长。7 月 16 日，东航即发布了股票交易异常波动公告，A 股连续 3 个交易日（7 月 13 日、7 月 14 日、7 月 15 日）内，交易价格触及涨幅 5% 的限制。

图 10—2、图 10—3 是东航及国航公告日前后 10 个交易日的 AR 和 CAR。

复盘之后，东航的超额收益率明显跑赢大市，但是三天之后，7 月 17 日股价开始下跌。对于竞争对手国航，东航的累积超额收益率明显高于国航。

5.2　财务业绩

表 10—2、表 10—3 是东航相关财务数据以及财务指标分析表。

2010 年第一季度上航实现营业收入 155.69 亿元，同比增长 74.03%，营业成本 129.62 亿元，同比增长 53.88%，实现净利润 7.87 亿元，较去年同期增长了 6 806.03%，并实现了主业盈利。虽然营业收入增加的主要原因是 2010 年第一季度合并了上航的数据，但是营业成本的增长小于营业收入的增长，相对于 2009 年第一季度的 5.84%，2010 年第一季度的毛利率大幅上升到 16.74%，实现了营业利

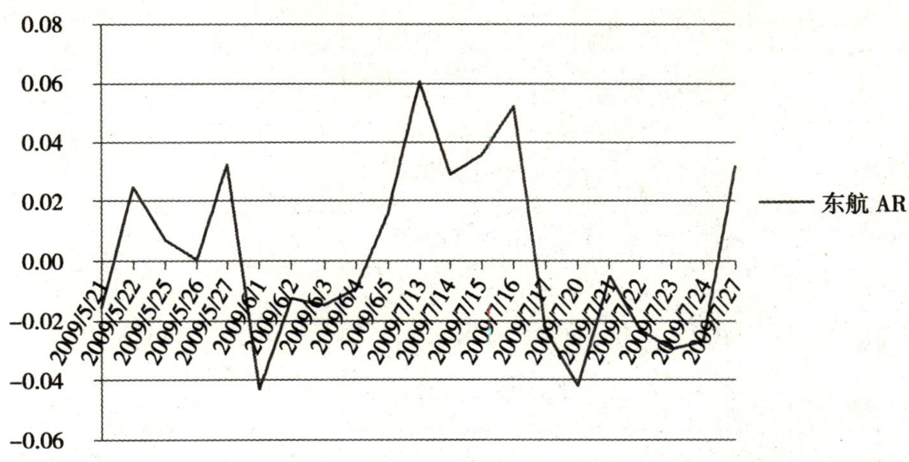

图 10—2　东航公告日前后 10 个交易日的 AR 图

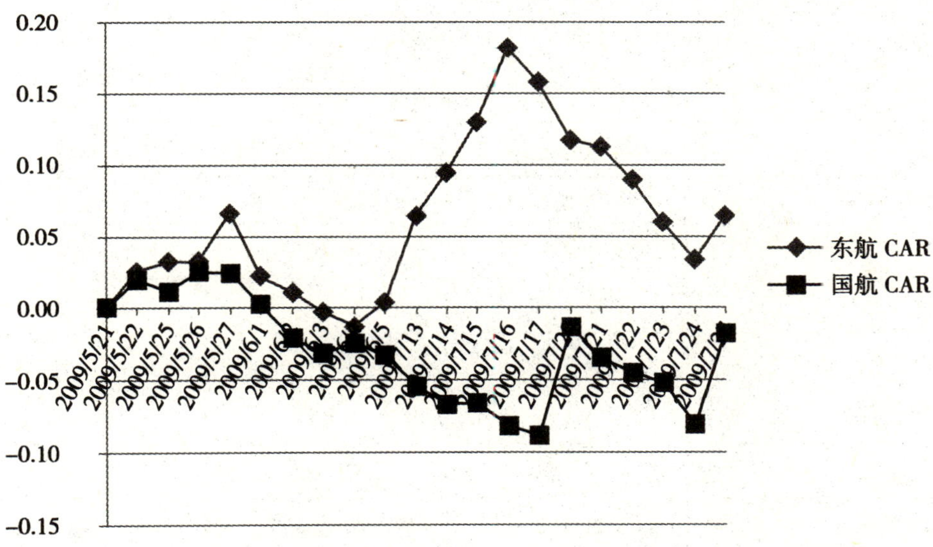

图 10—3　东航及国航公告日前后 10 个交易日的 AR 和 CAR 图

润的高速增长。

2010 年第二季度，资产负债率进一步降低，流动比率提高，公司的偿债能力增强。毛利率提高到了 18.01%，较第一季度有了进一步的提升，盈利能力增强。从并购成功后东航的财务数据看，上述情况除了得益于民航市场的回暖，也直接显示了东航在吸收合并上航之后，协同效应的逐步显现。

表 10—2 东航财务数据分析表 单位：千元

期间	2010-06-30	2010-03-31	2009-03-31	一季度同比增长
营业收入	33 636 200	15 568 900	8 946 150	74.03%
营业成本	27 579 400	12 962 200	37 248 300	-65.20%
销售费用	2 301 330	1 073 720	595 092	80.43%
管理费用	963 541	470 922	305 333	54.23%
财务费用	637 178	388 635	684 458	-43.22%
营业利润	1 666 790	753 201	-850 356	-188.57%
利润总额	2 167 640	811 900	23 910	3 295.65%
净利润	2 119 350	787 287	11 400	6 806.03%
流动资产合计	14 059 400	14 062 300	10 038 600	40.08%
资产总计	101 753 000	91 751 500	72 658 400	26.28%
流动负债合计	46 021 700	50 587 000	55 203 800	-8.36%
负债合计	88 929 700	88 988 800	83 653 600	6.38%
所有者权益合计	12 823 300	2 762 700	-10 995 200	-125.13%

表 10—3 东航相关财务指标分析表

期间	2010-06-30	2010-03-31	2009-03-31
资产负债率	87.40%	96.99%	115.13%
流动比率	30.55%	27.80%	18.18%
销售利润率	6.30%	5.06%	0.13%
资产利润率	2.08%	0.86%	0.02%
毛利率	18.01%	16.74%	5.84%

6. 问题探讨

6.1 航空业的垄断问题

我国民航业的发展长期存在着政企不分的旧体制，形成了民航业的行政垄断，这一垄断结构与民航运输业的发展不能互相适应，必须采取一系列反垄断政策和措施加以改善。因此，此次并购的争议点之一就是，是否涉嫌垄断。2008 年 1 月，中航对东航提出的"投资于东航并与之结成战略合作伙伴"的计划涉嫌违反 2007 年 8 月通过、2008 年 8 月即将实施的国家《反垄断法》。而事实上，民航运输业作为影响国计民生的基础性行业本身即具有高度垄断性的特征，从国际上看，航空运输业也历来受各国反垄断法的重点照顾。

随着东航、国航、南航在上海、北京、广州三个枢纽机场先后完成战略布局，并购完成后，三大航空公司分别占据上海、北京及广州的大部分市场份额，形成了三足鼎立的形式，并没有任何一家公司能完全垄断国内航空市场。

6.2 弱弱联合能否扭亏为盈

三大航空公司里，东航的盈利能力较为落后。重组实现之后，如果新东航能有效整合上海市场，那么在上海航空市场的占有率有可能超过 50%。这样一个市场份额将和国航及南航的竞争力逐渐接近，这也会使整个国内航空业格局发生明显的变化。随着市场占有率的增加，以及并购带来的内耗的减少，东航的盈利能力将有所提高。但是重组并不一定能让两家连续亏损的航空公司起死回生。因为从 1997 年至 2002 年间，东航先后兼并了 5 家航空公司，但是由于整合不利，反而使得自身经营愈发困难。所以，无论是国家注资，还是产业内并购重组，都只能缓解东航目前的经营压力，但不一定能保证其走出困境。东航最终能否摆脱经营困境还得看航空市场能否复苏。

另外，上海机场要建成国际枢纽机场，最欠缺的是国际客运长航线，而截至 2009 年，东航和上航两家公司 70% 以上的航线都是到日韩、东南亚及港澳的短途航线，航线布局不合理。上海航空货运高端市场被外资航空公司垄断。随着各地高铁的建成，对国内客运航线的分流将非常明显。因此，未来东航的发展也必将面临不小的挑战。

6.3 企业内部协调

国企之间的并购重组基本上是以行政为主导的并购重组，首先考虑的是企业未来的生存，其次是做大企业的市场份额，最后是提高企业的垄断性，而市场与管理方面的问题却相对考虑较少。东航当初的资本充足率是非常高的，但是到现在为止它成为亏损最厉害的一家企业。这就说明这家企业的内部风险控制，还有整个管理团队、管理效率存在问题。而通过政府的推动并购起来的东航与上航，内部协调问题也有待观察。

参考文献

1. 谌夏:《中国民航业的产业组织研究》,百度文库,http://wenku.baidu.com/view/51084f27a5e9856a56126032.html,2004-05。

2. 曹建海:《自然垄断行业的竞争与管制问题研究——以中国民航运输业为

例》，中国社会科学院工业经济研究所，http://www.carnoc.com/txtm/article/1722.html，2005-06-02。

3. 李家祥：《世界民用航空与中国民用航空的发展》，http://www.caacjournal.com/mhb/html/2009-06/19/content_47659.htm，2009-06-19。

4. 林穗林：《我国民航业发展乐观》，载《信息时报》，http://informationtimes.dayoo.com/html/2010-01/22/content_844715.htm，2010-01-22。

5. 吕明：《中国民航业的垄断规制分析》，中国论文下载中心，http://www.sz5.cn/html/fbbvjingjixue/zgmhydld_fjhdfd.htm，2009-07-31。

6. 中国国际金融公司：《中国东方航空股份有限公司换股吸收合并上海航空股份有限公司报告书》，http://www.ce-air.com/ceair/static/xsdh/tzzgx/dshgg/2009/200912/P020100104399739067633.pdf，2009-08。

7. 孙杰、林红梅：《鲲鹏展翅 搏击蓝空：中国民航六大集团今天成立》，新华网，http://news.sina.com.cn/c/2002-10-11/1925764213.html，2002-10-11。

8. 搜狐证券：《东方航空重要财务指标》，http://q.stock.sohu.com/cn/600115/cwzb.shtml，2010。

9. 王志彦：《三足鼎立格局确立 民航如何续演新"三国"》，载《解放日报》，http://news.carnoc.com/list/139/139326.html，2009-07-22。

10. 新浪财经：《东航收购上航》，http://finance.sina.com.cn/focus/MU_FM_2009/，2009。

11. 中国东方航空：《东航上航联合重组》，http://expo.ce-air.com/dongshangchongzu/dong%20shang/chongzu%20jc.html，2009。

12. 佚名：《上海航空股份有限公司》，百度百科，http://baike.baidu.com/view/582535.htm?fr=ala0_1_1，2010。

13. 佚名：《中国东方航空股份有限公司》，百度百科，http://baike.baidu.com/view/229982.htm?fr=ala0_1_1，2010。

14.《今日观察》：《东航并购上航：光明和曲折并存》，央视网，http://star.news.sohu.com/20090715/n265230937.shtml，2009-07-15。

15. 长江证券研究所：《东航上航合并点评》，http://www.caihuanet.com/hsstock/baogao/200907/t20090713_866137.shtml，2009-07-13。

16. 马晓立：《ST东航（600115）2009年报和2010年一季报点评》，中信证券，http://biz.finance.sina.com.cn/qmx/stockreports.php? symbol=600115#87020，2001-04-20。

17. 沈言群：《东航上航弱弱整合 巩固上海航空大本营》，载《经济参考报》，http://news.dnkb.com.cn/archive/info/20090609/141453442.html，2009-06-09。

18. 民航经济运行实验室：《2009年中国民航经济运行回顾与展望》，载《中国民用航空》，http://kanwu.avbuyer.com.cn/CCAM/3721.shtml，2010(1)。

19. 袁耀辉：《中国民航报：民航六大集团公司成立》，盐政网，http://

www. yanzheng. com/shownews. asp? newsid = 742,2002-10-24。

20. 闻育旻:《中航收购东航股份细节披露 东航指违反反垄断法》,载《新京报》, http://www. chinanews. com. cn/cj/kong/news/2008/01 - 11/1130482. shtml, 2008-01-11。

案例参编:刘佩航　刘颖

案例 11

五粮液现金收购普什集团和环球集团的酒类相关资产

2008年7月21日，五粮液股份有限公司（以下简称“五粮液”，股票代码“000858”）董事会通过了以现金支付38亿元收购四川省宜宾普什集团下属的3D有限公司（以下简称“3D公司”）、普光科技有限公司（以下简称“普光公司”）、普拉斯包装材料有限公司（以下简称“普拉斯”）、四川省宜宾环球集团下属的环球神州玻璃有限公司（以下简称“神州玻璃”）和环球格拉斯玻璃制造有限公司（以下简称“格拉斯”）五家公司的决议。2009年5月6日，五粮液基本完成了这一系列的收购活动。这次收购是宜宾市国资委监管下的一次资产重组，目的在于减少五粮液关联方交易。

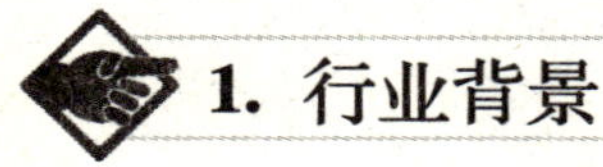

1. 行业背景

1.1 白酒行业近几年的生产和需求情况

目前中国有白酒生产企业约三万余家，而前十家企业的产销量只占全国白酒总产销量的15%左右，由于进入门槛低，广大的中小企业都分得一定的地方市场，是一个极度离散的行业。但是高档白酒的市场集中度却非常高，茅台、五粮液、泸州老窖、剑南春、水井坊等五大品牌，以其高知名度和传统历史文化底蕴占据了高端市场80%左右的份额。在白酒的各大分类中，又以浓香型白酒在市场中占据了主导地位。由于高端酒在产量与生产周期上的限制，市场需求仍然存在较大的缺口。

随着我国居民生活品质的提升和健康消费意识的形成，白酒消费也逐渐回归理性，白酒需求转变为追求健康、品质和品位。高知名度、高美誉度和高品质度的“三高”白酒日益受到人们追捧，品牌消费观念正在强化。高档白酒的品牌价值、定价权优势奠定了高档白酒在激烈的市场竞争中的强势地位。

2005—2008年，中国的白酒产量一直在稳步提升，并预计在未来会有更大的提升。2005年，白酒产量为3 493 709千升，2006年上升为3 970 814千升，同比增长13.66%；2007年，白酒产量为4 939 522千升，同比增长24.40%；2008年，白酒产量为5 693 439千升，同比增长15.26%，利润总额达到了186.39亿元，如图11—1所示。

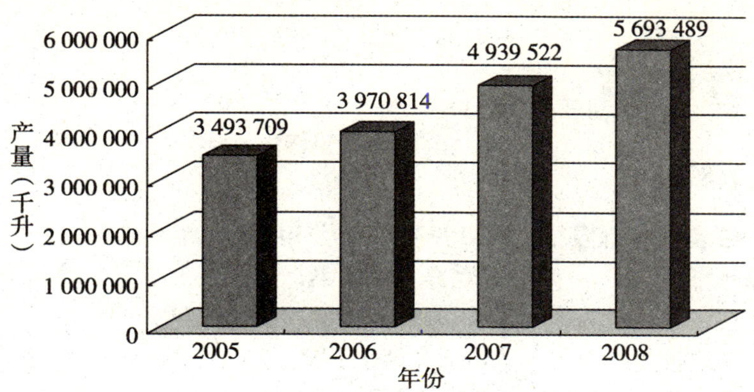

图 11—1　2005—2008 年我国白酒市场产量增长图

1.2　白酒行业在中国的发展机遇

作为我国几千年来的传统酒类饮料，白酒在我国发展历史悠久，消费基础广泛，形成了独特的白酒文化，发展了多个优良的酒窖，其国酒地位被大众所认可。2005 年，随着洋酒关税的降低，洋酒大举进入中国市场，这对白酒市场有一定的冲击，但是白酒依然是主流。在国内酒业大量广告冲击、加大品牌营销力度的影响下，市场对高档白酒的消费被视为社会地位和经济实力的象征。

随着我国国家经济实力增强以及高收入人群的增加，人们的消费能力提高及商务活动的愈加频繁，高档白酒消费出现了较快增长。据预测在未来几年内，白酒产销量仍将有较大幅度的增长。2008 年，因金融危机导致国际市场信心不足而引发的撤资现象在客观上形成了投资空当，正是有实力的企业走出去，培育品牌国际化形象的好机会。国内白酒企业纷纷借此机会整合资源，通过并购等方式在海外布局产业基地，并且进一步关注约占 40% 和 50% 的中低档白酒消费市场。在提高品质酒消费比重的同时，理性推广和传播，建立相对区域或区位竞争优势。

1.3　白酒行业在中国面临的竞争和挑战

白酒行业向品牌化趋势发展。白酒行业产能大于需求，市场竞争十分激烈，竞争不断向纵深发展，从广告宣传、品牌提升、包装改进、厂商服务的竞争逐渐过渡到品牌知名度、品牌质量、消费者忠诚度竞争。高档品牌竞争延伸到中档酒竞争，中档酒市场已成为激烈争夺的领域。大型白酒生产企业收缩低档白酒产能，促使和引导白酒企业继续实行中高端战略演变。虽然全国目前拥有白酒品牌 10 万余个，竞争激烈，但知名品牌优势依然明显。白酒作为传统行业，技术工艺在民间广泛流传，且各个地区的口味、文化的差异，以及地方政府从保护地方经济等角度出发的地方保护主义，使得外地品牌的进入显得较为艰难，在相当长的一段时期内将保持全国性品牌与地方品牌长期共存，“强者愈强，弱者不灭”的局面。

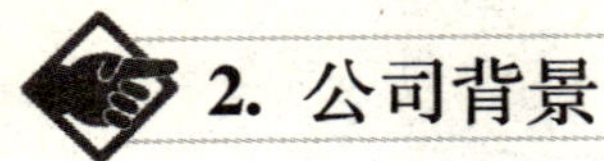

2. 公司背景

2.1 五粮液

宜宾五粮液股份有限公司是 1997 年 8 月 19 日经四川省人民政府以川府函［1997］295 号文批准，由四川省宜宾五粮液酒厂独家发起，采取募集方式设立的股份有限公司。其注册资本为 3795 966 720 元。公司于 1998 年 3 月 27 日在深圳证券交易所上网定价发行人民币普通股 8 000 万股。

上市时，由于受到当时上市额度的限制，五粮液上市公司只包括了五粮液集团部分资产，其他未上市部分资产则组建了五粮液集团。五粮液由宜宾市国有资产经营公司控股，主要从事五粮液及其系列白酒的生产和销售，自 1915 年代表中国产品首获"巴拿马万国博览会"金奖以来，五粮液酒又相继在世界各地的博览会上共获 38 次金奖，1995 年在"第十三届巴拿马国际食品博览会"上再获金奖，铸造了五粮液"八十年金牌不倒"的辉煌业绩，并被第五十届世界统计大会评为"中国酒业大王"。

截至 2008 年 12 月 31 日，公司总股本 3 795 966 720 元，总资产 1 349 642.07 元。2008 年全年实现营业利润 243 113 万元，上缴所得税 569 456.6 元。

2.2 五粮液集团

五粮液集团前身为 19 世纪 50 年代初由几家古代酿酒作坊联合组建而成的"中国专卖公司四川省宜宾酒厂"，1959 年更名为宜宾五粮液酒厂，1998 年改制为四川省宜宾五粮液集团有限公司。注册资本为 36 621 万元，是宜宾市国资委全资控股的国有独资企业，由五粮液上市时未能上市公司的部分组建而成。

五粮液集团经过十年的发展，逐步形成以白酒为主业，涉及机械制造、高分子材料及深加工、塑胶、模具、现代物流、玻璃制造、橡胶、药业、印务、包装、果酒、精细化工、外贸、IT、服务等行业的多元化产业结构，成为拥有 22 个子公司的大型集团化公司。五粮液集团拥有五粮液、五粮春、五粮神、五粮醇、六和液、长三角、两湖春、现代人、金六福、浏阳河、老作坊、京酒等几十个白酒品牌，其中五粮液是中国最著名的浓香型白酒品牌之一。

值得强调的是，五粮液集团并没有持有五粮液的任何股权，即上市公司的收益并不纳入五粮液集团的经营业绩，但是受到国资经营有公司的委托，五粮液集团代为执行对五粮液的控股权。另外，五粮液跟五粮液集团在同一栋大楼里，其管理人员有较大的重叠。

2.3 3D 公司

3D 公司成立于 2002 年 11 月 5 日，原名为四川省宜宾五粮液集团普什 3D 有限公司，由四川省宜宾五粮液集团普什有限公司（以下简称"普什集团"）、台湾镇毓科技股份有限公司（以下简称“镇毓科技”）共同出资设立，属于中外合作经营公司。公司注册资本为 2 213. 33 万元，其中普什集团占注册资本的 75%，出资 1 660. 00万元；镇毓科技占注册资本的 25%，出资 66. 85 万美元，知识产权出资 25. 77 万美元，共计 553. 33 万元。

3D 公司主要经营项目包括研发、生产、销售三维立体包装盒、三维立体塑胶板材、三维立体光栅片材及设计、制作三维立体广告、三维立体人像摄影等，被广泛应用于生产烟、酒、化妆品、药品等商品的三维防伪和美观化包装以及宣传广告、海报、婚纱摄影、文具、挂历、各式卡片、明信片、吊牌、手提袋等领域。

2. 4 普光公司

普光公司成立于 2003 年 4 月，注册资本为 1 000 万元。普光公司由普什集团、光群雷射科技中国集团有限公司（以下简称“光群雷射”）共同出资设立，企业性质为中外合作经营公司，其中普什集团占注册资本的 51%，出资 510 万元；光群雷射占注册资本的 49%，出资了 59. 25 万美元，约合 490 万元。

普光公司主要生产防伪标识、全息镀铝膜、镀铝膜、复合卡纸以及电化铝，其中防伪标识类产品年产能达到 3 000 万枚，全息镀铝膜类产品年产能约 200 吨，镀铝膜类产品年产能约 300 吨，复合卡纸类产品年产能约 800 吨，电化铝类产品年产能约 20 000 卷。

2. 5 普拉斯

普拉斯成立于 2008 年 8 月 29 日，注册资本为 15 000 万元，由普什集团一次性出资设立，包括货币资金形式投资 5 000 万元，酒类相关机器设备投资 10 000 万元。截至 2008 年 12 月 31 日，公司总股本 15 000 万元；总资产3 708 522 886. 66元。

普拉斯主要从事塑胶制品、塑料原料、防伪技术产品、激光镭射全息膜产品、三维立体影像产品、包装、装潢印刷产品的生产和销售。普拉斯瓶盖年产能 20 亿只、瓶坯年产能 8 亿只，PET 聚酯片年产能 15 万吨。除满足本公司产品需要外，普拉斯还对外销售塑胶类产品。

2. 6 神州玻璃

神州玻璃成立于 2004 年 8 月 3 日，由环球集团、宜宾晶鹏玻璃制品有限公司（以下简称“晶鹏玻璃”）共同出资设立，注册资本为 800 万元，其中环球集团占注册资本的 65%，以货币出资了 520 万元，晶鹏玻璃占注册资本的 35%，以货币出资了 280 万元。

神州玻璃是环球集团的骨干子公司，年生产玻璃液能力达 6. 5 万吨，年生产纸箱能力达 5 000 万平方米，是一家以玻璃、纸箱制造为主，集生产、销售、设计为一体的大型企业，主要生产各类玻璃酒瓶（水晶料、高白料、普高料、乳白料），各类玻瓶（饮料瓶、蜂蜜瓶、化妆瓶等），玻璃器皿，玻璃工艺品（瓶），各种玻璃板材，压型胚件，中高档瓦楞纸箱及各类水转印玻璃花纸。

2.7 格拉斯

格拉斯成立于2006年11月27日，由环球集团独立出资设立，注册资本为1 000万元，全部以货币资金出资。2006年11月27日至2008年7月28日期间，格拉斯的股权未发生股权变动。

格拉斯具有国内领先的玻璃制品生产技术，年生产各类玻璃瓶约4 700万只，加工规模和能力已经达到全国领先地位。格拉斯除完成五粮液系列酒玻璃瓶生产任务外，还为山西汾酒、陕西杜康等数十家国内知名酒类企业提供各类包装玻璃制品，也因其产品的高质量，在市场上一直拥有良好的企业信誉。

综上，五粮液在并购关联方前的企业关系图如图11—2所示。

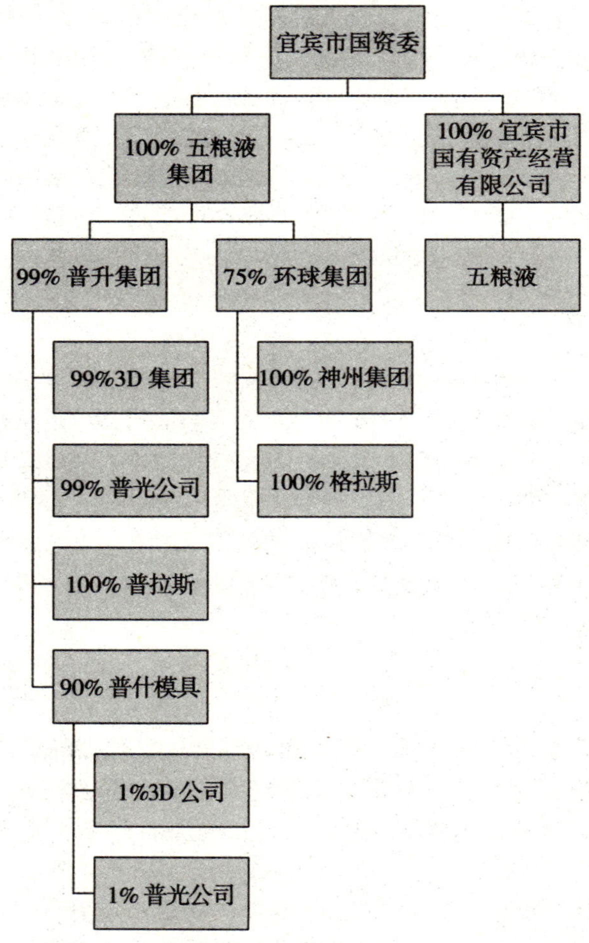

图11—2　五粮液在并购关联方前的企业关系图

3. 并购过程

2008 年 7 月 21 日，五粮液发布临时停牌公告，因五粮液正在筹划整合五粮液集团酒类相关资产事宜，根据《深圳证券交易所股票上市规则》的有关规定，经公司申请，该公司股票自 2008 年 07 月 21 日开市起停牌。

2008 年 7 月 28 日，五粮液发布重大事项进展公告，称由于公司正在筹划整合五粮液集团酒类相关资产事宜，五粮液股票已按有关规定停牌。相关的事项还在审议中，尚存在不确定性，公司股票继续停牌。

2008 年 7 月 30 日，五粮液用书面和通讯方式发出通知，确定于 2008 年 7 月 31 日下午召开五粮液第四届董事会第四次会议，讨论相关 4 个议案：《宜宾五粮液股份有限公司以自有资金购买酒类相关资产暨关联交易的议案》、《关于公司与四川省宜宾五粮液集团有限公司控制的企业等资产出售方签订的附生效条件的〈资产购买框架协议〉的议案》、《关于提请股东大会授权公司董事会办理本次购买资产暨关联交易有关事宜的议案》、《关于本次董事会后另行通知召集股东大会的说明的议案》。

2008 年 8 月 2 日，五粮液发布《第四届董事会第四次会议决议公告》、《第四届监事会第四次会议公告》和《资产购买暨关联交易预案公告》。《第四届董事会第四次会议决议公告》和《第四届监事会第四次会议公告》主要内容是会议通过了上述 4 个议案，会前独立董事也出具了同意上述议案提交董事会审议的书面意见，关联董事回避表决。《资产购买暨关联交易预案公告》主要内容包括：①五粮液已与所有交易对方就本次交易进行商谈，形成了重组预案，并与交易对方签署了附生效条件的《资产购买框架协议》。五粮液已经在召开的第四届董事会第四次会议时审议批准了本次交易的预案。同时也聘请具有证券业务资格的会计师事务所和资产评估机构对标的资产进行审计、评估和盈利预测的审核工作，相关工作已在进行中，这将是标的资产的最终定价的参考资料。②五粮液与宜宾五粮液进出口有限公司（以下简称“进出口公司”）共同出具《承诺函》，双方承诺将在本次交易完成后，按照相应程序修改公司与进出口公司于 2007 年 11 月 8 日签订的《内销商品购销协议》，重新约定公司向进出口公司销售酒类产品的价格将按市场定价原则确定。

2009 年 1 月 5 日，五粮液发布《2009 年度日常关联交易公告》，为了解决五粮液控股 99% 的子公司——四川省宜宾五粮液精美印务有限责任公司（以下简称“精美公司”）与四川省宜宾丽彩集团有限公司（以下简称“丽彩集团”）间存在的大额度关联交易，为使酒类相关资产整合工作顺利完成，精美公司和丽彩集团共同作出了书面承诺：①从 2009 年 3 月 31 日起，双方不再发生原辅材料购销关联交易，精美公司生产所需的原辅材料由其自行采购，不再由丽彩集团采购供给。②除原辅材料购销以外的其他关联交易，在互利互惠基础上双方按市场定价原则协商确定，并履行有关信息披露。

2009 年 2 月 16 日，五粮液召开第四届董事会第六次会议，审议通过了《关于公司以自有资金购买酒类相关资产暨关联交易的议案》等议案，独立董事现场参加审议本次交易的董事会会议，同意《关于公司以自有资金购买酒类相关资产暨关联交易的议案》以及《关于公司与普什集团、环球集团以及普什模具签订〈附生效条件的资产购买协议〉暨关联交易的议案》并出具了独立意见，而且会前独立董事亦出具了同意上述议案提交董事会审议的书面意见，关联董事全部回避表决。具体的交易方式及原则包括：①五粮液本次交易价格，以具有证券从业资格的资产评估机构以 2008 年 8 月 31 日为评估基准日对交易标的进行评估，并经有权国有资产管理部门核准的评估结果作为最终的购买价款。②这次交易价格为交易标的净资产评估值的合计数，即 381 777. 33 万元。③《资产购买协议》生效后的第 10 日为交易标的交割日。双方负责办理各项资产和负债的移交手续，包括交易标的的经营管理权的移交等。④五粮液以现金支付本次交易的对价，在交割日之后的第 1 个工作日按时支付，五粮液按《资产购买协议》约定的交易标的交易价格全部一次性支付到交易对方指定的银行账户。

2009 年 2 月至 5 月，五粮液发布《资产购买暨关联交易公告》，主要内容如下：

①五粮液分别与普什集团、环球集团以及普什模具签订《附生效条件的资产购买协议》。

②五粮液在《中国证券报》及巨潮资讯网刊登了《资产购买暨关联交易公告》，详述了这次交易的有关情况，并在公告中作了重要提示：五粮液与普什集团、环球集团以及普什模具签订的关于收购交易标的的《附生效条件的资产购买协议》的生效条件是受让方股东大会批准以及转让方主管国有资产管理部门批准同意。

③五粮液并购案得到四川省政府国有资产监督管理委员会川国资产权［2009］11 号文批复同意。

④五粮液并购案得到宜宾市政府国有资产监督管理委员会宜国资委［2009］37 号文批复同意。

⑤五粮液向五粮液集团公司支付现金 2 500 000 000. 00 元（占应付总金额 3 817 773 564. 89元的 65. 48%），余款拟于 2009 年度内一次性付清。按协议约定，3D 公司、普光公司、普拉斯、神州玻璃、格拉斯的收益自 2009 年 4 月 1 日起并入本公司的财务报表。

⑥3D 公司、普光公司、普拉斯、神州玻璃、格拉斯已经按有关法规规定到国资部门办理国有产权变更登记手续，到工商行政管理部门办理股东变更登记手续。

综上，五粮液在并购关联方后的企业关系图如图 11—3 所示。

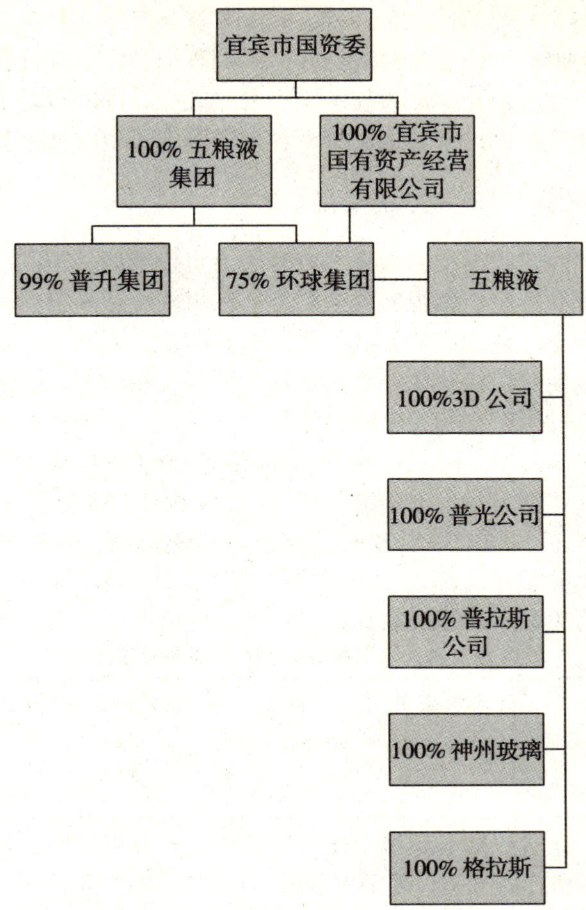

图 11—3 五粮液在并购关联方后的企业关系图

4. 并购动机

早在 2007 年，五粮液就已在年度报告中披露，将在三年时间内，整合五粮液集团所属的部分酒类相关资产，逐步将五粮液集团中与上市公司酒类生产相关度较高的资产收购到上市公司中来。此次收购是五粮液集团通过整合集团内的酒类相关资产以实现整体上市的开始，也表明公司正在一步步解决五粮液集团与上市公司间的关联交易。

4.1 实现纵向整合，减少交易费用

五粮液的并购能给企业带来市场协同效应。五粮液纵向并购之后，可以通过对大量关键原材料和销售渠道的控制，有力地控制竞争对手的活动，提高企业所在领域的进入壁垒和企业的差异化优势。同时在并购过程中，被并购方承诺在一定时期

内不参与五粮液相关产业的生产和经营，减少了竞争对手，提高了市场占有率，通过降低成本与增加销量来提高五粮液的整体利润。当稳定了资源供给和整合了完整顺畅的生产链时，五粮液在生产方面的压力自然减少，同时也减少流动资金的持有量。这时，五粮液就可以运用更多的资金在生产或者投资方面来获利。

4.2　关联收购，减少关联交易

在企业财务和经营决策中，如果一方有能力直接或间接控制、共同控制另一方或对另一方施加重大影响，则视其为关联方；如果两方或多方受同一方控制，也将其视为关联方。由于历史和产业发展的原因，并购前，五粮液的资产和经营仅仅拥有制曲、酿酒、包装和销售等主要酒类资产，而包装物、酒瓶、防伪材料等其他与酒类密切相关的辅助资产则归属于五粮液集团。所以，酒类资产和辅助资产在五粮液和五粮液集团之间形成了分割，使得二者之间形成了规模庞大的关联交易。中信证券研究部的统计数据显示，五粮液 2007 年关联采购金额为 23.4 亿元，占公司总生产成本的 69.2%；关联销售额为 47.1 亿元，占总销售收入的 60%。每年均出现的高达数十亿元的关联交易额，一直都被各方所关注。表 11—1 是 2008 年五粮液与各被并购公司间关联交易情况表。

表 11—1　**2008 年五粮液与各被并购公司间关联交易情况表**　单位：万元

关联公司名称	环球集团	普拉斯	3D 公司	环球集团	普什集团
采购货物及接受劳务	29 149.52	42 500.59	15 018.48	0	62 563.52
销售货物及提供劳务	883.89	30.57	0	883.89	450.36

本次交易中，通过收购五粮液集团下属关联企业股权和经营性资产，将与包装相关的部分业务纳入上市公司。此次收购后，五粮液的产业链将进一步完善，具备了大规模生产塑胶瓶盖、酒瓶、商标、包装纸箱、包装物品等酒类配套产品的能力，将有效减少与五粮液集团及其关联企业之间的关联采购，有助于提高五粮液生产经营的独立性和提高五粮液持续发展能力。不仅如此，根据多个券商研究报告预测，上述关联交易问题得到解决，将给五粮液截回约 10 亿元的利润，这也部分地解决了五粮液长久以来被大家诟病的通过关联交易产生的利益输送问题。

预计 2009 年以后，五粮液与五粮液集团下属的普什集团、环球集团、丽彩集团之间与日常生产经营有关的原辅材料关联交易额预计将减少 18 ~ 20 亿元。关联交易的减少更加保障了五粮液所有者的权益，防止利益输送和舞弊的发生，将会增加股民对五粮液的信心，有助于五粮液股份的提升。

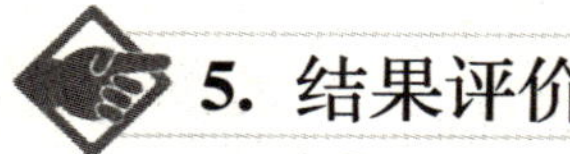

5. 结果评价

5.1　股价分析

图 11—4、图 11—5 给出了五粮液 2008 年 8 月 4 日股价波动图和五粮液 2009

年股价波动图。

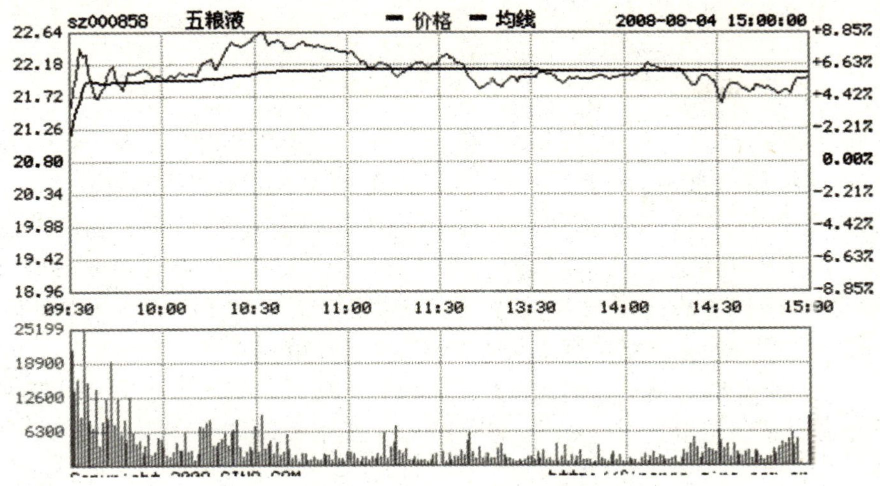

图 11—4 五粮液 2008 年 8 月 4 日股价波动图

资料来源 新浪股票网

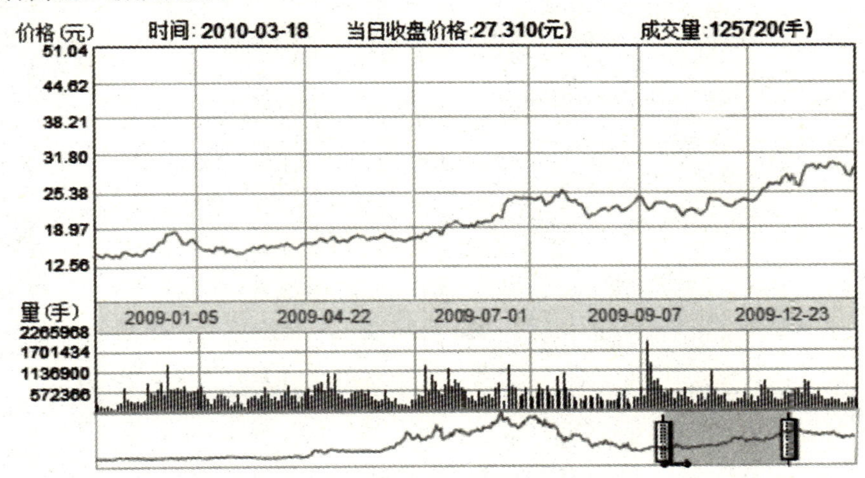

图 11—5 五粮液 2009 年股价波动图

资料来源 新浪股票网

五粮液在宣布因并购而停牌的两周后终于复牌了，并刊登了《资产购买暨关联交易预案公告》。在复牌当日，五粮液受到投资者追捧，在大盘下跌 2.14% 的情况下，依然强力上扬 5.67%，收盘价为 21.98 元/股，同时交易量翻倍，高达 16.4 亿元。而出现这现象的原因应该是五粮液的并购方案能减少关联交易对公司的利润侵蚀，市场预计将为公司带来 26 亿元的利润。

2009 年，由于经济有所好转，而且五粮液企业实力增强，股价基本上维持着稳定的上升趋势。从 2009 年年初公告并购方案正式确立的 17 元/股左右，到 2010 年年初五粮液公布 2009 年年报时达到了 28 元/股左右，上升幅度还是很让人满意的。这表示此次收购从一定程度上解决了长久以来的关联交易问题，广大股民相当认可。

5.2 财务业绩分析

五粮液2009年上半年的业绩报告显示，公司上半年实现净利润16.05亿元，2008年同期净利润为12.96亿元，同比增长23.83%，公司每股收益0.42元，每股净资产3.39元，净资产收益率12.25%。截至2009年6月30日，五粮液的总资产已经达到166.10亿元，较2008年6月30日增长23.07%；营业收入达到53.41亿元 较2008年6月30日增长16.17%。公司规模的扩大和业绩的增长主要有两个原因：第一，酒类产品量增价涨以及酒类相关资产收购完成后，新增子公司——普拉斯公司化工产品收入增加。第二，在收入增长的同时，实现了产品结构调整，进而导致毛利率和公司净利润的增长。表11—2是五粮液2008年与2009年财务数据对比表。

表11—2　**五粮液2008年与2009年财务数据对比表**　金额单位：元

项目	2009年6月30日	2008年6月30日	本报告期末比上期期末增减（%）
总资产	16 610 090 122.36	13 496 420 728.24	23.07
所有者权益	12 886 039 184.62	11 455 936 894.72	12.48
营业收入	5 340 890 000.00	4 597 280 000.00	16.17
营业利润	2 142 761 523.75	1 740 641 378.59	23.10
利润总额	2 157 825 039.67	1 711 707 483.90	26.06
归属子公司普通股股东的净利润	1 604 524 477.06	1 295 752 332.40	23.83
经营活动产生的现金流量净额	1 883 351 626.01	1 196 792 212.01	57.17
每股净资产	3.39	3.02	12.25
基本每股收益	0.42	0.34	24.05
净资产收益率（%）	12.54	11.93	0.61
每股经营活动产生的现金流量净额	0.50	0.32	37.40

根据五粮液公布的2009年年报，期内共销售五粮液系列酒8.45万吨，同比增长11.48%；实现营业总收入111.29亿元，同比增长40.29%；实现净利润32.45亿元，同比增长79.18%。公司拟每10股派现金1.5元（见表11—3）。

由这些数据可知，五粮液2009年销量、营收、净利三项指标增幅依次成倍攀高，可见公司经营绩效、盈利能力有大幅提升。再回查其历年毛利率，公司上市15年来一直维持在50%左右，2008年年末为54.4%，至2009年则大增至71.3%（其中，高价位酒高达85%，中低价位酒为35%）。由此带动公司净利率、净资产收益率均大幅提升。

表 11—3 2008 年与 2009 年利润表 单位：元

项目	2009 年	2008 年
一、营业收入	11 129 200 000	7 933 070 000
二、营业成本	6 561 190 000	5 503 520 000
三、营业利润	4 586 670 000	2 431 130 000
四、利润总额	4 605 590 000	2 399 160 000
减：所得税费用	1 138 920 000	569 460 000
五、净利润	3 466 670 000	1 829 700 000
其中：归属于母公司所有者的净利润	3 244 754 000	1 810 690 000
少数股东损益	221 916 000	19 010 000
六、每股收益		
基本每股收益	0.855	0.477

6. 问题探讨

6.1 整顿资产真的减少了关联交易吗

这次并购后，五粮液集团中为五粮液提供配套产品的产业链群体将进入上市公司，可以降低公司的采购成本、管理成本等，更重要的是可以有效减少与五粮液集团及其关联企业之间的大量关联采购，减少了利益输送的可能性，有助于提高公司生产经营的独立性和持续发展能力。

另外，受人质疑最多的五粮液与进出口公司的关联交易，2008 年就高达 41.78 亿元，占营业收入总额 79.33 亿元的 52.67%，在此次并购中并未得到解决。但五粮液与进出口公司共同出具《承诺函》，承诺将在本次酒类相关资产收购交易完成后，修改公司与进出口公司于 2007 年 11 月 8 日签订的《内销商品购销协议》，重新约定将关联销售由现在的协议价修改为按市场价原则向进出口公司销售酒类产品。修改后，有业内人士猜测，估计进出口公司通过销售五粮液可以获得 30% 左右的利润，即 1 瓶酒至少可以获利 100 元。如果上市公司结算价能提高 40 ~ 80 元，按 2007 年 1.13 万吨销量计算，公司净利润将提高 5 ~ 10 亿元，折每股收益将提高 0.13 ~ 0.26 元，大大提高了利润。

宜宾市国资委和五粮液集团对推动进出口公司结算价格调整持正面态度，但结算价格调整的进程和幅度都存在不确定性，五粮液关联交易的真正解决也只能在整合进出口公司之后，或者对进出口公司关联销售价格完全理顺后才能实现。毕竟单单五粮液与进出口公司之间的交易就占了 2007 年年度关联交易的 20% 以上，所以，五粮液还是存在大额关联交易的。但无论如何，这次的并购已经显示出了五粮液解决关联交易这一诟病的决心。

6.2 控制权的问题

此次并购仅仅是五粮液将酒类相关资产并入上市公司的一个步骤，接下来还会有更多的并购。然而，仅仅通过并购就能解决企业存在的根本问题吗?

上市公司的实体运营是企业的灵魂，然而，由于五粮液的特殊情况，一直以来都存在着控制权与控股权分离的治理结构问题，甚至两个企业共用同一套高管，由此产生的代理问题与公司激励问题风险大大增加。收购之后，五粮液长久以来的委托代理问题：一方面，五粮液集团不是五粮液的母公司，五粮液的经营利润不能进入五粮液集团；另一方面，五粮液集团掌握着五粮液 56.07% 的控股权，这个问题并未得到解决。只要控制权问题得不到彻底地解决，资产收购就不能杜绝新的关联交易的产生。

6.3 收购资金来源

五粮液是用自有资金进行收购的，早在 2006 年，五粮液内部就已经开始打算整合企业，改善关联交易等问题。2007 年，五粮液对外公布了并购计划的时间表，表明将在 2010 年完成并购，解决关联交易问题。由此可见，五粮液大大提早了计划，也表明五粮液手上有很充足的资金实行这次收购。研究五粮液近年来的年报，得知，五粮液本身具有较好的盈利性，现金流稳定，并购计划中需支付的金额相对来说对五粮液并没有造成很大的困难，五粮液经过 1 ~ 2 年的资金积累，足以解决并购的资金问题。

6.4 五粮液资产整合的曲折之路

早在 2006 年 5 月 23 日，五粮液就发布澄清公告，宣称要收购普什集团。2006 年 8 月 26 日，收购普什集团的方案无疾而终。其中有两个主要原因影响着 2006 年这次的并购案：第一，五粮液在 2006 年期间对收购普什集团的倾向不清晰，既想多元化，又想专业化，并没有一个明确的目标，而普什集团包含了一部分与五粮液相关的资产，也包含了一部分不相关资产，因此，在没有理清要走专业化道路还是多元化道路时，收购普什集团全部资产还是收购其部分资产这个问题是解决不了的。第二，普什集团在 2006 年 8 月有意收购上海申华控股股份有限公司所控股的绵阳新华内燃机股份有限公司 95% 的股权，这部分资产与五粮液并不相关，同时五粮液发布董事会公告，表明这次普什集团的行动有可能带来公司的并购方案调整。综上所述，2006 年的并购并没有成功。2008 年五粮液计划解决关联交易，再次提出并购方案，这次历时 10 个月才并购成功。

参考文献

1. 中国报告大厅:《2009 年中国白酒市场研究报告》,2009。

2. 佚名:《联想集团计划控股 G 五粮液插手 G 五粮液收购普什》,载《21 世纪经济报道》,2006-05-19。

3. 溪竹:《白酒的历史》,新浪博客,2008-12-07。

4. 林玲:《中国白酒四大文化派系》,中国糖酒会网,2010-05-05。

5. 佚名:《我国白酒行业的三大趋势分析》,中国投资咨询网,2008-11-19。

6. 佚名:《五粮液简介》,新浪生活,2003-10-22。

7. 佚名:《网友资料》,百度知道,2009-03-23。

8. 佚名:《 四川省宜宾普什集团 3D 有限公司》,http://push3dsales. cn. busytrade. com/company. php,万国商业网,2008-06-14。

9. 王永朝:《五粮液收购普什集团整体上市起步》,中国品牌农业网,2008-08-04。

10. 阿里巴巴:《四川省宜宾普什模具有限公司详情》,阿里巴巴网,2006-04-21。

11. 佚名:《四川省宜宾普什模具有限公司详情》,模具网。

12. 李坤:《五粮液:38 亿元收购关联方酒类资产》,载《证券时报》,2009-02-24。

13. 柯智华:《五粮液整合第一步收购普什与环球包装》,载《东方早报》,2008-08-04。

14. 刘欢:http://wenda. tianya. cn/wenda/thread? tid = 7447a9c61c2d5726,2001-11-19。

15. 佚名:http://baike. baidu. com/view/11158. html? wtp=tt,百度百科。

16. 小山东:《五粮液如何破解两大谜局》,http://www. sdmsw. cn。

17. 冬天:《五粮液整体上市揭"盖头"将用近 30 亿元自有资金》,土豆网,2009-02-26。

18. 胡春霞:《五粮液:收购集团资产向减少关联交易迈进》,国泰君安研究所,2008-08-06。

19. 朱益民:《38 亿元收购仍存争议五粮液核心关联交易待解》,载《21 世纪经济报道》,2009-02-25。

20. 陈彬:《五粮液上半年净利润 16 亿元同比增加 24%》,网易财经,2009-08-18。

21. 郭成林、李小兵:《去关联化还原高毛利五粮液净利增八成获华夏四基金青睐》,载中国证券网 · 上海证券报,2010-03-19。

22. 强系璧:《五粮液:09 年年报点评》,国联证券研发中心,2010-03-22。

23. 云飞扬:《五粮液10大利好引领无限想象空间》,新浪博客,2009-12-06。

24. 姜方:《并购使五粮液减利润侵蚀 整体上市带来26亿元利润》,载《信息时报》,2008-08-05。

25. 方正证券:《五粮液:关联交易解决加速公司业绩有效释放》,和讯网,2008-10-08。

26. 佚名:http://guba.eastmoney.com/look,000858,3006126547.html,东方财富网,2009-03-05。

27. 张建:《五粮液明确酒类经营性资产收购评估结果》,载《世纪经济报道》,2009-02-19。

28. 五粮液:《宜宾五粮液股份有限公司关于公司治理专项活动及整改情况的公告》,巨潮咨询网,2008-07-25。

29. 五粮液:《宜宾五粮液股份有限公司重大事项进展公告》,巨潮咨询网,2008-07-28。

30. 五粮液:《宜宾五粮液股份有限公司董事会决议公告》,巨潮咨询网,2008-07-30。

31. 五粮液:《宜宾五粮液股份有限公司资产购买暨关联交易预案公告》,巨潮咨询网,2008-07-31。

32. 五粮液:《宜宾五粮液股份有限公司第四届董事会第四次会议决议公告》,巨潮咨询网,2008-08-01。

33. 五粮液:《宜宾五粮液股份有限公司2009年度日常关联交易公告》,巨潮咨询网,2009-02-18。

34. 五粮液:《宜宾五粮液股份有限公司资产购买暨关联交易公告》,巨潮咨询网,2009-02-23。

35. 五粮液:《宜宾五粮液股份有限公司资产购买暨关联交易实施情况公告》,巨潮咨询网,2009-05-06。

36. 佚名:《2005—2008年中国白酒产量情况》,君略产业咨询网,2009-09-30。

案例参编:郑云洲

案例 12

广百股份收购新大新公司

2010年1月6日，广百股份有限公司（以下简称“广百股份”）以定向增发和部分现金的方式，向广百集团有限公司（以下简称“广百集团”）定向增发888.33万股，每股作价20.72元，支付对价1.84亿元，从母公司广百集团手中收购广州新大新百货公司（以下简称“新大新”）99%的股权。收购完成后，新大新将成为广百股份的全资子公司，广百集团持有广百股份的股份数量为1.04亿股，占发行后总股本的62.10%。此次收购将使广百股份和新大新的资源配置有效化，增强广百股份对新大新的经营管理，强强联合，增强其竞争力。

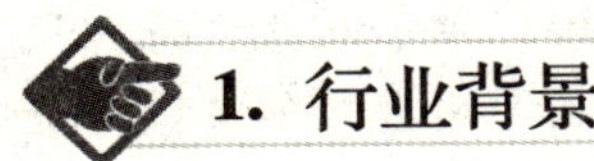

1. 行业背景

1.1 宏观环境

2008年，我国实现社会消费品零售总额10.85万亿元，同比增长21.6%，比上年加快了4.8个百分点。从表12—1中可以看出，每年的社会消费品零售总额增长幅度都比GDP增长幅度快。这说明了国内经济发展快速，零售业具有良好的前景。

表12—1　　2000—2008年我国社会消费品零售总额增长与GDP增长比较

年份	2000	2001	2002	2003	2004	2005	2006	2007	2008
GDP增长幅度（%）	8.0	7.5	8.3	9.5	9.5	9.9	10.7	11.4	9.0
社会消费品零售总额增长幅度（%）	11.4	11.0	13.3	9.2	14.5	12.9	13.7	16.8	21.6

资料来源　国家统计局

据国家统计局资料，2008年城镇居民人均可支配收入达到15 781元/年，实际增长8.4%。城镇新增就业1 113万人，详见表12—2。

表12—2　　2000—2008年全国城镇居民人均可支配收入增长状况

年份	2000	2001	2002	2003	2004	2005	2006	2007	2008
城镇居民家庭人均可支配收入（元/年）	6 280	6 860	7 703	8 472	9 422	10 493	11 759	13 768	15 781
实际增长幅度（%）	6.5	8.5	13.2	9.0	7.9	9.6	10.4	12.2	8.4

资料来源　国家统计局

由以上数据可看出，随着收入水平的上升，国民消费能力提升。同时，国家推出一系列的政策措施促进消费、扩大内需，有效地刺激了国内的消费增长。另外，各商家大力开拓消费市场，采取各种竞争战略，促进了商品销售，双管齐下，令零售业的发展更加蓬勃。

1.2 行业环境

零售业是我国最重要的第三产业之一，其中百货行业更是扮演着不可或缺的角色。百货公司是一种大规模的以经营日常用品为主的综合性的零售商业企业。因为其经营范围广泛，商品种类多样，兼具专业商店和综合商店的优势，便于顾客广泛挑选，能够满足消费者多方面的购物需求，所以备受消费者的欢迎。随着外资企业不断进入百货业，国内企业与外资企业的竞争愈来愈激烈。要在这市场上占有一席之位，企业必须正确把握行业的发展方向和进行明确的市场定位。

中国的百货业兴起于20世纪初，最早的百货商店是1917年创办的“上海先施百货公司”和1918年创办的“上海永安百货公司”。新中国成立之后，百货商店一直是中国零售业的主要经营业态，中国百货业进入了发展的黄金时代。特别是80年代以来，国内经济的快速增长刺激了百货业的发展，各个行业开放经营，各种资金涌入兴旺发达的百货行业。但是，这只是一哄而起，导致盲目地不断开建百货大楼的浪潮，使中国百货业呈现出发展过快，效益下降的趋势，再加上各种其他新兴业态和外国企业的冲击，90年代中期以后，中国百货业进入衰退时期，甚至出现大面积亏损。

从21世纪开始，面对严峻的市场形势，国内百货商店开始进行了战略调整和经营转型，百货店经营业绩下滑的趋势得到一定遏制，销售额和利润额有所回升。

中国百货行业产业集中度较低，百货公司还没有形成规模。有些百货公司虽然有一定规模，但是在经营上却没有获得规模经济效应，百货行业的规模增长与效益增长出现脱节的现象。另外，由于缺乏统一采购、配送等先进的管理手段，很多百货公司的优势难以发挥，导致竞争能力不强。百货业之间往往只能依靠单一的价格手段竞争，还缺乏做大做强的基础。近年来，虽然国内百货企业的销售规模增长较快，但总体上，效益的增长情况还不尽如人意，体现出规模增长与效益增长不同步的现象。

自1992年起，中国正式批准了第一家中外合资零售企业——上海八佰伴成立。上海八佰伴成立以来，其他外资企业也纷纷涌入中国的百货市场。2004年12月11日入世保护期结束，中国零售市场对外全面开放，外商企业进入内地零售市场的规模和地域不断扩大，其在内地并购扩张步伐不断加快。2008年，外商继续抢滩中国市场，外资百货企业不仅在北京、上海、广州、深圳等一线城市攻城掠地，而且开始将触角伸至二、三线城市，外资企业已全面进军中国市场。一些来自中国香港、中国台湾、日本等国家和地区的企业投资，开发百货店业务，例如，日本在广州投资开办了吉之岛天贸百货有限公司，中国香港连卡佛集团在南京、上海、北京等地共开设了多家高档百货店。而且，一些以超市或专业店为主营业务的连锁公司也开始涉足百货业，例如，2004 年 9 月北京物美集团在北京的第一家百货店开业，营业面积为 1 万平方米；苏宁电器集团投资兴建高档百货店——苏宁银河国际购物广场；深圳人人乐连锁公司投资开发百货店业务等。新竞争者的加入，使百货业的竞争更加炽热化。

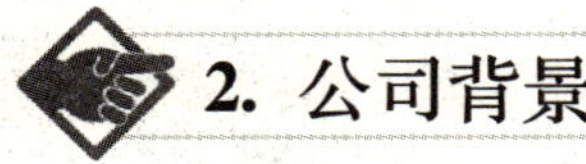

2. 公司背景

2.1 广百集团

广百集团有限公司成立于 1996 年 6 月 10 日，由原广州市第一商业局撤销改制后组建的，注册资本为 37 846 万元。广百集团是广东省广州市重点发展，广州市政府授权国有资产经营的大型商业企业。2001 年，广百集团整合托管了广州市大部分国有百货物资企业之后，拥有经营百货零售、批发代理、物流配送、专业市场及物业管理的全资控股经营企业 10 多家。广百集团 2008 年年末资产总额为 389 093.28万元，净资产为 198 668.98 万元，2008 年度实现营业收入 556 355.39 万元，净利润为 18 534.77 万元。其经营规模为中国商业企业百强第 22 位，广东省商业企业排名第 3 位，是华南地区最具规模的大型流通企业集团。

广百集团并购示意图如图 12—1 所示。

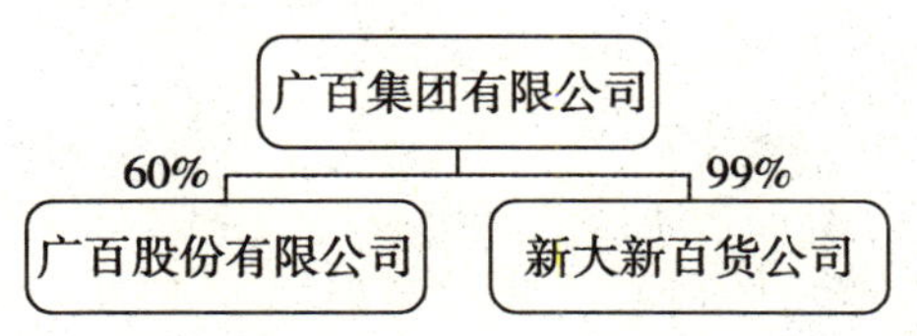

图 12—1　广百集团并购示意图

2.2 广百股份

广百股份有限公司成立于 2002 年 4 月 30 日，是由拥有 11 年历史的广州百货大厦股份制改造而成。广百集团作为主发起人，以其全资拥有的广州百货大厦经营性净资产出资，占 80% 股权；其他股东以现金出资，占 20% 股权。2007 年 11 月 22 日，广百股份于深圳证券交易所正式挂牌（股票代码：002187）。股票发行上市之后截至 2008 年年底，广百集团为第一大股东，持有广百股份有限公司 9 600 万股，占 60% 的股权。

广百股份有限公司的核心主营业务以广百百货为主，在广东省内外连锁门店总经营面积近 21 万平方米。广百百货的经营范围主要是在广州市，其拥有的 8 间分店遍布广州各地。

2007 年，广百股份销售规模超过 38.6 亿元，实现税利 2.94 亿元。其分店遍布广州市各地，跨越珠三角、海南等地的百货、购物中心连锁网点 10 多家，经营面积超过 25 万平方米，其中北京路总店连续 14 年位居广州市内单间零售企业销售额第一。2008 年，公司实现主营业务收入 32.32 亿元，同比增长 15.23%；实现净利润 1.42 亿元，同比增长 29.42%。

2.3 新大新

新大新百货公司在 1914 年开业，原名大新公司，为侨商蔡昌、蔡兴兄弟所开设，主营百货，兼营天台游乐场、酒菜部等。新中国成立后，大新公司收归国有，1951 年 6 月成为广州市百货公司第五门市部，是广州首家国营百货零售企业，后改称为“中山五路百货商店”。1989 年，大新公司重新取名为“新大新”，注册资本 2 782.2 万元，成为广州市原址经营百货历史最悠久的老字号百货。

新大新公司主要经营百货业务，其本部地处广州市中心繁华的商业地段——北京路与中山五路交界处，商圈辐射力强。新大新公司在广州市除中山五路总店外，还有东山广场店、荔湾商厦店、番禺易发店和佛山三水店共 5 间门店，总经营面积近 6 万平方米。其中，东山广场店侧重中高档穿戴类商品及超市、日用家居品；荔湾商厦店采用综合配套功能的社区百货店模式；番禺易发店按地区商业中心的方向发展。新大新公司曾获得“亚洲最佳百货公司”、“中国商业名牌企业”的殊荣等。截至 2009 年上半年，该公司的资产总额为 3.1 亿元，负债总额不到 1.5 亿元。

3. 并购过程

2008 年 4 月 14 日，新大新通过增资扩股引入新股东广百股份作为战略投资合作伙伴，以 156.25 万元将 1% 股权转让广百股份，改制为有限责任公司，注册资本由2 782.2万元调增为 3 000 万元，股东变更为广州市国资委持股 99% 和广百股份持股 1%。

2009 年 1 月 5 日，基于对广州市内国有零售业务整合的原因，广州市国资委将其所持有的新大新公司 99% 的股权及权益无偿划拨给广百集团。同月 21 日，广百集团与广百股份签署了《委托经营管理协议》，将新大新托管给广百股份经营管理，托管自 2009 年 1 月 1 日起至 2009 年 12 月 31 日止。

2009 年 3 月 3 日，广百集团董事会审议通过了广百集团以其持有的新大新公司 99% 股权认购广百股份发行股份的决议。

2009 年 3 月 9 日，广百股份有限公司第三届董事会第十六次会议审议通过了《关于公司向广百集团发行股份购买资产暨关联交易的议案》。广百股份决定以定向增发的方式，使新大新公司成为自己的全资子公司。由于广百集团为公司控股股东，以上事项构成关联交易，相关董事回避了对本议案的表决。

同时，广百集团与广百股份签署《发行股份购买资产协议》。广百股份将向控股股东广百集团按 21.07 元/股的价格定向发行 873.57 万股股票，购买新大新公司

99% 的股权，根据广州市国资委核准的评估结果，双方确定协议资产的转让价格为 18 406.18 万元。其中，定向增发价格参照 2009 年 2 月 10 日至 2009 年 3 月 9 日期间的 20 个交易日股票均价制定。

2009 年 3 月 15 日，广州市人民政府同意广百集团将其持有的新大新 99% 的国有股权协议转让给广百股份，并以此认购广百股份增发的股份。

2009 年 3 月 20 日，广州市国资委批准广百集团向广百股份协议转让新大新公司 99% 的股权的事项。

2009 年 6 月，广百集团向新大新以现金补回出资差额 13 981 620.19 元。

2009 年 9 月 21 日，广百股份申请停牌，事由为中国证监会上市公司并购重组审核委员会近期将审核本公司发行股份购买资产暨关联交易事宜。

2009 年 9 月 24 日，经中国证监会上市公司并购重组审核委员会审核，公司发行股份购买资产暨关联交易事宜获得有条件通过。

2009 年 9 月 25 日，公司股票开市起复牌。

2009 年 10 月 13 日，广百股份发布公告称，广百股份曾与广百集团签订《发行股份购买资产协议》，协议约定由公司向广百集团非公开发行股票，购买广百集团持有的广州市新大新有限公司 99% 的股权。由于在 2009 年 6 月广百集团向新大新以现金补回出资差额 13 981 620.19 元，在确定新大新 99% 股权的收购价格时，将此作为调增因素，相应调增协议资产转让价格金额 13 841 803.99 元，即将受让价格由注资前的 18 406.18 万元调整为 197 903 603.99 元。为更好地保障公司中小股东权益，经协商，广百股份与广百集团确定协议资产的转让价格调整为 18 406.18万元。根据《发行股份购买资产协议》有关发行规模和定价原则，广百集团将上述协议资产作价 18 406.18 万元转让给公司，用于认购公司本次非公开发行的全部股票 8 883 291 股，认购价为除息调整后的 20.72 元/股，协议资产折股数不足 1 股的余额 10.48 元由公司以现金向广百集团补足。

2009 年 12 月 31 日，广百股份收到中国证监会核准了公司以 20.72 元/股的价格向大股东广百集团发行 8 883 291 股人民币普通股购买其持有的新大新 99% 股权。

同时，公司收到中国证监会证监许可《关于核准豁免广州百货企业集团有限公司要约收购广州市广百股份有限公司股份义务的批复》，同意豁免广州百货企业集团有限公司因以资产认购公司向其发行股份而增持公司 8 883 291 股股份，导致合计持有公司 104 883 291 股股份，约占公司总股本的 62.10%，而应履行的要约收购义务。

2010 年 1 月 6 日，广百股份发布公告称，最终确定将以总价 1.84 亿元从广百集团手中收购新大新公司 99% 股权，而收购方式为向广百集团定向增发 888.33 万股，每股作价 20.72 元。发行完成后，广百集团持有公司股份数量 1.04 亿股，占发行后总股本的 62.10%。

新大新公司划归广百股份筹谋已久，“现时不过是走程序”，因为大局已定，现在只剩下文件交割处理的程序而已。2010 年 1 月 6 日，广百股份并购新大新已经差不多完成了。

4. 并购动机

4.1　政府推动

2001 年广州市商业局正式宣布经市委、市政府批准的《广州市国有百货业改革重组方案》出台，将广州市国有百货及相关行业共 124 户独立核算企业，分别组建为以广百股份为核心和以广州友谊为核心的两大国有商业集团，新大新也包括在其中。一开始广州友谊对新大新十分感兴趣，也准备将其纳入其中，再加上国家出台了重组的方案，政府自然是很支持广州友谊重组新大新的。可惜，广州友谊和新大新因在资产估值上意见不一而陷入僵局，当时新大新开出的价格高于类似地段的广东国际大厦和海珠广场的旧广交会，高出了广州友谊的接受心理，导致广州友谊重组新大新不成功。这时，广百也宣告有意收购新大新。广百股份得到其大股东广百集团和政府的大力支持。政府对广百集团的董事会也作了很大的人员调整。这次的调整加强了作为股东和出资人角色的政府控制力与执行力的信号。广百股份有了政府在背后的支持，增加了收购新大新成功的可能性。

4.2　内部原因

4.2.1　优化资源配置

新大新公司是连锁百货零售企业，自从由广百集团控股后，新大新公司就与广百股份形成了同一业务竞争。虽然同属广百集团控股，并由广百股份托管经营管理，但由于股权关系，二者并不能完全摆脱业务上的竞争。广百股份收购新大新后，广百百货消除了新大新百货同业竞争问题，由广百股份进行统一管理，无论在招商方面资源共享，或是在促销方面形成规模效应，都进一步优化了广百内部管理结构，同时新大新的利润水平还将有较大的提升空间。广百股份并购新大新后，采用统一的采购体系，加强对供货商资源的掌控；采用统一的营销体系，节约促销资源；采用统一的财务预算体系，加强费用控制。

维持企业利润的最佳方式之一就是规模化经营，这样，宣传费用和促销费用可通过多间店铺平均摊薄，提高整体销售业绩，从而增大利润率。收购新大新公司后，广百股份不仅可以解决业务竞争问题，而且在广州市场上拥有数十家店面的规模，对招商和销售环节的成本分摊相当有益。

4.2.2　外延扩张

广百股份有限公司收购母公司广百集团持有的新大新后，广百的营业面积由原来的 19. 7 万平方米增加到 25. 5 万平方米，店面数量由 10 家增加到 15 家（新增北京路店、东山广场店、荔湾商厦店、番禺易发店、佛山三水店），业务规模和市场占有率都大幅扩张。收购新大新股权后，公司在广州地区网点分布更加完善，商场定位布局更加鲜明，能够从中高档到低档抓住消费者，抵御当地摩登百货和新光百货等公司的竞争。同时可以降低租金成本，增加企业的竞争能力。

4.2.3 双品牌战略

广百股份计划在完成新大新收购之后将实现双品牌经营，由广百股份统一打造。广百品牌将主要拓展城市核心商业圈及规模较大的零售网点，其他社区型连锁网点将主要使用新大新品牌。公司的双品牌运作将会扩大广百的消费群体。

首先，新大新现时拥有的 5 家百货店铺只有一家位于北京路店与广百的旗舰店在同一商圈，其余的 4 家店铺均与广百形成错位的商圈布局，这不仅有利于公司进一步提升公司在广州区域范围内的品牌号召力和销售渠道的议价能力，也为公司向外扩张发展奠定了坚实的基础。其次，新大新带来的规模延伸将会突破原有三分天下的市场格局。同时，也更加明确了广百公司不同于广州友谊公司目标市场的定位，稳定的目标客户群有望成为成熟店铺内生增长的动力。广百股份总裁黄永志介绍："广百股份将同时保留广百和新大新两个品牌，前者致力于核心商圈百货店的开发，后者则将作为公司社区店的主要品牌。未来几年，广百股份将持续以每年至少 2～3 家新分店的速度扩张。"

5. 结果评价

5.1 财务状况分析

广百股份对广百集团发行 888.33 万股收购 99% 新大新股权，收购完成后，广百股份有限公司将 100% 控股新大新公司；而广百股份总股本将由此前的 16 000 万股扩充至 16 874 万股，广百集团持有公司股票占比将由现在的 60% 提升至 62.07%，控股股东地位得到进一步加强。同时，广百股份与广百集团签有协议，自 2008 年 12 月 31 日以来至股权转让交割日之间的过渡期，新大新所产生的损益合归广百股份所有，这意味着新大新公司 2009 年全年损益都将并入广百股份年报。因此，分析这次并购之后公司的财务状况可以由新大新交由广百股份托管前的时间为始点（广百股份对新大新的托管自 2009 年 1 月 1 日至 2009 年 12 月 31 日），以最终确定收购价格时间为终点。

收购新大新公司后，广百股份实现营业收入由 2008 年的 32.32 亿元增加到 2009 年 46.31 亿元，同比增长 8.84%，实现净利润 1.66 亿元。比较广百股份 2008 年净利润率为 4.5% 与 2009 年的利润率为 3.6%，有明显的下降，其原因主要是由于新大新的净利润率低于广百原有水平导致净利润率下降。

这次并购采用的方式是以向广百集团定向增发的收购方式来收购新大新。该收购方案是定向增发价格为 20.72 元/股、增发 888.33 万股，所收购新大新公司 2008 年的净利润为 1 766 万元。据此计算的收购市盈率为 10.42 倍，收购实施后将增加广百股份的每股收益约7%。

收购完成后广百财务指标变化情况如下：广百股份的总股本增加5.46%，增至16 873.57万股；基本每股收益增加8.99%，增值0.97元；每股净资产增加9.11%，增值6.23元；流动比率、速动比率、资产负债率等财务指标并无显著变化。

由于在2009年6月广百集团曾向新大新以现金补回出资差额13 981 620.19元，在确定新大新99%股权的收购价格时，依此作为调增因素，相应地调增协议资产转让价格金额13 841 803.99元，即将受让价格由注资前的18 406.18万元调整为197 903 603.99元。本应以总收购价格197 903 603.99元进行收购，但是，为了更好地保障公司中小股东权益，经协商后，广百股份与广百集团确定协议资产的转让价格调整为18 406.18万元为原来注资前的金额，不会使中小股东权益受到损害。因此，广百集团曾支付新大新的13 981 620.19元，在这次并购过程中是得不到补偿的。

5.2 股价的变动

广百宣布收购新大新前后广百股份和上证综指股价变动图如图12—2、图12—3所示。

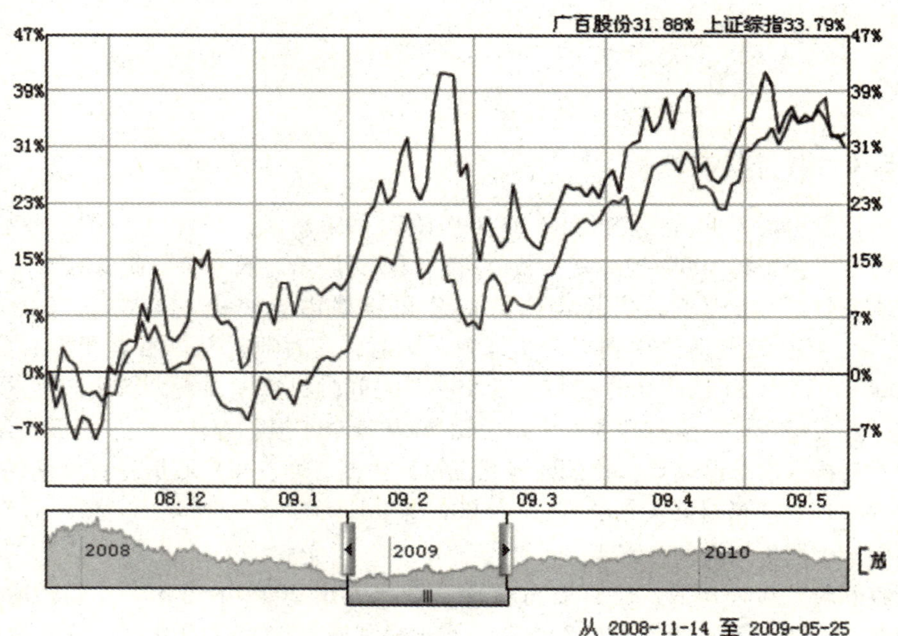

图12—2　广百股份和上证综指图

并购前，广百股份的股价一直比大市好，可惜在广百宣布收购新大新后，广百股份的股价开始不如大市的走势好，股价有明显的下跌，这反映出市场对这次收购并不看好，如图12—4、图12—5所示。

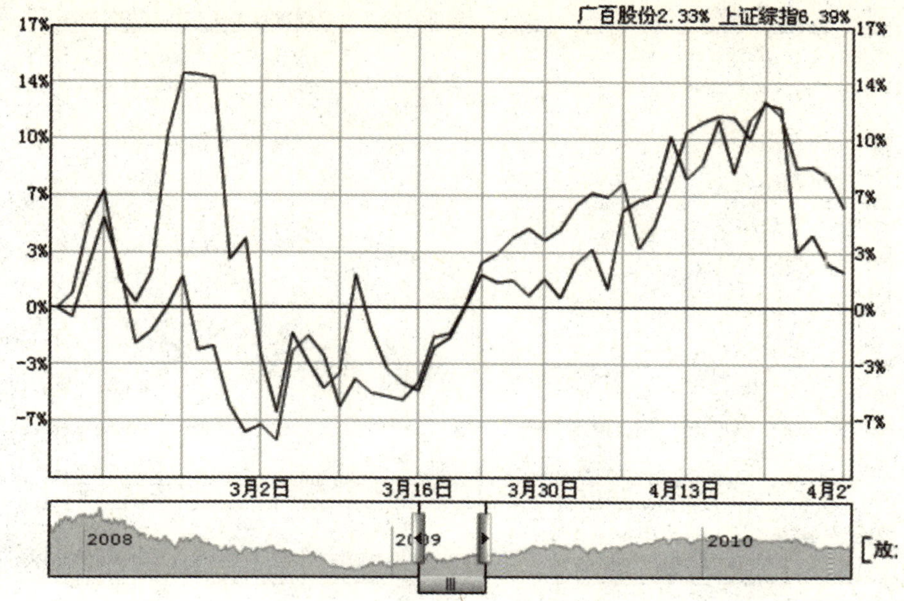

图 12—3　广百股份和上证综指图

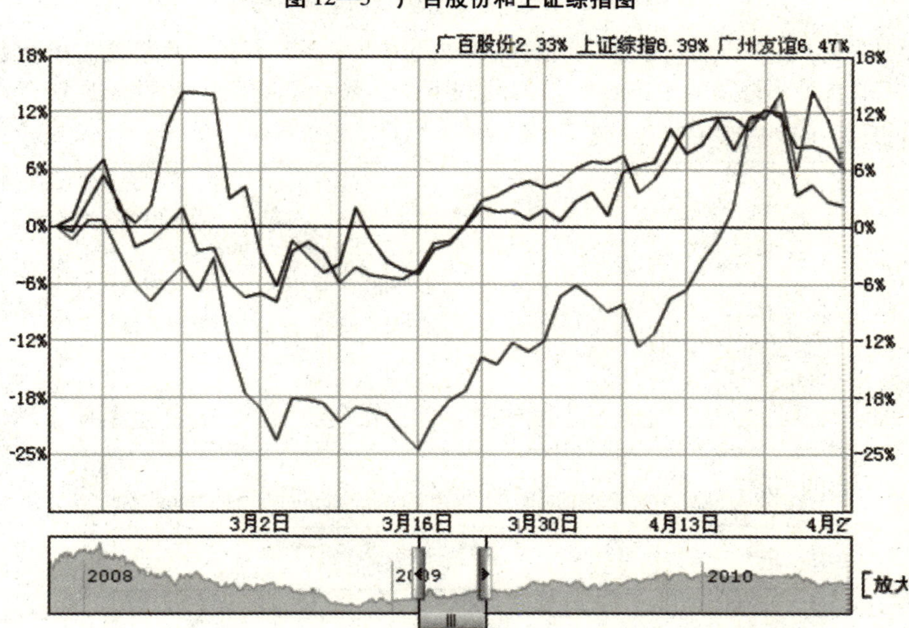

图 12—4　广百股份、广州友谊和上证综指图

由图 12—4、图 12—5 可以看出，广百股份在并购发生前的股价一直领先，比大市和同行业的股价高出很多倍，可惜在发生并购时，广百股份的股价开始落后于

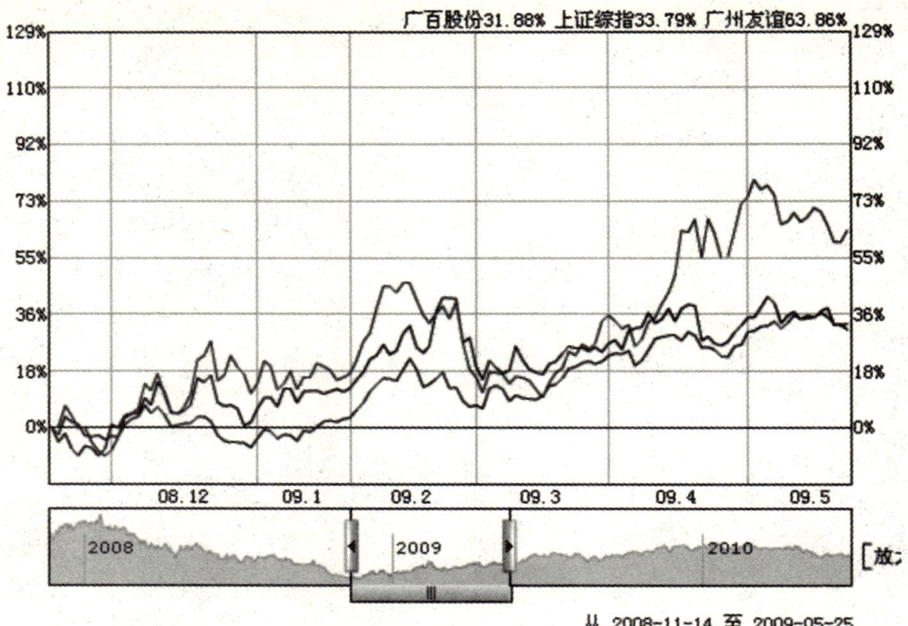

图 12—5　广百股份、广州友谊和上证综指图

大市与同行业，可以看出投资者对这次的收购方案是不看好的。可能是由于新大新 2008 年的业绩不好所导致广百股份的利润下跌，最后影响到广百股份的股价大幅下跌，如图 12—6 所示。

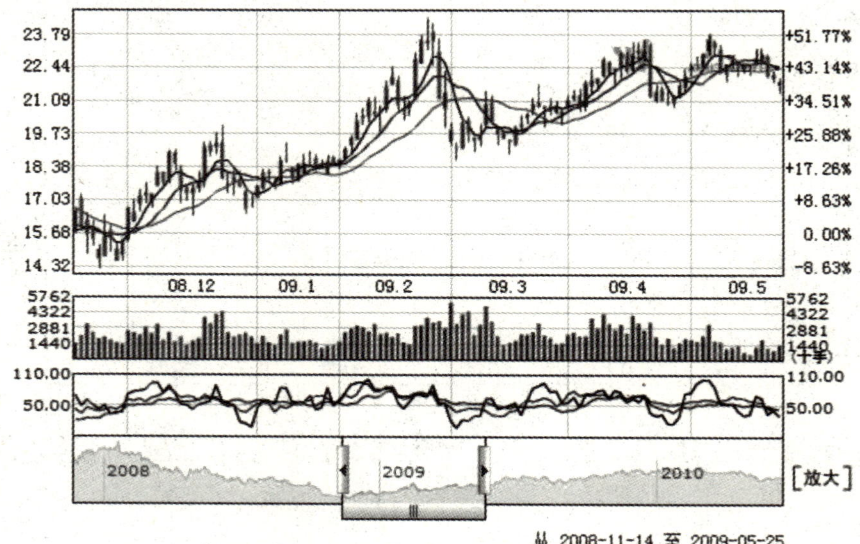

图 12—6　广百股份个股走势图

资料来源　和讯网

图 12—6 广百股份的股票数据时间段是在 2008 年 11 月到 2009 年 5 月，而广

百股份对新大新的托管也是自 2009 年 1 月 1 日至 2009 年 12 月 31 日。

由上述的资料可看出，2008 年，广百股份的股票一直维持在 15 元/股到 19 元/股之间，但由托管日开始，广百股份的股票一路上升，最高的价格为 23.79 元/股，如图 12—7 所示。

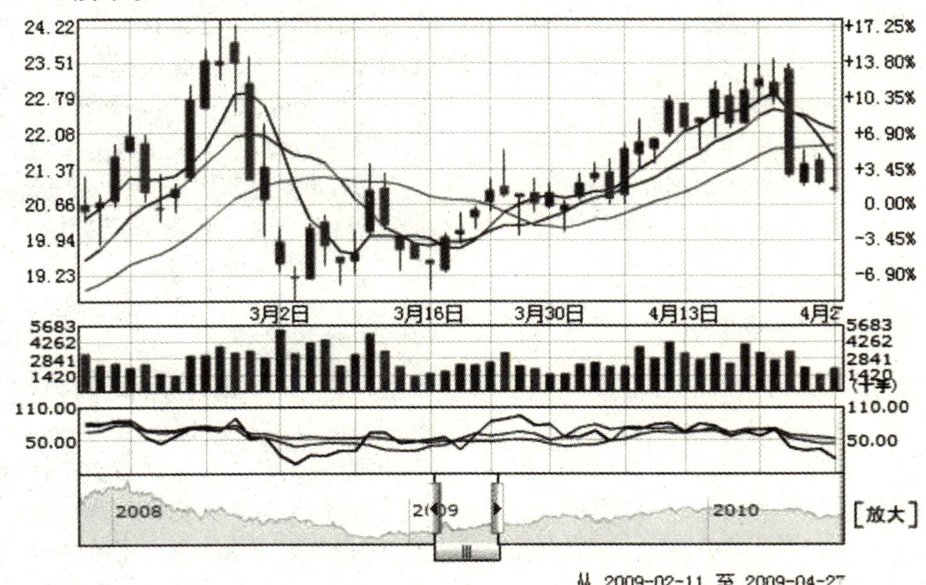

图 12—7　广百股份个股走势图

资料来源　和讯网

广百股份股价在公布收购新大新前，其股价有明显的回落，这可能是投资者对并购的信心不大，毕竟托管和并购是不同的，因为并购要把新大新的盈亏都写入广百股份年报，这有可能会导致广百的利润减少；而托管是不用把盈亏都写入广百股份年报里，其经营的好坏都不会影响广百的利润。因此，有些投资者会趁机抛售其持有的股份，从而导致广百股份的股价下跌。

6. 问题探讨

6.1　购买价格是否合理

广百股份公司本次购买价格，按 20.72 元/股的价格和 888.33 万股的数量计算，总收购价为 18 406.18 万元。根据新大新公司 2008 年的净利润 1 766.49 万元计算，市盈率为 10.42 倍，较其他商业上市公司平均约 20 倍的市盈率，这个价格属于低价收购。

6.2　并购后的整合难度是否较大

新大新公司前身为成立于1967年的广州市中山五路百货商店，属于广州本土老牌百货商店之一。1996年由广百集团组建，因此公司被归入广百集团的旗下。2003年又从广百集团划出，收归广州市政府所有。2009年1月5日，广州市国资委又将其持有的新大新公司99%的股权重新划拨给广百集团。由新大新公司的历史资料可探得：事实上新大新公司与广百股份拥有历史渊源，二者均属同一系统，整合难度较低。而与上市公司沟通得知，公司高管与新大新公司高管不乏交流，原新大新公司总经理亢小燕女士加盟广百一例更可说明两家公司资产整合上难度相对较低。预期，广百股份对于新大新公司的顺利整合将有利于二者及早发挥协力，共同提升公司业绩。

6.3　并购是否有助于提升上市公司价值

根据广百股份公告所披露的资料，2008年新大新公司的销售净利率为2.29%，净资产收益率为12.71%。相比之下，广百股份2008年销售净利率为4.39%，摊薄净资产收益率为15.54%。由此，新大新公司的并入无疑会拖累广百股份这两项盈利能力指标。但若考虑到新大新公司2008年营业收入为7.7亿元，为广百股份营业收入的24%；净利润为1 771万元，为广百股份归属于上市公司股东净利润的12.43%，则可发现由于新大新公司整体的收入规模及净利润规模和上市公司相比较小，因此这种对盈利指针的拖累幅度将不会太大。我们将两家公司2008年的财务数据进行简单合并后计算，合并后的销售净利率为4.08%，净资产收益率为15.34%，与广百目前的两项指标相比只是略有减少。而从业绩增速的角度来看，在不考虑新大新公司注入广百的情况下，预计2009—2010年归属于广百所有者净利润同比增速将分别为11.43%和38.01%；根据公司公告披露的对于新大新公司的盈利预测数据，2009—2010年新大新公司将分别实现净利润1 765.50万元和1 761.73万元，根据增发后的股本计算，约分别提升2009年和2010年每股收益为0.10元和0.10元，上市公司净利润增速将变为22.35%和34.91%。由此可见，收购为公司净利润增速所带来的提升可观。而从资源搭配的角度看，新大新公司经营的商品品类与广百较为接近，均为中高档百货；同时，根据调查得知，新大新公司现有的门店位置均处于广百所未能覆盖到的空白区域，能够与广百目前的门店形成良好互补。

参考文献

1. 佚名:《百货商店》,百度百科,http://baike.baidu.com/view/324622.htm? fr=ala0_1。

2. 佚名:《广百股份有限公司公司简介》,百度百科,http://baike.baidu.com/

view/2935960. htm。

3. 佚名:《广州新大新百货公司——公司简介》,百度百科,http://baike. baidu. com/view/1393140. html。

4. 佚名:《中国零售百货业发展趋势浅析》,中国城市商网,http://www. ctoc. com. cn/dtxx/text. asp? text_id=0000007332。

5. 佚名:《广百股份 1.84 亿元收购新大新》,载《南方日报》,http://finance. sina. com. cn/stock/s/20100105/09557194165. shtml,2010-01-05。

6. 佚名:《广百股份将在上市后收购新大新公司》,载《南方都市报》,http://www. gz. gov. cn/vfs/content/newcontent. jsp? contentId=300770,2006-09-05。

7. 何涛:《广百股份 1.84 亿元收购大股东所持新大新 99% 股权》,网易财经,http://money. 163. com/10/0103/18/5S4EHRM400251LJJ. html,2010-01-01。

8. 肖昕:《广百股份收购新大新　新大新番号或保留》,股市 360,http://www. gushi360. com/finance/gsxw/2009-03-12/283120. shtml,2009-03-12。

9. 骆智冕:《广百 1.84 亿元收购新大新公司 99% 股权近尾声》,载《新快报》,http://guba. eastmoney. com/look,002187,4002829484. html,2010-01-04。

10. 佚名:《广州新大新百货明年实现整体升级》,载《信息时报》,http://www. lingshou. com/GD/Get/gz_bazaar/094059939. htm,2006-09-22。

11. 林晓丽:《广百收购新大新》,广州日报,http://news. sina. com. cn/o/2009-09-25/040516354233s. shtml,2009-09-25。

12. 王志灵:《厘清同业竞争　广百股份 1.84 亿元收购新大新》,载《21 世纪经济报导》,http://stock. stockstar. com/JL2010010500002361. shtml,2010-01-05。

13. 路颖、潘鹤:《广百股份:外延扩张加速 为后期增长奠定基础》,海通证券研究所,http://www. p5w. net/stock/lzft/gsyj/201005/t2993208. htm,2010-05-24。

14. 佚名:《广百股份调研快报:"雁型"扩张,成长可期》,东兴证券,http://finance. qq. com/a/20100429/005233. htm,2010-04-29。

15. 佚名:《广百股份:资产注入尘埃落定,重整旗鼓蓄势待发》,证券之星,http://news. stockstar. com/info/darticle. aspx? id=JI. 20090311. 00000247&columnid=2461,2009-03-10。

16. 佚名:《2008 年中国百货行业发展报告》,中国百货商业协会,http://www. ccagm. org. cn/news/news_detail. asp? id=5164,2009-04-02。

案例参编:杨嘉怡

案例 13

锦龙股份收购东莞证券40%股权

2007年6月29日，广东锦龙发展股份有限公司（以下简称“锦龙股份”）以4 180万元的对价向东莞市西湖大酒店（以下简称“西湖酒店”）收购其持有的东莞证券有限责任公司（以下简称“东莞证券”）4%的股权。2007年12月7日，锦龙股份以5 825万元的对价向中国汇富控股有限公司（以下简称“汇富控股”）收购其持有的东莞证券5%的股权。2007年11月8日，锦龙股份以37 620万元的对价向东莞市金银珠宝实业公司（以下简称“金银珠宝公司”）收购其持有的东莞证券20%的股权。2008年12月8日，锦龙股份以20 691万元向东莞市东糖实业有限公司（以下简称“东糖实业”）收购其持有的东莞证券11%的股权。至此，锦龙股份合计收购东莞证券40%的股权，收购价格总计68 316万元。此次收购有助于加快锦龙股份战略转型和改善资产质量，增强盈利能力和可持续发展能力，为公司寻求新的收入和利润增长点，实现股东权益的最大化，所以这次收购对锦龙股份具有重大意义。

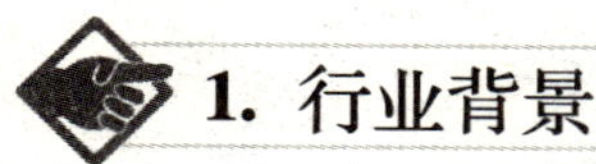

1. 行业背景

1.1 自来水行业概括

从我国过去10年用水情况看，由于提高水价、采取节水措施等因素影响，我国万元GDP用水量及居民人均用水量都呈下降趋势，如图13—1、图13—2所示。其中万元GDP（当年价）用水量从1997年的726立方米下降到2007年的235立方米，年均降幅10.44%；居民人均用水量1997年为220升/日，1999年上升至227升/日，2003年下降至212升/日，此后基本稳定。

但从用水总量上看，近10年第二产业用水和居民生活用水总体都呈现增长态势，如图13—3所示，其中第二产业总用水量2006年为1 344亿立方米，比1997年增加223亿立方米，年均增长率为2.04%；居民生活用水量2006年为695亿立方米，比1997年增加170亿立方米，年均增长率为3.2%。

2007年，我国城市自来水普及率已达93.8%、县城自来水普及率达81.2%；国务院发展研究中心课题组2008年的调查研究也表明：在一般年份，全国城市基本上可以保证供水需求；城市供水设施能力保证高峰日供水量尚有20%～50%的富余。因此，我国自来水行业已度过建设期，进入以服务为主体的成熟阶段，如图13—4所示。

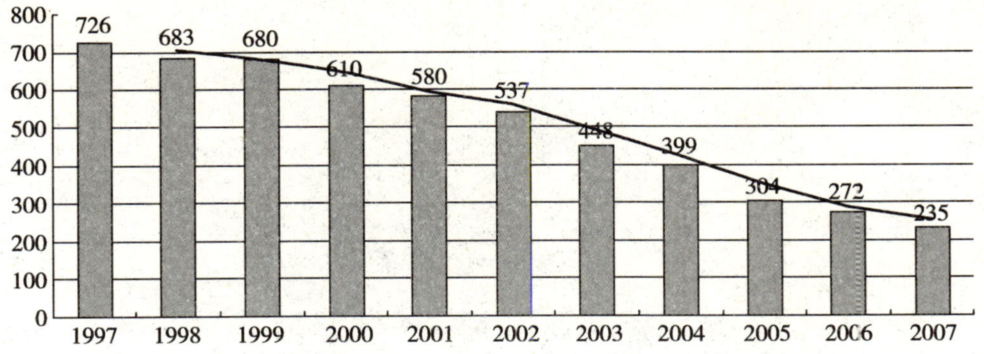

图 13—1　近 10 年我国万元 GDP（当年价）用水量逐年下降（单位：立方米）

资料来源　水利部《水资源公报》、《2007 水利发展公报》

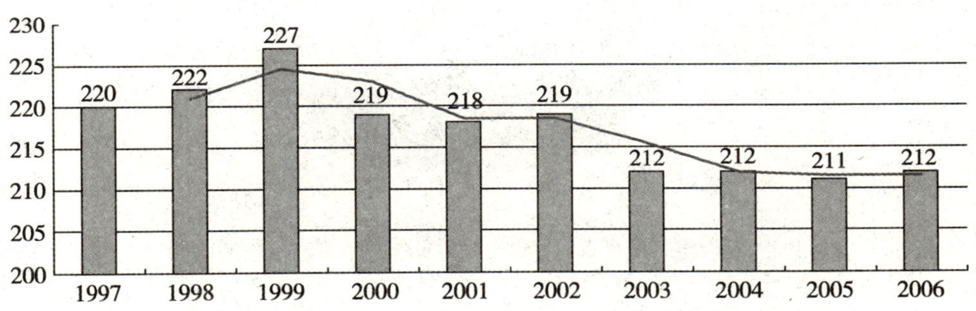

图 13—2　近 10 年我国城镇居民人均用水量有所下降（单位：升/日）

资料来源　水利部《水资源公报》

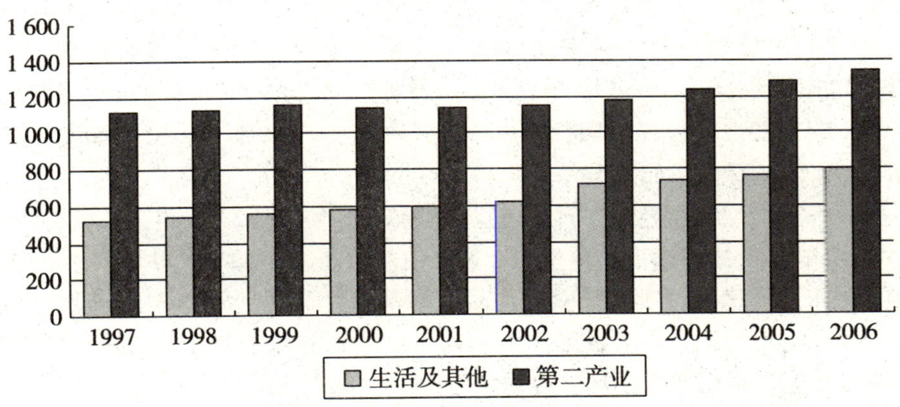

图 13—3　近 10 年我国第二产业及居民生活用水总量呈递增趋势（单位：亿立方米）

资料来源　水利部《水资源公报》

城市自来水普及率

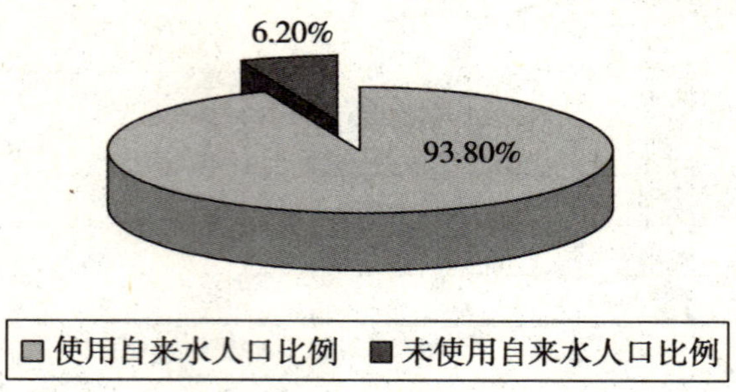

使用自来水人口比例　未使用自来水人口比例

县城自来水普及率

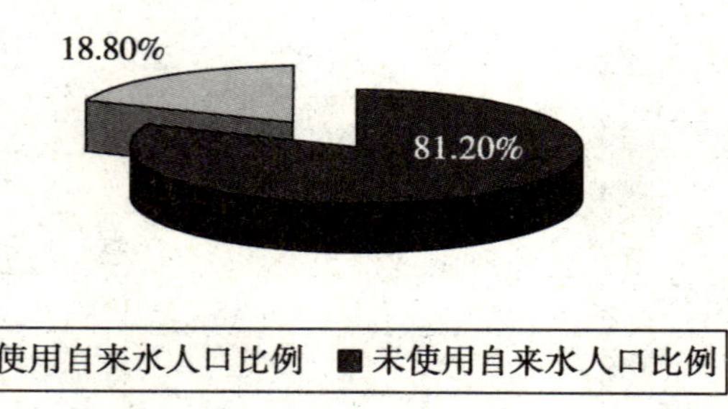

使用自来水人口比例　未使用自来水人口比例

图 13—4　2007 年城市及县城自来水普及率

资料来源　2007 年城市、县城和村镇建设统计公报

据估计，“十一五”期间，我国人口在庞大的基数上还将增加 4%；经济总量将增长 40% 以上；城市化进程将加快，预计到 2050 年，城市化率将达到 70%。从过去 10 年的经验数据看，我国居民用水增长速度远高于人口增长速度。1997—2006 年间，居民生活用水量从 1997 年的 525 亿立方米增长到 2006 年的 695 亿立方米，增长率为 32.5%，而同期我国人口增长率仅为 5.66%。居民用水增长速度是人口增长速度的 6 倍，如图 13—5 所示。

我国《节水型社会建设“十一五”规划》提出：到 2010 年，单位 GDP 用水量比 2005 年降低 20% 以上；单位工业增加值用水量低于 115 立方米，比 2005 年降低 30% 以上；全国城市供水管网平均漏损率不超过 15%，生活节水器具在城镇得到全面推广使用，北方缺水城市再生水利用率达到污水处理量的 20%，南方沿海缺水城市再生水利用率达到污水处理量的 5% ~10%。

随着我国各项节水措施的推进，单位 GDP 用水量、人均用水量将逐渐减少。但是，由于人口的增加、城市化的深入以及工业生产的增长，预计城市水务行业的总体需求将保持平稳增长状态，增长幅度将低于前 10 年的 2.4% 的水平。

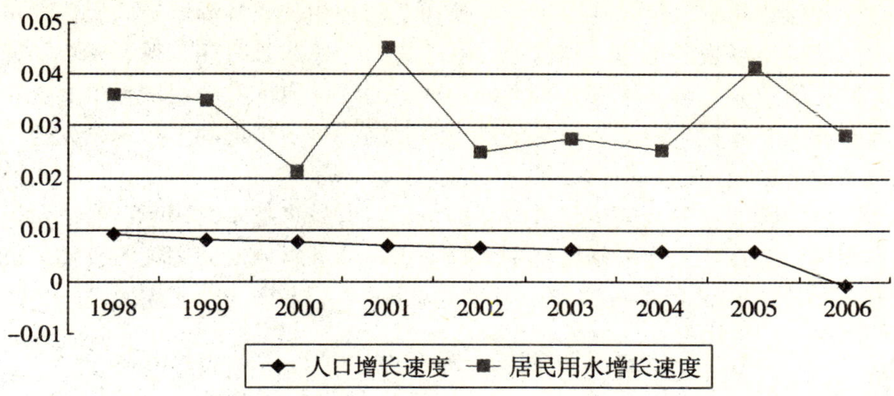

图 13—5 近 10 年我国居民用水量增长速度远超过人口增长速度

资料来源 水利部《水资源公报》、国家统计局

1.2 证券行业概况

1.2.1 证券行业广阔的发展空间

中国经济保持稳定高速增长以及直接融资比重的提高，使我国证券化比率稳步提升，带动了中国资本市场走向全面繁荣，为国内证券行业提供了广阔的发展空间和充足的业务机会。其具体表现为以下三个方面：第一，国内企业融资需求迅速增长，证券市场成为企业重要的资金供给来源；第二，证券市场的融资方式和投资产品的种类越来越丰富，同时投资者队伍的数量和质量都有大幅的提升；第三，我国为了能够进一步分享经济和金融全球化带来的巨大利益，必须进一步发展和开放资本市场。这些为多元化证券公司业务发现新的利润增长点提供了充足的动力和难得的机遇。

1.2.2 进入证券行业的主要障碍

证券市场涉及的范围广泛、敏感度高、存在较大的不确定性，如果风险控制失当，对社会、经济会造成较大冲击和破坏。因而证券行业在经济体系、金融市场中处于重要的位置，并起着关键作用。监管部门对证券行业实行严格的行业准入管制，而且基于维护社会、经济的稳定和发展，国家对证券业的资本规模有较高的要求，在不同的业务经营范围，规定了相应的注册资本最低限额，这构成了较高的资本进入壁垒。同时，对大量的复合型、前沿型人才的需求也提高了证券行业的进入门槛。

1.2.3 证券行业的竞争状况

截至 2006 年，我国共有 104 家证券公司，证券行业整体上呈现出证券公司数量众多、行业集中度不高、证券公司业务竞争激烈的格局。

我国证券公司的业务种类相对单一，收入主要来自经纪、发行承销和自营三项业务，盈利模式的差异化尚不显著。业务收入还主要依赖于传统业务，其他业务占行业总业务比重相对较低，导致了证券公司之间在相关业务领域的同质化竞争。

我国证券市场发展迅速，国内证券业已进入快速成长时期，行业整合加速的发展趋势使得行业领先的公司具备更大的发展潜力。优质证券公司增强了其资本、网络、业务和人才等竞争要素，市场份额不断提高，进一步巩固了行业领先地位，拉大了与其他证券公司的差距。

随着证券行业对外开放步伐进一步加快，将有越来越多的国际证券公司进入中国资本市场，并在相关业务领域特别是投资银行业务领域对我国证券公司形成强大的冲击。

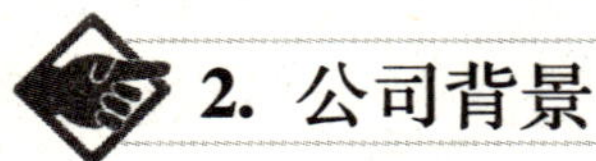

2. 公司背景

2.1　锦龙股份

广东锦龙发展股份有限公司，原名为广东金泰发展股份有限公司，是1997年4月9日设立的股份有限公司，由清远市纺织工业总公司、清远金泰化纤股份有限公司、清远市奥美制衣厂、清远市远德针织制衣厂及深圳市清泰威贸易公司共同发起，向广东金泰发展股份有限公司投入资本总计150 288 845.32元；向社会公开发行人民币普通股16 707 000股，共募集了资金121 626 960.00元，实收股本为66 803 300.00元。1997年4月15日，广东金泰发展股份有限公司在深圳证券交易所挂牌上市（股票代码“000712”）。在2000年年度股东大会的决议，广东金泰发展股份有限公司名称正式变更为“广东锦龙发展股份有限公司”。公司经营范围为纺织、化纤长丝生产、房地产开发、实业投资和房地产开发。2006年3月27日，锦龙发展股份有限公司的原流通股东每持有10股流通股可获得非流通股股东支付的3.3股对价股份；原非流通股股东持有的非流通股股份性质可变更为有限售条件的流通股；股权分置改革后的锦龙股份股本总额不变。

锦龙股份的现有主营业务有自来水业务、房地产开发业务。公司控股的子公司自来水公司的供水范围为清远市城区及周边区域，供水人口约40万人，日最大供水量为18万立方米。近几年来，随着清远市当地经济的快速发展，锦龙股份自来水业务的供水和收入规模稳定的增长。锦龙股份现拥有正荣公司等房地产项目公司，此外还拥有位于清远市城区的约8.3万平方米商住用地资产。

2.2　东莞证券

东莞证券有限责任公司是在1988年6月11日批复成立的非银行金融机构，原名为东莞证券（有限）公司，是东莞市属国有控股的综合类证券公司，也是全国首批承销保荐机构之一。1992年7月13日，东莞证券重新登记。当时，东莞证券的唯一出资人是中国人民银行东莞分行，出资金额为1 000万元。根据1996年7月5日东莞证券股东大会决议第一项，中国人民银行东莞分行同意收回对东莞证券的投资 1 000 万元。东莞市金源实业发展公司、东莞市城信电脑开发服务有限公司、东莞市金银珠宝实业公司分别出资 700 万元、250 万元、50 万元，成为东莞证券公司的三位新股东。1996 年 7 月 5 日，东莞证券股东大会决议的第二项中，前述三位新股东按照投资比例追加投资 4 000 万元。1996 年 11 月 11 日，东莞证券的注册资本增至 5 000 万元。1999 年，根据中国证监会的重新核定，东莞证券获得了证券业务经营许可证。2001 年年度第二次会议的决议，东莞证券审议通过了增资扩股的议案。2001 年 12 月，经中国证监会核准增资扩股，东莞证券的注册资本由 5 000 万元增至 55 000 万元，由 3 名股东增至 7 名股东。公司业务范围涵盖了证券经纪、资产管理、投资银行、投资管理、研究资讯等，下设证券营业部 10 家，证券服务部 10 家。东莞证券在 2007 年收购了华联期货经纪有限公司 49% 的股权，开拓了新的业务领域。

3. 并购过程

本次重大资产购买的交易标的是东糖实业、金银珠宝公司、汇富控股和西湖酒店分别持有的东莞证券的 11%、20%、5% 和 4% 的股权。锦龙股份收购东莞证券 40% 的股权的价格合计为 68 316 万元。本次交易完成后，锦龙股份将不拥有对东莞证券的控制权，也不会将东莞证券的权益与本公司进行报表合并。

3.1 并购时按时间顺序发生的事项

2007 年 3 月 5 日，锦龙股份在公告中披露了有关参股东莞证券有限公司的意向，但仍处于筹划及商谈阶段。

2007 年 6 月 1 日，锦龙股份与东莞城信计算机开发服务有限公司和东莞市金银珠宝实业公司分别签订了《股权转让意向书》。

2007 年 6 月 29 日，经锦龙股份第四届董事会第十次会议审议批准，锦龙股份与西湖酒店签订了《股权转让合同》，锦龙股份以 4 180 万元收购西湖酒店所持有东莞证券 4% 的股权。2007 年 10 月 18 日，金银珠宝公司通知锦龙股份，已决定将其所持有的东莞证券 20% 的股权进入产权交易市场公开交易，通过公开招标方式挂牌转让。双方同意终止于 2007 年 6 月 1 日签订的相关《股权转让意向书》。

2007 年 11 月 8 日，经锦龙股份第四届董事会第十四次临时会议审议批准董事会审议通过《关于竞投东莞市金银珠宝实业公司所持有的东莞证券有限责任公司 20% 股权的议案》。

2007 年 11 月 14 日，东莞市城信电脑开发服务有限公司函告锦龙股份：城信电脑公司因其自身原因，已不能向公司转让其持有的东莞证券有限责任公司 20% 股权，并决定终止此前与公司签订的相关《股权转让意向书》。

2007 年 12 月 7 日，经锦龙股份第四届董事会第十六次会议审议批准，锦龙股份与汇富控股签订《股权转让合同》，锦龙股份以5 825万元收购汇富控股所持有东莞证券5%的股权。2007年12月11日，经锦龙股份第四届董事会第十七次会议审议批准，金银珠宝实业公司持有的东莞证券20%股权经在东莞市产权交易中心挂牌公开转让程序，锦龙股份被确定为该20%股权的受让人。金银珠宝实业公司签订了相关的《股权转让合同》，转让前述东莞证券20%的股权。

2008年10月8日，锦龙股份在东莞市与东莞市东糖实业集团公司签订了《股权转让意向书》，东糖实业拟将其持有的东莞证券有限责任公司股权中不少于东莞证券11%的股权转让给锦龙股份。

2008年12月8日，经锦龙股份第四届董事会第二十七次会议审议批准，董事会审议并通过了《关于竞投东莞证券有限责任公司股权的议案》。锦龙股份在竞买报名期限内报名参与竞投。

2008年12月15日，经锦龙股份第四届董事会第二十八次会议审议批准，经东莞市产权交易中心挂牌公开程序，公司被确定为其中占东莞证券11%股权的受让人，公司控股股东东莞市新世纪科教拓展有限公司被确定为东莞证券另4.6%股权的受让人。锦龙股份与东糖实业签订了相关《股权转让合同》。

2009年1月8日，经锦龙股份第四届董事会第二十九次会议审议批准，董事会审议通过了《广东锦龙发展股份有限公司合计收购东莞证券有限责任公司40%股权的议案》。

2009年2月6日，经锦龙股份2009年第一次临时股东大会审议批准，股东大会通过了《广东锦龙发展股份有限公司合计收购东莞证券有限责任公司40%股权的议案》。

2009年6月9日，经锦龙股份第四届董事会第三十三次会议审议批准，锦龙股份收到中国证监会《关于核准广东锦龙发展股份有限公司重大资产重组方案的批复》，核准锦龙股份本次重大资产重组方案。

2009年6月12日，东莞证券完成了本次40%股权变更的工商变更登记手续，相关股权已过户至锦龙股份。

2009年7月2日，经锦龙股份第五届董事会第二次临时会议审议批准，锦龙股份已向西湖酒店、汇富控股、金银珠宝公司、东糖实业支付了共计68 316万元的股权转让款，股权转让款已全部支付完毕。

2009年8月6日，经广东省工商行政管理局核准，锦龙股份的注册地由“广东省清远市经济开发实验区二号区内”变更为“广东省东莞市南城区鸿福路106号南峰中心第十二层”。

3.2 本次重大资产收购支付方式、定价方法以及定价基准日至交割日期间损益的归属

表13—1基本包含了本次重大资产收购的支付和享有损益的规则，接着就是以表13—2对定价依据进行探讨。

表 13—1 与本次收购有关的支付方式定价和损益归属的内容

转让方	购买股权比例	定价依据	交易金额（万元）	支付方式	定价基准日至交割日期间损益的归属
东糖实业	11%	资产评估确定的东莞证券股权价值为依据，并结合溢价因素	20 691	合同签订后 5 个工作日内，支付总价款的 60%；获得中国证监会批准之日起 10 个工作日内，另支付总价款的 40%	除东糖实业在评估基准日前从东莞证券已分配的利润外，评估基准日前以及评估基准日至股权交割日的东莞证券经营盈亏均由锦龙股份按受让股权比例享有和承担
金银珠宝	20%	资产评估确定的东莞证券股权价值为依据	37 620	合同签订后 10 个工作日内，支付总价款的 60%；获得中国证监会批准之日起 10 个工作日内，另支付总价款的 40%	除金银珠宝公司在评估基准日前从东莞证券已分配的利润外，评估基准日前以及评估基准日至股权交割日的东莞证券经营盈亏均由锦龙股份按受让股权比例享有和承担
汇富控股	5%	东莞证券注册资本为依据，并结合溢价因素	5 825	签订后 10 个工作日内，一次性以现金形式支付价款	在合同生效前后的所有损益（包括 2007 年度及之前在东莞证券已分及应分而未分的所有利润——汇富控股已分配的部分利润 11 122 645.78 元除外），全部归锦龙股份享有和承担
西湖大酒店	4%	东莞证券的注册资本为依据，并结合溢价因素	4 180	合同签订后 10 个工作日内，一次性以现金形式支付价款	合同生效后，西湖大酒店所转让股权在合同生效前后的所有损益，全部归锦龙股份享有和承担

表 13—2 本次重大收购的定价相关的内容

转让方	定价依据	考虑溢价因素	基准日	评估方法	定价依据下全部股份价格（万元）	股权比例	交易价格（万元）	溢价
东糖实业	资产评估	√	2008-09-30	收益法	175 794.31	11%	20 691	6.88%
金银珠宝	资产评估		2007-06-30	收益法	188 223.39	20%	37 620	N/A
汇富控股	注册资本	√	N/A	N/A	55 000	5%	5 825	111.80%
西湖大酒店	注册资本	√	N/A	N/A	55 000	4%	4 180	90%
合计	—	—	—	—	—	40%	68 316	—

3.3 本次重大资产收购前后东莞证券股东变化

表 13—3 中，东莞发展控股股份有限公司于 2008 年 4 月 29 日与东莞市城信电脑开发服务有限公司签订了《东莞证券有限责任公司股权转让合同》，该公司以 37 620万元收购城信电脑公司持有的东莞证券 20% 的股权。

表 13—3　　收购发生前后东莞证券的股权变动情况

股东名称	收购完成后持股比例	收购完成前持股比例
广东锦龙发展股份有限公司	40%	
东莞市财信发展有限公司	20%	20%
东莞市金源实业发展公司	15.40%	15.40%
东莞发展控股股份有限公司	20%	
东莞市新世纪科教拓展有限公司	4.60%	
东莞市城信电脑开发服务有限公司		20%
东莞市金银珠宝实业公司		20%
东莞市东糖实业集团公司		15.60%
中国汇富控股有限公司		5%
东莞市西湖大酒店		4%
合计	100%	100%

新世纪公司于 2008 年 12 月 15 日与东糖实业签订了《股权转让合同》，该公司以 8 652.60 万元收购了东糖实业持有的东莞证券 4.6% 的股权。

本次收购完成后，虽然锦龙股份变为东莞证券第一大股东，但由于其他大部分股东的最终控制人为东莞市国资委，因而本公司不是东莞证券最终控制人，东莞证券的财务报表不能合并到本公司的合并财务报表中。

3.4 其他内容

值得注意的是，根据锦龙股份在东莞市产权交易中心参与竞拍东莞证券相关股权时的承诺，本公司取得东莞证券相关股权后，需在公司股权转让得到中国证监会批准之日起 3 个月内由注册地迁至东莞市，因而出现了 2009 年 8 月 6 日的注册地变更问题。

锦龙股份在本次重大资产收购的过程中存在主业资产出售的情况，详细情况将会在问题探讨部分说明。

4. 并购动机

4.1 寻找新盈利点的需要

锦龙股份于 2000 年引入了新世纪公司作为公司新的控股股东，为了提高锦龙股份的核心竞争力和盈利能力，新世纪公司入主本公司以后，渐进式地推动锦龙股份的资产优化和产业转型，以寻求公司股东利益最大化。

2007 年以前锦龙股份的经营业务为房地产开发、自来水的生产和供应、化纤长丝生产和销售，以及酒店业务等。在经营状况方面，公司房地产业务经营收益情况良好；自来水业务盈利能力稳定；纺织业务由于规模较小，且市场竞争激烈，自 2004 年至 2007 年连续三年均发生亏损，已经成为公司持续稳健发展的包袱（详见表 13—4）；酒店业务的经营一直处于微薄利润或亏损状况，而且占用了公司的管理资源。

表 13—4 **锦龙主营业务利润率**

年份	主营业务利润率		
	2004	2005	2006
房地产业	68.52%	51.05%	53.67%
纺织业	7.48%	-0.11%	-0.11%
自来水业	43.06%	37.14%	29.80%

2007 年，锦龙股份为了得到长远的发展和提高公司核心竞争力，重点调整公司的产业结构。一方面，锦龙股份将纺织、酒店等盈利能力低下甚至亏损，阻碍公司发展的业务逐渐剥离出公司；另一方面，在继续发展壮大盈利能力稳定的自来水业务和房地产业务的基础上，寻求新的收入和利润增长点，实现股东权益的最大化。

4.2 本次收购东莞证券价格合理

由于东莞证券不是上市公司，其市值难以准确取得，因而这里的溢价是指较注册资本高出的部分，银龙股份以及同行业收购溢价详见表 13—5 和表 13—6。

表 13—5 **锦龙股份收购东莞证券溢价**

转让方	收购股份（万股）	权数	折合每股价格（元）	较注册资本溢价
西湖大酒店	2 200	10.0%	1.90	90%
汇富控股	2 750	12.5%	2.12	112%
金银珠宝	11 000	50.0%	3.42	242%
东糖实业	6 050	27.5%	3.42	242%
合计	22 000	100.00%	加权平均溢价	210.55%
2006 年 12 月 31 日市盈率		24.59		

表 13—6 是反映 2007 年市场上同类公司股权转让的整体平均溢价，与本次收购东莞证券的加权平均溢价相比，东莞证券的溢价比市场同类交易的溢价低

38.21%。从市场上同类公司市盈率来看，东莞证券的市盈率较市场同类公司平均市盈率低 2.20%，所以东莞证券的溢价比市场同类公司溢价低是合理现象。值得注意的是，虽然东莞证券的市盈率较市场同类公司低，但东莞证券与市场上同类公司的市盈率之差和溢价之差的比例达 1∶12.92，说明锦龙股份本次收购东莞证券的溢价比市场同类公司股权转让的溢价更有吸引力。

表 13—6 **2007 年同行业股权转让溢价**

证券公司	较注册资本溢价	2006 年 12 月 31 日市盈率	金额（元）	权数
国泰君安证券股份有限公司	298%	13.72	15 803 900.00	1.17%
申银万国证券股份有限公司	270%	20.33	149 796 993.80	11.07%
华泰证券有限责任公司	550%	17.06	267 063 500.00	19.74%
华西证券有限责任公司	236%	11.71	604 800 000.00	44.71%
南京证券有限责任公司	516%	58.67	115 279 200.00	8.52%
华鑫证券有限责任公司	0%	29.27	200 000 000.00	14.78%
加权平均溢价	291%	—	1 352 743 593.80	—
算术平均市盈率		25.13		

4.3 东莞证券的优势

东莞证券随着国民经济的不断增长和证券市场势如破竹的发展，盈利连翻几倍（见表 13—7）。

表 13—7 **东莞证券 2005—2007 年经营状况** 单位：元

年份	营业收入	营业支出	投资收益	营业利润
2005	81 545 272.15	114 242 156.78	3 152 909.28	-29 543 975.35
2006	300 501 699.62	168 373 119.88	-5 693 219.45	126 435 360.29
2007	1 649 241 389.14	422 448 588.22	207 465 262.16	1 434 258 063.08

2006 年，东莞证券的营业利润由亏转盈，更直破亿元。2007 年，有更大幅度的增长，主要是由其核心的经纪业务带动的（见表 13—8）。

表 13—8 **东莞证券 2005—2007 年经纪与承销业务收入状况** 单位：元

年份	2007	2006	2005
手续费及佣金收入	1 488 034 949.86	260 685 137.63	70 247 287.56
——证券承销业务	2 254 174.00	9 236 665.50	0
——证券经纪业务	1 483 561 482.60	251 448 472.13	70 247 287.56
——期货经纪业务	2 219 293.26	0	0

这种经纪业务的爆炸式增长主要来源于证券市场 2006 年开始进入了新的发展阶段，体现为市场规模倍数扩大、股票市场活跃程度提高、成交金额大幅增加等，就是这些原因大幅度地增加了经纪业务的业务量，从而提高相关的业务收入。

经纪业务是东莞证券的核心业务之一，是公司重要的基础业务，占其营业收入比重相当大。经纪业务的收益水平决定于证券市场的活跃程度，因此当理性投资逐渐成为市场的主流，证券交易的换手率会有所下降，这会对东莞证券的经纪业务造成一定的负面影响。所以，东莞证券希望通过实施多元化经营，加大资产管理、投资银行等业务的规模，降低对公司经纪业务的依赖程度，并且努力提高客户服务和研发水平，尝试增加咨询业务和资讯服务收入，加强中间产品销售力度，努力扩大基金等的销售力度，增加不与市场行情挂钩的业务收入，从而降低对客户佣金的依赖度。

由于我国新增证券营业网点的审批逐步放宽，势必造成各地区营业机构增加，从而造成更加激烈的竞争，对营业收入的稳定增长造成一定的威胁。更为严峻的是随着我国证券市场对外开放程度的日益提高，国外证券公司凭借着雄厚的资金实力、丰富的管理经验、广泛的国际营销网络，将对国内证券公司的传统经纪业务模式造成巨大冲击。对此，东莞证券将通过加强营业网点的建设，增加覆盖面、提高布局的合理性，通过规范管理和优质服务吸引更多客户，提高传统经纪业务竞争力。

由此可见，东莞证券应有相应的发展战略以应对幻变的资本市场，加上证券行业属于国家大力发展和支持的行业，符合国家产业政策，以及预期国民经济将会持续增长和资本市场进入快速发展阶段，相信东莞证券的相关业务会继续得到快速发展。

东莞证券拥有自身的应对策略和国家对证券行业的支持，对东莞证券的未来发展起着积极的作用。

东莞证券立足东莞市，是当地的大型证券企业。东莞市发展迅速，GDP 连续多年维持在 19% 或以上增长（详见表 13—9），高出全国 GDP 平均增长率约 8%。可以看出，东莞市的经济发展仍有较大潜力，能够带动当地对证券投资以及相关业务的需求，对东莞市的证券行业持续增长有很大的支持作用。

表 13—9　**东莞市与国内 GDP 增长对比**

年份	2003	2004	2005	2006
东莞 GDP 增长	19.50%	19.60%	19.30%	19.00%
国内 GDP 增长	10.00%	10.10%	10.40%	10.70%

东莞证券就是凭借其在东莞地区自身独具的区域优势、质量优良的经营资产和较强的盈利能力取得了良好的经营业绩。虽然东莞证券的经营业绩受证券市场行情影响大，但其整体经营业绩良好，锦龙股份进一步参股东莞证券将有望在未来取得较好的投资收益，成为公司新的利润增长点，提高锦龙股份的股东权益价值。

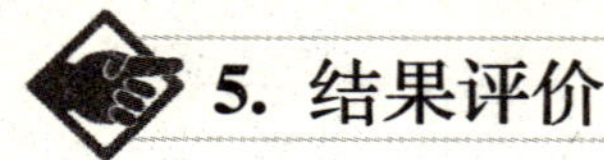

5. 结果评价

5.1　股票分析

由图 13—6 可得知，公告日前后 10 天的股票的走势变动，可以形成一个以公告日为中心前后两种不同的走势。在公告日前，股价相对稳定且慢慢增长，价位一直徘徊在 4 元/股 ~6 元/股；在公告日后，出现了一定程度的持续升幅，其中股价最高位达到 10.27 元/股，比公告前股价最高的 7.61 元/股高出了 34.95%，而公告日后最低股价是 7 元/股，比公告前股价最高的 7.61 元/股少 8.01%。由于在公告日后，股票的价格一直升幅，因此在一定的程度上，股价的利好是本次收购所导致的。

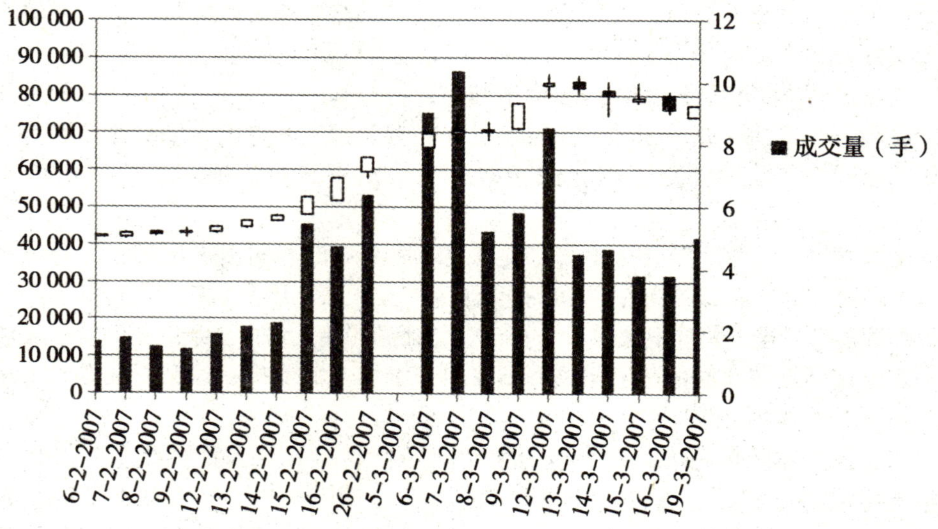

图 13—6　锦龙股份公告日前后 10 个交易日股价走势图

由图 13—7 得知，锦龙股份表现优于整个大市，在公告日前，投资者收到有关锦龙股份会收购东莞证券的消息，股票一路做好，证明投资者认同这次收购的重大决策。锦龙股份在公告日当天停牌，而公告日前 10 天的平均超额回报率为 23.89%，公告日后 6 天依然拥有正的超额回报，说明该次重组有一个支撑作用，表明市场对锦龙股份本次参股东莞证券有一定的期望。

图 13—8 显示的是锦龙股份与同行业具有可比性的三峡水利累计超额回报分析图，在公告日前 10 天，锦龙股份与三峡水利的累计超额回报率相比差距不多，但是在投资者收到有关锦龙股份会收购东莞证券的消息前几天，累计超额回报率不断攀升，而在公告日后，攀升的幅度更明显。这反映了本次收购对股票的回报带来了利好的影响，因此出现跑赢大市的现象。锦龙股份大幅上升抛离可比公司和市场的

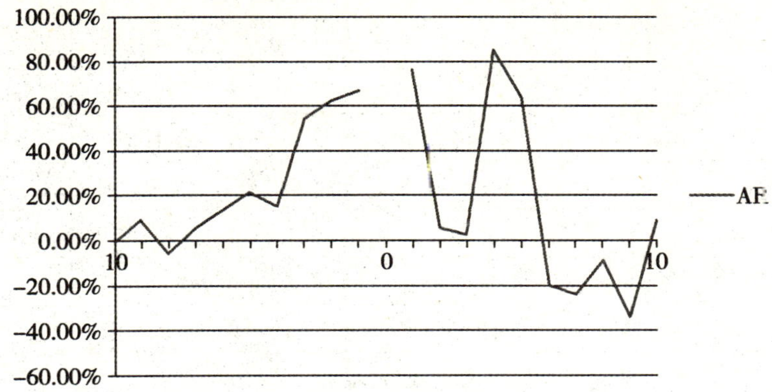

图 13—7 锦龙股份公告日前后 10 个交易日 AR

回报，证明了投资者对本次收购有很大的期望。

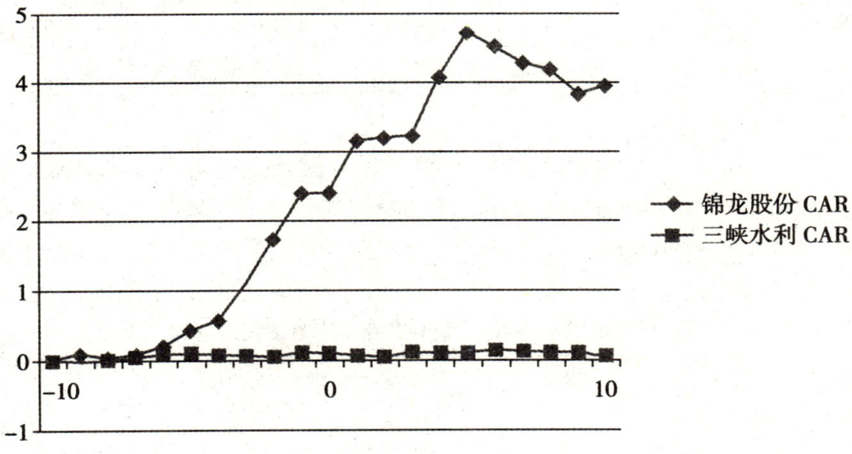

图 13—8 锦龙股份 CAR 与三峡水利 CAR 对比

5.2 财务指标分析

5.2.1 偿债能力分析

由表 13—10 可知，锦龙股份的短期偿债能力较 2006 年低，主要因为流动资产的减少幅度多于流动负债的减少幅度；而在整体来看，锦龙股份的总体偿债能力有所提高，原因是负债总额大幅降低 44.22%，而总资产只下降 8.9%。

由表 13—11 可知，锦龙股份 2009 年的流动负债比率较 2006 年有所降低，而公司的流动负债主要是由短期借款、其他应收款等构成，而本次资产重组使公司财务结构得到优化，负债结构趋于合理。

表 13—10 锦龙股份 2006 年年末与 2009 年年末偿债能力对比

	2006 年 12 月 31 日	2009 年 12 月 31 日	变动
流动比率	1.69	1.05	-37.87%
流动资产（元）	834 945 046.65	137 762 910.03	-83.50%
流动负债（元）	495 170 148.83	131 636 602.10	-73.42%
资产负债率	0.64	0.39	-39.06%
总资产（元）	1 312 927 426.56	1 196 046 289.15	-8.90%
总负债（元）	846 585 393.64	472 208 210.91	-44.22%

表 13—11 锦龙股份 2006 年年末与 2009 年年末负债状况

	2006 年 12 月 31 日	2009 年 12 月 31 日	增加
流动负债占负债总额比重	0.58	0.28	-51.72%
流动负债合计（元）	495 170 148.83	131 636 602.10	-73.42%
负债总额（元）	846 585 393.64	472 208 210.91	-44.22%

5.2.2 营运能力分析

由表 13—12 可知，流动资产的周转能力有所提升，主要由于主营业务收入下降幅度少于流动资产下降幅度所致；而流动资产周转率有所降低，主要由于锦龙股份在本次重大资产收购期间，公司剥离了盈利能力不强但金额较大的纺织业务和酒店业务，使其资产结构有所优化及导致营业收入下降幅度大于总资产减少的幅度。

表 13—12 锦龙股份 2006 年年末与 2009 年年末营运能力对比

	2006 年 12 月 31 日	2009 年 12 月 31 日	增加
流动资产周转率	0.25	0.32	28.00%
主营业务收入（元）	250 137 264.66	162 012 145.19	-35.23%
流动资产平均余额（元）	983 279 565.12	513 787 035.70	-47.75%
总资产周转率	0.16	0.14	-12.50%
主营业务收入（元）	250 137 264.66	162 012 145.19	-35.23%
总资产平均余额（元）	1 517 659 630.72	1 160 947 661	-23.50%

5.2.3 盈利能力分析

由表 13—13 得知，公司的整体获利能力得到大幅的提升，主要由于经营能力较差的业务得到变卖，剩下收入相对稳定的自来水业务和盈利能力较强的证券业务，因而使获利能力得到大幅提升；相对 2006 年来说，每股收益大幅增加 12 倍，主要由于公司进行了本次资产重组，渐进式地推动了本公司的资产优化，使盈利能力有所提高；而每股净资产有所降低主要由于在本次重大收购期间股本进行了增资扩股，导致权益的增长速度较股本的增长速度慢。

表 13—13　　锦龙股份 2006 年年末与 2009 年年末盈利能力对比

	2006 年 12 月 31 日	2009 年 12 月 31 日	增加
每股收益（元）	0.05	0.65	1 200%
净利润（元）	7 275 419.98	197 196 031.80	2 610.44%
总股本（元）	152 311 524	304 623 048	100%
每股净资产（元）	2.87	2.38	-17.1%
所有者权益（元）	437 333 639.49	723 838 078.24	65.51%
总股本（元）	152 311 524	304 623 048	100%
资本金收益率	0.05	0.66	1 220%
净利润（元）	7 275 419.98	197 196 031.80	2 610.44%
实收资本（元）	152 311 524	304 623 048	100%
净资产收益率	0.02	0.31	1 450%
净利润（元）	7 275 419.98	197 196 031.80	2 610.44%
平均净资产（元）	435 202 899.50	653 993 970.30	50.27%

5.2.4　现金流量指标分析

由表 13—14 可知，公司的每股经营现金流经营现金流，由原来的-0.48 元增加为 2009 年的 0.3 元，主要由于盈利较差的资产被剥离，增强了公司回笼资金的能力，加上在 2009 年收回了部分本次重大资产收购期间所出售资产往来款，给公司带来了一定的现金流入。

表 13—14　　锦龙股份 2006 年年末与 2009 年年末现金流量对比　　金额单位：元

	2006 年 12 月 31 日	2009 年 12 月 31 日	增加
每股经营现金净流量	-0.48	0.3	-162.50%
经营活动产生现金流量净额	-72 858 449.87	90 805 958.65	-224.63%
普通股总股本	152 311 524	304 623 048	100%

6. 问题探讨

6.1　并购资金的来源

锦龙股份合计购入东莞证券 40% 的股权，成为东莞证券单一最大股东，而这 40% 股权的总代价达 68 316 万元，占锦龙股份 2007 年年底经审计合并净资产的 98.90%。这部分巨额资金的来源主要是收购东莞证券期间以及收购之前所出售的资产回笼的资金（详见表 13—15）。

表 13—15　　2006—2009 年锦龙股份出售资产明细表　　金额单位：万元

年份	出售标的	出售股权比例	剩余股权比例	出售价格	出售产生的损益
2006	东莞市富麟实业有限公司	26%	26%	5 775.00	3 018.68
	东莞市富鹏置业有限公司	34%	26%	4 725.00	3 309.76
	清远冠龙纺织有限公司	75%	0%	8 090.00	0.02
	合计			18 590.00	6 328.46
2007	清远市锦龙正荣房地产开发有限公司	49%	51%	8 412.00	2 154.66
	清远市锦龙正达置业有限公司	49%	51%	4 095.00	1 767.24
	东莞市富麟实业有限公司	26%	0%	5 775.00	1 687.19
	东莞市富鹏置业有限公司	26%	0%	4 725.00	3 323.26
	清远市冠富化纤厂有限公司	75%	0%	6 000.00	962.60
	广州正信投资顾问有限公司	85%	0%	10 700.00	3 705.08
	清远市华冠大酒店有限公司	85%	0%	4 250.00	893.49
	合计			43 957.00	14 493.52
2008	东莞市金舜房地产投资有限公司	51%	0%	10 500.00	1 314.99
	清远市锦龙正达置业有限公司	51%	0%	8 200.00	4 152.96
	清远市自来水工程有限责任公司	51%	0%	8 200.00	4 146.27
	清远市东辉置有限公司	10%	0%	600.00	368.41
	合计			27 500.00	9 982.63
2009	清远市锦龙正荣房地产开发有限公司	51%	0%	9	4 918.22
	清远市新城东 B31 号区的六宗综合用地			8 000.00	3 300.00
	合计			17 800.00	8 218.22
总计				97 180.00	32 729.31

出售上述资产主要是将公司纺织、酒店等盈利能力低下甚至亏损的业务逐渐剥离出去，同时把房地产业务的相关股权溢价转让，主营业务只剩下经营相对稳定的自来水业务。回收的资金有利于改善公司的现金流状况、减轻公司的财务负担、实现公司的产业转型、增强公司的抗风险能力，使公司未来的经营更加稳健。所得资金一来补充公司流动资金，二来用于拓展公司自来水业务和参股投资证券公司业务，寻找新的收入和利润增长点。

出售资产的总额共有 97 180 万元，而本次参股东莞证券只用了 68 316 万元，占总额 70% 的资金。综合锦龙股份出售资产的目的和其笼回的资金规模，可以推断本次重大资产购买的资金来源极可能是上述资产转让所得。

6.2 锦龙股份购入3%的华联期货经纪有限公司股份的意义

2009年4月13日，锦龙股份用390万元向东莞市顺通实业投资有限公司收购其持有的东莞市华联期货经纪有限公司3%的股权。表面上这3%对锦龙股份的业务没有太大的帮助，但东莞证券已于2007年5月收购华联期货经纪有限公司49%股权，而且华联期货经纪有限公司的董事长和财务经理均由东莞证券本公司派出，东莞证券能够决定华联期货经纪有限公司的财务和经营决策。加上华联期货经纪有限公司是国内首批取得期货业务经营许可权并一直植根于东莞的专业期货公司，而且锦龙股份是东莞证券第一大股东，相信本次锦龙收购华联期货经纪有限公司的3%股权，是为了间接地对华联期货经纪有限公司绝对控股权。虽然东莞证券对华联期货经纪有限公司有决策权，但如果能够对其实施绝对的控制，将会为东莞证券大力拓展期货业务扫除一切障碍。

参考文献

1. 徐尚杰:《2006年中国股票市场回顾》，价值中国网，http://www.chinavalue.net/Article/Archive/2007/1/8/53556.html,2007-01-08。

2. 中国上市公司市值管理研究中心:《(2006)中国证券市场A股市值年度报告》,北京,中国人民大学出版社,2007。

3. 广东锦龙发展股份有限公司:《广东锦龙发展股份有限公司重大资产购买预案》,巨潮资讯网,http://www.cninfo.com.cn/finalpage/2008-12-18/47441925.PDF,2008-12-18。

4. 广东锦龙发展股份有限公司:《广东锦龙发展股份有限公司重大资产购买报告书(修订版)》,巨潮资讯网,http://www.cninfo.com.cn/finalpage/2009-06-13/53470640.PDF,2009-06-13。

5. 浙商证券有限责任公司:《浙商证券有限责任公司关于广东锦龙发展股份有限公司重大资产购买之独立财务顾问报告》,巨潮资讯网,http://www.cninfo.com.cn/finalpage/2009-06-13/53470638.PDF,2009-06-13。

6. 广东锦龙发展股份有限公司:《广东锦龙发展股份有限公司关于收购东莞证券有限责任公司40%股权重大资产购买交易获得中国证监会核准的公告》,巨潮信息网,http://www.cninfo.com.cn/finalpage/2009-06-10/53299967.PDF,2009-06-10。

7. 广东锦龙发展股份有限公司:《广东锦龙发展股份有限公司2006年年度报告》,巨潮信息网,2007-04-28。

8. 广东锦龙发展股份有限公司:《广东锦龙发展股份有限公司2007年年度报告》,巨潮信息网,http://www.cninfo.com.cn/finalpage/2008-02-21/37446455.PDF,2008-02-21。

9. 广东锦龙发展股份有限公司:《广东锦龙发展股份有限公司 2008 年年度报告》,巨潮信息网,http://www.cninfo.com.cn/finalpage/2009-04-16/51323287.PDF,2009-04-16。

10. 广东锦龙发展股份有限公司:《广东锦龙发展股份有限公司 2009 年年度报告》,巨潮信息网,http://www.cninfo.com.cn/finalpage/2010-04-08/57783199.PDF,2010-04-08。

11. 广东锦龙发展股份有限公司:《广东锦龙发展股份有限公司 2010 年第一季度报告全文》,巨潮信息网,http://www.cninfo.com.cn/finalpage/2010-04-15/57813088.PDF,2010-04-15。

12. 广东锦龙发展股份有限公司:《广东锦龙发展股份有限公司重大资产出售暨关联交易报告书》,巨潮信息网,http://www.cninfo.com.cn/finalpage/2007-12-01/35719506.PDF,2007-12-01。

13. 广东锦龙发展股份有限公司:《广东锦龙发展股份有限公司收购、出售资产公告》,巨潮信息网,http://www.cninfo.com.cn/finalpage/2006-06-07/17253626.PDF,2006-06-07。

14. 广东锦龙发展股份有限公司:《广东锦龙发展股份有限公司出售资产公告》,巨潮信息网,http://www.cninfo.com.cn/finalpage/2007-01-06/19976093.PDF,2007-01-06。

15. 广东锦龙发展股份有限公司:《广东锦龙发展股份有限公司出售资产公告》,巨潮信息网,http://www.cninfo.com.cn/finalpage/2007-06-16/29118672.PDF,2007-06-16。

16. 广东锦龙发展股份有限公司:《广东锦龙发展股份有限公司出售资产公告》,巨潮信息网,http://www.cninfo.com.cn/finalpage/2007-12-01/35719499.PDF,2007-12-01。

17. 广东锦龙发展股份有限公司:《广东锦龙发展股份有限公司董事会关于出售资产暨关联交易的公告》,巨潮信息网,http://www.cninfo.com.cn/finalpage/2009-12-16/57402369.PDF,2009-12-16。

18. 中审会计师事务所有限公司:《东莞证券有限责任公司 2006 年度审计报告》,中国证券协会,http://cx.sac.net.cn/DownloadServlet? type=info&itemID=170&attachmentID=1063,2007-02-15。

19. 中审会计师事务所有限公司:《东莞证券有限责任公司 2007 年 12 月 31 日财务报表审计》,中国证券协会,http://cx.sac.net.cn/DownloadServlet? type=info&itemID=170&attachmentID=20101,2008-03-12。

20. 中审亚太会计师事务所有限公司:《东莞证券有限责任公司 2008 年 12 月 31 日财务报表审计》,中国证券协会,http://cx.sac.net.cn/DownloadServlet? type=info&itemID=170&attachmentID=11237,2009-03-25。

21. 中审亚太会计师事务所有限公司:《东莞证券有限责任公司 2008 年 12 月 31

日财务报表审计》,中国证券协会,http://cx.sac.net.cn/DownloadServlet?type=info&itemID=170&attachmentID=20628,2010-06-01。

案例参编:梁少彬　施纯霖

案例 14

中国人保控股大成基金

2008年6月20日，中国人保投资控股有限公司（以下简称“人保投资”）与中国华闻投资控股有限公司（下称“华闻控股”）的相关股东签署协议，出资8.62亿元收购华闻控股55%的股份。这标志着中国人保集团股份有限公司（以下简称“中国人保”）间接控股大成基金管理有限公司（以下简称“大成基金”）。2009年12月31日，华闻控股旗下的上海新黄浦置业股份有限公司（以下简称“新黄浦”）发布公告，中国人保拟收购新黄浦旗下中泰信托有限责任公司（以下简称“中泰信托”）所持大成基金的48%股权。此次交易完成后，中国人保将成为首家直接控股基金公司的保险公司，而大成基金也有望成为我国首家真正意义上的保险系基金。

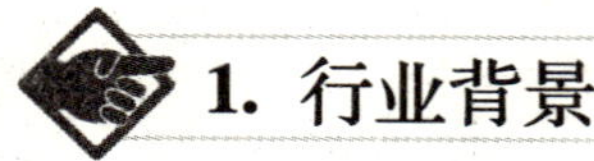

1. 行业背景

1.1 保险业

1949年9月17日，经政务院批准，中国人民保险公司成立。这是新中国成立之后的第一家国营保险公司。1952年12月，外国保险公司在华垄断地位和种种特权被取消，全部自动停业。1959年起，中国国内的保险业务除上海等地维持一段时间外，其他地方全部停办，直到1979年才复办。1986年，新疆兵团农牧业生产保险公司成立，结束了中国人民保险公司独家垄断经营的历史。此后，中国平安保险公司（1988年）和太平洋保险公司（1991年）相继成立。截至2000年，全国已有近30家保险公司，保险市场逐步形成了以国有独资保险公司为主体，中、外资保险公司并存，多家保险公司竞争发展的新格局。中国保险业的规模也日益壮大，如图14—1所示。

在保险业整体发展迅速的同时，保险业中的寿险业和非寿险业的发展速度却相距甚远，保险业的保费收入主要还是来自于寿险业务。2007年，中国产险公司的保费收入为19 219 905.75万元，而寿险公司的保费收入为45 207 375.35万元；2008年1—5月，产险公司的保费收入为11 002 702.22万元，寿险公司的保费收入为34 988 514.24万元。受制于保险业发展的不均衡，非寿险业的发展速度远远慢于寿险业，落后于保险业的整体发展速度（见表14—1和图14—2）。

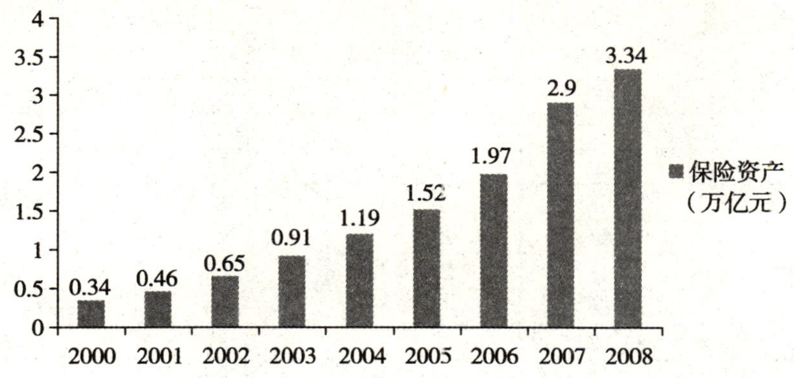

图 14—1　2000—2008 年保险业总资产变化图

表 14—1　　2005—2006 年保险业与 GDP 增长情况

年度	2000	2001	2002	2003	2004	2005	2006
非寿险业	14.8%	15.0%	13.3%	14.5%	26.0%	13.9%	23.4%
寿险业	14.4%	42.8%	59.7%	32.4%	6.1%	14.1%	11.4%
保险业	14.5%	32.2%	44.7%	27.1%	11.3%	14.0%	14.4%
GDP	10.7%	9.9%	9.5%	9.1%	8.0%	7.3%	8.0%

资料来源　《中国非寿险市场发展研究报告（2006 年）》

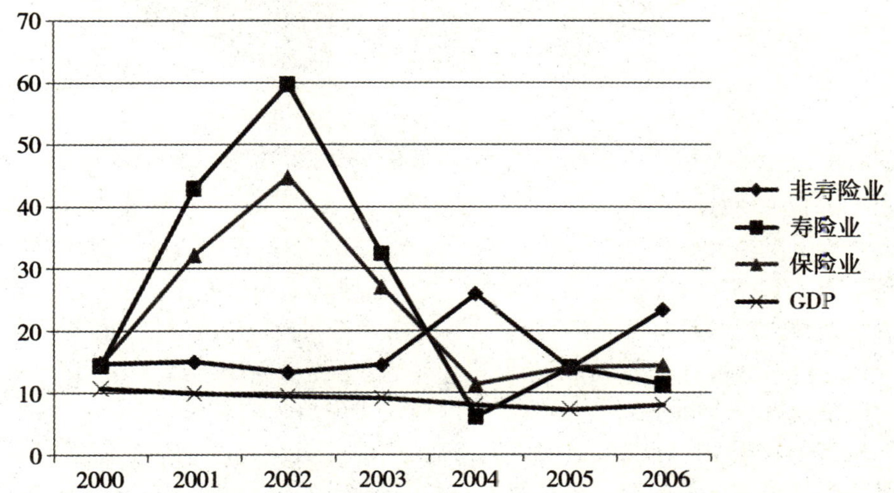

图 14—2　2000—2006 年保险业与 GDP 增长情况比较（单位：万亿元）

资料来源　《中国非寿险市场发展研究报告（2006 年）》

2004 年以前，保险资金只允许存放银行、购买债券。2004 年开始，中国保监会开始放开投资渠道，保险资金可以投资于基金以及间接进入股票市场。从 2005 年开始，保险资金可以直接进入股票市。受到政策的鼓励，保险资金的运用也发生了变化（见表 14—2 和图 14—3）。

表 14—2 2000—2006 年我国保险资金运用情况（%）

年份	银行存款	国债	证券投资基金	其他
2000	48.60	27.70	5.30	8.40
2001	52.40	21.67	5.50	20.43
2002	52.07	18.64	5.40	23.89
2003	49.87	22.33	5.30	22.50
2004	49.23	23.57	5.11	22.09
2005	36.66	25.47	7.85	30.02
2006	33.67	20.52	5.13	40.69

资料来源 《中国非寿险市场发展研究报告（2006 年）》

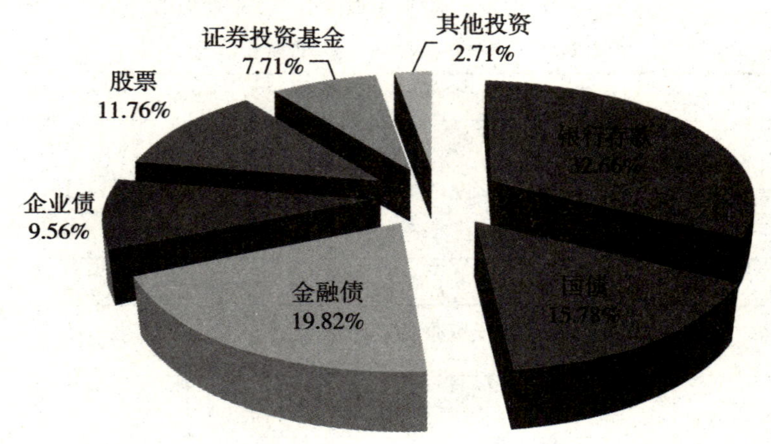

图 14—3 2007 年 1—6 月保险资金投资明细

资料来源 中国信息主管网，http：//www.cio360.net/h/2177/301419-14401.html

由于监管机构对保险资金投资途径的放宽，从 2005 年开始保险资金存放于银行的比例开始出现较大幅度下跌。与 2004 年相比，2005 年的保险资金存放于银行存款的比例下降了 12.57%，同时，保险资金投资于国债的比例也开始回落，而投资于其他方面的资金比例则大大增加。保险资金存放于银行与投资于国债虽然安全，但收益率十分低，对比这两种方式，投资于股票和其他方面的收益率则高很多。政策的放宽以及保险资金投资结构的变化，改变了保险公司过去单纯依靠保费收入生存的局面。因此，从 2004 年开始，非寿险公司发展速度开始赶上甚至超过寿险公司。

随着保险公司的发展和市场竞争的日益激烈，中国保险业面临产品结构单一、价格竞争激烈和投资回报率波动等挑战。在这种背景下，国内各保险公司改变过去只盲目地扩大市场占有率的做法，纷纷寻求走效益型发展的道路，追求经济利益最大：一方面，通过加强管理和技术创新实现集约化经营管理；另一方面，在国内资本市场逐步完善，保险资金运用政策逐步放宽的基础上，通过直接或间接渠道投资房地产、实业、股票、债券及基金等，实现投资多元化，达到提高经济效益的目的。在这种金融综合经营的趋势下，尽快扩展经营领域、打造金融控股集团成了各大保险集团的首要任务，各大保险巨头都希望通过实施金融控股化战略，把单一的保险公司打造成一个保险金融集团，以达到提高整体竞争力、抵御风险能力、改变收入方式和增加收入的目标。

1.2 基金业

1998 年 3 月，国泰、南方基金管理有限公司成立，成为我国第一批基金管理公司。我国的基金业虽起步不久，但在公司数量上和规模上的发展速度却非常快，至 2007 年 12 月 31 日，58 家基金管理公司管理的基金资产净值达 31 997.4 亿元，同比增长 263.88%，基金份额达 21 252.35 亿份，较 2006 年年底同比增长 235.54%。与此同时，行业分化进一步加剧，规模最大的博时基金公司管理基金规模已超过 2 100 亿元，而规模最小的管理基金规模不足 3 亿元，两者差距扩大到 700 倍以上。前五大基金公司管理的基金净资产规模占全行业的 30.75%，前十大基金管理公司管理的基金净资产规模占全行业的 49.01%，资产管理规模超千亿元的基金管理公司达到 9 家。

虽然基金公司的发展速度快，但在业务方面，基金的销售渠道却较为单一，销售渠道的垄断和拥堵现状正在引起越来越多基金公司的不满。至 2007 年年底，基金的销售渠道主要有以下三种：基金公司直销，银行网点代销和证券公司代销。银行网点代销，虽然网点多，但是代销的基金品种却有限，基本以新基金为主；证券公司代销，选择面虽然广，但证券公司网点却较少。同时，商业银行也开始积极拓展理财业务，在这个领域上直接与基金公司成为竞争对手。因此引进新的渠道商几乎成为各家基金公司的共识。

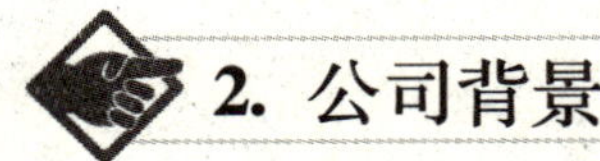

2. 公司背景

2.1 中国人保

1996 年 7 月，中国人民保险公司更名为中国人民保险（集团）公司，根据 1995 年颁布的《中华人民共和国保险法》实行分业经营。分业后，中国人保集团下设中保（集团）财产保险有限公司、中保（集团）人寿保险有限公司和中保（集团）再保险有限公司，海外机构由总公司管理。1998 年 10 月，经国务院批准撤销中国人民保险（集团）公司，由中保（集团）财险保险有限公司继承财产保险业务，称中保财产保险有限公司；人身保险业务由原中保（集团）人寿保险有限公司接收经营，更名为中保人寿保险有限公司；海内外的再保险业务由中保（集团）再保险有限公司继承，更名为中保再保险有限公司；海外机构划归中国保险股份有限公司。1999 年，中保财产保险有限公司恢复继承中国人民保险公司品牌；中保人寿保险有限公司更名为中国人寿保险公司；中保再保险有限公司更名为中国再保险公司，具体演变过程如图 14—4 所示。

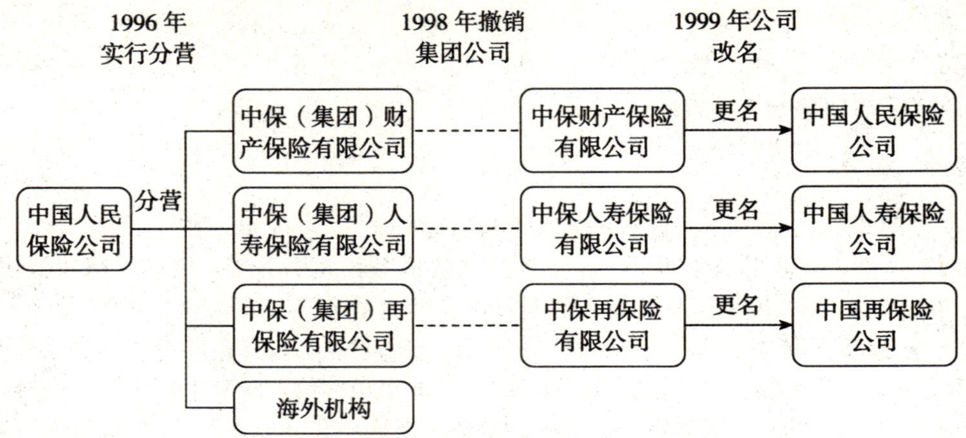

图 14—4　中国人民保险公司演变过程

2003 年 7 月，中国人民保险公司重组改制为中国人保控股公司，并发起设立了中国人民财产保险股份有限公司（继承中国人民保险公司的业务）和中国人保资产管理有限公司。2007 年 6 月 26 日，中国人保在北京饭店举行复名揭牌仪式，正式恢复使用中国人民保险集团股份有限公司的名称。

至 2008 年 6 月，中国人保已成为一家综合性保险（金融）集团，注册资金达到 155 亿元，旗下拥有中国人民财产保险股份有限公司、中国人保资产管理股份有限公司、中国人民健康保险股份有限公司、中国人民人寿保险股份有限公司、中保投资控股有限公司、中国人民保险（中国香港）有限公司以及中盛国际保险经纪有限公司、中人保险经纪有限公司、中元保险经纪有限公司 9 家子公司。

2.2　华闻系

华闻系泛指广联（南宁）投资股份有限公司（以下简称“广联投资”）、华闻控股、上海新华闻投资有限公司（以下简称“上海新华闻”）及其旗下企业。整个“华闻系”中的核心企业是华闻控股。华闻控股持有上海新华闻投资公司 50% 的股权，而上海新华闻控股两家 A 股上市公司——华闻传媒投资集团股份有限公司（以下简称“华闻传媒”）和新黄浦，由此构成整个“华闻系”。

2.2.1　广联投资

广联投资成立于 1993 年 1 月，截至 2006 年年末，广联投资的前三名股东为中国人民保险股份有限公司广西分公司、南宁商业银行和中达资产管理有限公司，持股比例分别为 7.35%、7.13% 和 7.00%。2007 年 6 月 22 日，上海复旦复华科技有限公司将所持 5.8% 的广联投资股份转让给中国人保的下属企业珠海经济特区实业开发总公司。于是，中国人保持股比例上升至 13.15%。2007 年 9 月 18 日，广联投资向中国人保投资发行新股 5 305.15 万股普通股，占总股本的 38%，中国人保实际上总共持有了广联投资 51% 的股权。截至 2008 年，中国人保通过旗下的人保投资控股广联投资54.21%的股份。广联投资的经营范围包括：境内外投资、合资、融资、国内商品贸易及其中介服务、房地产开发等。

2.2.2　华闻控股

华闻控股的前身为华闻投资有限公司。1999年，广联投资与人民日报社合资成立华闻投资有限公司，注册资本为5 000万元，其中广联投资占股60%，人民日报社持股30%，其余两家小股东为中国建筑第三工程局和广电设计院，分别占股9.8%和0.2%。2001年年底，华闻投资增资扩股至3.98亿元，人民日报社增资至3.78亿元，持股94.97%；而广联投资将原有1 500万元股本转让给人民日报社，剩余1 500万元股本相应摊薄至3.77%的持股，与此同时，华闻投资更名为华闻控股。截至2008年年初，华闻控股的股东分别为：人民日报社（94.97%）、广联投资（3.77%）、中国建筑第三工程局（1.23%）、中广电广播电影电视设计研究院(0.03%)。华闻控股经营范围包括：实业投资；机械、电子设备、家用电器、化工材料、建筑材料的销售；组织文化交流；信息咨询、服务。

2.2.3　上海新华闻

上海新华闻原由广联投资股份有限公司和广西新长江高速公路有限责任公司(以下简称“新长江”)各出资5 000万元组建，2001年1月17日经上海市工商行政管理局浦东新区分局核准设立，注册资本10 000万元，广联投资和新长江持股比例分别为50%。2001年3月8日，上海新华闻注册资本由10 000万元变更为50 000万元，原股东持股比例不变。2001年11月，新长江将所持的上海新华闻50%的股权转给华闻控股，至此，华闻控股和广联投资各持上海新华闻50%的股权。上海新华闻的主营范围为实业投资、资产经营及管理、国内贸易等。

2.2.4　新黄浦

新黄浦于1992年8月15日在上海市工商行政管理局注册成立。1993年3月26日，在上海证券交易所正式挂牌上市，股票代码为600638，是上海市内最早组建上市的房地产公司之一。新黄浦前三大股东分别为华闻投资、上海市黄浦区国有资产监督管理委员会和上海众鑫建材实业有限公司，分别持有13.48%、12.64%和1.26%的股权，其他小股东所占的股份都没有超过1%。新黄浦业务范围包括房地产经营、物业管理、房产咨询、机械设备安装、餐饮业、旅馆业、销售建筑材料、百货等。截至2007年，公司总资产达3 269 578 873.09元，所有者权益2 419 017 175.83元。2007年全年主营业务收入为595 072 442.25元。

2.2.5　中泰信托

中泰信托成立于1988年，前身是中国农业银行厦门信托投资公司。1997年改制为厦门联合信托投资有限公司。1999年，由人民日报所属公司作为牵头股东，进行增资扩股。2002年2月9日，经中国人民银行批准重新登记，更名为中泰信托投资有限公司，注册地址由厦门迁往上海，注册资本为51 660万元，第一大股东为华闻控股，持股达到29.97%。2006年8月9日，营业地址迁往浦东大道1号。2007年2月5日，新黄浦作为新股东持有其29.97%的股份，与华闻控股并列成为第一大股东。2007 年 12 月 10 日，华闻控股在华通国际招商集团股份有限公司持有的中泰信托股权拍卖会上，成功拍得 1.6% 的股权，再次成为中泰信托的第一大股东。中泰信托的主要经营业务包括受托经营资金信托业务，受托经营动产、不动产及其他财产的信托业务等。

2.3 大成基金

大成基金成立于 1999 年，是中国首批获准成立的老十家基金管理公司之一，注册资本为 1 亿元，注册地为深圳，业务范围包括发起设立基金、基金管理，以及证监会批准的其他业务。

截至 2007 年 12 月底，大成基金旗下已管理着大成蓝筹稳健、大成沪深 300 基金、大成创新成长基金等 10 只开放式基金；景宏、景福、大成优选 3 只封闭式基金，管理的基金资产达 1 398 亿元左右，基金管理规模在基金管理公司中排在前六名，是国内管理证券投资基金数目最多的基金管理公司之一。大成基金的股东分别为中泰信托投资有限责任公司（48%）、光大证券有限责任公司（25%）、中国银河证券有限责任公司（25%）、广东证券股份有限公司（2%）。截至 2008 年，华闻系及相关公司产权关系如图 14—5 所示。

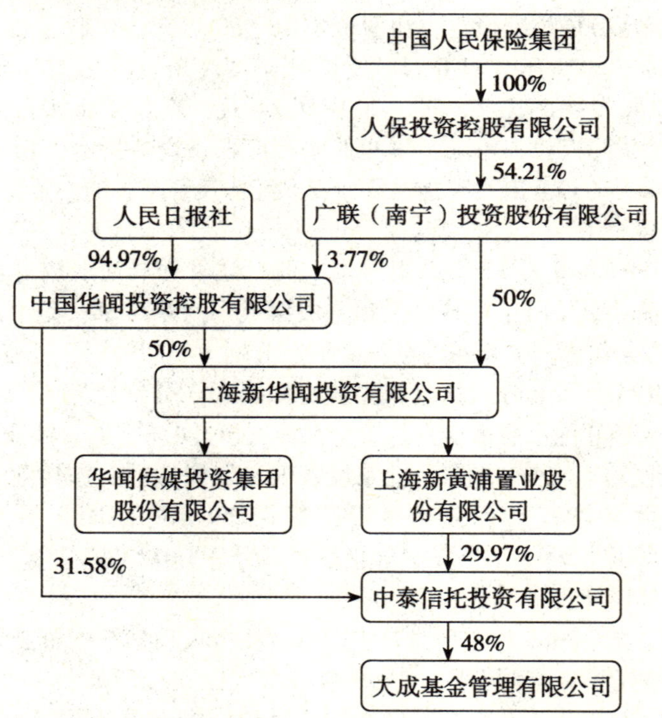

图 14—5　华闻系及相关公司产权关系图

3. 并购过程

3.1 中国人保间接控股大成基金

早在 2007 年 3 月，人民日报社就决定通过引入新的战略股东而对华闻控股进行重组。在最初的计划中，中国海外集团有限公司（以下简称“中海集团”）被拟定为新的控股方。但在华闻控股重组一开始，中国人保就与中海集团展开了控股权的争夺，在实际控制广联投资之后，中国人保开始以广联投资出面狙击深圳市中海投资管理有限公司（以下简称“中海投资”）。中国人保看中的是华闻系下属的金融企业，尤其是期货公司，而中海集团则青睐于华闻系曾经的基础建设业务。

2007 年 3 月 17 日，新黄浦和华闻传媒同时发布公告，其大股东华闻控股的控股方人民日报社与中海集团签订了《合作框架协议》，约定合作双方通过增资扩股方式，增加中海集团作为华闻控股的新股东，同时协议规定，中海集团最终控股华闻控股 75% 的股份。

2007 年 11 月 15 日，华闻控股召开临时股东会议，通过了中海投资向华闻控股增加注册资本 8.02 亿元的决议。中海投资是直接隶属中海集团母公司——中国建筑工程总公司的一个全资控股公司。可是，华闻控股的这个决议受到小股东广联投资的抵制。

2007 年 11 月 19 日，广联投资在北京正式起诉华闻控股，以重组协议侵犯了小股东的合法权益为由，要求法院判决华闻控股的重组引资协议无效。

截至 2007 年年底，华闻系最初的传媒投资、基础建设和金融三块业务中，基础建设业务下滑严重，使得中海投资对于华闻控制权的期望度逐渐下降，重组方案逐渐向中国人保方面倾斜，中海集团和中国人保对华闻控股的争夺趋于白热化。之后由人民日报社、中海集团、广联投资、中国人保和华闻投资组成的五方数次会谈，均屡屡无果而终。华闻系的重组进入了胶着的状态。直至 2008 年 5 月才打破僵局，重组有了重要的进展。

2008 年 6 月 18 日，新黄浦发布了《关于公司实际控制人战略重组事项的进展公告》，提示中国人保全资控股的人保投资将与人民日报社、中国海外集团有限公司旗下的中海投资联合对华闻控股进行重组，有可能会导致华闻控股实际控制人发生变动，但重组仍然存在重大的不确定性。

2008 年 6 月 20 日，人民日报社与人保投资签署了《股权转让协议》，与华闻控股、中海投资签署了《中国华闻投资控股有限公司增资协议》，协议的内容如下：华闻控股注册资本将由 3.98 亿元增加到 12 亿元，其中由中海投资认缴新增资本 2.4 亿元，由人保投资认缴新增资本 5.62 亿元。人保投资同时受让人民日报社持有的华闻控股 0.98 亿元的出资额，受让价款为 3 亿元。经过本次的变动，人保投资持有华闻控股 55% 的股权，成为控股股东，人民日报社持有华闻控股 25% 的股权，中海投资持有华闻控股20%的股权。

2008年6月25日，新黄浦发布了《关于公司实际控制人发生变动的提示性公告》，内容是接到公司实际控制华闻控股（间接合计持有公司14.4%的股权）的《关于通报华控重组进程的函》，之后又发布了《权益变动书》，说明了人保投资通过本次交易将间接持有新黄浦13.48%的股权。

此次收购的股份转让价款总额为8.62亿元，采用现金收购的方式，其中3亿元股权转让款由人保投资在华闻控股重组工商变更登记手续完成，领取新的营业执照之后，支付给转让方人民日报社，5.62亿元增资款由人保投资划款到华闻控股指定的银行账户。

华闻控股本次重组后，公司与实际控制人之间的产权及关系如图14—6所示。

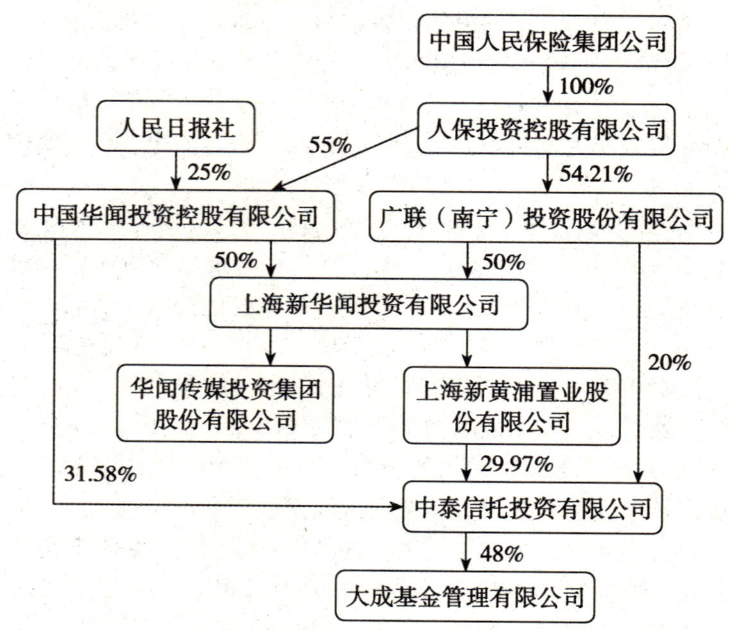

图14—6 中国人保入主华闻系后股权及关系图

经过这次重组，中国人保成为了华闻控股和新黄浦的实际控制人，华闻控股和新黄浦分别为中泰信托的第一和第二大股东，而中泰信托又是大成基金的控股股东，掌握着大成基金48%的股权，也就是说，中国人保通过华闻控股间接成为上市公司新黄浦的实际掌控者，同时，也间接控股了大成基金。2008年11月，人保资产管理公司副总裁张树忠出任大成基金董事长。重组后，中国人保建立了“中国人保—人保投资—华闻控股—新黄浦—中泰信托—大成基金”的股权链条。

3.2 中国人保直接控股大成基金

2009年12月31日，新黄浦发布《关于参股公司出售重大资产的公告》，称在中泰信托股东会上通过了向中国人保转让所持有的48%大成基金公司股权相关事宜，公司参股 29.97% 的子公司中泰信托拟以直接协议转让的方式，向中国人保转让所持有的 48% 大成基金股权。

转让价格的评估价值为 13.989 亿元，近 14 亿元的转让价格是根据 2009 年 3 月 31 日为基准日的评估价值 29.14 亿元而商定的。按照大成基金 2 亿元注册资本金计算，13.989 亿元对应 48% 的股权，转让价格约每股 14.5 元。大成基金 2008 年实现净利润 6.3 亿元，以公司整体评估价值为 29.12 亿元，股权以 4.5 倍的市盈率转让。不过转让价格最终还要以财政部备案价格为准。如果交易成功，中国人保将直接控股大成基金，而原有的股权链条也将缩短成"中国人保—大成基金"。涉及大成基金股权的 14 亿元资金将会全部转为中泰信托的资本金，届时，中泰信托的注册资本将增至 20 亿元。

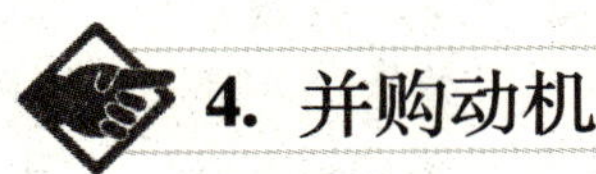

4. 并购动机

4.1 第一次并购的动机

4.1.1 中国人保

中国人保入主华闻系，间接控股大成基金的主要原因是为了实现综合经营，实现打造保险金融集团的战略目标。由于过去非寿险业发展速度远远低于寿险业，中国人保在规模上仍然无法与中国人寿保险（集团）公司、中国太平洋保险（集团）股份有限公司、中国平安保险（集团）股份有限公司抗衡。2007 年年末，这三大以寿险为主要经营业务的保险公司资产分别占保险业总资产 40.40%、17.94% 和 10.54%，而中国人保的资产份额只占保险业总资产的 5%。同时，对于保险行业来说，只专注于保险业务无疑会带来巨大的风险和收入的不确定性，多年来中国人保一直局限在保险行业，这也大大地限制了中国人保过去的发展。为了赶上及超过其他寿险公司的发展速度，中国人保必须改变其过去只依赖保费收入来获利的局面，其战略定位逐步向"以保险为主业，以金融和资本为纽带的综合性金融集团"方向迈进，希望通过打造金融控股集团实行多元化经营，把公司的经营风险分散于多个行业中，从而降低单一经营所面临的风险，增加公司经营的安全性。同时，通过增加企业的收入来源，提高企业的收入，弥补保费收入低于寿险公司的不足。

大型保险集团无疑是中国人保进入非保险业金融领域、打造金融控股集团的一条捷径。入主华闻系组建金融控股企业，比拼的不是战略定位的差异性，而是尽快落实到位，企业进入新行业的最直接、有效的方式就是通过并购来实现的，因此，中国人保进行金融控股化的重要一步，是中国人保结构性扩张的一个代表举措。

华闻系对中国人保最具吸引力的是华闻控股业务中的金融资产：入主华闻控股意味着中国人保借此拥有了华闻控股旗下两家信托公司（中泰信托和国元信托）、一家券商（联合证券）、一家基金公司（大成基金）、三家期货公司（华闻期货、迈科期货、瑞奇期货）等多张金融牌照，此外，华闻控股除涉足金融领域外，还拥有大量的房地产和传媒等资产。通过控股华闻控股，中国人保业务领域从原有的保险和资产管理，扩展至信托、基金等非保险金融领域，搭建起保险金融集团基本架构；同时入主华闻系可以给中国人保带来新的业务，除了保险业务和金融业务之外，通过华闻系，中国人保还可以涉足非金融领域，如华闻传媒经营的传媒业和新黄浦从事的地产业。只有领先于其他竞争对手，率先完成对金融控股集团的构建，抢占发展先机，争取更大的生存和发展空间，才利于中国人保扩展业务、做大做强。

4.1.2 华闻系

华闻系被重组的主要原因是由于其资金链出现缺口。华闻系扩张速度惊人，在短短的几年间通过并购、整合、扩张，控制了传媒、公共基础和金融领域等多个产业。由于扩张速度太快，华闻系留下了不少资金缺口，资金供应一直很紧张。同时，2006 年 11 月华闻系被上海社保案牵涉，受此拖累，华闻系陷入了严重的信用危机和短期资金危机，华闻控股大股东——人民日报社萌生了甩掉包袱的想法，开始决定引入新的战略股东对华闻系进行重组。

2005 年，华闻控股收购新黄浦股权时，华闻控股常务副总裁王政通过行贿新黄浦集团董事长吴明烈，使华闻控股如愿进入上海本地资产平台新黄浦，同时在收购过程中，华闻控股得到了社保违规贷款，动用了 8 亿元的上海社保基金，导致上海市国资委因此损失近 20 亿元。2006 年 7、8 月间上海社保案发，同年 11 月王政被捕，华闻系不得不四方筹集资金，归还所涉社保案的 10 亿元违规贷款，这使本已紧绷的资金链条瞬间断口。

华闻系只能通过出售其资产来解决资金缺口，因此，其大股东人民日报社希望能找到接手者来卸下华闻系这个包袱。经过此次的重组，华闻控股得到 8.62 亿元的增资款，可以应付资金链条上的断口，减少资金压力。

4.2 第二次并购的动机

4.2.1 对子公司的梳理

中国人保将大成基金变为直接控股的子公司，其原因不仅是出于对大成基金业务的重视和对资源整合的考虑，对华闻系的梳理、进行战略整合是本次收购大成基金的最主要动机。在入主华闻系后，中国人保得以进入基金、信托、证券等领域，初步搭建起了保险金融集团，但却因股权关系复杂，出现子公司交叉持股，层级较多及层级不明，隶属中国人保的一些公司暂时还不能给中国人保贡献资源和利润，集团发挥不了协同效用，中国人保需进行下一步的整合才能使子公司专注于其主营业务，提高子公司的盈利能力。如新华闻、新黄浦等其旗下的公司业务繁多，不仅涉及金融领域，还涉及实物投资，因此推进股权结构调整和进行资产整合是中国人保收归这些企业之后要做的第一件事。把大成基金直接收归于中国人保之下，脱离于中泰信托，是中国人保对新黄浦资产整理的开始，这可以使得中泰信托得以重塑，有利于中泰信托专注于信托主业。业内人士认为，在直接控股大成基金之后，中国人保对华闻系梳理的下一步是将通过新黄浦加大房地产业务的投资，中国人保很可能将新黄浦作为旗下资金投资房地产业务的平台。

除了使子公司专注于其主营业务外，对子公司梳理的另外一个目的就是提高公司的经营效率。在大成基金正式进入“人保系”之前，中国人保便开始积极推进各分属公司与大成基金的业务合作，但由于中国人保为大国企，而大成基金并不是直属子公司，因此，在业务上造成很多不便。同时，“中国人保—人保投资—华闻控股—新黄浦—中泰信托—大成基金”的股权链条太长，基金牌照在中国人保的控制平台中没能发挥应有的作用，而股权交易完成后，中国人保直接控股大成基金，股权的链条被缩短为“中国人保—大成基金”，公司对子公司的持股比例更加集中，解决了层层控股的问题，这会大大提高效率和促进资源整合。

4.2.2 经营上的互利

站在中国人保的角度上，通过并购大成基金，中国人保不仅可以实现进军基金业的目标，而且有了一个规模达千亿元级的基金公司的大平台。随着保费收入的高速增长，保险资金迫切需要新渠道来分担投资压力，因此从短期看，直接控股大成基金可缓解中国人保的资金配置压力，为投资开辟新渠道从而实现多元化配置；从长期看，直接控股大成基金可改变中国人保依赖保费收入来获得利润的状态，提升保险公司的盈利能力：基金公司本身就能够带来利润增长点，基金公司的管理率为1.5%，其管理费用收入是吸引银行和保险公司的利益驱动力。同时，直接控股大成基金可使中国人保分享基金公司的成长，符合保险资金长期负债的特性。

站在大成基金的角度上，中国人保控股大成基金也会为大成基金带来好处。保险公司一直以来都是基金公司重要的机构持有人，拥有巨额的资金需要投资，如果并购成功，大成基金将成为国内第一个“保险系”基金，强有力的股东背景是基金公司生存发展的有力保障，中国人保成为大成基金的直接控股股东，将会运用自身优势，给大成基金提供更多切实有力的帮助和支持。

4.2.3 资源利用

中国人保通过控股大成基金，可以促进资源的整合利用，实现交叉销售。发展交叉销售具有以下优势：一是充分发挥集团整体优势，共同开发销售渠道；二是充分利用客户信息资源；三是共享人力资源，降低销售成本。大成基金拥有大量的客户资源可与中国人保分享，若中国人保成为基金渠道商，大成基金也将明显受益：一方面能给大成基金节省大量销售成本；另一方面，大成基金有望在产品推介和高端客户资源上获得中国人保强大渠道的支持。

除了销售渠道的相互利用，在管理方面，大成基金和中国人保的人力资源也可以相互利用。大成基金的资产管理人才优势可以补缺中国人保投资板块人才的匮乏。保险公司善于长期资产管理，精于风险控制，在债券市场上的研究能力更为出众，如果“保险系”基金成立，便可以使基金公司风险控制方面发挥特色。同时，基金领域的产品创新也值得保险借鉴。

5. 结果评价

中国人民财产保险股份有限公司（以下简称“人保财险”）是中国人保旗下的子公司，于2006年在中国香港上市，其中国香港证券交易所代码为2328；新黄浦则是上海新华闻的直接控股公司，华闻控股的间接控股公司，于1993年在上海证券交易所正式挂牌上市，股票代码为600638。对于中国人保2008年入主华闻系间接控股的大成基金，以及后来直接控股大成基金，将通过分析对上述两只股票公告日前后15个交易日的超额收益率及累计超额收益率来了解市场反应；同时，选择与人保财险同行业的中国人寿（中国香港交易所代码“2628”）及与新黄浦同行的保利房产（600048）作行业对比。

5.1　中国人保入主华闻系

新黄浦于2008年6月18日发布《关于公司实际控制人战略重组事项的进展公告》；2008年6月25日发布了《权益变动书》，以6月25日为基准日，人保财险当天的开盘价为5.4港元/股，收盘价为5.43港元/股，全天只微涨0.06港元/股，涨幅为1.12%。相比起恒生指数（恒生指数全天上涨179.14点，涨幅为0.8%），人保财险的涨幅只比大盘略高0.32%。可见在公告日当天，中国人保的投资者对于中国人保入主华闻系这件事还处于观望的态度。图14—7是人保财险和中国人寿在基准日2008年6月25日前后15个交易日的超额收益率及累计超额收益率比较图。

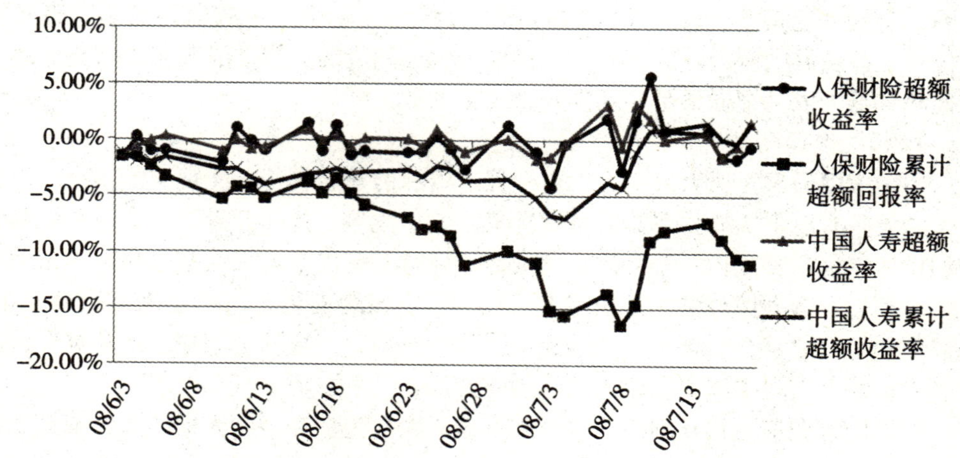

图14—7　人保财险及中国人寿的超额收益率和累计超额收益率比较图

资料来源　搜狐证券 http：//q. stock. sohu. com/zs/000001/index. shtml

从图14—7中可以看到，人保财险的超额回报率和累计超额回报率的变动趋势与同行业的中国人寿大致相同，但其波动却大于中国人寿，且人保财险的在2008

年6月3日至7月13日之间的累计超额收益率一直为负数。从6月19日开始，也就新黄浦发布重组进展公告的后一天开始，人保财险和中国人寿累计超额收益率的差距开始拉大，人保财险的累计超额收益率出现了明显的跌幅，在13个交易日内，从6月19日的-4.79%下跌至7月8日的-16.40%。通过以上分析可以发现，投资者并不看好中国人保的这次并购活动，总结其原因有两个：第一个是华闻系的资金链出现缺口，华闻系因扩张速度过快及被牵涉入上海社保案导致资金紧张，中国人保此时进入华闻系将需要大量资金对其债务进行清还；第二个是对于中国人保进入华闻系后，控股关系复杂的金融资产是否能为中国人保带来收益，人们还是保持着观望的态度。

2008年6月25日新黄浦的开盘价为14元/股，收盘价为15.39元/段，涨幅达到了10.1%，而当日上证指数涨幅为3.64%，新黄浦的涨幅远远高于大盘。图14—8是新黄浦和保利房产的超额收益率及累计超额收益率比较图。

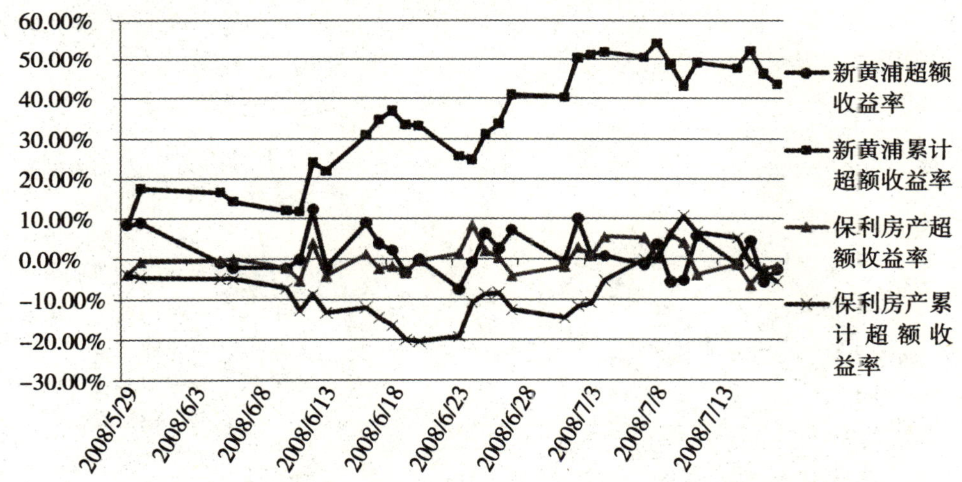

图14—8 新黄浦和保利房产的超额收益率及累计超额收益率比较图

资料来源 搜狐证券 http：//q.stock.sohu.com/zs/000001/index.shtml

相比起人保财险的累计超额回报率从6月份开始一直都为负数，新贵浦的累计超额回报率从6月份开始累计超额收益率就超过10%，并且从6月16日开始超过30%。在6月18日公布重组进展公告当天，新黄浦的股价有较大上手，涨幅达7.46%，其累计超额收益率也从6月18日的36.94%一直大幅上涨直至7月8日54.25%。作为同行业的保利房产，其累计超额收益率远远低于新黄浦，在7月8日之前一直为负数。新黄浦的累计超额收益率如此之高，反映了新黄浦的投资者从得知中国人保将入主华闻系开始就看好本次并购案，因为如果中国人保在此时入主华闻系便可以带来大笔资金，帮华闻系解决资金链紧张带来的一系列问题。因此，新黄浦的累计超额收益率在6月到7月都维持在较高的水平。

5.2　中国人保直接控股大成基金

新黄浦于 2009 年 12 月 31 日发布公告同意中泰信托转让大成基金的股权给中国人保，因此，对此次并购的基准日选在了公告日 2009 年 12 月 31 日，累计超额收益率的计算窗口为基准日前后 15 个交易日。在 2009 年 12 月 31 日当天，人保财险的开盘价和收盘价分别为 6.82 港元/股及 7 港元/股，涨幅为 2.64%，相对应恒生指数 1.75% 的涨幅，人保财险的涨幅不是非常明显。但从累计超收益率看，人保财险在公告日及以前，累计超额收益率为负，在公告日当天人保财险和中国人寿的累计超额收益率都接近-4%；可是，从公告日之后的 2 个交易日开始，人保财险累计超额收益率开始为正，并开始有较大幅度的上涨，而中国人寿的累计超额收益率则持续下降。2009 年 12 月 31 日到 2010 年 1 月 22 日，人保财险的累计超额收益率从-3.91% 上升到 10.30%，期间累计超额收益率最高达到了 12.20%。图 14—9 是人保财险和中国人寿的超额收益率及累计超额收益率比较图。

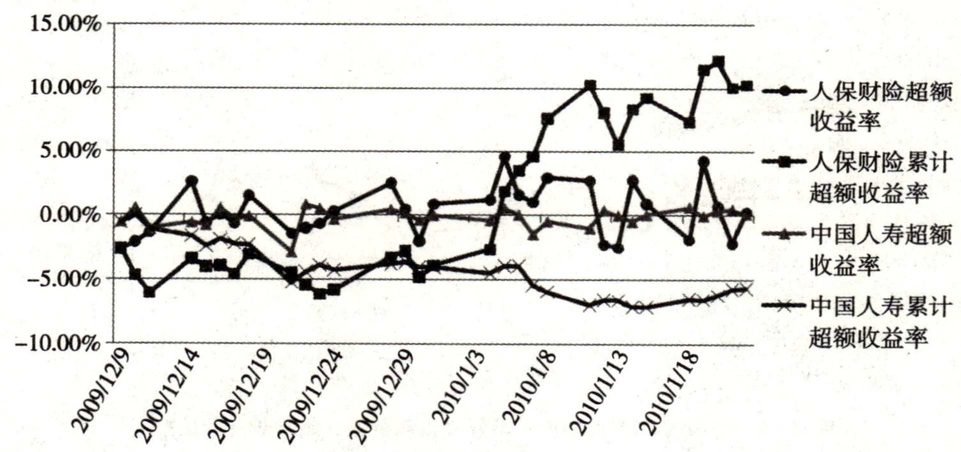

图 14—9　人保财险和中国人寿的超额收益率及累计超额收益率比较图

资料来源　搜狐证券 http：//q. stock. sohu. com/zs/000001/index. shtml

新黄浦股价反应更为激烈，在前一天涨停的基础上，新黄浦 2009 年 12 月 31 日股价的涨幅仍为 9.04%，当天上证指数的涨幅仅为 0.45%，12 月 31 日新黄浦的超额收益率达到 8.59%，其累计超额收益率从 12 月 29 日的-3.49% 大幅升至 12 月 31 日的 13.53%，仅两天累计超额收益率就上升了 17.02%。反观保利地产，其累计超额收益率一直为负数，并持续保持下降趋势，如图 14—10 所示。

从人保财险和新黄浦的股价涨幅和累计超额收益率来看，市场对中国人保直控大成基金这个并购案十分看好，无论是人保财险还是新黄浦，其累计超额收益率在公告日之后都有大幅的上升，且上升的幅度都远远高于同行业水平。直控大成基金，不仅可以使人保财险的金控进程更进一步，同时对于大成基金发展和华闻系资产的梳理都是有好处的。因此，对于此次的并购，无论是人保财险的投资者还是华

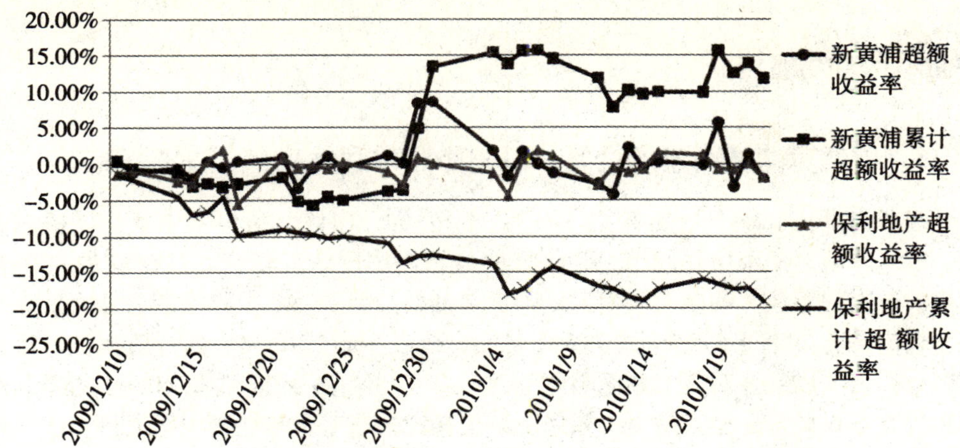

图 14—10　新黄浦和保利地产的超额收益率及累计超额收益率比较图

资料来源　搜狐证券 http：//q. stock. sohu. com/zs/000001/index. shtml

闻系的投资者都给予了积极的看法，市场认为这次的并购可使两家公司达到双赢。从 K 线图（图 14—11）看，在 2009 年 12 月 31 日当天新黄浦的成交量为 1 276 654 手，换手率达到 22. 75%，并且连续在之后 2 个交易日的换手率保持在 10% 以上。伴随着股价上涨同时有这么高的成交量和换手率，可以看出当时有资金流入新黄浦，可见并购案公告后市场对华闻系十分有信心，市场对于中国人保直控大成基金这次的并购案持肯定的态度。

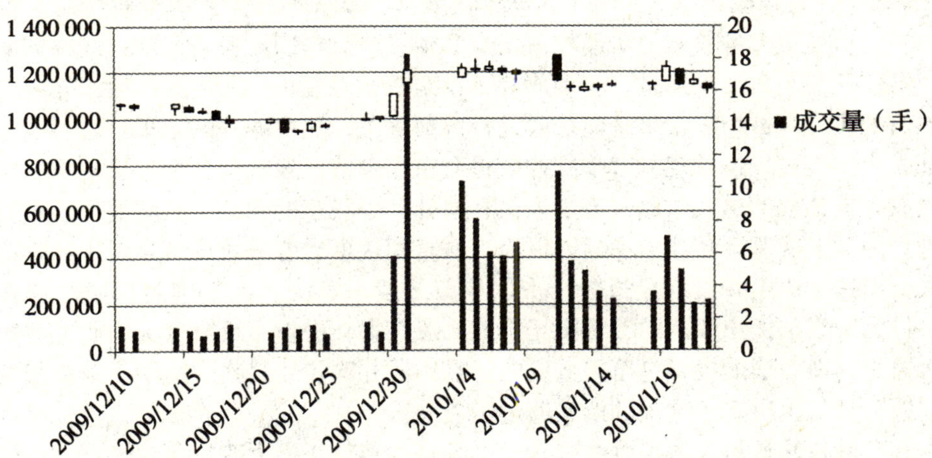

图 14—11　新黄浦公告日前后 15 个交易日的 K 线图

资料来源　搜狐证券 http：//q. stock. sohu. com/zs/000001/index. shtml

6. 问题讨论

6.1 新黄浦是否违规投票，侵害小股东利益

2009 年 12 月 31 日，新黄浦发布的一则公告，称该公司出席中泰信托股东大会，审议并同意中泰信托以 13.99 亿元的价格向中国人保转让其所持有的 48% 的股权。这次的转让并购中，人们讨论得最热烈的是新黄浦的投票是否合法有效。

大成基金 2008 年净利润约为 6.3 亿元，按照中泰信托 48% 的持股比例，可以简单计算出大成基金对其的利润贡献达到了 3 亿元，而中泰信托 2008 年的净利润其实只有 2.6 亿元。也就是说，如果中泰信托把大成基金转让给中国人保，那么中泰信托的收入将会变为负数。而对于新黄浦，由于间接持有大成基金 14.38% 的股权，公司在 2008 年可分得 9 063 万元的权益利润，这占公司当年实际净利润的 50% 以上。然而，这笔超高的利润来源即将宣告终结，大成基金的股权将以 4.6 倍的市盈率的超低价转让。让人惊讶的是，新黄浦竟然在转让议案表决时投了赞成票。如果将大成基金 48% 转至中国人保名下，新黄浦的年净利润也将大幅减少，那么如此不划算的买卖是怎样达成的呢？

大成基金共有 4 家股东，控股股东为中泰信托，持股比例为 48%。中泰信托有 6 家股东，分别是华闻控股（31.57%）、新黄浦（29.97%）、人保投资（20.00%）、首都机场（9.99%）、安徽发展（5.26%）、福建九州岛（3.21%）。作为中泰信托最大的股东，华闻控股没有参加投票。华闻控股为了使这次并购案能在中泰信托股东大会上通过，自动放弃了投票权，避免了华闻控股的股东之间要进行的内部表决。因为，如果华闻控股进行内部表决，这次的并购案很可能不能在其内部表决中通过，这就意味着华闻控股将会在中泰信托股东大会上投反对票。华闻控股放弃投票权的这一做法侵害了人民日报社等小股东的利益，引起了小股东们的不满。因为大成基金转让给中国人保后，一直间接享受着的大成基金带来的收益将消失，但这个决定并没有经过各个华闻控股的股东表决。除去华闻控股放弃投票权，作为中泰信托小股东的首都机场在此次股东大会中投了反对票，因此，并购案能否通过，新黄浦的投票是至关重要的。在这次并购转让议案表决中，新黄浦投了赞成票，从而也决定了这次的议案通过了表决。

此次股权转让协议的买方中国人保，既是中泰信托最大股东华闻投资控股的实际控制人，也是新黄浦的实际控制人，又是这笔交易的最大受益者，那么新黄浦的投票是否需要按规定在相关交易议案表决时回避，以及所投的赞成票是否有效？《上市公司收购管理办法》规定关联交易表决回避制度，即“在股东大会或董事会审议有关关联交易事项时，关联股东不应参与投票表决，其所代表的有表决权的股份不计入有效表决总数。在董事会审议有关关联交易事项时，关联董事也应该回避”。而新黄浦对其所投的赞成票是否有效的解释是，新黄浦只持有中泰信托

29.97%的股权，不属于其控股公司，中泰信托转让大成基金股权事宜对新黄浦来说，不属于关联交易，不需要经过股东大会表决，因此，程序上不存在问题。不过会计规范《关联方交易会计准则》认为，在企业财务和经营决策中，如果一方有能力直接或间接控制、共同控制另一方或对另一方施加重大影响，则将其视为关联方；如果两方或多方同受一方控制，也将其视为关联方。新黄浦的间接控股股东和中泰信托直接控股股东都为华闻控股，因此，新黄浦与中泰信托属于关联方，此次投票应属于违法的。这次的转让，很明显是为了大股东利益的最大化，而损害了华闻投资、新黄浦和中泰信托小股东的利益。

6.2　大成基金是否被贱卖

这次并购中，另一个最大的争议就是大成基金的定价是否公允。在交易价格上，中国人保股改时，曾聘请国内著名的评估机构北京中企华资产评估有限责任公司对大成基金的整体价值进行评估，以2008年6月30日为基准日评估大成基金公司的价值为45.93亿元，中泰信托持有的大成基金48%的股权所对应的价值为22.05亿元，该评估结果已经报财政部。而在此次并购中，中泰信托委托的开元资产评估有限公司以2009年3月31日为基准日，对大成基金公司评估的评估价值为29.14亿元，48%股权所对应的价值为13.99亿元。这一评估结果与此前的评估价值相差甚远。对于这样的结果，中国人保法务部负责人的回应是“不同的评估师有不同的评估方法，而且两次评估的时间也不同”及“大成基金股权属于国有资产，定价不能与其他基金公司的市场交易相比，最终的收购价格要等财政部审批后才能确定，股东大会审议的价格不能作数”。对大成基金价值评估的第一次评估时间是在2008年经济低迷的时候，而那时候的评估价格却比2009年经济复苏的时候的评估价格还高，在相距不到一年的时间内，评估价格就相差了16亿，这显然不是“评估方法”和“评估时间”不一样可以解释得了的。同时，财政部审批只是买方中国人保作为国企应走的程序，跟股权交易是否按照市场定价没有任何关系，更不存在股东大会与财政部审批何者效力优先的问题。

按照市盈率倍数法，大成基金的整体评估价值明显偏低。大成基金2008年实现净利润6.3亿元，48%的股权价值为13.99亿元，本次给出的市盈率只有4.6倍。作为对比，普华永道提供的国家上市基金管理公司的市盈率水平为9.5倍。在交易实例中，博时基金2007年和2008年两次交易的市盈率都达到了10倍：博时基金2007年实现净利润12.76亿元，48%的股权的转让价格为63.2亿，从此推断出博时基金的整体估值约为131.67亿元，因此其市盈率为10.13倍；在2008年，博时基金净利润是10.95亿元，博时基金24%股权的转让价格为26.28亿，推断出的整体估价为109.5亿元，相当于10倍的市盈率。同时按照价格/管理资产法评估，评估值只有大成基金资产管理规模的2.91%，根据国际通行的对资产管理公司的估价，这一比例应该是7%。截至2009年12月31日，大成基金的公募资产管理规模超过1 000亿元，也即是说，29.14亿元的评估价值只占大成基金资产管理规模的2.91%，只相当于国际估值惯例的41%。而在博时基金案例中，2008年招商证券以26.28亿元挂牌价出售其所持博时基金24%的股权，由此推算出博时基金的整体估值是109.5亿元，而博时基金当时所管理的公募基金资产规模在1 400亿元左右，评估值正好是其所管理资产规模的7.82%。可见，无论是从市盈率看，还是从资产管理规模评估公司价值来看，大成基金的整体估值都小于市场价值，29.14亿元的价格并不是公允价，可以说，大成基金的确是被“贱卖”。

参考文献

1. 吴焰:《中国非寿险市场发展研究报告》,北京,中国经济出版社,2007。

2. 干春晖、刘祥生:《企业并购　理论、实物、案例》,上海,立信会计出版社,2002。

3. 古甘霖:《浅议保险公司设立基金管理公司》,载《经济师》,2006(2)。

4. 匡志勇:《人保集团正式控股华闻系》,载《第一财经日报》,北青网,http://bjyouth.ynet.com/article.jsp? oid=41225787&pageno=1,2008-06-25。

5. 欧阳晓红、赵娟:《中国人保一石二鸟　14亿元收编大成基金》,新浪财经,http://finance.sina.com.cn/stock/s/20091231/23507183417.shtml,2009-12-31。

6. 张兰:《人保“直控”大成基金　保险集团综合经营再成焦点》,载《金融时报》,http://www.cnstock.com/index/gdbb/201001/323184.htm,2010-01-08。

7. 李文艺:《中国人保鲸吞大成基金　新黄浦违规投赞成票》,腾讯财经,http://finance.qq.com/a/20100107/002897.htm,2010-01-07。

8. 严洲:《保险系基金公司或将在风险控制方面体现优势》,财讯,http://content.caixun.com/ne/01/5V/ne015v6J.shtm,2009-02-03。

9. 张兰:《人保控股华闻系:万里征程刚起步》,中证网,http://cs.xinhuanet.com/bxtd/03/200806/t20080627_1507566.htm,2008-06-23。

10. 朱捷:《中国保险业的现状与未来》,人民网,http://www.people.com.cn/GB/paper85/857/114626.html,2000。

11. 张兰:《中国人保:整合华闻控股和中诚信托》,中证网,http://www.cs.com.cn/bxtd/02/200903/t20090330_1804216.htm,2009-03-30。

12. 匡志勇:《人保集团正式控股华闻系》,金融界,http://news2.jrj.com.cn/news/20080625/000000203921.htm,2008-06-25。

13. 李文艺:《人保回应贱卖门　律师替新黄浦股民喊冤》,凤凰网,http://finance.ifeng.com/fund/special/rbsgdc/jjpl/20100114/1705761.shtml,2010-01-14。

14. 曹昱:《华闻控股进行重组　人保成新黄浦新“东家”》,房产之窗网,http://www.ehomeday.com/NEWS/2008-6/2008625155604.htm,2008-06-25。

15. 宋俊洁:《华闻系重组落子　新黄浦浮现人保地产平台》,载《中国房地产报》,网易财经,http://money.163.com/10/0111/10/5SO8NBA9002534NU.html,2010-01-11。

16. 韩梅:《关于我国上市公司资产重组关联交易的探讨》,载《会计之友(中旬刊)》,2007。

17. 郭少军:《发挥集团优势,促进交叉销售业务发展》,证券之星,HTTP://MONEY. STOCKSTAR. COM/JL2009072400001609. SHTML,2009-07-24。

18. 刘宇辉:《9 家基金公司跻身“千亿俱乐部”》,中证网,HTTP://WWW. CS. COM. CN/TZJJ/03/200801/T20080103_1339419. HTM,2008-01-24。

19. 欧阳晓红、张勇:《混业“捷径”后来者人保入主新黄浦》,经济观察网,HTTP://WWW. EEO. COM. CN/EEO/JJGCB/2008/06/23/103919. SHTML,2008-06-20。

20. 张勇、艾经纬:《华闻系资金链危局》,新浪网,HTTP://FINANCE. SINA. COM. CN/STOCK/S/20080223/13144539190. SHTML,2008-02-23。

21. 唐君燕:《华闻系前世今生 股权重组并不言弃》,新浪财经,HTTP://FINANCE. SINA. COM. CN/STOCK/S/20080229/19034566240. SHTML,2008-02-29。

22. 熊毅:《广联反噬华闻控股重组又添变数》,新浪财经,HTTP://FINANCE. SINA. COM. CN/STOCK/S/20071201/04554238830. SHTML,2007-12-01。

23. 艾经纬:《华闻系谢幕前后》,经济观察网,HTTP://WWW. EEO. COM. CN/INDUSTRY/SMALL_MED_FIRMS/2008/06/16/103369. HTML,2008-06-16。

案例参编：卓凡　梁少彬

 15

攀钢集团重大资产重组案

2009 年 8 月 12 日，攀枝花新钢钒股份有限公司（以下简称“攀钢新钢钒”）以定向增发的方式完成了对攀枝花钢铁集团公司（以下简称“攀钢集团”）、攀枝花钢铁有限责任公司（以下简称“攀钢有限”）、攀钢集团成都钢铁有限责任公司（以下简称“攀成钢”）和攀钢集团四川长城特殊钢有限责任公司（以下简称“攀长钢”）的相关资产收购，同时以换股方式完成了对攀钢集团重庆钛业股份有限公司（以下简称“攀渝钛业”）和攀钢集团四川长城特殊钢股份有限公司（以下简称“长城股份”）的吸收合并。通过本次重大资产重组，攀钢新钢钒实现了对攀钢集团钢铁、钒、钛业务三大主业及经营性资产的整合，形成了以丰富矿产资源为基础、专业辅助公司为辅、三大主业共同发展的局面。

1. 行业背景

钢铁行业是以从事黑色金属矿物采选和黑色金属冶炼加工等生产活动为主的工业行业。钢铁工业是国民经济和国防建设的基础性、支柱性的产业，为机械设备制造业、交通工具制造业、建筑业等提供了大量的基础原材料，对经济发展起到了非常重要的作用。

1.1 我国钢铁资源供需形势

2006 年，我国钢铁行业整体走势良好，粗钢产量较 2005 年增长 18.33%，达 421 百万吨。钢材进口量为 1 851 万吨，出口量为 4 301 万吨，首次实现钢铁贸易净出口。全行业实现利润 1 700 亿元，成为历史最好水平。2007 年，钢铁生产持续增长，粗钢产量比上年增长 15.66%，创造 489.2 百万吨的历史新高。钢材出口亦维持增长，进口下降，净出口大幅上升，利润增长更为明显。2007 年 1 月至 8 月钢协统计的 77 户大中型钢铁企业实现利润 1 030.46 亿元，比 2006 年同期增长 77.53%，已超过 2006 年全年利润水平。2008 年中国成为世界上首个年粗钢产量超过 5 亿吨的国家，钢产量由 2007 年的 36.4% 提高到 2008 年的 37.8%。2008 年 1—12 月全国共出口钢铁 5 147.92 万吨，进口 2 039 万吨，净出口 3 108.92 万吨，实现贸易顺差 289.75 亿美元。2008 年以来，受国际金融危机的冲击和各种内外因素的影响，国内外市场钢材需求量明显下降，钢材价格大幅回落，全行业出现亏损，加之 2009 年世界金融危机严重冲击实体经济，我国经济增长速度放缓，房地产投资大幅度下滑，汽车、家电等用钢量较多的产品生产均出现了负增长，这些因素都对我国钢铁行业的发展带来严峻的挑战。

1.2 钢铁产业的发展现状及问题

钢铁产业发展迅速，但产业集中度却长期不升反降，粗钢生产企业平均规模不足 100 万吨，排名前 5 位的企业钢产量仅占全国总量的 28.5%。这是我国从钢铁大国走向钢铁强国最大的障碍。产能过于分散，对我国钢铁产业健康发展非常不利，一方面，使得我国在国际原材料采购中长期缺少话语权，利益损失巨大；另一方面，虽然具有巨大的国内市场，但产能分散使得产业整体难以发挥规模经济效益，增加了产业技术改造升级的难度，造成对资源能源消耗的巨大浪费。

对钢铁产业进行结构调整，实施兼并、重组，扩大行业中具有优势的主要企业的规模，从而提高产业集中度，使钢铁生产能力达到合理规模，令钢铁综合竞争能力达到国际先进水平，使我国成为世界钢铁生产的大国和具有竞争力的强国，这是我国钢铁行业亟待解决的问题。为此，我国 2005 年 7 月 20 日公布的《钢铁产业发展政策》支持钢铁企业向集团化方向发展，通过强强联合、兼并重组、互相持股等方式进行战略重组，减少钢铁生产企业数量，实现钢铁工业组织结构调整、优化和产业升级。

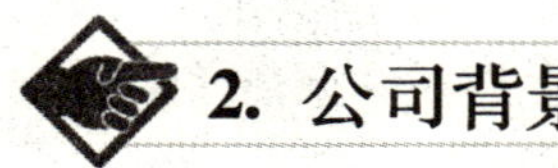

2. 公司背景

2.1 攀钢集团

攀钢集团成立于 1965 年，属于国务院国有资产监督管理委员会直接管理的中央企业。其钒储量约占全国钒资源储量的 52%，居世界第三位；钛资源储量占全国的 95%，居世界第一位。四十多年来，攀钢集团依托攀西地区丰富的钒、钛、磁铁矿资源优势，依靠自主创新推动钢铁、钒、钛产业跨越式发展，积极审慎实施资本运营，拥有攀钢新钢钒、攀渝钛业、长城股份三家上市公司。

公司的经营范围包括：钢、铁、钒、钛、焦冶炼；钢压延加工；金属制品、机电设备、船舶制造修理；建筑材料制造；金属非金属矿采选；水电气生产供应；冶金工程、工业自动化、信息工程技术服务。

攀钢集团 2006 年营业收入为 384.42 亿元，在中国企业 500 强中排名第 99 位，在钢铁企业中排名第 10 位。攀钢集团的重轨产量则是我国第一，其中含钒重轨，因为含钒而使产品有强度高、耐磨损、耐腐蚀、使用寿命长等特点。在技术上，攀钢拥有世界级的制造钢轨生产技术。除此之外，在钢铁行业，宝钢、鞍钢、武钢、攀钢四家钢央企中，攀钢是鞍钢以外第二家拥有矿山的企业。丰富的资源，为攀钢集团提供了强大的后盾。

2.2 攀钢新钢钒

攀钢新钢钒系大型中央企业攀钢集团公司的核心企业。1993 年 3 月，攀钢集团与攀枝花冶金矿山公司（后期合并入攀钢集团）以及中国第十九冶金建设公司共同发起，采用定向募集方式设立攀钢集团板材股份有限公司（以下简称“攀钢板材”）。1996 年 11 月，攀钢板材在深圳证券交易所上市，股票代码为 000629，其中，攀钢集团持股为 65.12%。1997 年 7 月，攀钢集团将其权益全部转让给其全资子公司攀枝花钢钒股份有限公司（以下简称“攀钢钢钒”）。1997 年 10 月 20 日，攀钢钢钒与攀钢集团签订协议，接收并经营攀钢集团主要钢铁及钒产品的生产和销售业务。1998 年 10 月，攀钢钢钒将股权重新转回攀钢集团。1998 年 7 月 4 日，攀钢集团将攀钢钢钒的主要钢铁业务及攀枝花攀宏钒制品有限责任公司和攀钢集团北海特种铁合金厂所拥有的全部权益注入攀钢板材。攀钢钢钒于 1998 年 10 月注销法人地位，同时，攀钢板材正式更名为攀钢新钢钒。2000 年，公司控股股东由攀钢集团变更为攀钢有限。公司的主营业务包括：涉及炼铁、提钒炼钢、连铸、热轧钢、钢压延、钒制品加工及氧气、氢气、氮气、氩气、蒸气的生产，生产的钢铁产品包括轨梁材、热轧产品、冷轧产品及钒制品 4 大类、50 多个品种。

攀钢新钢钒依靠钒、钛、磁铁矿资源丰富的攀西地区，成为中国西南最大的钢铁联合企业、最大的热轧板卷生产基地，中国最大、世界第二的钒制品生产基地，中国最大、品种最全的钢轨生产基地，而且是国内唯一拥有生产在线余热淬火钢轨技术的厂商。

截至 2009 年 6 月 30 日，公司总资产为 55 047 014 279.96 元，总股本为 5 726 497 468股，其中攀钢有限持有 1 566 970 000 股，股权比例为 31.49%，为攀钢新钢钒控股股东。

2.3 攀钢有限

攀钢有限是 2000 年 12 月在原攀钢集团基础上，由攀钢集团、国家开发银行及中国信达根据《攀枝花钢铁（集团）公司债转股实施方案》设立的公司。其中，攀钢集团以其生产经营性净资产 544 411.47 万元出资，国家开发银行及中国信达分别以其在原攀钢集团的 315 000 万元及 152 300 万元债权出资。设立时，攀钢有限注册资本为 1 011 711.47 万元。攀钢有限继承原攀钢集团主要生产经营性资产，承担攀钢集团整体规划中的钢铁、钒制品、矿产品开采等产业发展，拥有攀钢新钢钒、矿业公司、国贸公司、煤化工厂等子公司或二级单位。公司主营业务包括：钢、铁、钒、焦冶炼、钢压延加工及矿产品生产与销售。经过多次股权变动，截至 2005 年 4 月，攀钢集团持有其 807 839.28 万股，股权比例为 84.76%，中国建设银行持有 145 219.10 万股，股权比例为 15.24%。

2.4 攀成钢

攀成钢系 2002 年 5 月 22 日由攀钢集团成都无缝钢管有限责任公司和成都钢铁厂联合重组成立的冶金工业企业。其中攀钢集团以原成都无缝钢管有限责任公司经审计评估后的生产经营性资产出资，成都工业投资经营有限责任公司以原成都钢铁厂经审计评估后的生产经营性资产出资。公司注册资本为 15.6 亿元，其中攀钢（集团）公司控股 83%，成都工业投资经营有限责任公司持股 17%。截至 2004 年 10 月 31 日，公司拥有在岗职工 1.88 万人，工业用地 5 256 亩，总资产达 80.82 亿元。

攀成钢承担攀钢集团整体规划中的无缝钢管、建筑钢材等产业的发展，从事无缝钢管及建筑钢材的生产与销售业务。其经营范围包括：钢铁冶炼、轧制，其他黑色金属冶炼及压延加工、生产、销售；国内商业贸易（不含国家专营、专控、专卖商品）；承包境外冶金行业工程及境内国际招标工程；境外冶金行业工程所需设备、材料出口；攀钢生产所需原辅材料、机械设备、仪器仪表、零配件进口业务等。攀成钢是国内品种规格齐全、生产规模较大的无缝钢管生产企业和西南地区建筑钢材骨干生产企业之一。

2.5 攀长钢

攀长钢原名长城钢厂，始建于 1965 年，是我国重点特殊钢科研、生产基地，国家重点军工配套企业和四川省大型骨干企业。1998 年 6 月 12 日，四川省投资集团有限责任公司对长城特殊钢（集团）有限责任公司实施整体兼并，攀长钢更名为四川川投长城特殊钢（集团）有限责任公司。2003 年 1 月，中国华融、中国信达、中国东方、中国长城四大资产管理公司对四川川投长城特殊钢（集团）有限责任公司实施债转股，并更名为四川长城特殊钢（集团）有限责任公司。2004 年 6 月 18 日，攀钢集团、攀钢有限及四川长城特殊钢（集团）有限责任公司其他股东对四川长城特殊钢（集团）有限责任公司进行重组，重组后，公司名称变更为攀钢集团四川长城特殊钢有限责任公司。公司主营业务包括钢冶炼、钢压延加工、冶金机电设备的设计、制造、维修及备品件供应，主要承担攀钢集团内部特种钢发展业务。

2.6 攀渝钛业

攀渝钛业前身为重庆化工厂。1990 年 9 月，重庆化工厂与中国香港中渝实业有限公司共同设立重庆渝港钛白粉有限公司；1992 年 5 月，重庆化工厂和原中外合资重庆渝港钛白粉有限公司改组设立重庆渝港钛白粉股份有限公司。1993 年 7 月 12 日，攀渝钛业在深圳证券交易所上市交易，股票代码为 000515。1993 年 10 月，攀渝钛业向社会公众和内部职工配售股票。攀渝钛业总股本增至 13 000.52 万股，其中外资股 3 728.26 万股，重庆市国有资产管理局持股 3 728.26 万股，向社会募集个人股本 5 544 万股。其后，中国香港中渝实业有限公司将其所持 3 728. 26 万股以零对价转让给原重庆市国有资产管理局。2000 年，原重庆市国有资产管理局将所持攀渝钛业 7 456. 52 万股国家股以零对价转让给中国长城资产管理公司（以下简称“中国长城”），中国长城成为攀渝钛业第一大股东。2002 年 10 月，中国长城向攀钢集团转让 3 900 万股国家股。2004 年 7 月，中国长城向攀钢集团转让 900 万股国家股。

攀渝钛业是我国最大，也是生产水平最先进的钛白粉生产基地之一，是集生产、研发、销售于一体的大型现代化化工企业。公司主营业务包括钛白粉系列产品及其副产品、工业硫酸和硫酸二甲酯等产品的生产、销售，拥有两套年产 1. 8 万吨硫酸法钛白粉装置，生产能力达 3. 6 万吨/年。

2. 7　长城股份

长城股份原名为长城特殊钢股份有限公司，1988 年 8 月由长城特殊钢公司改制设立的股份有限公司。1994 年 4 月 25 日在深圳证券交易所挂牌，股票代码为 000569，上市时总股本为 56 378 万元。1998 年 6 月 12 日，四川省投资集团有限责任公司对长城特殊钢（集团）有限责任公司实施整体兼并，成为长城特殊钢股份有限公司控股股东。同时，公司更名为四川川投长城特殊钢股份有限公司。2004 年，攀钢集团、攀钢有限对攀长钢进行重组，并成为攀长钢及长城股份的实际控制人。2006 年 8 月，攀长钢完成股权分置改革，改革完成后股本总额增至 75 431. 40 万股。公司主营范围包括钢冶炼、钢压延加工，主导产品为不锈钢、精密钢管、碳结钢、汽车阀门钢、蒸气轮叶片钢、高温合金钢及轴承钢、模具钢等系列产品，年产粗钢 65 万吨、成品钢材 70 万吨的产能。截至 2009 年 3 月 31 日，公司资产总计 1 848 990 000. 00 元，股东权益总计 34 770 300. 00 元。

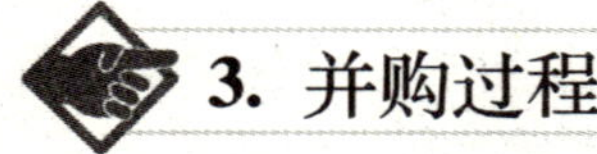

3. 并购过程

3. 1　并购前企业的股权关系

本次重组之前，各企业的股权关系如图 15—1 所示。

此次重大资产重组主要分为两部分：一是攀钢新钢钒新增发股份 750 000 000 股向攀钢集团及其关联企业购买资产；二是攀钢新钢钒以换股方式吸收合并攀渝钛业、长城股份。

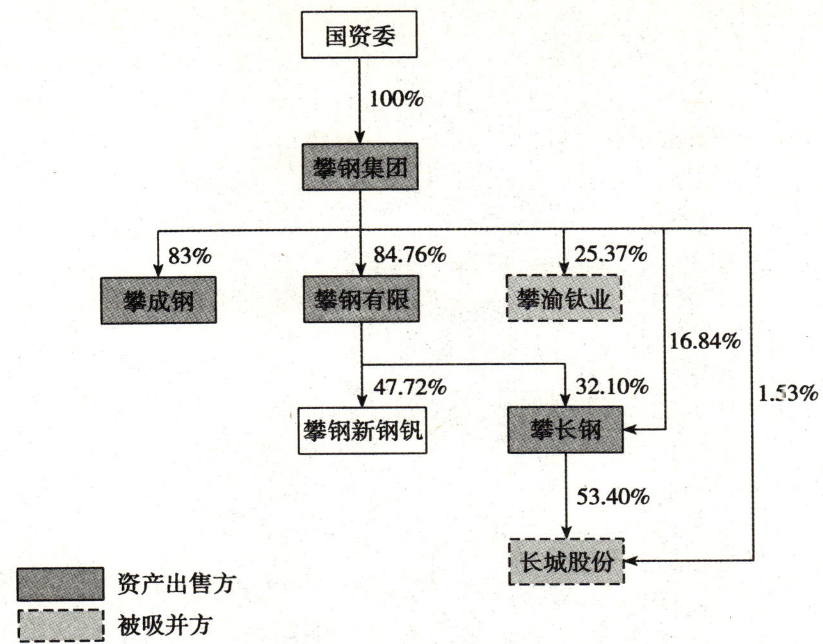

图 15—1 重组前各企业股权关系图

资料来源 《攀枝花新钢钒股份有限公司发行股份购买资产、换股吸收合并暨关联交易之实施情况报告书》

3.2 并购过程

2007 年 11 月 5 日，攀钢新钢钒发布《第五届董事会第四次会议决议》公告，公告表明，董事会于 2007 年 11 月 2 日审议通过本次重组的议案。

其中，攀钢新钢钒以定向增发 9.59 元/股的有限售条件股票为支付方式向攀钢集团、攀钢有限、攀成钢及攀长钢购买资产。9.59 元/股的发行价格是按照 2007 年 11 月 02 日召开的攀钢钢钒第五届董事会第四次会议决议公告日前 20 个交易日股票交易均价的 100% 确定的。有限售条件是指攀钢集团、攀钢有限、攀成钢和攀长钢通过本次非公开发行认购的股份自发行结束之日 36 个月内不得转让。

上述所指的资产（详见图 15—2）包括：

（1）攀钢集团、攀钢有限、攀成钢、攀长钢所拥有的钢铁主业资产、负债及业务；

（2）攀钢集团、攀钢有限、攀成钢、攀长钢所拥有的部分子公司的股权。

攀钢新钢钒以换股方式吸收合并攀渝钛业、长城股份，换股比例是以换股价格为主，并加以考虑其他因素确定的：本次吸收合并的换股价格均以各方在 2007 年 11 月 2 日前 20 个交易日的交易均价确定。

在换股时给予攀渝钛业、长城股份股东 20.79% 的风险溢价，以作为他们参与换股的风险补偿（详见表 15—1）。

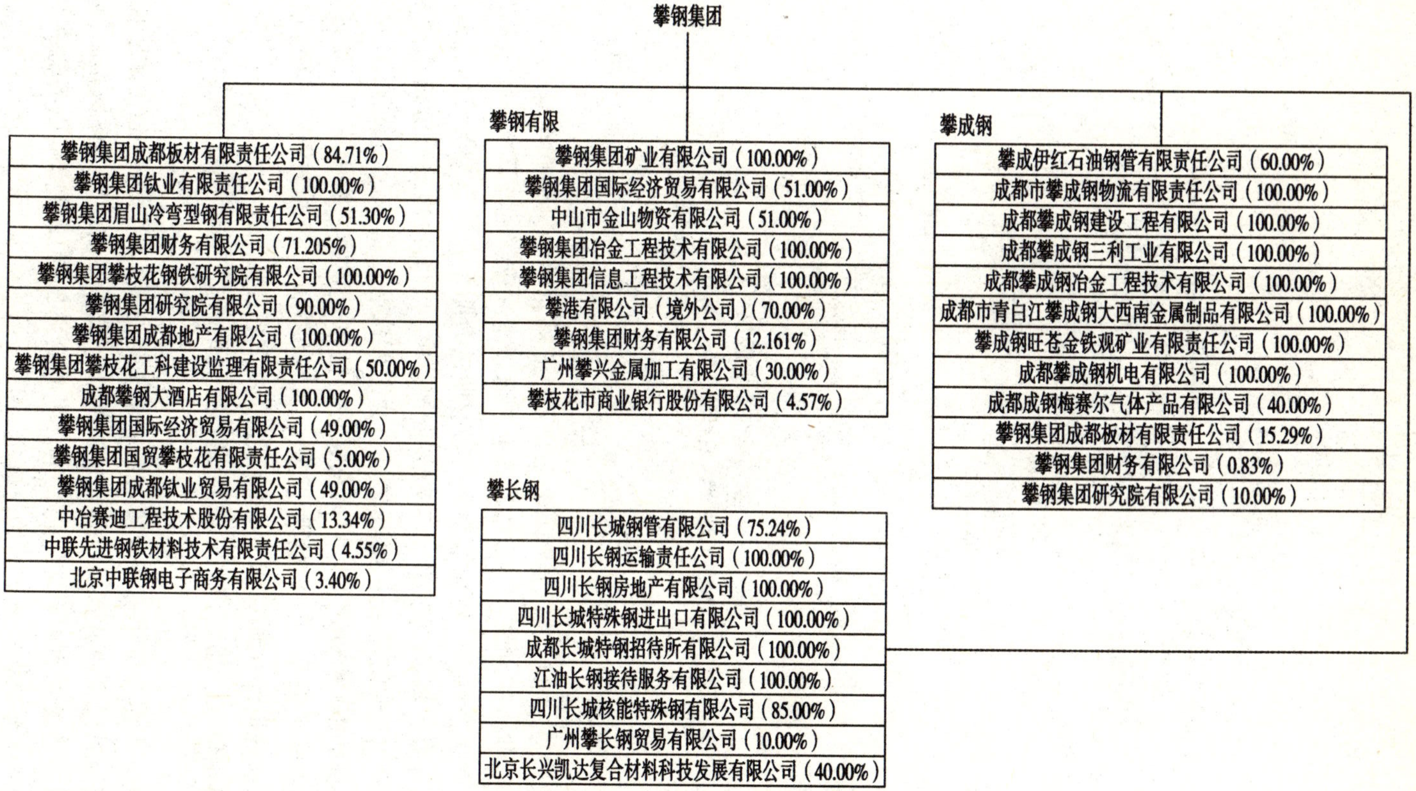

攀钢集团

攀钢集团（直接持有）
攀钢集团成都板材有限责任公司（84.71%）
攀钢集团钛业有限责任公司（100.00%）
攀钢集团眉山冷弯型钢有限责任公司（51.30%）
攀钢集团财务有限公司（71.205%）
攀钢集团攀枝花钢铁研究院有限公司（100.00%）
攀钢集团研究院有限公司（90.00%）
攀钢集团成都地产有限公司（100.00%）
攀钢集团攀枝花工科建设监理有限责任公司（50.00%）
成都攀钢大酒店有限公司（100.00%）
攀钢集团国际经济贸易有限公司（49.00%）
攀钢集团国贸攀枝花有限责任公司（5.00%）
攀钢集团成都钛业贸易有限公司（49.00%）
中冶赛迪工程技术股份有限公司（13.34%）
中联先进钢铁材料技术有限责任公司（4.55%）
北京中联钢电子商务有限公司（3.40%）

攀钢有限
攀钢集团矿业有限公司（100.00%）
攀钢集团国际经济贸易有限公司（51.00%）
中山市金山物资有限公司（51.00%）
攀钢集团冶金工程技术有限公司（100.00%）
攀钢集团信息工程技术有限公司（100.00%）
攀港有限公司（境外公司）（70.00%）
攀钢集团财务有限公司（12.161%）
广州攀兴金属加工有限公司（30.00%）
攀枝花市商业银行股份有限公司（4.57%）

攀长钢
四川长城钢管有限公司（75.24%）
四川长钢运输责任公司（100.00%）
四川长钢房地产有限公司（100.00%）
四川长城特殊钢进出口有限公司（100.00%）
成都长城特钢招待所有限公司（100.00%）
江油长钢接待服务有限公司（100.00%）
四川长城核能特殊钢有限公司（85.00%）
广州攀长钢贸易有限公司（10.00%）
北京长兴凯达复合材料科技发展有限公司（40.00%）

攀成钢
攀成伊红石油钢管有限责任公司（60.00%）
成都市攀成钢物流有限责任公司（100.00%）
成都攀成钢建设工程有限公司（100.00%）
成都攀成钢三利工业有限公司（100.00%）
成都攀成钢冶金工程技术有限公司（100.00%）
成都市青白江攀成钢大西南金属制品有限公司（100.00%）
攀成钢旺苍金铁观矿业有限责任公司（100.00%）
成都攀成钢机电有限公司（100.00%）
成都成钢梅赛尔气体产品有限公司（40.00%）
攀钢集团成都板材有限责任公司（15.29%）
攀钢集团财务有限公司（0.83%）
攀钢集团研究院有限公司（10.00%）

资料来源　攀枝花新钢钒股份有限公司《发行股份购买资产、换股吸收合并暨关联交易报告书》

图 15—2　本次重组收购的资产图

表 15—1 **以股换股方式的换股比例明细**

	换股价（元/股）	风险补偿（20.79%）	换股比例*
攀钢新钢钒	9.59	—	—
攀渝钛业	14.14	2.94	1：1.78（即每股攀渝钛业的股份可换取 1.78 股攀钢新钢钒股份）
长城股份	6.50	1.35	1：0.82（即每股长城股份的股份可换取 0.82 股攀钢新钢钒股份）

注：* 攀渝钛业换股比例 $=\frac{\text{攀渝钛业换股价格}\times(1+20.79\%)}{\text{攀钢新钢钒换股价格}}$

长城股份换股比例 $=\frac{\text{长城股份换股价格}\times(1+20.79\%)}{\text{攀钢新钢钒换股价格}}$

吸收合并完成后，攀钢钢钒作为吸收方取得攀渝钛业和长城股份的全部资产、负债、业务和人员，同时它们作为被吸收方依法办理注销手续。

2008 年 4 月 15 日，攀钢新钢钒发布《攀枝花钢铁集团公司资产整合整体上市获得国资委批复》公告，实际控制人攀钢集团于 4 月 14 日接收国务院国有资产监督管理委员会批复，获原则同意攀钢集团资产整体上市的方案。

2008 年 5 月 7 日，攀钢新钢钒与鞍山钢铁集团公司签署《关于提供现金选择权的合作协议》，确定鞍钢集团担任本次重大资产重组现金选择权的第三方。

2008 年 6 月 21 日，攀钢新钢钒发布《关于重大资产重组相关资产评估报告国资委备案提示》公告，攀钢新钢钒接获攀钢集团通知，攀钢集团及其关联企业拟用于认购攀钢新钢钒非公开发行股份相关资产的评估报告已获国务院国有资产委员会备案确认。

因购买资产所增发的股份共有 7.5 亿股，当中的按各方的资产评估值，向各方分别发行股份数量见表 15—2。

表 15—2 **本次重大资产重组攀钢新钢钒定向发行新增股份数量** 单位：股

增发对象	发行股份数
攀枝花钢铁（集团）公司	184 419 566
攀枝花钢铁有限责任公司	186 884 886
攀钢集团成都钢铁有限责任公司	334 675 348
攀钢集团四川长城特殊钢有限责任公司	44 020 200
合计	750 000 000

以 2007 年 9 月 30 日为基准日的评估值合计约为 740 714.92 万元。

由于发行股票的价值 719 250 万元（750 000 000×9.59）与拟购买资产评估值 740 714.92 万元存在差异 214 64.92 万元（｜719 250−740 714.92｜），攀钢钢钒根据《发行股份购买资产协议》的约定，应就差额部分向攀钢集团等四家注资单位支付现金对价。

此外，攀成钢以及攀长钢应就拟购买资产因“5·12”汶川地震遭受的损失分别向攀钢新钢钒支付现金补偿；攀钢集团等集团等四家注资单位应就拟购买资产自评估基准日至交易交割日的损失向攀钢钢钒支付现金补偿的金额详见表15—3。

表15—3 **攀钢集团等四家注资单位向攀钢新钢钒支付现金补偿的金额** 单位：元

向攀钢钢钒支付现金补偿的企业	金额
攀枝花钢铁（集团）公司	96 638 755.25
攀枝花钢铁有限责任公司	119 246 485.44
攀钢集团成都钢铁有限责任公司	151 327 591.74
攀钢集团四川长城特殊钢有限责任公司	291 811 851.57

2008年6月24日，攀钢新钢钒发布《临时股东大会决议》公告，攀钢新钢钒2008年第一次临股东大会通过以发行股份购买资产和换股吸收合并相结合的方式实施重大资产重组。

2008年6月27日，攀钢新钢钒发布《获国资委相关批复》公告，攀钢新钢钒收到国资委下发的国资产权批复文件，国务院国资委同意本次重组方案。

2008年7月3日，攀钢新钢钒发布《重大资产重组的债权人公告》，表示攀钢新钢钒债权人可以自本日起向公司申报债权。在规定期限内，债权人有权根据有效债权文件及凭证要求公司清偿债务或者提供相应的担保。

2008年10月24日，攀钢新钢钒重大资产重组经中国证券监督管理委员会上市公司并购重组审核委员会审核并获有条件通过。

2008年12月26日，攀钢新钢钒发布《发行股份购买资产、换股吸收合并暨关联交易获中证监会核准》公告，表示攀钢新钢钒发行股份购买资产、换股吸收合并暨关联交易获中国证监会核准，同时豁免相关的要约收购义务。

2009年1月1日，本次发行股份购买资产的交易交割日。

2009年3月31日，攀钢新钢钒发布《换股吸收合并攀渝钛业、长城股份实施公告》，宣告现金选择权相关事宜。

2009年4月9日，攀钢新钢钒发布《换股吸收合并攀渝钛业、长城股份现金选择权第一次提示》公告，提示2009年5月9日为首次现金选择权申报日。

2009年4月23日，首次现金选择权截止日。

2009年4月24日，攀钢新钢钒发布《换股吸收合并攀渝钛业、长城股份停牌公告》。公告表明，攀钢新钢钒、攀渝钛业及长城股份三家上市公司股票将自2009年4月24日起停牌，攀钢新钢钒股票将完成后续首次现金选择权股份过户及资金清算，第二次现金选择权派发及换股吸收合并后恢复交易。

2009年4月28日，攀钢新钢钒发布《换股吸收合并攀渝钛业和长城股份之现金选择权申报结果及过户公告》。公告表明，经中国证券登记结算公司深圳分公司确认，截至2009年4月23日下午3：00，共计2 633 478股攀钢钢钒股份、7 701

股攀渝钛业股份及 0 股长城股份股份申报行使现金选择权，相关资金清算及股份过户事宜已于 2009 年 4 月 27 日完成。2009 年 5 月 6 日，攀钢新钢钒发布《换股吸收合并攀渝钛业和长城股份之换股合并新增股份上市提示》公告。公告表明，经中国证券监督管理委员会核准，攀钢新钢钒吸收合并攀渝钛业和长城股份之换股程序已完成，公司因本次换股合并新增的攀钢新钢钒股份拟于 2009 年 5 月 6 日上市流通，攀钢新钢钒拟于 2009 年 5 月 6 日恢复交易。

2009 年 7 月 22 日，攀钢新钢钒向攀钢集团及其关联企业购买资产发行的有限售条件股份在中国证券登记结算公司深圳分公司登记确认。

2009 年 8 月 11 日，定向发行的有限售条件股份上市。

经过本次的重大资产重组，攀钢钢钒的总股本将会由原来 4 024 730 701 股增加 1 701 766 767 股（详见表 15—4）至 5 726 497 468 股，使攀钢集团及其一致行动人合计持有攀钢钢钒 47.87% 的股份。

表 15—4　**本次重大资产重组全部新增股份明细**　单位：股

方式	发行对象	新增发行股份数目
换股吸收合并	攀钢集团重庆钛业股份有限公司	333 229 328
	攀钢集团四川长城特殊钢股份有限公司	618 537 439
定向发行股份购买资产	攀枝花钢铁（集团）公司	184 419 566
	攀枝花钢铁有限责任公司	186 884 886
	攀钢集团成都钢铁有限责任公司	334 675 348
	攀钢集团四川长城特殊钢有限责任公司	44 020 200
合计		1 701 766 767

4. 并购动机

4.1　符合国家政策导向

本次重大资产重组主要把攀钢集团所有的主营资产整合上市，攀钢集团是中央企业。根据国有资产监督管理委员会（以下简称“国资委”）《关于推进国有资本调整和国有企业重组的指导意见》（以下简称“指导意见”）以及国家公布的《钢铁产业发展政策》（以下简称“发展政策”）。指导意见积极支持国有控股的上市公司通过并购方式，将其全部主营业务资产注入上市公司，希望通过国有大型企业的调整和重组，促进优化企业资源配置，发挥企业整体优势，实现专业化和规模化经营。发展政策则希望对钢铁产业组织结构调整，实施兼并、重组，扩大具有比较优势的骨干企业集团规模，提高产业集中度。这些政策措施为攀钢集团本次重大资产重组铺开了一条“康庄大道”。攀钢集团资产分散，根据上述政策，重组是必然的。

4.2 与企业的战略动机是吻合的

本次重组主要是把攀钢集团全部的经营性资产和主要的矿产资源都装进其上市公司攀钢新钢钒之中。如果整体上市完成后，上市公司将会拥有攀钢集团最具竞争力的三大核心产业（钢铁、钒、钛）和主要的矿山。攀钢新钢钒公告的重组数据表示，重组完成后，攀钢新钢钒现有的主营业务将得以进一步加强，伴随着无缝钢管、建筑钢材、特种钢材等业务产品线的注入，钢铁主业的产品品种及规格将日趋丰富、产品竞争力将稳步提升。

随着攀钢集团旗下的核心研发机构注入攀钢新钢钒，它们的技术研发能力及工业化能力在行业中居领先位置，经过本次重组令它们得以整合，对公司甚至整个集团的未来发展起到技术储备和研发支持的作用。同时，对整合后形成的三大主业的共同发展起着关键的作用，有利于攀钢集团实现“做大钒钛、做精钢铁、做好资源、做强企业”的战略。

4.3 获得规模经济效应

本次重大资产重组对攀钢新钢钒甚至攀钢集团的未来发展有着深远的影响。本次重组完成后，攀钢新钢钒的资产规模得到扩张，产业链得到延伸，纵向一体化的趋势加强，可以实现从铁矿到粗钢再到钢材，钒钛矿产到钒制品、钛制品等几条完整的产业链，拓展了攀钢新钢钒的业务领域（如图 15—3 所示）、优化了生产流程，产生了规模经济的效益。

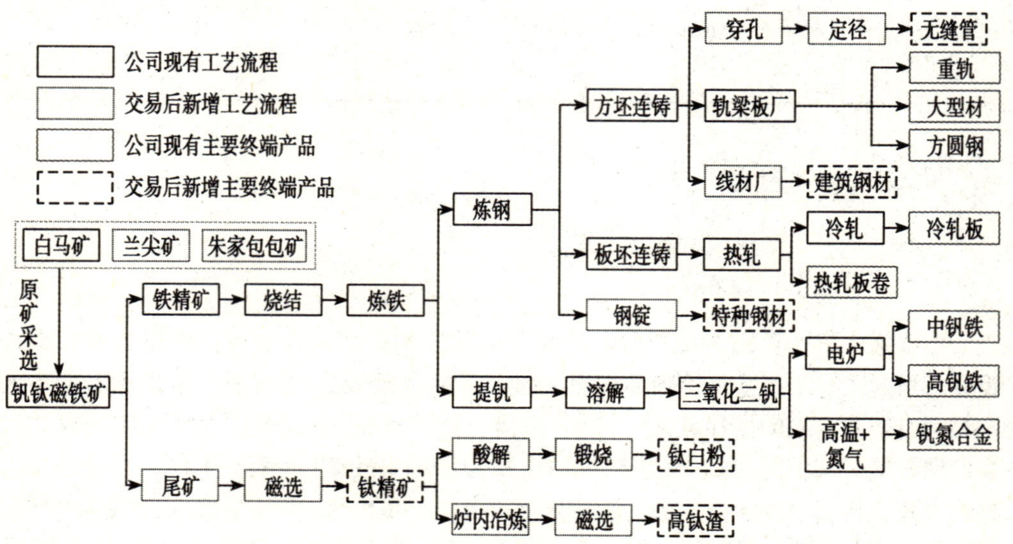

图 15—3 并购前后的业务变化图

资料来源 攀枝花新钢钒股份有限公司《发行股份购买资产、换股吸收合并暨关联交易报告书》

4.4 实现协同效应

攀钢集团希望通过将经营性资产和矿产资源注入攀钢新钢钒，形成以丰富矿产资源为基础，以钢铁、钒、钛为三大核心业务的产业布局和发展势态，让主营业务间发挥协同效应，以解决重组前的业务分散、内部资产架构复杂、重要主业几乎完全游离在集团各子企业中等低效率和低效益的问题。同时，随着不同类型经营性资产的注入，使资源调配、产品研究、营销、管理和技术等方面得到统一，最终使企业各业务板块之间、产业链各环节之间发挥协同效应，协同效应的增强可以逐步提升集团整体资源的使用效率，从而有效降低生产的成本，提升公司的利润水平。

同时，随着集团钛业资产的注入，攀钢新钢钒将初步形成以丰富矿产资源为发展基础，钢铁、钒、钛三大业务板块协同发展的产业布局。产业布局将更加合理，各业务板块的发展也将得到完善和提升。

4.5 提高企业竞争力

攀钢集团地处钒、钛、磁铁矿资源丰富的地域，为其发展提供了得天独厚的条件，随着重组后集团矿业公司的注入，在同一企业内部实现矿产资源共享，有利于整合后形成的三大主业的共同发展，同时亦为公司创造了资源优势以及带来在矿产资源成本价格上升的情况下的成本优势，保障了企业日后的持续发展。

随着攀钢集团无缝钢管、建筑钢材、特种钢材等业务产品线的注入，公司钢铁主业的产品品种及规格将日渐丰富，产品竞争力得到提升。同时，随着集团钛业资产的注入，公司将拥有从钛精矿到高钛渣、钛白粉的产品系列，钛产业链趋于完整，公司的主营业务还将延伸到金红石型、锐钛型钛白粉的制造，钛原料的提炼和后续加工。产品结构的加强、档次的提升对于公司核心竞争能力的提升及公司的盈利都将起到积极的作用。

4.6 减少关联交易

本次重大资产重组解决了由于历史的原因而导致攀钢新钢钒难以独立经营等问题。本次重大资产重组完成后，矿业公司、煤化工厂、国贸公司及攀钢集团部分下属专业化公司将进入攀钢新钢钒，公司产业链得到优化和趋于完整，有利于攀钢新钢钒在未来发展和竞争中尽可能发挥优势。另一方面，攀钢新钢钒与攀钢集团及其关联企业之间的关联交易将会在重组后大幅减少，仅在土地租赁、综合管理等方面存在少数的关联交易，未来公司的独立运作能力将得以进一步的加强。公司经常性的关联交易减少（详见表 15—5 及表 15—6），有助于实现公司做大做强的目标，有利于公司的可持续发展，保障公司及全体股东甚至其他关联股东的利益。同时，重组后关联采购及关联销售占营业成本、收入的比例大幅减少。与公司前五大供应商和客户所涉及的交易金额占营业成本、收入的比例将会大幅下降（详见表 15—7），从而降低对少数供应商及客户的依赖度，在很大程度上提高公司抵御市场风险的能力。

表 15—5 采购货物及接受劳务等关联交易

年份	交易金额（元）	内容
2009	1 095 765 704.00	耐火材料、备件、水、租务、劳务、钢材等
2008	11 660 012 879.62	生活水、备件、焦炭、动力产品、矿石、辅助材料、合金、钒产品等

注：2009 年主要是其控股股东攀钢有限及其他攀钢集团未纳入上市公司关联方的交易。

表 15—6 销售货物关联交易

年份	交易金额（元）	内容
2009	508 803 948.08	生铁、钢坯、焦炭、铁精矿、小方坯、冶金焦、电、源水、煤气、水、水洗矿、钢材等
2008	38 565 985.29	钢材产品、材料、煤气、新水、氮气、蒸气、化学水、低压空气、源水、压缩空气、电、高压空气、高质水、生活水、余压发电、除盐水、氧气、废钢产品、加工高钒铁、辅助材料、原燃料、合金等

注：2009 年主要是其控股股东攀钢有限及其他攀钢集团未纳入上市公司关联方的交易。

表 15—7 采购和销售客户情况（前五名）

年份	前五名供应商采购总金额（元）	占公司采购总额比例（%）	前五名客户销售收入（元）	占公司营业收入总额比例（%）
2009	3 178 198 765.72	15.18	4 654 416 989.86	12.16
2008	12 268 161 042.68	57.47	9 730 607 213.08	34.61
2007	6 443 286 169.33	44.49	7 395 249 033.15	34.89

5. 结果评价

5.1 股价分析

观察图 15—4，2009 年 4 月 24 日前 20 日的股价主要在第一次现金选择权的申报时段，投资者在这时段可以考虑行权、卖出股票或是继续持有，因而维持在 9.59 元/股左右的价位。直至 5 月 6 日，换股吸收合并所增发的 951 766 767 股股份，使总股本增加 23.65%，至 4 976 497 468 股。短时间内暴增近 1/4 的股份，而且重组的效益未能快速突显，加上国际金融危机影响，钢铁行业一蹶不振，市场会觉得原本的股东权益被稀释，因而股价有所下跌，实属正常。

观察图 15—5，2009 年 8 月 12 日是购买资产的定向增发股份上市的日子，在 5 月 6 日的股本基础上增加 750 000 000 股（约 15.1%）至 5 726 497 468 股，加上定向增发的股份为有限制条件股份，因而对股票供求没有太大影响，所以股价都维持

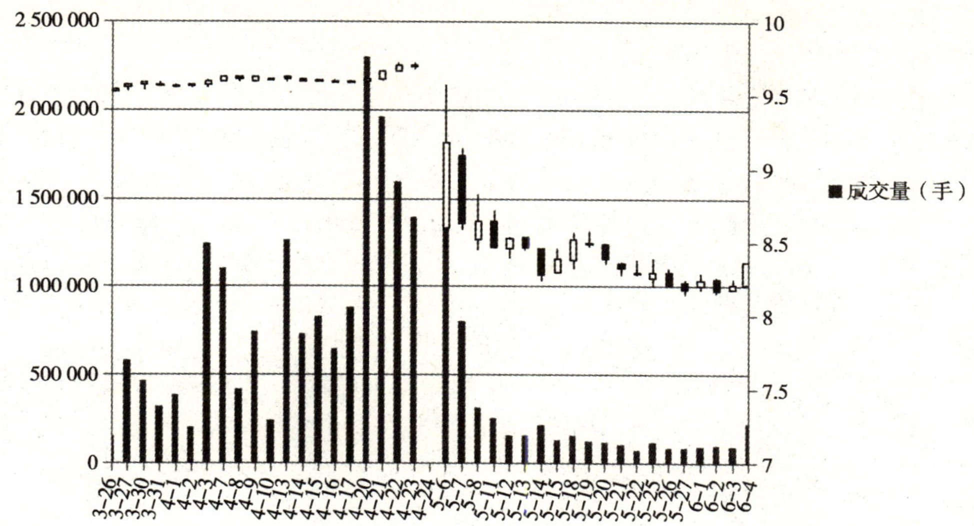

图 15—4　攀钢新钢钒换股交割日前后 20 个交易日走势图

注：数据详见附件 15—1。

在 8—9 元/股的水平。

总的来说，本次重大资产重组的两个新增股票上市日前后 20 个交易日的股价没有由于本次重组发生异动，波动程度在合理范围，因而我们应该重点研究市场对本次重组的看法，以评价本次重组是否合乎市场的期望。

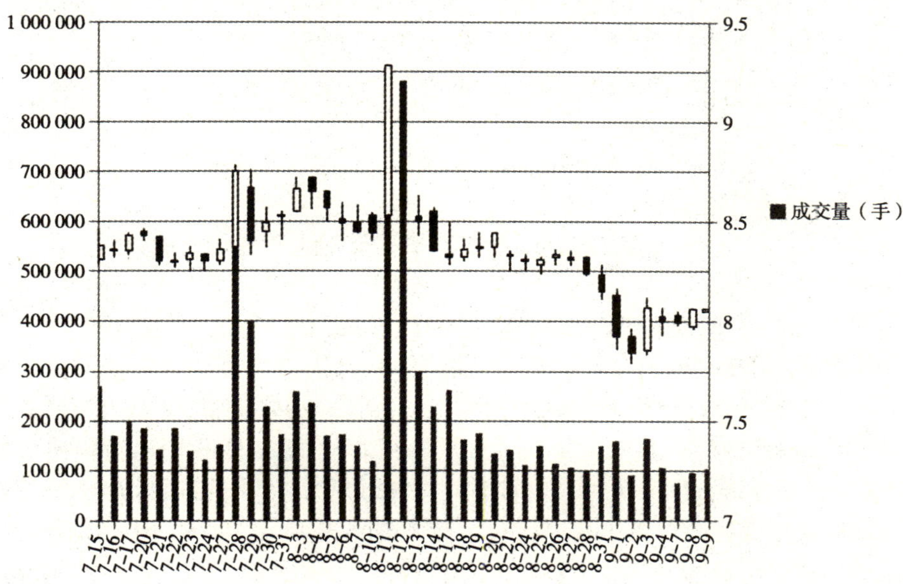

图 15—5　攀钢新钢钒定向增发的股份上市日前后 20 个交易日走势图

注：数据详见附件 15—2。

以下是攀钢新钢钒本次重大资产重组公告日前后20个交易日的股价波动特征进行研究，分析股票市场对本次重组的反应。

观股价走势图15—6可知，由11月5日本次重大资产重组公告后，股价总体有一定程度的上升。公告日前20个交易日的极高为11.06元/股比公告日后20个交易日的最低的平均价格10.9615元/股只是高出0.0985元/股约0.891%，比最高的平均11.769元/股低0.709元/股约6.4%；而且公告日后20个交易日的极低表现为10.16元/股，比攀钢新钢钒现金选择权的行权价格9.59元/股还要高，以上证明市场对本次重组的大致望好。

从成交量看，公告日后20个交易日的平均成交量528 540.5手，比公告日前20个交易日的平均成交量为596 084.4手减少约11.3%，说明投资者就算有较高的价格都愿意继续持有攀钢新钢钒的股票，表明投资者对本次重组有信心。

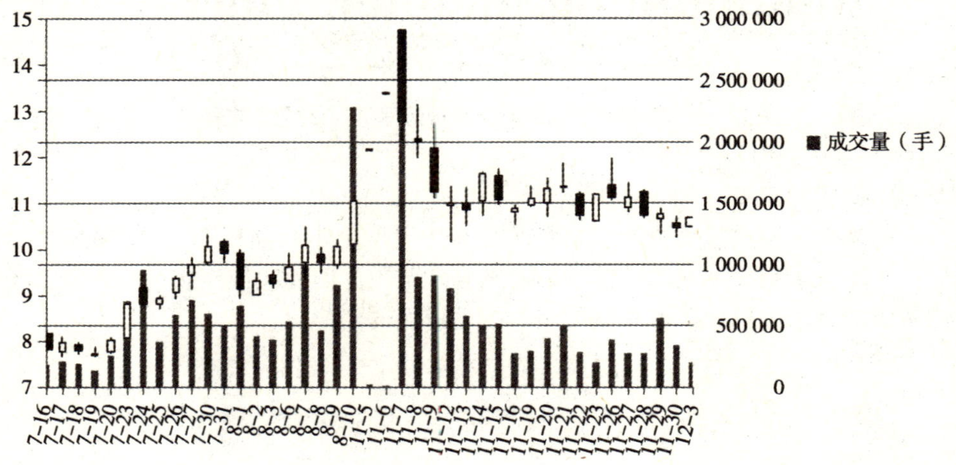

图15—6 攀钢新钢钒公告日前后20个交易日走势图

注：数据详见附件15—3。

为了更有力支持以上的分析，因此再以攀钢新钢钒和同行业在公告日前后收盘的超额回报来分析。

由图15—7可知，公告当日及随后几天攀钢新钢钒的个股回报率优于大市，证明市场对其重组有一个利好的反应，反映攀钢新钢钒重组消息对股价有正面的影响，表明了投资者认同攀钢新钢钒本次重组的决策。整体来说，公告日前20个交易日的平均超额回报率为0.31%，但公告日后20个交易日的平均超额回报率为-0.52%，说明攀钢整体股价由公告日前跑赢大市变为公告日后跑输大市。

虽然攀钢新钢钒公告重组决议后有跑输大市的迹象，但如果利用攀钢新钢钒与存在可比性的同行业的鞍钢股份对比，由图15—8可知，在公告日前，鞍钢股份的超额回报率比攀钢新钢钒高，而在重组方案公告后，该局势得到扭转，攀钢新钢钒的超额回报率高于鞍钢股份，反映了本次重组对股票回报带来的正面作用，加上市场上的评论都基本看好本次重组的决策，证明市场对本次重组仍有一定的期望。

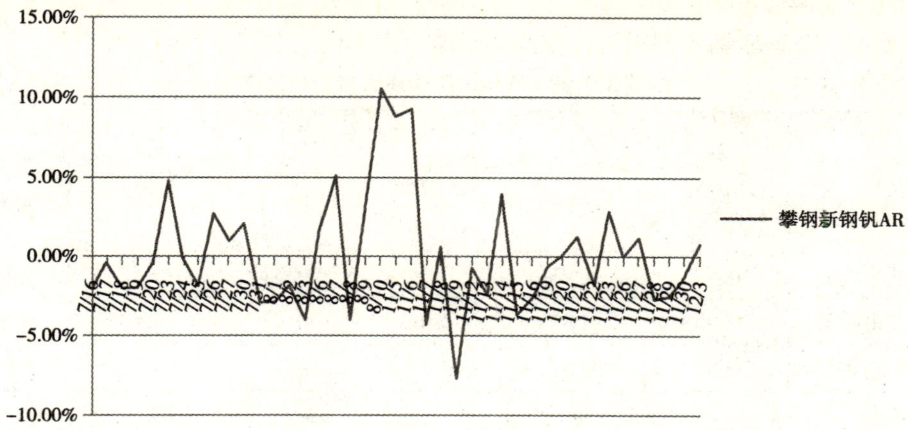

图 15—7 攀钢新钢钒 AR 分析

注：数据详见附件 15—4。

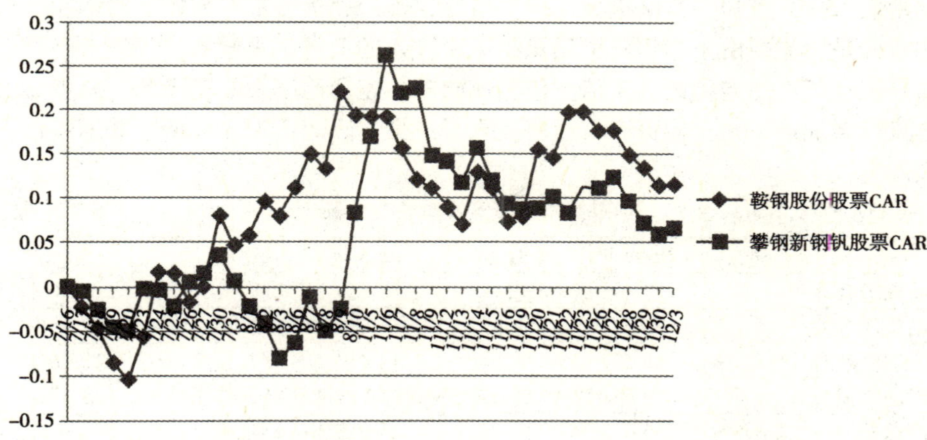

图 15—8 同行业 CAR 对比

注：数据详见附件 15—4。

我认为主要是研究公告日前后 20 个交易日的股价波动进行分析，而不是以并购交割完成的时间为中心研究对象，是因为本次重大资产重组的跨越时间太长，当中亦会有很多与本次重组不相干的因素影响（如经济周期、物价变化、汇率变化、国际金融危机等），因而公告日后 20 个交易日的价格能够较单纯的反映投资者对本次重组的期望。

5.2 经营绩效指标分析

从钢铁行业的多家上市公司中随机抽取其中 23 家，进而研究攀钢新钢钒并购发生后经营绩效相关的财务数据与同行业的差异以对本次重组进行评价。

5.2.1 偿债能力指标

表 15—8 是攀钢新钢钒与行业的偿债能力指标对比表。

表 15—8 **攀钢新钢钒与行业的偿债能力指标对比表**

	流动比率（倍）		速动比率（倍）		资产负债率	
	2010 年第 1 季度	2009 年	2010 年第 1 季度	2009 年	2010 年第 1 季度	2009 年
行业平均数	0.97	0.93	0.54	0.52	0.62	0.61
行业中位数	0.95	0.82	0.46	0.42	0.63	0.63
攀钢新钢钒	0.57	0.57	0.28	0.31	0.71	0.72

资料来源 各上市公司财务数据，和讯股票（http：//stockdata. stock. hexun. com）

与同行业相比，重组后的攀钢新钢钒偿债能力相对较弱，相信主要由于以下原因所致。

由表 15—9 可知，本次重大资产重组后，资产和负债都有大幅度的增加，但值得注意的是，主要由于攀钢新钢钒重组后所注入的负债水平较高。导致流动负债的增加是流动资产的增幅约 2.5 倍，使流动比率及速动比率大幅度降低；总负债增加比总资产增加近 1 倍，使资产负债率提升了不少，因而，大大降低了攀钢新钢钒的偿债能力。

表 15—9 **并购前后资产及负债变动表** 金额单位：元

	2009 年 12 月 31 日	2008 年 12 月 31 日	增加
流动资产合计	17 496 009 692.42	7 938 163 272.68	120.40%
流动负债合计	30 677 161 551.17	7 692 674 627.78	298.78%
非流动资产合计	38 537 335 078.54	17 417 218 379.22	121.26%
非流动负债合计	9 651 839 272.57	4 804 909 010.47	100.87%
资产总额	56 033 344 770.96	25 355 381 651.90	120.99%
负债总额	40 329 000 823.74	12 497 583 638.25	222.69%

5.2.2 营运能力指标

表 15—10 是攀钢新钢钒与行业的营运能力指标对比表。

表 15—10 **攀钢新钢钒与行业的营运能力指标对比表** 单位：次

	应收账款周转率		存货周转率		流动资产周转率		总资产周转率	
	2010 年第 1 季度	2009 年	2010 年第 1 季度	2009 年	2010 年第 1 季度	2009 年	2010 年第 1 季度	2009 年
行业平均数	26.37	93.06	1.53	5.43	0.73	2.77	0.3	1.14
行业中位数	14.09	65.57	1.36	5.27	0.69	2.54	0.27	1.05
攀钢新钢钒	5.5	37.90	1	6.19	0.57	3.03	0.17	0.95

资料来源 各上市公司财务数据，和讯股票（http：//stockdata. stock. hexun. com）

虽然攀钢新钢钒 2010 年第 1 季度营运能力指标与 2009 年相比有较大幅度的下降，相对于整个行业来看，2009 年的营运能力基本处于行业中上位置，但主要是由于流动资产、总资产等由于重组产生较大差异拉低平均余额所致（详见表 15—8）。2010 年攀钢新钢钒的营运能力仍然处于相对较弱的水平，相信主要原因是所注入的资产承担了攀钢新钢钒重组后大部分原材料及辅料的对外采购和对内供应的职能，由于主要是关联方之间的交易，因而信用政策相对较宽，导致应收账款增长速度快于营业收入增长速度（详见表 15—11）；加上为了配合攀钢新钢钒重组后的生产经营计划，需要保持一定的库存水平（详见表 15—11）。因而导致营运能力指标较低，营运能力较弱。

表 15—11 **并购前后经营能力变动表** 金额单位：元

	2009 年 12 月 31 日	2008 年 12 月 31 日	增加
应收账款周转率（次）	37.90	118.47	-68.01%
营业收入	38 485 987 572.99	28 116 010 623.24	36.88%
应收账款	1 803 730 886.26	227 275 374.40	693.63%
存货周转率（次）	6.19	16.610812	-62.75%
营业成本	33 265 554 499.77	25 818 131 831.26	28.85%
存货	7 889 817 047.13	2 861 236 944.46	175.75%
流动资产周转率（次）	3.03	3.96	-23.48%
营业收入	38 485 987 572.99	8 116 010 623.24	36.88%
流动资产合计	17 496 009 692.42	7 938 163 272.68	120.40%
总资产周转率（次）	0.95	1.17	-18.8%
营业收入	38 485 987 572.99	28 116 010 623.24	36.88%
总资产	56 033 344 770.96	25 355 381 651.90	121%

5.2.3 每股指标分析

表 15—12 是攀钢新钢钒与行业的每股收益及每股净资产对比表。

表 15—12 **攀钢新钢钒与行业的每股收益及每股净资产对比表** 单位：元

	每股收益		每股净资产	
	2010 年第 1 季度	2009 年	2010 年第 1 季度	2009 年
行业平均数	0.09	0.16	3.55	3.47
行业中位数	0.07	0.11	4	3.86
攀钢新钢钒	0.03	-0.27	2.62	2.58

资料来源 各上市公司财务数据，和讯股票（http：//stockdata.stock.hexun.com）

由表 15—12 可以得出，攀钢新钢钒的每股指标处于同行业较低水平。这主要是因为本次重组增发股本规模大，加上所注入的资产还未能充分体现其效益，因而股本的增幅大于利润和净资产的增幅（详见表 15—13），从而产生一定程度摊薄。

表 15—13　**并购前后每股指标变动表**　金额单位：元

	2009 年 12 月 31 日	2008 年 12 月 31 日	变动
股本（万股）	572 649. 7468	402 473. 0701	42. 28%
每股收益	-0. 27	-0. 14	92. 86%
净利润	-1 635 633 950. 25	-394 213 291. 53	314. 91%
每股净资产	2. 58	3. 19	-14. 16%
净资产	15 704 343 947. 22	12 857 798 013. 65	22. 14%

5.2.4　获利能力

表 15—14 是攀钢新钢钒与行业的获利能力对比表。

表 15—14　**攀钢新钢钒与行业的获利能力对比表**

	净资产收益率		资本金收益率		营业比率		营业利润率	
	2010 年第 1 季度	2009 年	2010 年第 1 季度	2009 年	2010 年第 1 季度	2009 年	2010 年第 1 季度	2009 年
行业平均数	0. 02	0. 02	0. 08	0. 18	0. 91	0. 93	0. 04	0. 03
行业中位数	0. 02	0. 03	0. 06	0. 11	0. 92	0. 93	0. 02	0. 01
攀钢新钢钒	0. 01	-0. 1	0. 03	-0. 27	0. 84	0. 86	0. 02	-0. 04

资料来源　各上市公司财务数据，和讯股票（http：//stockdata. stock. hexun. com）

攀钢新钢钒的权益回报指标仍然处于同行业的中下水平，但相对于同行业的平均下降情况来看，攀钢新钢钒的回报指标不降反升，而且上升幅度大于行业平均下降幅度，可能这正是攀钢新钢钒重组后的协同效应和管理水平提高所带来的效益。由营业成本看来，攀钢新钢钒在行业中有成本优势，处于同行业的领先水平，相信是由于本次重组注入了矿业公司和煤化工厂等资产的原因，使攀钢新钢钒的收入增速较成本增速快，2009 年攀钢新钢钒的营业收入由 2008 年的 28 116 010 623. 24 元增加 36. 88% 至 38 485 987 572. 99 元，但 2009 年的营业成本却只由 2008 年的 25 818 131 831. 26元增加 28. 85% 至 33 265 554 499. 77 元。受到重组后资源优势的推动，攀钢新钢钒 2010 年第 1 季度的利润率已达行业的中位水平。

5.2.5　负债结构分析

表 15—15 是攀钢新钢钒与行业的负债结构对比表。

表 15—15　**攀钢新钢钒与行业的负债结构对比表**

	流动负债占负债总额比重	
	2010 年第 1 季度	2009 年
行业平均数	0. 77	0. 78
行业中位数	0. 77	0. 77
攀钢新钢钒	0. 73	0. 76

资料来源　各上市公司财务数据，和讯股票（http：//stockdata. stock. hexun. com）

由整个钢铁行业来看，由于政府控制钢铁总产量、淘汰落后企业、积极推动产业结构调整等因素，整个行业的固定资产投资规模下降，使长期贷款在负债结构中比重较低，因此高流动负债比重属于较合理的现象。虽然攀钢新钢钒由于本次重组注入的资产令其整体负债规模大幅上升，但与同行业相比，重组后的流动负债占负债总额比重优于行业中的平均水平。

5.2.6　现金流量指标分析

表 15—16 是攀钢新钢钒与行业的现金流量指标对比表。

表 15—16　**攀钢新钢钒与行业的现金流量指标对比表**

	每股经营现金净流量（元）		资产的经营现金流量回报率（%）	
	2010 年第 1 季度	2009 年	2010 年第 1 季度	2009 年
行业平均数	−0.06	0.58	−0.01	0.05
行业中位数	0.11	0.63	0.01	0.06
攀钢新钢钒	−0.14	0.13	−0.01	0.01

资料来源　各上市公司财务数据，和讯股票（http：//stockdata. stock. hexun. ccm）

由表 15—16 可知，攀钢新钢钒的单位现金流量与同行业比较，处于中下水平。这主要是受金融危机影响，行业低迷，使资金的流转缓慢。

5.3　总结

虽然重组后的经营绩效指标还未能达到理想水平，总结原因主要有以下几点：

一方面，因为重组使攀钢新钢钒的经营、管理环境发生较大的变化，重组注入的资产与攀钢新钢钒需要较长时间的磨合和结构调整，因而协同作用、管理水平、生产效率等在短时间内难以完全发挥和提高。

2009 年上半年完成集团经营性资产整体上市后，7 月 15 日，公司表示将以约 143 亿元的净资产对旗下攀枝花钢钒有限公司、成都钢钒有限公司、江油长城特殊钢有限公司三家全资子公司进行增资扩股，而这三家全资子公司于 6 月底才注册成立，其目的就是为了注入攀钢新钢钒和攀钢集团在相应各地的资产，以保证各地生产经营得到顺利完成，加上攀钢新钢钒在 2009 年 11 月开始展开企业内部重组工作，主要是对人力资源及相关资产的调整整合，以促进重组后攀钢新钢钒生产经营的融合顺畅。人力资源方面，重组后公司业务范围发生了较大变化，为适应新的经营和管理环境的需要，主要对高级管理层的成员进行了调整。同时，公司为适应企业新的管理模式，应理顺内部股权关系，实行对同类资产合并管理，对股权资产进行重组，即把部分资产的股权转让给相关的子公司。

2009 年，攀钢集团收购中国建设银行股份有限公司所持攀钢有限的 15.24% 股权，攀钢有限已成为攀钢集团的全资子公司。攀钢集团对攀钢新钢钒间接控股已经没有存在的必要。于 2010 年，为了整合优化集团内部资源，提高攀钢新钢钒国有股东的决策效率，规范关联交易，提升运营管理效率，将攀钢有限所持攀钢新钢钒的股份无偿划转给攀钢集团。

另一方面，由于2008年的金融危机，对整个钢铁行业产生巨大影响，国内外需求大减，导致整体行业处于低迷，抑制了重组后的攀钢新钢钒的能力发挥，因而还未达到预期整合后的效应，而且由以上多个指标的分析看来，以攀钢新钢钒重组后的规模，其获利能力和营运能力相对于整个行业来说应有较大的提升空间。

6. 问题探讨

6.1 并购背后所隐含的风险因素

第一，在并购实施初期，能否得到国资委、证监会等相关部门对本次重组的批准和审批时间存在不确定性。如果最终不核准，则不能不承担并购方案实施前至获知并购不能实行期间所发生的成本。

为了充分保护本次参与吸收合并的攀钢新钢钒、攀渝钛业和长城股份的全体股东的利益，以及保护反对本次吸收合并的股东的合法权益，由第三方鞍山钢铁集团公司向本次吸收合并的三方所有股东提供现金选择权。但未来并购后公司的股价可能高于行权价格，申报行使现金选择权的投资者则可能损失股价上升的利得。

第二，本次重大资产重组中，攀钢新钢钒面临的是公司整合风险。重组完成后，主营业务得到拓展，产品种数大幅上升，相应地，公司员工人数大规模增加，加上历史原因，公司的各主营业务板块分布于不同的位置，内部组织与管理架构较复杂，以致增加了公司的整合难度和整合后效益的不确定性，在生产、销售、人力资源与管理等方面的整合上将会面临挑战和压力，存在一定程度的整合风险。

第三，由于公司主营业务所需的原材料在并购发生前一段时间至并购实施过程中，价格波动剧烈，给公司的未来经营绩效带来不确定性。加上公司地理位置的特殊性和周边交通运输能力有限，公司可能因交通运输能力不能满足生产需求而承受运输风险的损失。

第四，钢铁行业存在产能过剩、集中度低和恶性竞争等情形，于是国家通过控制总产量、淘汰落后、加快调整产业结构等政策手段以整合钢铁行业。虽然攀钢新钢钒是我国西南部最具规模的钢铁企业，但相对于行业内领先企业在钢铁产量、市场份额等方面仍有一段距离，随着国家对钢铁行业的整合力度不断增大，一些大型钢铁企业正进行全国范围的并购，公司最具优势的西南市场可能将受到威胁，因此，将会面临日益激烈的市场竞争，所以公司在未来发展的过程中可能面临一些产业政策风险。由于公司主营业务钢铁和钛白粉所处的是污染较大的领域，加上国家日益重视环保，进行了一系列的环保政策实施，如果公司未来污染排放未能达至国家标准，会对公司生产经营产生一定的影响。除了上述两项政策风险，自2006年9月份以来，国家钢铁产品出口政策不断调低或取消钢铁产品的出口退税率，对公司的未来经营都会产生极不利的影响。另外，虽然公司在钛白粉国内同行中处领先地位，但随着需求不断增长，公司更面临国外高端钛白粉生产企业的竞争和挑战，即意味着公司并购后可能要面对更多的挑战。

第五，虽然本次重组完成后，公司将会有丰富的资源作后盾，但受矿山本身的复杂构造、勘探技术等因素的影响，使矿产资源的储量与可采量存在差异，这种不确定性对公司生产经营产生一定的影响。攀钢新钢钒预计重组后主要偿债能力及流动性指标均较同行公司的平均水平低，加上公司未来几年发展需要较大的支出，如果公司的净利润以及现金流不能维持在合理水平，公司可能面临偿债风险。

6.2　本次攀钢新钢钒为何以增发股份为支付方式购买资产、以股换股吸收合并，并评论其优劣

在公司的并购重组中，支付方式是一个并购各方必定会面对的决策。普遍的支付方式有现金支付、股票支付和多种证券形式的组合支付等。不同的支付方式有着各自的特点，见表 15—17。

表 15—17　**三种基本支付方式的特点**

	现金支付*	股票支付	多种证券形式的组合**
对控制权的影响	对收购方的控制权不构成影响	收购方原控制权有影响，甚至可能会出现逆向收购	认股权证、可转换债券等可能会稀释控制权
所产生的财务风险	现金支付通常要动用一笔巨额的现金，收购方的未来经营的财务风险较高	不需要付现，财务风险低	不需要一笔过的巨额现金流出，只是发行债券等有利息支出，财务风险较低
对并购时间的影响	并购所需要的时间较短	手续繁琐，并购所需要的时间较长	手续繁琐，并购所需要的时间较长
并购所支付的价格	现金未必能有效利诱被收购方的控股股东，因而可能需要支付较高的价格	相对于现金支付方式会较低	一般情况下，会介于前两者之间

注：*一般不涉及增发股份的支付方式都被视为现金收购；**多种证券形式的组合主要是指并购公司可以以现金、股票、认股权证、可转换债券等多种形式的证券组成一个组合为支付的方式。

根据攀钢新钢钒的情况，只是购买母公司及其关联企业的资产，虽然用现金支付所付出的现金仍然会在整个集团中流动，但是流于上市公司之外，流失巨额现金，对于收购方攀钢新钢钒的经营甚至发展都有不利的影响，而且现金支付方式通

常在敌意收购的情况中使用，目的是利用该支付方式的速度快的优势而令对手防不胜防。所以，现金支付不会是本次攀钢集团整体上市应选择的支付方式。

而以股票为支付方式，除了可以避免攀钢新钢钒的营运资金受到挤占，能规避收购的财务风险外，亦因为本次重组是把攀钢集团整体经营性资产上市，本次重组所增发的股票是支付到攀钢集团及其控制的企业手上，最终控制人仍然是攀钢集团，加上支付对象是关联企业，因此，不存会存在控制权被稀释、反收购等现象。

而以债券、认股权证、优先股等组合的综合证券为支付方式，通常都需要每年固定支付利息或分配股利，使上市公司增加财务负担，而且所支付的是攀钢集团及其关联企业，但它们的主要经营性资产已经注入上市公司，相信如果这笔资金留于上市公司，资金的运用效率会较高。

总的来说，股票支付相对于攀钢新钢钒来说，除了可以利用股票支付的优势外，更由于本次重组的特殊性，避免了股票支付的缺点。相信该种支付方式是最适合本次重组的支付方式。

6.3 为什么本次重大资产重组中鞍钢愿意担任现金选择权第三方？背后存在着什么动机或利益

表面上看，鞍钢只是一个愿意为攀钢新钢钒承担做现金选择权第三方的股东，但是，背后隐藏着一个重要的动机。

2010 年 5 月 21 日，攀钢新钢钒收到股东攀钢集团有限公司的通知，国资委同意攀钢集团有限公司与鞍山钢铁集团公司实行联合重组。重组后，将会新设立鞍钢集团公司作为攀钢集团有限公司、鞍山钢铁集团公司的母公司，而鞍山钢铁集团公司、攀钢集团有限公司均作为鞍钢集团公司的全资子企业。如果鞍钢集团公司成立后，攀钢新钢钒的实际控制人将会出现变化，如图 15—9 所示。

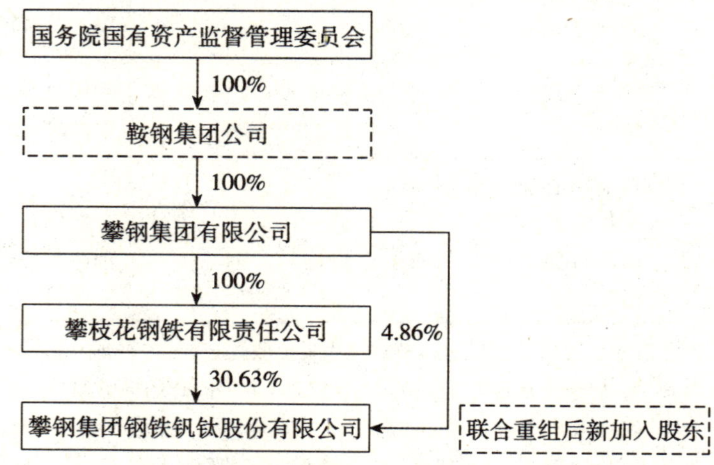

图 15—9 攀钢新钢钒的实际控制人变化

资料来源 《攀钢集团钢铁钒钛股份公司股本权益变动提示性公告》

该重组符合了《钢铁产业调整和振兴规划》的整体目标，推进鞍钢与攀钢、东北特钢，宝钢与包钢、宁波钢铁等跨地区的重组，推进天津钢管与天铁、天钢、天津冶金公司，太钢与省内钢铁企业等区域内的重组，形成若干个具有较强自主创新能力和国际竞争力的特大型企业，国内排名前 5 位的钢铁企业的产能占全国产能的比例达到 45% 以上。

担任现金选择权第三方只是鞍钢以后联合重组的"踏脚石"，鞍钢一直希望把攀钢收入囊中，以增加其在东北以外的市场。为达到合并目的，2008 年 5 月 7 日，鞍山钢铁集团公司与攀钢新钢钒签署《关于提供现金选择权的合作协议》，确定鞍钢集团担任本次重大资产重组现金选择权的第三方，以第三方身份介入攀钢旗下 3 家上市公司的整合及整体上市工作，为攀钢的整合上市"护盘"。由此，获得了整合攀钢的先机。

该次联合重组，有利于产业整合带来区位优势。对于只有西部市场较有优势的攀钢来说，联合重组为其化解了始终缺乏强有力的资本与技术支撑来整合自身资源的问题，而鞍钢与攀钢整合，就是在于打开其在西南的市场，整合后的"大鞍钢"粗钢年产量有望达 4 000 万吨，让鞍钢跻身为中国特大钢企之列。

从这时开始，鞍钢集团亦不断在市场上增持攀钢新钢钒的股份，详见表 15—18。

表 15—18　　**鞍钢集团持有攀钢新钢钒股份情况**

直至	持股数（万股）	股本总额（万股）	股权比例	总额变动原因
2008 年中报	2 826.93	328 343.44	0.86%	
2008-08-15	16 713.00	328 343.44	5.09%	
2008-09-09	32 834.00	328 343.44	10.00%	
2008 年年报	46 306.11	402 473.07	11.51%	2008 年 12 月 11 日，认股权证"钢钒 GFC1"第二次行权 613 151 905份上市交易
2009 年中报	59 517.27	497 649.75	11.96%	2009 年 5 月 6 日，实施换股吸收合并，新增股份中的无限售条件股份上市
2009 年年报	59 517.27	572 649.75	10.39%	2009 年 8 月 12 日，公司定向增发 75 000 万股 A 股上市

如果所有享有现金选择权的股东都愿意行权，将会令鞍钢对攀钢新钢钒有绝对的控制权，省下将来重组攀钢的时间和资源。相信鞍钢不断增持股份攀钢新钢钒的股份，是为自己购买一个保障，就算未能与攀钢重组，作为其第二大股东，对攀钢有一定的影响力和控制权，也可以利用这种优势，为自身打开西部市场或享有攀钢丰富资源产生一定的话语权。

附件 攀钢新钢钒换股交割日、定向增发的股份上市日、公告日及与同行业公告日前后20个交易日股价数据

附件15—1 攀钢新钢钒换股交割日前后20个交易日股价数据 单位：元/股

日期	成交量（手）	开盘	最高	最低	收盘
2009-03-26	154 642	9.52	9.54	9.52	9.54
2009-03-27	583 569	9.55	9.57	9.53	9.57
2009-03-30	467 305	9.57	9.59	9.54	9.58
2009-03-31	324 754	9.57	9.58	9.56	9.56
2009-04-01	391 376	9.56	9.57	9.55	9.56
2009-04-02	206 142	9.56	9.57	9.55	9.57
2009-04-03	1 247 417	9.57	9.6	9.55	9.59
2009-04-07	1 102 154	9.59	9.62	9.59	9.62
2009-04-08	423 202	9.62	9.62	9.59	9.61
2009-04-09	746 710	9.59	9.62	9.59	9.62
2009-04-10	243 762	9.61	9.61	9.6	9.61
2009-04-13	1 263 467	9.62	9.62	9.59	9.61
2009-04-14	735 081	9.61	9.61	9.59	9.59
2009-04-15	834 173	9.6	9.6	9.59	9.59
2009-04-16	651 588	9.59	9.6	9.58	9.59
2009-04-17	882 221	9.59	9.59	9.58	9.59
2009-04-20	2 301 742	9.59	9.62	9.58	9.61
2009-04-21	1 961 260	9.61	9.66	9.6	9.66
2009-04-22	1 598 297	9.66	9.72	9.66	9.7
2009-04-23	1 395 382	9.7	9.72	9.68	9.7
2009-04-24					
2009-05-06	1 354 165	8.6	9.57	8.4	9.18
2009-05-07	803 588	9.09	9.14	8.59	8.63
2009-05-08	317 257	8.52	8.83	8.45	8.65
2009-05-11	261 024	8.65	8.72	8.47	8.47
2009-05-12	165 573	8.46	8.54	8.4	8.53
2009-05-13	159 245	8.54	8.54	8.45	8.47
2009-05-14	221 955	8.46	8.46	8.24	8.28
2009-05-15	136 335	8.3	8.46	8.3	8.39
2009-05-18	159 611	8.38	8.57	8.33	8.52
2009-05-19	130 467	8.5	8.58	8.48	8.49
2009-05-20	126 037	8.49	8.49	8.36	8.39
2009-05-21	111 224	8.36	8.37	8.28	8.33
2009-05-22	79 332	8.3	8.38	8.28	8.3
2009-05-25	124 167	8.26	8.39	8.2	8.3
2009-05-26	87 961	8.3	8.32	8.21	8.21
2009-05-27	93 085	8.23	8.24	8.15	8.18
2009-06-01	97 677	8.2	8.29	8.18	8.24
2009-06-01	105 133	8.25	8.26	8.16	8.17
2009-06-03	98 672	8.18	8.25	8.18	8.21
2009-06-04	225 401	8.21	8.45	8.2	8.37

附件 15—2 **攀钢新钢钒定向增发的股份上市日前后 20 个交易日股价数据** 单位：元/股

日期	成交量（手）	开盘	最高	最低	收盘
2009-07-15	268 496	8.31	8.46	8.28	8.38
2009-07-16	169 210	8.36	8.4	8.32	8.36
2009-07-17	196 549	8.35	8.44	8.33	8.43
2009-07-20	185 455	8.45	8.46	8.4	8.43
2009-07-21	141 431	8.42	8.42	8.28	8.3
2009-07-22	184 646	8.3	8.34	8.27	8.3
2009-07-23	138 726	8.31	8.37	8.25	8.34
2009-07-24	121 855	8.33	8.33	8.25	8.3
2009-07-27	151 797	8.3	8.41	8.28	8.36
2009-07-28	625 146	8.37	8.78	8.31	8.75
2009-07-29	399 892	8.67	8.76	8.33	8.4
2009-07-30	227 239	8.45	8.57	8.37	8.49
2009-07-31	173 354	8.52	8.55	8.41	8.53
2009-08-03	259 427	8.55	8.72	8.55	8.66
2009-08-04	234 357	8.72	8.72	8.56	8.65
2009-08-05	170 827	8.65	8.65	8.5	8.57
2009-08-06	171 771	8.51	8.59	8.4	8.49
2009-08-07	148 393	8.49	8.58	8.44	8.45
2009-08-10	118 656	8.53	8.54	8.4	8.44
2009-08-11	893 284	8.53	9.28	8.49	9.28
2009-08-12	700 255	9.2	9.2	8.41	8.56
2009-08-13	297 851	8.52	8.63	8.43	8.5
2009-08-14	229 041	8.55	8.57	8.35	8.35
2009-08-17	260 009	8.33	8.49	8.28	8.32
2009-08-18	161 957	8.32	8.41	8.3	8.36
2009-08-19	174 427	8.37	8.44	8.32	8.37
2009-08-20	134 711	8.37	8.44	8.32	8.44
2009-08-21	141 637	8.33	8.35	8.26	8.33
2009-08-24	110 777	8.31	8.33	8.26	8.3
2009-08-25	149 848	8.28	8.32	8.24	8.31
2009-08-26	112 991	8.32	8.36	8.28	8.33
2009-08-27	107 126	8.32	8.35	8.28	8.31
2009-08-28	101 269	8.32	8.32	8.23	8.24
2009-08-31	150 447	8.23	8.28	8.11	8.15
2009-09-01	160 296	8.13	8.16	7.86	7.92
2009-09-02	90 900	7.92	7.96	7.79	7.84
2009-09-03	164 978	7.85	8.12	7.83	8.07
2009-09-04	106 904	8.02	8.07	7.93	8
2009-09-07	76 968	8.03	8.05	7.98	7.99
2009-09-08	95 130	7.97	8.06	7.96	8.06
2009-09-09	103 204	8.05	8.08	7.98	8.06

附件 15—3　**攀钢新钢钒公告日前后20个交易日股价数据**　单位：元/股

日期	成交量（手）	开盘	最高	最低	收盘
2009-07-16	178 814	8.15	8.22	7.8	7.82
2009-07-17	207 617	7.75	8.09	7.65	7.95
2009-07-18	187 423	7.92	7.95	7.7	7.79
2009-07-19	126 669	7.7	7.85	7.66	7.72
2009-07-20	248 826	7.75	8.05	7.73	8.02
2009-07-23	701 700	8.05	8.82	8.05	8.82
2009-07-24	949 819	9.16	9.24	8.82	8.82
2009-07-25	364 891	8.82	8.98	8.72	8.93
2009-07-26	588 532	9.05	9.4	8.92	9.35
2009-07-27	714 200	9.42	9.8	9.12	9.65
2009-07-30	596 791	9.7	10.3	9.65	10.05
2009-07-31	492 288	10.15	10.2	9.7	9.91
2009-08-01	660 522	9.91	9.99	8.92	9.12
2009-08-02	412 625	9.01	9.49	9.01	9.31
2009-08-03	386 901	9.42	9.53	9.15	9.26
2009-08-06	535 456	9.31	9.9	9.31	9.61
2009-08-07	996 948	9.7	10.49	9.35	10.09
2009-08-08	459 613	9.88	10.04	9.48	9.71
2009-08-09	828 698	9.65	10.2	9.59	10.05
2009-08-10	2 283 354	10.1	11.06	9.92	11.06
2009-11-05	16 358	12.17	12.17	12.17	12.17
2009-11-06	9 144	13.39	13.39	13.39	13.39
2009-11-07	2 416 084	14.73	14.73	12.37	12.76
2009-11-08	896 668	12.4	13.15	12.01	12.35
2009-11-09	903 892	12.2	12.75	11.12	11.26
2009-11-12	801 845	10.95	11.38	10.16	10.99
2009-11-13	582 596	10.99	11.36	10.5	10.85
2009-11-14	496 648	11.06	11.67	10.72	11.66
2009-11-15	510 887	11.59	11.76	10.98	11.08
2009-11-16	275 018	10.8	10.95	10.52	10.87
2009-11-19	293 561	10.95	11.38	10.92	11.1
2009-11-20	397 176	11	11.55	10.7	11.33
2009-11-21	501 759	11.37	11.88	11.25	11.38
2009-11-22	278 564	11.2	11.26	10.63	10.72
2009-11-23	195 463	10.61	11.19	10.61	11.19
2009-11-26	380 346	11.4	11.98	11.08	11.12
2009-11-27	267 340	10.91	11.44	10.81	11.13
2009-11-28	274 102	11.26	11.31	10.69	10.73
2009-11-29	558 949	10.65	10.88	10.32	10.76
2009-11-30	338 693	10.56	10.7	10.25	10.45
2009-12-03	192 074	10.47	10.67	10.2	10.67

附件 15—4　　**攀钢新钢钒与同行业公告日前后 20 个交易日对比数据**

日期	深证综指回报率	鞍钢股份股票回报率	鞍钢股份股票 AR	鞍钢股份股票 CAR	攀钢新钢钒股票回报率	攀钢新钢钒股票 AR	攀钢新钢钒股票 CAR
2009-07-16	-0.028429	-3.28%	-0.44%	0	-0.048662	-0.020233	0.00%
2009-07-17	0.02098	-0.16%	-2.26%	-2.26%	0.016624	-0.004356	-0.44%
2009-07-18	0.000721	-2.30%	-2.37%	-4.63%	-0.020126	-0.020847	-2.52%
2009-07-19	0.010815	-2.75%	-3.83%	-8.46%	-0.008986	-0.019801	-4.50%
2009-07-20	0.043027	2.42%	-1.88%	-10.34%	0.03886	-0.004167	-4.92%
2009-07-23	0.052183	10.02%	4.80%	-5.54%	0.099751	0.047568	-0.16%
2009-07-24	0.001347	7.47%	7.34%	1.79%	0	-0.001347	-0.30%
2009-07-25	0.031476	2.86%	-0.29%	1.51%	0.012472	-0.019004	-2.20%
2009-07-26	0.019329	-1.25%	-3.18%	-1.68%	0.047032	0.027703	0.57%
2009-07-27	0.022853	4.08%	1.79%	0.12%	0.032086	0.009233	1.50%
2009-07-30	0.020496	9.86%	7.81%	7.93%	0.041451	0.020955	3.59%
2009-07-31	0.015275	-1.72%	-3.25%	4.68%	-0.01393	-0.029205	0.67%
2009-08-01	-0.05101	-4.05%	1.05%	5.73%	-0.079717	-0.028707	-2.20%
2009-08-02	0.038979	7.78%	3.88%	9.61%	0.020833	-0.018146	-4.01%
2009-08-03	0.034297	1.77%	-1.66%	7.95%	-0.005371	-0.039668	-7.98%
2009-08-06	0.020366	5.31%	3.27%	11.23%	0.037797	0.017431	-6.24%
2009-08-07	-0.001914	3.61%	3.80%	15.03%	0.049948	0.051862	-1.05%
2009-08-08	0.001896	-1.53%	-1.72%	13.31%	-0.037661	-0.039557	-5.01%
2009-08-09	0.009013	9.74%	8.84%	22.15%	0.035015	0.026002	-2.41%
2009-08-10	-0.005317	-3.26%	-2.73%	19.42%	0.100498	0.105815	8.18%
2009-11-05	0.012947	1.18%	-0.11%	19.30%	0.100362	0.087415	16.92%
2009-11-06	0.00765	0.69%	-0.08%	19.23%	0.100247	0.092597	26.18%
2009-11-07	-0.004129	-3.97%	-3.56%	15.67%	-0.04705	-0.042921	21.89%
2009-11-08	-0.038635	-7.41%	-3.55%	12.13%	-0.032132	0.006503	22.54%
2009-11-09	-0.010859	-2.07%	-0.98%	11.14%	-0.088259	-0.0774	14.80%
2009-11-12	-0.016954	-3.81%	-2.11%	9.03%	-0.023979	-0.007025	14.09%
2009-11-13	0.011395	-0.86%	-2.00%	7.03%	-0.012739	-0.024134	11.68%
2009-11-14	0.035213	9.48%	5.96%	12.99%	0.074654	0.039441	15.62%
2009-11-15	-0.012801	-3.06%	-1.78%	11.21%	-0.049743	-0.036942	11.93%
2009-11-16	0.00686	-3.11%	-3.80%	7.41%	-0.018953	-0.025813	9.35%
2009-11-19	0.027646	3.17%	0.41%	7.82%	0.021159	-0.006487	8.70%
2009-11-20	0.019624	9.63%	7.67%	15.48%	0.020721	0.001097	8.81%
2009-11-21	-0.00879	-1.83%	-0.95%	14.53%	0.004413	0.013203	10.13%
2009-11-22	-0.039335	1.29%	5.22%	19.76%	-0.057996	-0.018661	8.26%
2009-11-23	0.015092	1.65%	0.14%	19.90%	0.043843	0.028751	11.14%
2009-11-26	-0.006014	-2.88%	-2.28%	17.62%	-0.006256	-0.000242	11.11%
2009-11-27	-0.011294	-1.10%	0.03%	17.65%	0.000899	0.012193	12.33%
2009-11-28	-0.009028	-3.70%	-2.80%	14.85%	-0.035939	-0.026911	9.64%
2009-11-29	0.027451	1.36%	-1.39%	13.46%	0.002796	-0.024655	7.18%
2009-11-30	-0.015748	-3.59%	-2.02%	11.45%	-0.02881	-0.013062	5.87%
2009-12-03	0.013788	1.47%	0.09%	11.54%	0.021053	0.007265	6.60%

参考文献

1. 佚名：《钢铁行业》，百度百科，http://baike.baidu.com/view/279202.htm。

2. 干春晖：《产业经济学：教程与案例》，北京，机械工业出版社，2006。

3. 范敏：《2007 年钢铁行业运行分析及展望》，中国网，http://www.china.com.cn/economic/zhuanti/08jjbg/2008-01/31/content_9625060.htm，2008-01-31。

4. 攀枝花新钢钒股份有限公司：《攀枝花新钢钒股份有限公司发行股份购买资产、换股吸收合并暨关联交易之审计、评估资料》，巨潮信息，http://www.cninfo.com.cn/finalpage/2008-05-17/39806695.PDF，2008-05-17。

5. 攀枝花新钢钒股份有限公司：《攀枝花新钢钒股份有限公司发行股份购买资产、换股吸收合并暨关联交易之实施情况报告书》，巨潮信息，http://www.cninfo.com.cn/finalpage/2009-08-04/55401498.PDF，2009-08-04。

6. 攀枝花新钢钒股份有限公司：《攀枝花新钢钒股份有限公司 2007 年年度报告》，巨潮信息，http://www.cninfo.com.cn/gszx/dqbg000629.html，2008-04-03。

7. 攀枝花新钢钒股份有限公司：《攀枝花新钢钒股份有限公司 2008 年年度报告》，巨潮信息，http://www.cninfo.com.cn/gszx/dqbg000629.html，2009-04-28。

8. 攀枝花新钢钒股份有限公司：《攀枝花新钢钒股份有限公司 2009 年年度报告》，巨潮信息，http://www.cninfo.com.cn/gszx/dqbg000629.html，2010-04-27。

9. 攀枝花新钢钒股份有限公司：《攀枝花新钢钒股份有限公司 2010 年第一季度报告全文》，巨潮信息，http://www.cninfo.com.cn/gszx/dqbg000629.html，2010-04-27。

10. 攀枝花新钢钒股份有限公司：《关于攀枝花新钢钒股份有限公司关联方占用上市公司资金情况的专项审核报告》，巨潮信息，http://www.cninfo.com.cn/finalpage/2009-04-28/51834915.PDF，2009-04-28。

11. 佚名：《2007 年钢铁工业总体发展趋势分析》，中国产业安全指南网，http://www.acs.gov.cn/cms/sites/www/images/2007/3/28/%E5%9B%9B%E3%80%812007%E5%B9%B4%E9%92%A2%E9%93%81%E8%A1%8C%E4%B8%9A%E6%80%BB%E4%BD%93%E5%8F%91%E5%B1%95%E8%B6%8B%E5%8A%BF.pdf，2007-03-28。

12. 攀枝花新钢钒股份有限公司：《攀枝花新钢钒股份有限公司向特定对象发行股份购买资产、换股吸收合并攀钢集团四川长城特殊钢股份有限公司和攀钢集团重庆钛业股份有限公司的独立董事意见函》，巨潮信息，http://www.cninfo.com.cn/finalpage/2008-05-17/39806698.PDF，2008-05-17。

13. 攀枝花新钢钒股份有限公司：《攀枝花新钢钒股份有限公司第五届董事会第四次会议决议公告》，巨潮信息，http://www.cninfo.com.cn/finalpage/2007-11-05/35074065.PDF，2009-11-05。

14. 中华人民共和国国家发展和改革委员会：《钢铁产业发展政策》，新浪网，

http://finance. sina. com. cn/g/20050720/11451816905. shtml,2005-07-20。

15. 佚名:《国务院批转证监会关于提高上市公司质量意见的通知》,中央政府门户网,http://www. gov. cn/zwgk/2005-11/01/content_88761. htm,2005-11-01。

16. 谢岚:《攀钢钢钒 143 亿元增资三子公司　攀钢系资产整合接近尾声》,和讯网,http://stock. hexun. com/2009-07-16/119638614. html,2009-07-16。

17. 李龙俊:《攀钢钢钒开展内部重组》,腾讯网,http://cd. qq. com/a/20091119/000242. htm,2009-11-19。

18. 佚名:《攀钢钢钒:整体上市造就资源龙头》,全景网,http://www. p5w. net/stock/hydx/ggdp/200712/t1394096. htm,2007-12-18。

19. 徐虞利、张晓刚:《鞍钢重组攀钢是市场行为》,全景网,http://www. p5w. net/stock/news/gsxw/200903/t2242815. htm,2009-03-25。

20. 中国钢铁产业网信息中心:《从"十一五"规划纲要看钢铁行业机遇》,中国冶金报,http://www. liangchensteel. com/News/5. shtml,2006-04-11。

案例参编:蓝梓峰　张　姗

西部管道分公司向中国石油集团收购西部管道资产

2009 年 6 月 18 日，中国石油天然气股份有限公司西部管道分公司（以下简称“西部管道分公司”）与中国石油天然气集团西部管道有限责任公司（以下简称“西部管道有限公司”）就西部管道资产签订《资产转让协议》。根据协议，西部管道分公司将以 97.08 亿元收购西部管道有限公司的西部管道资产，并于 2009 年 6 月 30 日完成资产交割。本次收购有利于西部管道分公司实施管道运营专业化管理，发挥管道技术整体管理优势以及西部管网作用；同时，在一定程度上减少西部管道分公司与中国石油集团之间的持续性关联交易及同业竞争。

1. 行业背景

管道运输是国际货物运输方式之一，是随着石油生产的发展而产生的一种特殊运输方式。其具有运量大、不受气候和地面其他因素限制、可连续作业以及成本低等优点。随着石油、天然气生产和消费速度的增长，管道运输发展步伐不断加快，成为我国继铁路、公路、水运、航空运输之后的第五大新兴运输业，在国民经济和社会发展中起着十分重要的作用。

从管道本身来看，它带来了运输方式的变革。作为连接油气资源与市场的桥梁和纽带，油气管道运输行业以其高效率、低成本和安全可靠的优势显示出其旺盛的生命力。未来 10 年是我国管道运输业的黄金期，这得益于我国经济的持续快速发展和能源结构的改变，而建设中的中俄输气管线、内蒙古苏格里气田开发后将兴建的苏格里气田外输管线、吐库曼和西西伯利亚至中国的输气管线等，这不仅推动了中国管道运输业的发展，而且也推动了世界管道运输业的发展。截至 2006 年，我国依靠管道运输的原油和成品油仅占全国油品运输量的 2% 左右，铁路承担了成品油运输的 60% 以上。随着“两种资源，两个市场”油气战略的持续推进，覆盖全国的油气管网正在形成，我国的能源结构将更趋合理，更加有利于国家的可持续发展。截至 2009 年，中国已建成原油管道 1.7 万公里，成品油管道 1.4 万公里，天然气管道 3.1 万公里。油气管道总长超过 6 万公里，相对于 2001 年年末的 4 万公里增长了 50%，中国已逐渐形成了跨区域的油气管网供应格局。随着中国石油企业“走出去”战略的实施，中国石油企业在海外的合作区块和油气产量不断增加，海外份额油田或合作区块的外输原油管道也得到了发展。在竞争日趋激烈的形势下，我国管道建设正迎来一个加快发展的新时期。

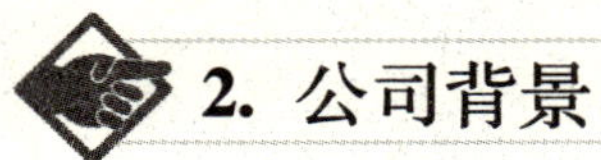

2. 公司背景

2.1　中国石油集团

中国石油天然气集团公司（以下简称“中国石油集团”，英文缩写“CNPC”），是根据国务院机构改革方案，于 1998 年 7 月在原中国石油天然气总公司的基础上组建的特大型石油石化企业集团，是国家授权的投资机构和国家控股公司。其发展历程分为以下几个阶段：1949 年至 1970 年为石油工业部；1970 年至 1975 年为燃料化学工业部；1975 年至 1978 年为石油化学工业部；1978 年至 1988 年为石油工业部；1988 年至 1998 年是中国石油天然气总公司；1998 年至今为中国石油天然气集团公司。中国石油集团是集油气勘探开发、炼油化工、油品销售、油气储运、石油贸易、工程技术服务和石油装备制造于一体的综合性能源公司。

中国石油集团在美国《石油情报周刊》公布的“2008 年世界最大的 50 家石油公司”综合排名中位居第 5 位，在美国《财富》杂志公布的 2008 年度世界 500 强公司排名中位居第 25 位。经过近 50 年的积累建设和 6 年多的快速发展，中国石油集团已经建成了一支门类齐全、技术先进、经验丰富的石油专业化生产建设队伍，具有参与国内外各种类型油气田和工程技术服务项目的全套技术实力和技术优势，总体技术水平在国内处于领先地位，不少技术已达世界先进水平。

2.2　中国石油

中国石油天然气股份有限公司（以下简称“中国石油”，股票代码“601857”）是于 1999 年 11 月 5 日在中国石油集团重组过程中在北京成立的股份有限公司。中国石油于 2000 年 4 月 6 日及 4 月 7 日分别在美国纽约证券交易所和中国香港联合交易所挂牌上市，其后，中国石油于 2007 年 11 月 5 日又在上海证券交易所挂牌上市，其总股数为 183 020 977 818 股，其中 A 股公开发行的股份数为 4 000 000 000 股。中国石油集团是中国石油的控股股东，占有其 86. 29% 的股权。

中国石油的经营范围为石油、天然气勘查、生产、销售；炼油、石油化工、化工产品的生产、销售；石油天然气管道运营；石油勘探生产和石油化工技术的研究开发；油气、石化产品、管道生产建设所需物资设备、器材的销售（国家规定的专营专项除外）；原油、成品油进出口；自营和代理各类商品及技术的进出口业务（国家限定公司经营或禁止进出口的商品及技术除外）；进料加工和“三来一补”业务；对销贸易和转口贸易。

截至 2008 年年底，中国石油已成为中国油气行业占主导地位的最大的油气生产和销售商，是中国销售收入最大的公司之一，也是世界最大的石油公司之一。它以完善的公司治理、较强的盈利能力赢得了国际资本市场的广泛认可。中国石油在美国《石油情报周刊》公布的“2005 年世界最大 50 家石油公司”综合排名中位居第7位，在《财富》杂志2008年度世界500强公司排名中位居第25位。

2.3 西部管道分公司

中国石油西部管道分公司是此次收购的收购方，是中国石油下属的全资子公司。该公司管理着国内设计输量最大、距离最长、自动化水平最高，代表着国内长输油品管道最高水平的输油管道（乌鲁木齐—兰州成品油管道于2006年7月、原油管道于2007年8月正式建成投产运行）。2008年重组后，公司运营管理的原油、成品油管道总长6 000多公里，年输油能力4 500多万吨；输气管线总长500多公里，年输气能力为8亿立方米。

西部管道公司总部设在新疆乌鲁木齐市，设有乌鲁木齐、兰州、西安三个基地，下辖沿线新疆、甘肃两个地区设立分公司和调控中心、原油商业储备库项目部等分支机构和完善的管道应急维抢修机构及管道保护队伍。2007年6月，西部管道原油销售分公司成立，西部管道公司与原油销售分公司实行一套机构、两个牌子、一级管理体制。2007年12月底，根据建设综合性国际能源公司的战略部署，中国石油对管道业务实施了区域化管理，将兰州以西的原油、成品油管道及西气东输二线西段的运营管理交由西部管道分公司负责。重组后，西部管道分公司新增加了塔里木输油气分公司和乌鲁木齐输油气分公司两个二级单位，截至2008年12月31日，西部管道分公司已构建完善的组织结构，成立了14个机关部门、2个机关附属单位、4个输油气分公司和1个托管单位，员工队伍达2 400余人，管理范围进一步扩大，销售业务进一步增加，生产运行管理逐步规范，企业管理全面加强，企业的凝聚力、向心力显著增强。

2.4 西部管道有限公司

中国石油天然气集团西部管道有限责任公司，是中国石油天然气集团公司于2004年8月批准成立的下属正局级管道运输企业，旨在落实国家能源发展战略及在新疆建设“一条信道、两个基地”的重大部署，公司负责运营管理甘肃、兰州以西的原油、成品油管道和宁夏中卫以西的天然气管道，同时对新疆境内进入西部管道的原油和进口哈萨克原油进行统购统销。公司的注册地在乌鲁木齐市。

公司由中国石油天然气集团公司、大庆石油管理局、新疆石油管理局、中国石油天然气管道局、长庆石油勘探局、吐哈石油勘探开发指挥部及塔里木石油勘探开发指挥部7家企业出资联合组建。其主要经营石油及其产品（专项审批除外）的储运及相关技术开发，石油化工产品（专项审批除外）的销售，石油管道工程的建设及相关技术咨询（凭资质证书经营）。

根据中国石油天然气集团公司、中国石油天然气股份有限公司管道业务发展需要，公司现持有集团公司西部管道有限责任公司和股份公司西部管道原油销售分公司、西部管道分公司三块牌子，实行一个机构分账核算。

截至2009年，西部管道有限公司下辖四个分公司的13条在役管道总长6 380

千米。2009 年起，公司将运营管理陆续投产的西气东输二线西段等其他油气管线。届时，公司将成为输送原油、成品油、天然气的多介质管道运输企业。出疆原油干线输送能力可达 2 000 万吨/年；出疆成品油干线输送能力达 1 000 万吨/年；天然气输送能力达 600 亿立方米/年，进一步彰显中国西部油气能源战略通道的重要地位。

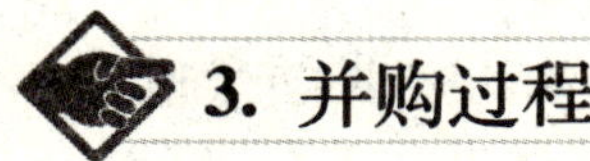

3. 并购过程

3.1　并购过程

2009 年 3 月 31 日，中国石油聘请北京天圆全会计师事务所对西部管道资产进行了审计，并以此为基准日，经审计的西部管道净资产账面值为 910 623 万元（约合 1 034 799 万港元），资产总计为 1 334 986 万元（约合 1 517 030 万港元），负债总计为 424 363 万元（约合 482 231 万港元）。

2009 年 6 月 18 日，西部管道分公司与转让方西部管道有限公司就西部管道资产签订《资产转让协议》，西部管道分公司将向转让方西部管道有限公司支付共计 970 815 万元（约合 1 103 199 万港元）作为对价以收购其西部管道资产，对价数值将按评估基准日至交割日期间西部管道资产的报表权益变化金额进行调整，西部管道分公司将以现金方式向西部管道有限公司支付对价。

3.2　收购协议要点

3.2.1　收购事项及其项下涉及的资产

在《资产转让协议》内规定的若干先决条件全部实现的前提下，西部管道分公司同意收购，而转让方同意出售由转让方持有的西部管道资产。

3.2.2　对价

西部管道分公司将向转让方支付现金共计 970 815 万元（约合 1 103 199 万港元），作为本次收购的对价。上述对价将依照评估基准日至资产交割日期间西部管道资产的报表权益变化金额加以调整。西部管道分公司将以现金方式向转让方支付对价。

3.2.3　完成收购事项的先决条件

①西部管道分公司完成对西部管道资产状况之审慎审查；

②债权人及其他任何相关第三方就有关转让西部管道资产事宜已给予转让方一切必要之同意；

③西部管道资产运作及技术表现并无重大不利之转变；

④在交割日，转让方在资产转让协议中所作之声明、保证和承诺仍为真实、准确、完整和有效的。

此外，如果上市监管机关和中国有关政府部门为批准西部管道资产转让而提出某些条件，双方将根据该等条件经协商一致对《资产转让协议》及其他交易条件作出相应的、适当的修改。如果协商不成，而履行《资产转让协议》将导致任何一方违反中国法律及/或有关上市规则，则该方有权选择终止《资产转让协议》。

3.2.4 交割

交割日为2009年6月30日或资产转让协议规定的全部交割条件实现之日，以两者较后的日期为准。各方应尽力确保上述先决条件尽快得到满足，并尽一切合理努力促使本次收购的条件在2009年6月30日或之前得以具备。若因转让方原因于2009年6月30日上述先决条件仍未得以具备，则西部管道分公司有权选择终止《资产转让协议》。

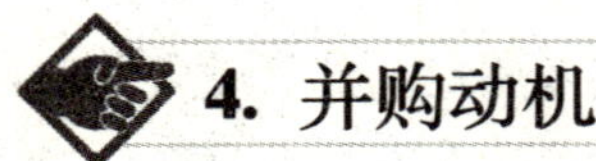

4. 并购动机

4.1 有利于减少西部管道分公司与中国石油集团的同业竞争与关联交易

截至2008年的业绩显示，天然气与管道板块正在加速成为中石油一大重要利润增长点，2008年实现经营利润为160.60亿元，同比增长28.5%，2008年上游业务保持强势，净利润下滑的主因是炼油业务带来的亏损。管道业务正成为中石油新的利润增长点，收购西部管道有限公司资产，有利于公司减少关联交易与同业竞争。

同业竞争是上市公司所从事的业务与其控股股东、实际控制人及其所控制的企业所从事的业务相同或近似，双方构成或可能构成直接或间接的利益冲突关系。关联交易是在关联方之间转移资源、劳务或义务的行为，而不论是否收取价款。中国石油集团作为中国石油的母公司，与西部管道分公司从事相近的业务，必然会构成同业竞争，也会避免产生关联方交易。在企业经营中，同业竞争的存在使得相关联的企业无法完全按照完全竞争的市场环境来平等竞争，控股股东利用其表决权可以对企业进行重大的经营决策，如果其表决是倾向于非上市公司，对中小股东来说是不公平的。

本次收购将在一定程度上减少西部管道分公司与中国石油集团的关联交易及避免中国石油集团与西部管道分公司间的同业竞争，进一步促进公司管道板块的发展。

4.2 符合西部管道分公司的发展战略，有利于实现管道资源的优化配置

西部管道分公司所管辖的输油气管线，覆盖了占国土面积1/6的新疆全区和西部边境、甘肃至宁夏中卫，既有连接中亚油气资源的中哈原油管道国内段和西气东输二线西段，又有横跨新、甘的西部原油、成品油干线，还有覆盖南北疆的油气管

网，承担着保障“西气东输、西油东送”等西北能源战略通道的重任。收购西部管道资产符合西部管道分公司的发展战略。本次收购完成后，有利于实施管道运营的专业化管理，有利于充分发挥西部管道分公司管道技术整体管理优势以及西部管网作用，充实西部管道分公司管输力量，实现管道资源的优化配置，提高管道运行效率。随着规划中的西气东输三线、四线等其他干线、联络线及支线的建设，它们所辖管线里程将很快超过 1 万千米。国家油气战略的实施，管道事业的快速发展，无疑将给西部管道分公司带来大发展的春天。

5. 结果评价

5.1 股价分析

图 16—1 是中国石油公告日前后的股价变动情况图。

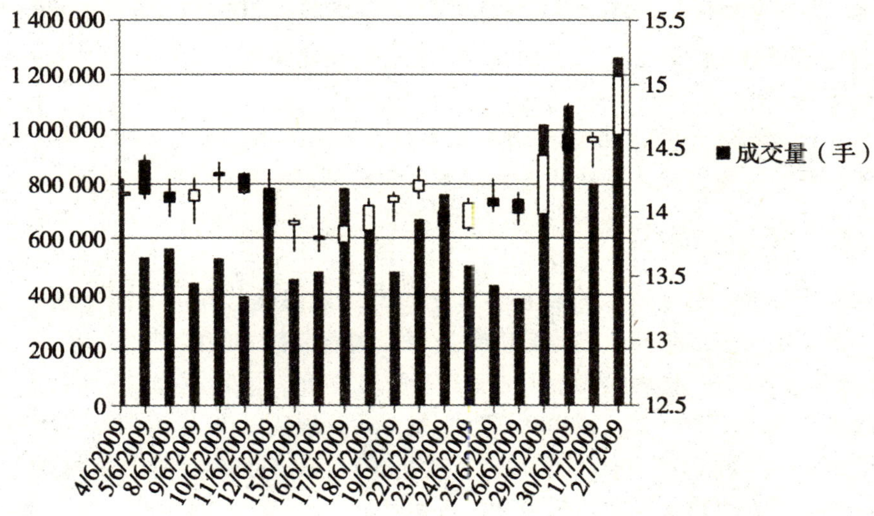

图 16—1 公告日前后中国石油的股价变动情况图

西部管道分公司是中国石油的分公司，从公告日前后中国石油的股价变动情况可以看到，其股价有小幅上升，公告日前平均收盘价为 14.043 元/股，公告日后的平均收盘价为 14.289/股，计算得出公告日后总体小幅上升 1.75%。而从成交量来看，由公告日前的平均每个交易日的 564 290.4 手上升 31.16% 至公告日后每个交易日的 740 110.1 手，交投变得活跃。

上述变动表明，本次收购使股价有所提升，且较高的股价同时亦有人购买，说明市场从心理上认可此次收购，对本次收购有一定的望好。

图 16—2 是中国石油公告日前后超额回报（AR）和累积超额回报（CAR）变动情况图。

由 AR 看来，本次收购并没发生较大的波动，但是显然在公告日后有小幅的提

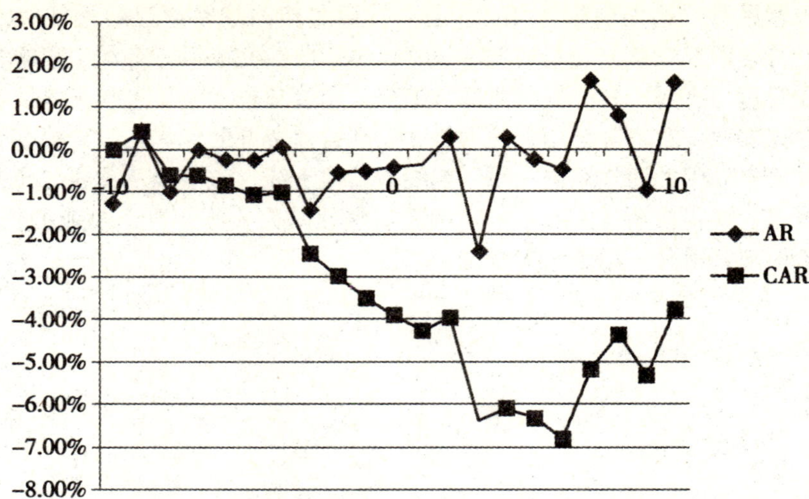

图 16—2　中国石油公告日前后超额回报（AR）和累积超额回报（CAR）变动情况图

升，虽然不是持久的跑赢大市，但证明消息公告后市场对其本次收购决策还是有一定的认同。

由 CAR 看来，由公告日前的直泻，在公告日后存在一定的阻力，使其跌幅有所缓解，证明投资者认为本次收购是对本公司有利好的作用。

5.2　财务业绩分析

2009 年，面对国际金融危机带来的严重冲击和影响，在油价同比降低 38.4% 的情况下，中国石油仍然实现国际财务报告准则营业额 10 192.75 亿元，同比下降 5.0%；实现归属于母公司股东净利润 1 031.73 亿元，同比下降 9.4%；实现基本每股收益 0.56 元/股，同比减少 0.07 元/股。营业额从 2008 年度的 10 726.04 亿元减少到 2009 年度的 10 192.75 亿元，下降 5.0%，主要是由于原油、汽油、柴油、煤油等主要产品价格下降和销售量变化的影响。

6. 问题探讨

6.1　管道资产合并后如何统一管理

6.1.1　引入 HAZOP 安全评价方法

中国石油管道局设计院于 2009 年 4 月 15 日召开“日照—东明原油管道工程 HAZOP 会议”，首次将这种系统的、全面的安全评价方法引入管道项目管理中。

HAZOP，即危险与可操作性研究，是英国帝国化学工程公司在 20 世纪 60 年代开发的风险分析方法。HAZOP 的基本概念是，让拥有不同知识背景的人员一起工作，比他们独自工作更具有创造性和系统性，能识别更多的问题。HAZOP 通过确定工艺过程中存在的危险及操作问题，利用良好的指向性可以系统地检查工艺过程，包括对原设计条件和意图发生的种种偏差，确定偏差可能导致的危险或引起的操作问题，为项目的风险管理提供依据。

中国石油管道局设计院独立承担的 HAZOP 工程实例，现已完成日照首站、平邑清管站、兖州分输泵站和东明末站共4个站场的 HAZOP 分析，共分析了20个节点、220个偏差，内容涉及项目设计、建设和运行中可能出现的风险问题，并对设计和运营方提出实用的建议。

6.1.2　升级油气管道信息服务平台，实现网络信息管理

截至2010年4月13日，管道公司科技研究中心规划与信息化所自主研发的油气管道信息服务平台由1.0版本升级到2.0版本。至此，中国石油油气管道信息彻底告别了简报传阅、书店借阅、手抄笔画的传统模式，全面实现了计算机网络数字化。

管道公司科技研究中心规划与信息化所历时6载，经过引进相关技术，自主研发了中国石油气管道信息服务平台，这个平台拥有独立的知识产权，获得中国石油集团科技创新三等奖，填补了国内行业空白。截至2010年4月13日，平台运行以来，文献数据库资源量达2T，标准规范共1 669条，容量达7.8GB，注册用户逾10万人，成为中国石油管道信息的权威平台。这个系统有体系结构、信息形态、信息交换、集成环境等开放性，系统再扩充，系统重组等特性，无论是偏远站队，还是一线施工、动火现场，用户都可实时使用，不需投资建设和维护平台系统，不受时间、空间限制，能上网的地方都可实现实时查询、检索、统计、修改、远程访问。

油气管道信息服务平台的成功开发运用，在中国石油尚属首次。该系统形成了覆盖中国石油油气管道信息综合数据库、应用标准库，以网络方式运行，可直接在单机下载操作，实现了表、图、文、声、像多种形式，为所有用户日常作业、宏观管控、科学决策提供了可靠的智能环境，为今后油气管道网络信息管理奠定了基础。

6.2　如何加强管理运输能力及其作用

管道局作为国内管道建设的主力军，在西二线、中亚管道建设中与国内外科研单位和合作单位共同攻关，大幅度提升了综合技术能力，合作主要表现在三个方面。

一是开展标准研究，加强了标准的研究和制订。西二线围绕 X80 高钢级钢管及管件研制、设计技术、防腐及施工技术，研究制订了48项标准，推动了西二线施工技术达到国际先进水平，强化了先进标准的采用。在中亚管道建设中，管道局科研人员通过大量的焊接工艺试验和标准缺陷指标对比，在工程中采用美国石油协会 API1104 标准，提高了中亚管道施工技术水平和效率。

二是加大科研攻关。管道局基于应变的管道设计技术，保证了西二线安全通过

强震区和活动断裂带等危险地区，创新研究 X80 高钢级焊接技术以及施工装备，解决了工程难题。

三是开展工艺创新。在中亚管道建设中，管道局科研人员开创了“内自动焊+外半自动焊”焊接工艺。在西二线建设中，首次在国内大规模采用 CRC 管道全自动焊工艺。这两项技术大大提高了施工进度和质量，取得了巨大的经济效益，提升了中国油气管道建设的整体水平。

中亚天然气管道是在古丝绸之路上铺设的一条连接中、土、乌、哈四国的能源之路。西气东输二线是连接中亚进口气源和国内塔里木气田、长庆气田，与沿线中西部地区、长江三角洲、珠江三角洲等用气市场的重要战略通道。实施该项目，对我国优化能源结构，改善大气环境，缓解天然气供应紧张局面起到积极的促进作用。

6.3　从公司整体层面来看，管道公司如何把供货商“化零为整”，凸显价格和服务方面的优势

管道公司统筹安排，及时跟踪市场，多方开辟供货渠道；通过协调、提前介入、跟踪项目设计前期，与设计及建设单位密切配合，赢得主动。通过实施集中采购，为工程工期、质量、投资“三大控制”奠定了基础，保证工程项目按计划推进。

实行物资集中采购，供应商选择是关键。近年来，管道公司根据市场准入管理办法和相关要求，对已入围供应商实行动态管理，严把年检关。年检中，严格审查供应商的资质、管道应用业绩、财务状况、银行信用情况、企业管理等状况。通过严格的考评遴选出优质的供应商。在产品质量、合同履约、售后服务三项评价中都为优的供应商占 94.96%。

实行物资集中采购，信息共享与沟通是重要环节。管道公司调剂剩余物资，减少闲置剩余物资占压。锦州输油分公司将新大线一期工程剩余的 65.722 吨钢管、永唐秦输气管道工程剩余的 3 146.34 吨钢板调拨到大连新港—大连石化输油管道复线工程中使用。近两年，累计利用剩余物资价值约 2 770 万元。

一位多次参加工程采购的人员说：“实现物资集中采购后，一方面供应商‘化零为整’，另一方面也会提供优惠价格和服务。今年，兰郑长抢修设备实行集中采购后，优势充分显现。”

仅 2008 年一年，管道公司集中采购物资金额达 5 亿多元。在长岭—长春—吉化输气管道工程一期工程采购中，仅采购代理费就节约 185 万元；在涩宁兰压缩机组谈判过程中，压缩机价格由 315 万欧元降至 280 万欧元，燃气轮机由 1 674 万美元降至 1 638 万美元。

参考文献

1. 佚名:《中国石油天然气股份有限公司 A 首次公开发行股股票上市公告书》,新浪财经, http://money. finance. sina. com. cn/corp/view/vISSUE _ MarketBulletinDetail. php?stockid=601857&id=269274,2007-11-02。

2. 佚名:《中国石油天然气集团公司》,百度百科,http://baike. baidu. com/view/43877. htm? fr=ala0_1_1#1,2010-05-31。

3. 佚名:《中国石油天然气股份有限公司》,百度百科,http://baike. baidu. com/view/14483. htm? fr=ala0_1_1#7,2010-05-31。

4. 中国石油天然气股份有限公司:《中国石油天然气股份有限公司关联交易公告》,上海证券交易所,http://static. sse. com. cn/cs/zhs/scfw/gg/ssgs/2009-06-19/601857_20090619_2. pdf,2009-06-18。

5. 孙兆光、赵德、李敏:《管道公司集中采购凸显整体优势》,中国石油新闻中心,http://news. cnpc. com. cn/system/2009/09/16/001258520. shtml,2009-09-16。

6. 佚名:《管道局设计院首次引入安全评价新方法》,中国石油新闻中心,http://news. cnpc. com. cn/system/2010/04/28/001286660. shtml,2010-04-28。

7. 佚名:《管道局具备承包国内外各种复杂工况下油气管道建设实力》,中国石油新闻中心,http://news. cnpc. com. cn/system/2010/04/14/001284583. shtml,2010-04-14。

8. 佚名:《中国石油油气管道信息实现联网数字化》,中国石油新闻中心,http://news. cnpc. com. cn/system/2010/04/14/001284583. shtml,2010-04-13。

9. 佚名:《中国石油天然气集团西部管道有限责任公司》,中国石油商务,http://www. oilchina. com/swzx/swzx_qyk_03. jsp? id=103193。

10. 陈竹:《中石油 97 亿元收购母公司西部管道资产 实现统一管理和调度》,中国矿业网,http://www. chinamining. com. cn/news/LISTNEWS. ASP? classid=159%20&siteid=218312,2009-06-21。

案例参编:张 姗 刘振威

辰州矿业以零价格兼并重组渣滓溪锑矿

2009年7月13日，湖南辰州矿业股份有限公司（以下简称“辰州矿业”）与安化县渣滓溪锑矿（以下简称“渣滓溪锑矿”）签署并购重组协议。按照协议，辰州矿业最终以零价格按承债式兼并重组渣滓溪锑矿。本次兼并重组符合辰州矿业“做大黄金、做强锑钨”的发展战略，对辰州矿业的锑、钨业务和利润将形成一定的支撑，产品自给率将有所提高，进一步提升公司在锑品行业的市场地位。

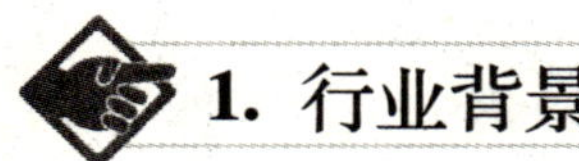

1. 行业背景

1.1 锑行业

1.1.1 锑的出现

公元前18世纪，在匈牙利曾发现小锑块，但在很长时间内，人们并未真正地认识这种金属。1556年，德国冶金学者阿格里科拉（G. Agricola）在其著作中叙述了用矿石熔析生产硫化锑的方法，但将硫化锑误认为锑。直到16世纪初，德国人瓦伦廷（B. Valentine）才著文详细地介绍了锑的用途、性质及提取方法。由于锑性脆、缺乏延展性，因此长期在工业上未广泛应用。约于18世纪已用焙烧还原法炼锑，1896年制出电解锑。1930年以后，锑矿鼓风炉熔炼法成为生产金属锑的重要方法。20世纪60、70年代发展了多种挥发熔炼和挥发焙烧法。

20世纪开始，随着锑在印刷工业和军火工业的应用，人们把锑看成战略物资，尤其是锑系阻燃剂的开发应用，大大促进了锑行业的发展。根据美国地质调查局2006年最新统计的资料显示，世界锑金属储量为180万吨，基础储量为390万吨，其中中国储量为79万吨，基础储量为240万吨。

1.1.2 锑的生产与加工情况

中国是世界上发现、利用锑较早的国家之一。从1908年以后数十年间，中国产锑量占世界总产量的50%以上，仅锡矿山自1912—1935年间的锑品产量就占世界产量的36.6%，占全国的60.9%。世界生产原生锑的国家主要是中国，在20世纪90年代后期，中国锑品产量占全球产量的80%以上，现在年产量占世界原生锑产量的70%以上。除中国外，玻利维亚、南非、俄罗斯等国也生产一定量的原生锑，亚洲国家中泰国也少量生产。

美国和亚洲的日本、韩国以及欧洲的比利时是高纯氧化锑等后续深加工产品的重要生产国，主要以精锑为原料，生产高附加值的锑深加工产品。现在中国有锑酸钠、五氧化二锑、醋酸锑等深加工产品的开发应用，使得我国锑产品品种增多，产业结构也发生了明显的变化。但是，也应当看到，我国锑品的生产仍以初级产品为主，精锑及一般氧化锑占总生产能力的近 80%，由此也造成了我国锑品在全球市场的不均衡。

1.1.3 锑的价格

我国锑矿储量和产量均居世界首位，并大量出口，生产高纯度金属锑（含锑 99.999%）及优质特级锑白，代表着世界锑业先进生产水平。世界已探明的锑矿储量为 400 多万吨，中国占了一半多。中国锑的储量、产量、出口量在世界上均占有重要位置，从某种意义上来说，中国完全可以左右国际锑市场。但是，自 19 世纪 80 年代后期以来，我国的锑产量在多数情况下都超过消费需求，从而导致价格低迷，到2008 年，国内精锑全年平均价格同比下降 15%，但在2009 年由于受国内刺激经济拉动内需和金属收储政策的影响，2009 年上半年锑价止跌回升，下半年锑价出现稳步上扬，全年最大涨幅超过 100%。由于国内需求平稳增长，预计价格将保持高位。

1.1.4 锑的应用

全球锑的消费主要在锑系阻燃剂领域，约占全球锑消耗量的 70%，占三氧化二锑消耗量的 90%。全球每年消耗三氧化二锑在 10 万吨左右，其中阻燃剂用量为 9 万吨左右。美国、日本、韩国和西欧是锑的用量大户，消费总量占世界总量的 50% 以上。同时，美国、日本还是氧化锑的主要生产国，但主要依靠进口精锑原料维持生产。我国锑消费与世界发达国家略有不同，2002 年以前是以汽车工业所需蓄电池消耗金属锑为主，其次是搪瓷消耗三氧化二锑，阻燃剂领域用锑较少，仅占国内锑消耗量的 5% ~6%，但我国阻燃剂领域也开始大量消耗锑。我国现在每年锑消费量约 4 万吨（包括精锑及在阻燃剂领域应用的化工产品）。此外，锑除了在锑系阻燃剂方面大量应用外，还作为高级玻璃澄清剂、催化剂、塑料稳定剂、钝化剂等，并在高科技领域方面广泛应用。

1.2 钨行业

1.2.1 钨的生产

据美国地质调查局资料显示，2008 年世界钨储量为 300 万吨，储量基础为 630 万吨，其中，我国钨储量为 180 万吨，储量基础为 420 万吨，分别占世界的 61.0% 和 66.67%，均居世界第一位。其他钨资源主要分布在加拿大、俄罗斯、美国、玻利维亚、奥地利和葡萄牙等国。

中国是世界上钨资源最丰富的国家，也是世界上最大的钨生产国和出口国。20 世纪 80 年代以来，中国钨矿生产迅速发展，钨精矿产量从 1985 年的 4.88 万吨猛增至 1990 年的 6.28 万吨。进入 20 世纪 90 年代，中国矿山钨产量逐步增长，近年来占世界矿山钨产量的 80% 左右，钨产品出口量占世界钨消耗量的 40% 以上。

由图 17—1 可以看出在 2003 年到 2009 年的几年中，只有 2005 年受宏观政策调控的影响，中国钨精矿开采量回落，达到 73 404.41 吨，增长率为-14.05%，其他年份钨精矿开采量均处于增长状态。据有色金属生意社监测显示，2003 年，中国钨精矿产量为 67 814.14 吨，2004 年产量达到 85 378.00 吨，同比增长了 25.96%；2009 年，中国钨精矿产量为 9.9 万吨，同比增长 17.16%。

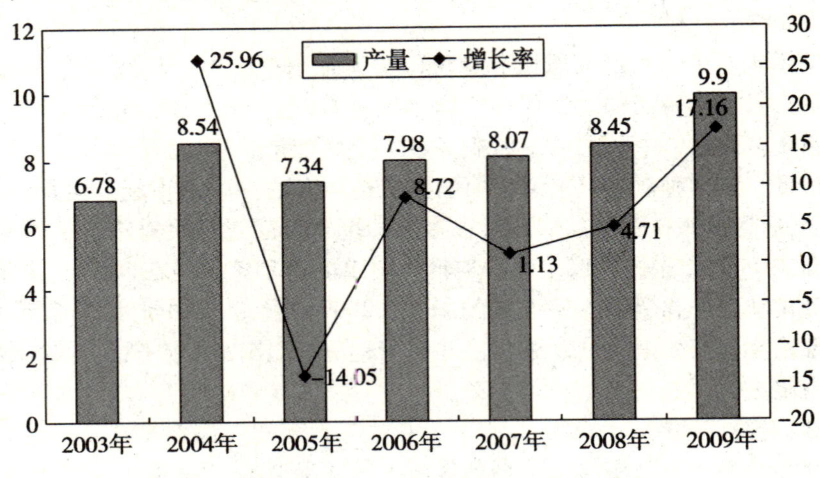

图 17—1　2003—2009 年国内钨精矿产量走势图

资料来源　有色金属生意社

1.2.2　钨品的进出口

钨被称为“工业牙齿”，广泛应用于国防工业、航空航天、信息产业、制造业等，是重要的不可再生战略资源。我国钨的储量、生产量、贸易量和消费量均居世界第一位，占世界 35.5% 的储量供应全球 80% 的需求。

2004 年中国钨业年鉴统计，2003 年我国钨品出口 2.9 万吨，出口额 2.87 亿美元，其中半成品 2.6 万吨，出口额 2.2 亿美元，初级产品占出口总量的 2/3。2004 年中国照明协会年报统计，2003 年我国出口灯泡 66 亿只，出口额 2 亿美元。灯泡生产最关键的材料是钨丝，生产一只灯泡需要钨丝 0.8 至 1 米，1 亿米钨丝合计 3.5 吨钨，66 亿只灯泡需钨 230 吨。也就是说，2.6 万吨钨半成品与 230 吨钨的制成品出口价值相当。同年，中国进口钨丝 76.8 吨，进口价每吨超过 19.9 万美元，出口钨丝 703.9 吨，出口价每吨 2.8 万美元，仅为进口价的 1/7。2003 年，中国出口到美国的钨品 2 943 吨，占美国钨供应量的 1/3，出口额 2 560 万美元。同年，美国肯纳公司这一家企业利用进口钨品加工硬质合金的销售收入达到 20 亿美元。而这一年，我国整个钨行业销售收入为 100 亿元。

2004 年前 10 个月，中国钨品出口额为 3 亿美元，其中作为深加工产品的硬质合金出口量，比上年同期提高 60%，但仲钨酸铵等原料产品出口量同比变化不大。中国钨材和硬质合金产品出口量仅占总量的少部分，而钨材也仍然不是钨的最终产品。在汽车、飞机等使用的耐震钨丝等技术含量高的产品上，我国对国外的依赖依然较大。中国硬质合金出口量占国际市场流通量的 20%，但硬质合金出口的销售收入只占 1.5%，而外国公司的高精度硬质合金、高效精密刀具等产品，在中国市场的销售份额已占到 25%。在 2004 年世界钨基础储量中，中国占 35.5%，加拿大、俄罗斯各占 15%、13.5% 左右，美国约占 6.5%。全球钨消费总量中，我国消费占 37%，欧洲约 27%，美国 15%，日本 11%。其他国家消费的 3.8 万吨钨中，我国出口的就有 2.9 万吨。因此，世界钨工业消耗的钨资源 80% 至 90% 都来自中国。

2009 年，全国钨精矿产量为 99 000 吨，中国国内钨的消费量大致稳定在 1 万吨/年左右，其余均以大约 82 000～84 000 元/吨的价格用作出口。

1.2.3 钨品的加工与应用

统计表明，1980—1985 年，钨的消费结构中炼钢用钨占消费总量的 61%，所占比重最大；硬质合金的用钨只占消费总量的 28%。1986—1990 年，炼钢用钨所占比重下降为 48%，硬质合金的用钨比重上升到 40%。1991—1995 年，随着硬质合金产量的飙高，硬质合金用钨量的比重超过炼钢用钨量，接近国内钨消费总量的 50%，而炼钢用钨量的比重则下降到 40% 左右。钨是钢铁的一个重要的添加剂，大概有 30% 用在钢铁行业。过去大量生产钨铁，现在用白钨矿和氧化钼及五氧化二钒直接冶炼高速钢，钨的回收率和钼的回收率都有明显的提高。目前，我国已经改变了“钨精矿出口、钨制品进口”的局面。20 世纪 80 年代后期，我国只有两个钨丝厂，现在已经是世界钨丝的主要供应者，全世界灯泡 70% 的钨丝来源于中国。同时，钨铜和钨银合金已经在若干个领域使用，北京工业大学研制的多元稀土钨电极已经迈向国际，占国际市场的 70%。

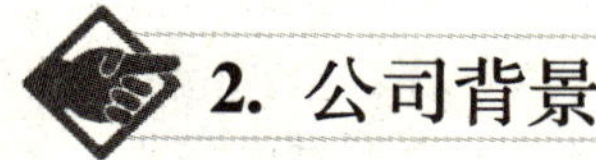

2. 公司背景

2.1 辰州矿业

辰州矿业前身是湖南省湘西金矿，系全民所有制企业，直属原湖南省黄金工业总公司（现为湖南金鑫黄金集团有限责任公司），省直属大二型国有企业；该企业最早可追溯至清同治年间，前身是冶金工业部湘西金矿，迄今已有超过 130 年的金矿开采历史。该矿 1950 年 5 月建矿，1976 年 6 月正式命名为冶金工业部湘西金矿，1989 年 6 月下放湖南省，成为湖南省湘西金矿。2000 年 12 月 25 日，湘西金矿以其全部经营性资产改制为湖南辰州矿业有限责任公司。2006 年 4 月，辰州有限股东会作出决定，将辰州有限整体变更为股份有限公司；2006 年 5 月 18 日召开创立大会；6 月 1 日公司在湖南省工商行政管理局办理变更登记，注册资本为 240 000 000元。经 2006 年第一次临时股东大会审议决定，辰州矿业为了解决同业竞争，通过金鑫集团向公司增资的方式整体并购金鑫集团下属新龙矿业 100% 的股权。2006 年 12 月 26 日辰州矿业完成工商变更登记；注册资本变更为 29 300 万元。

2007年，在深圳交易所挂牌上市，公司的股票简称为“辰州矿业”，证券代码为“002155”。

辰州矿业经营范围包括黄金、锑、钨等有色金属矿的地质勘探、开采和选冶；金锭、锑锭、氧化锑、钨制品等产品的生产和销售；工程测量、控制、地形、矿山测量（以上涉及行政许可的，须凭本企业有效许可证书经营）等。公司拥有和控制矿业权39个，其中：探矿权21个，面积359.73平方公里；采矿权18个，面积39.7336平方公里。2009年年底公司保有资源储量：矿石量1 895万吨，同比增长12.99%；金属量金36 836千克，同比增长14.60%；锑174 722吨，同比增长19.91%；钨45 540吨，同比增长3.77%。

2.2 渣滓溪锑矿

湖南省安化县渣滓溪锑矿位于安化县城西部，地质储量丰富，是国家以及湖南省的主要产锑基地之一。渣滓溪锑矿自1906年开采，1950年8月益阳地区工商局与阜新公司公私合营组建“益阳地区渣滓溪锑钨公司”。1985年5月，矿山下放安化县工业科主管，正式定名为“湖南省安化县渣滓溪锑矿”。经过一百多年的发展，公司有职工1 893名，拥有固定资产超过5 000万元，已成为一个集采、选、炼及锑品深加工为一体的综合国有中型企业，注册资金1 000万元，主要从事锑矿及白钨矿的勘探、采选，锑及锑制品的冶炼、加工与销售等，辖有采矿厂、选矿厂、精锑冶炼厂、安化华宇锑业有限公司、安化县通用阻燃材料有限公司和安化县奎溪锑业有限公司六个分支机构，具有年产精锑3 000吨、三氧化二锑5 000吨的生产能力和2 500吨精锑的冶炼、深加工的生产能力。

2004年，经湖南省有色地质勘查研究所核实，渣滓溪锑矿保有资源储量只能维持矿山正常生产2年，属资源严重危机矿山。此时，正值国务院对全国的危机矿山进行资源潜力调查，邀请了湖南省地勘局418队协助开展矿山资源潜力调查。经调研认为，尽管渣滓溪锑矿保有资源储量严重不足，但矿区深部及边部成矿地质条件好，找矿潜力大，矿区外围尚有较大的找矿前景。

2007年10月底，渣滓溪锑矿被国土资源部全国危机矿山找矿管理办公室列为2007年度第一批危机矿山接替资源勘查项目。2008年，湖南省地勘局418队全面开展了矿山边深部的地质找矿工作，经过两年的危机矿山找矿，完成的主要工作量探槽1 140立方米、坑探6 543.7米、钻探10 496米。通过坑、钻工程揭露，深部找矿成果显著，发现的厚大锑矿体厚度为2.92～10.51米，平均品位在1.72%～11.86%之间，深部还发现多个隐伏锑矿体，品位均较高。初步估算新增锑资源量5万吨、钨资源量8 000吨，预计所有工程完工后延长矿山服务年限可达20年。按锑、钨金属现行价格概算，预计矿床潜在经济价值达30多亿元。

渣滓溪锑矿锑（钨）矿资源较为丰富，锑是矿区的主要矿产，钨为异体共生矿产。根据湖南省矿产资源评审中心湘评审［2008］110号《湖南省安化县渣滓溪锑（钨）矿区渣滓溪锑矿资源储量核实报告评审意见书》，并经湖南省国土资源厅湘国土资储备字［2008］053 号备案，截至 2007 年年底，渣滓溪锑矿保有资源储量（122b+333），锑矿石量为 28.9 万吨，金属量为 18 065.3 吨；钨矿石量为 8.6 万吨，金属量为 593 吨。2008 年度，渣滓溪锑矿实现的主营业务收入为 83 869 945.57元，净利润为 3 909 346.98 元。

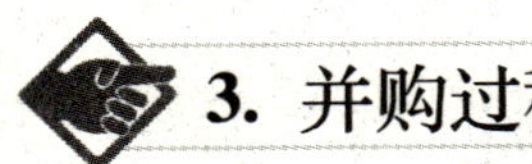

3. 并购过程

2009 年 5 月 22 日，辰州矿业与湖南省安化县渣滓溪锑矿签署了《兼并重组协议》，辰州矿业将以承担全部债务方式整体兼并渣滓溪锑矿。

协议签署后，辰州矿业将启动渣滓溪锑矿的企业改制和兼并重组工作，按照企业改制和兼并重组的程序，对渣滓溪锑矿开展清产核资、审计与资产评估等工作，并按照国有资产管理权限履行必要的审批程序和公司内部决策程序。上述工作完成后，辰州矿业将及时披露相关信息及项目进展情况。

2009 年 7 月 7 日，根据安化县财政局安财资［2009］118 号《关于安化县渣滓溪锑矿资产评估报告书的核准批复》，安化县财政局作为县国有资产管理部门对湘资源资产评估有限公司出具的［2009］043 号《安化县渣滓溪锑矿改制（兼并重组）资产评估报告书》进行了核准确认。

2009 年 7 月 10 日，辰州矿业召开第二届董事会第四次会议，以通讯表决方式审议通过了《关于兼并重组湖南省安化县渣滓溪锑矿的议案》。

根据具有证券期货从业资格的湖南湘资源资产评估有限公司出具的《湖南省安化县渣滓溪锑矿资产评估报告书》（湘资源［2009］评字第 043 号），以 2009 年 5 月 31 日为评估基准日，剥离非经营性资产后，渣滓溪锑矿经评估的总资产为 7 140.12万元，负债为 7 146.90 万元，净资产为-6.78 万元。

根据大公天华会计师事务所有限公司出具的大公天华会审字［2009］第 022 号《湖南省安化县渣滓溪锑矿审计报告》，截至 2009 年 5 月 31 日，渣滓溪锑矿经审计的总资产为 7 724.88 万元，负债为 7 146.90 万元，净资产为 577.98 万元。

2009 年 7 月 13 日，湖南辰州矿业股份有限公司兼并重组安化县渣滓溪锑矿议案正式签约。辰州矿业同意按渣滓溪锑矿改制（兼并重组）的审计评估结果以零价格承债式兼并重组渣滓溪锑矿，整体接收渣滓溪锑矿全部经营性资产和债权债务以及全部在册员工，同时在其改制时以现金注资 5 000 万元，改制后新公司的注册资本为 5 000 万元，新公司为辰州矿业的全资子公司。

2009 年 7 月 20 日，湖南安化渣滓溪矿业有限公司挂牌仪式在安化渣滓溪锑矿举行，标志着湖南辰州矿业正式完成对安化县渣滓溪的兼并重组工作。

4. 并购动机

渣滓溪锑矿与辰州矿业的接洽，双方一拍即合，是企业合作共赢，深入推进国企改革的重要举措，其具体原因如下。

4.1 符合辰州矿业“做大黄金、做强锑钨”的发展战略宗旨

辰州矿业表示，自上市以来公司一直在寻求对外扩张资源的机会，对渣滓溪锑矿的并购符合企业“做大黄金、做强锑钨”的发展战略宗旨。完成这次的横向并购后，新公司计划在3年至5年内达到年产锑品5 000吨，钨品500吨的生产能力。本次兼并重组将成为辰州矿业的锑、钨业务和利润的支撑，产品自给率将有所提高，进一步提升辰州矿业在锑品行业的市场地位。

渣滓溪锑矿拥有勘察权的锑钨矿勘查面积达16.2平方公里，比渣滓溪锑矿现在拥有的1个锑钨矿（面积为0.7875平方公里）采矿权要大出约20.5倍。另外，截至2007年年底，渣滓溪锑矿保有资源储量锑金属量为18 065.3吨，钨金属量为593吨。由此不难发现，辰州矿业这次并购的动机是提升在锑品行业的市场地位，增加锑矿的储存量和开采量。此外，危机矿山资源潜力调查接替资源勘查工作，也为辰州矿业兼并重组渣滓溪锑矿奠定了坚实的基础。

4.2 增强了渣滓溪锑矿抵抗市场风险的能力，促进公司进一步发展壮大

渣滓溪锑矿是一家以生产“华峰牌”精锑闻名国内外的百年老矿，但要做大做强，渣滓溪锑矿总感到心有余而力不足。渣滓溪锑矿运行多年，历史积累的包袱越背越重，其国有企业身份的机制、体制等方面存在的问题逐步显露出来，加上工艺装备已经相当落后，适应不了企业发展的需要，企业缺少足够的资金进行技术改造。内部管理方面存在的问题及人员包袱过大，也成了企业进一步发展的羁绊。

严峻的形势以及在危机矿山资源潜力调查中的显著成果，加快了安化县人民政府和渣滓溪锑矿寻求与大公司合作的步伐。由辰州矿业以承担渣滓溪锑矿全部债务并承担未来现金投资的方式对渣滓溪锑矿进行整体兼并，将渣滓溪锑矿所有人员及资产、债权、债务整体承接。渣滓溪锑矿将能借助辰州矿业雄厚的资金、技术力量，先进的管理理念，使企业得到快速、持续、健康、稳定的发展，进一步增强企业抵抗市场风险的能力，做大做强。兼并重组后，辰州矿业将投资约1.8亿元对渣滓溪锑矿进行扩产改造，项目建成达产后，安化县渣滓溪锑矿到“十二五”末可实现年产锑制品5 000吨以上，年产值2亿元以上。

5. 结果评价

5.1　股价分析

图 17—2 是辰州矿业股价图。

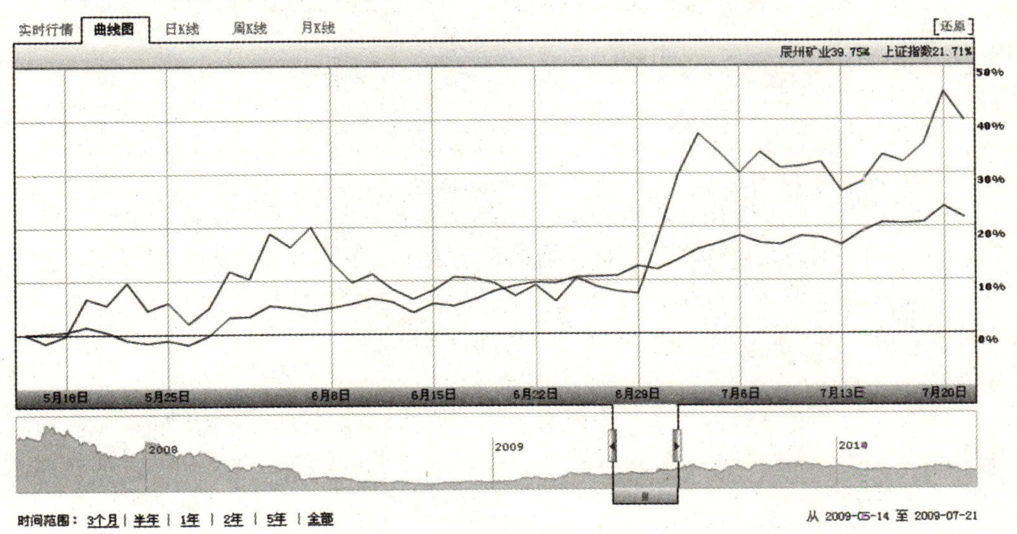

图 17—2　辰州矿业股价图

资料来源　搜狐证券网

由图 17—2 的股价与业务走势可以发现，在 2009 年 5 月 22 日辰州矿业公布勘察收购渣滓溪锑矿的股价是持平的，但到了 2009 年 7 月 13 日辰州矿业正式与渣滓溪锑矿签署并购协议后辰州矿业的业务与股价分别取得 1.5% 与 3.5% 的升幅，总体而言，升幅不算大，也不算持久。根据《湖南辰州矿业股份有限公司股票交易异常波动公告》，截至 2009 年 7 月 2 日，辰州矿业股票连续三个交易日内收盘价格涨幅偏离值累计达到 20%，根据深圳交易所《交易规则》的有关规定，这属于股票交易异常波动。股票交易异常波动中，辰州矿业关注到近期市场上传言："本公司控股股东湖南金鑫黄金集团有限责任公司拟将其全资子公司湖南黄金洞矿业有限责任公司整体注入公司"以及"本公司拟投资俄罗斯金矿"。经向辰州矿业主要股东、实际控制人和管理层征询，经辰州矿业书面向控股股东及实际控制人金鑫集团问询和核实，金鑫集团书面确认：金鑫集团没有将黄金洞矿业注入辰州矿业的计划，未来一年内也不会考虑将黄金洞矿业注入辰州矿业。另外，对于"公司拟投资俄罗斯金矿"的相关传闻，辰州矿业于 2009 年 5 月底派人对俄罗斯黄金矿产资源进行了常规性考察，经理层认真听取了考察小组的汇报，经过认真研究，决定未来一年内不对俄罗斯的黄金矿山项目进行投资。所以，根据该公司的公告，在并购渣滓溪锑矿期间的股价大幅上涨是因为另外的两项传闻，与本次并购无关。但是，真正的原因无从知晓。表 17—1 是辰州矿业与深证指数比较表。

表 17—1　**辰州矿业与深证指数比较表**　金额单位：元/股

	辰州矿业开盘价	辰州矿业收盘价	涨跌幅	深证指数开盘价	深证指数收盘价	涨跌幅	超额回报率（辰州矿业涨跌幅-深证涨跌幅）
2009-05-22	17.63	16.65	-5.89%	10 049.3	10 072.63	0.23%	-6.11%
2009-07-07	20.57	21.49	4.28%	12 450.64	12 362.44	-0.71%	4.99%
2009-07-10	21.20	21.19	-0.05%	12 640.2	12 706.01	0.52%	-0.57%
2009-07-13	20.92	20.31	-3.00%	12 705.48	12 660.55	-0.35%	-2.65%

资料来源　雅虎财经

从表 17—1 可以看出，在辰州矿业与渣滓溪锑矿签署了《兼并重组协议》当天 2009 年 5 月 22 日股价高开低收，结果跑输大市，说明并购消息为辰州矿业股价带来的支持很短暂，很快便被市场消化了。到了 2009 年 7 月 7 日安化县财政局作为县国有资产管理部门对这次并购进行了核准确认，才对辰州矿业的股价有利好的发展。

从图 17—3 可以看出，在并购期间辰州矿业的股情走势大部分时间都是落后于大市，虽然有小部分时间受这次并购的影响跑赢大市，但维持时间不长，而且股票的波动比较大。

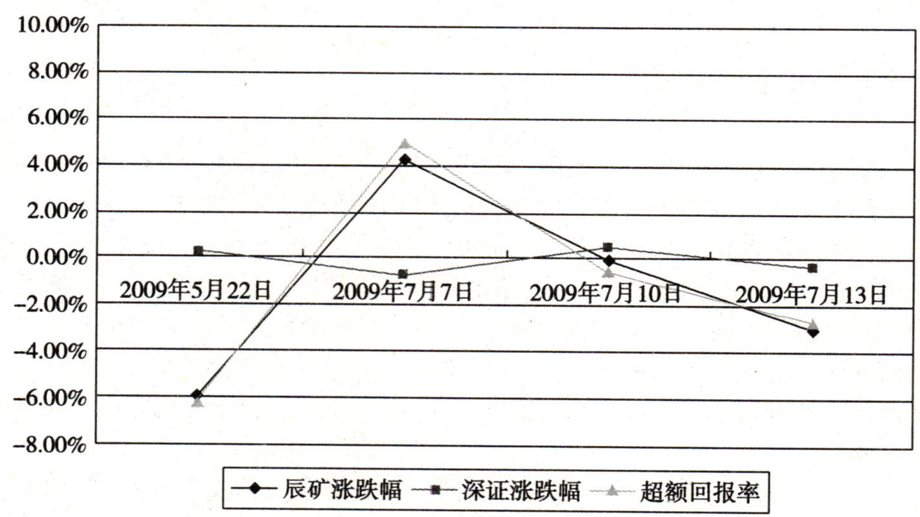

图 17—3　辰州矿业与深证指数比较图

资料来源　雅虎财经

5.2　财务分析

2009 年 7 月 13 日辰州矿业最终正式确定以零价格按承债式兼并重组渣滓溪锑

矿。辰州矿业表示，在渣滓溪锑矿兼并改制完成后，将加大对其投资开发力度，争取在3年至5年内达到年产锑品5 000吨，钨品500标吨的生产能力，以提高产品自给率。由于投资尚未完成，尚未能看到本次收购对辰州矿业业务的实质影响。辰州矿业于2009年8月6日公布的保有资源储量矿石量为1 677万吨，金属量为32 142千克；锑为145 708吨，钨43 885吨。而渣滓溪锑矿保有资源储量为锑矿石量28.9万吨，金属量18 065吨；钨矿石量8.6万吨，金属量593吨，分别可以增加钨金属储量1.33%；锑金属储量11%。锑储量的大幅度增加主要来自于大溶溪矿区的勘探发现以及湖北潘隆新储量的增加，与本次收购关系不大。

审计机构报告则显示，2008年度渣滓溪锑矿实现的主营业务收入为8 386.99万元，净利润为390.93万元。而辰州矿业2009年的主营业务收入为169 241万元，净利润为14 984万元，整体上渣滓溪锑矿在主营业务收入不足为辰州矿业的4.96%，而净利润不足为2.6%。因此，本次收购渣滓溪锑矿对辰州矿业的财务影响应该不会太显著。

6. 问题探讨

6.1　这笔并购对辰州矿业来说合理吗

辰州矿业将投资1.33亿元，对渣滓溪锑矿现有井下开拓和采选冶系统进行技术改造，加大深边部的探矿力度，以逐步使渣矿达到年产锑品5 000吨，钨品500吨的生产能力，并使主营业务收入达到2亿元，再加上渣滓溪锑矿7 145.9万元的负债。

2010年，中国钨锭价格是80 000元/吨，锑锭价格是55 000元/吨。按这个市场价格预计合并后，原渣滓溪锑矿每年给公司带来的主营业务收入为315 000 000元（80 000×500（钨）+55 000×5 000（锑））。并购时，公司按照2009年的锑钨市场价格估计的主营业务收入为每年200 000 000元。相比而言，锑钨市场价格上涨，原渣滓溪锑矿将给辰州矿业每年带来的主营业务收入比预计的要多出115 000 000元。而且，随着中国以及国际上的有色金属的需求比较大，供应比较紧张，有色金属产品的价格还在继续上升。辰州矿业预期会从收购中获得更多的利益。

6.2　承债式的风险会不会拖累辰州矿业的资产负债率

承担债务式兼并是在被兼并企业资产与债务等价的情况下，兼并方以承担企业的债务为条件，接受其资产。被兼并企业所有资产整体归入兼并企业，法人主体资格丧失。兼并企业取得被兼并企业财产后，不得拒绝承担其债务。这种兼并风险特点是，兼并企业将被兼并企业债务及整体产权一并吸收，以承担被兼并企业债务来实现兼并。兼并行为不是以价格为交易标准，而是以债务和整体产权价值之比为交易标准。通常被兼并企业都具有潜力或其他可利用的资源。

因为计算资产负债率要做合并报表，而兼并方在并购发生时的资产负债表不能做合并报表，所以不能最准确的比较，但可以直接从 2008 年辰州矿业和渣滓溪锑矿的资产负债率来计算。

辰州矿业 2008 年的资产负债率为 27.94%，2009 年的资产负债率为 30.32%，而渣滓溪锑矿并购时的资产负债率为 92.52%（71 469 000÷77 248 800）。在辰州矿业 2008 年资产负债率的计算中加入渣滓溪锑矿的资产负债率为 29.79%（(724 499 305+71 469 000）÷（2 594 705 961+77 248 800)）。辰州矿业 2008 年至 2009 年的资产负债率增幅为 2.38%（30.32%−27.94%）。并购渣滓溪锑矿为辰州矿业带来的资产负债率增幅为 1.85%（29.79%−27.94%）。并购渣滓溪锑矿带来的资产负债率增幅占辰州矿业 2009 年的资产负债率增幅的比重为 77.73%（1.85%÷2.38%）。

由此可见，以承债式并购渣滓溪锑矿会拖累辰州矿业的资产负债率，使辰州矿业 2009 年的资产负债率增加了 1.85%，占辰州矿业 2009 年全年的资产负债率增幅 2.38% 中的 77.73%，提供了 3/4 的增幅，成为辰州矿业 2009 年资产负债率增加的主要动力。

6.3 如何看待审计报告与评估报告之间关于资产总额的差异

一般来说，评估报告是按市场价值计算，审计报告是按账面价值计算。正常情况下，企业在会计确认和计量过程中严格遵循了企业会计准则，但由于企业有些无法计量的无形资产没有记录在财务报表当中，所以评估价值通常会高于账面价值。但是，在本案例中，资产的评估价值比审计结果低。这可能是由于账面资产贬值，审计报告没有确认的原因，也有可能是其他原因。前一种原因的可能性不太好解释，但是由于无法获得更进一步的资料，因而无从分析其真正的原因是什么。

参考文献

1. 佚名:《5 月份钨市综评》,中国钨协新闻网,http://www.ctia.com.cn/Article/2010/39989.html,2010-06-01。

2. 佚名:《氧化锑价格继续上》,上海有色网,http://smm.cn/information/newsdetail.aspx? newsid=3023026,2010-05-10。

3. 佚名:《稀土行业准入条件公布 龙头企业受益》,搜狐证券网,http://stock.sohu.com/20100514/n272129523.shtml,2010-05-14。

4. 方元:《辰州矿业零价格收购渣滓溪锑矿》,全景网,http://www.p5w.net/today/200907/t2446827.htm,2009-07-13。

5. 佚名:《 百度财经》,http://baidu.hexun.com/stock/q.php? code=002155.sz。

6. 湖南辰州矿业股份有限公司,http://hnczky.cn.alibaba.com/。

7. 湖南省安化县渣滓溪锑矿公司，http://www. huafengsb. com/aboutus. htm。

8. 佚名：《湖南辰州矿业股份有限公司第二届董事会第四次会议决议公告》，全景网，http://www. p5w. net/today/200907/t2445655. htm，2009-07-11

9. 雷震：《[公司]辰州矿业兼并湖南一锑矿 产品自给率将提高》，全景网，http://www. p5w. net/kuaixun/200907/t2445571. htm，2009-07-10

10. 佚名：《浅议中国锑行业的可持续发展》，中国出口信用保险公司，http://www. sinosure. com. cn/sinosure/xwzx/rdzt/ckyj/xyfx/70441. html，2008-06-02。

11. 佚名：《钨行业现状调查：我们究竟为谁透支子孙资源》，新浪网，http://finance. sina. com. cn/review/20050106/11271275189. shtml，2005-01-06。

12.《湖南辰州矿业股份有限公司二〇〇九年年度报告》，http://q. stock. sohu. com/cn/gg/113/339/11333936. shtml。

13. 佚名：《湖南辰州矿业股份有限公司股票交易异常波动公告》，http://baidu. hexun. com/stock/read. php? code=002155. sz&id=443434&t=2，2009-07-03。

14. 佚名：《承债式》，企业并购网，http://www. qiyebinggou. com/jianbing. htm。

15. 刘国荣：《在兼并重组中做大做优——湖南辰州矿业兼并安化县渣滓溪锑矿纪实》，国土资源网，http://www. clr. cn/front/read/read. asp? ID=181800，2009-12-10。

16. 佚名：《益阳百年老矿，再现勃勃生机》，载《益阳日报》，http://yiyang. house. sina. com. cn/news/2009-11-12/09173344. html，2009-11-12。

17. 佚名：《2010 年 6 月 11 日国内钨精矿价格》，钼都贸易网，http://www. molychina. com/article/list. php? catid=19，2010-06-11。

18. 佚名：《钨精矿开采量逐年增长 行业急寻新平衡点》，中国化工网，http://news. chemnet. com/item/2010-03-01/1299181. html，2010-03-01。

19. 佚名：《国内钨行业发展唱响矿产资源重头戏》，中国化工网，http://news. chemnet. com/item/2010-01-30/1285908. html，2010-01-30。

20. 佚名：《部分技术达国际水平 我国钨业发展潜力大》，中国有色网，http://news. chemnet. com/item/2007-12-06/770703. html，2007-12-06。

案例参编：魏资超　张　姗